Dominik Reither

Wie Moosburg von Landshut und München überholt wurde

II

Dominik Reither

Wie Moosburg von Landshut und München überholt wurde

Eine vergleichende Stadtgeschichte

Dominik Reither

Wie Moosburg von Landshut und München überholt wurde

Eine vergleichende Stadtgeschichte

© Dominik Reither

Herstellung und Verlag:

BoD – Books on Demand, Norderstedt, 2016

ISBN: 9783743117983

Bibliographische Information der Deutschen Nationalbibliothek:

Die Deutsche Nationalbibliothek verzeichnet diese Publikation in der Deutschen Nationalbibliographie; detaillierte bibliographische Daten sind im Internet über http://dnb.dnb.de abrufbar

Wie Moosburg von Landshut und München überholt wurde

Eine vergleichende Stadtgeschichte

von

Dominik Reither

VI

Vorwort

An dieser Stelle gilt es all denjenigen Danke zu sagen, die dazu beigetragen haben, dass dieses Buch überhaupt entstehen konnte. Das Buch hat sich aus einer Vortragsreihe entwickelt, die von der Volkshochschule Moosburg im Wintersemester 2015/2016 und im Sommersemester 2016 unter dem Titel „Moosburg - der Verlierer der letzten 1000 Jahre?" stattgefunden hat. Daher möchte ich mich zunächst bei der Volkshochschule Moosburg dafür bedanken, dass die Vorträge überhaupt stattfinden konnten. Dank gebührt hier vor allem Frau Dorothea Band, die die Idee zur Vortragsreihe und zum Thema hatte. Bedanken möchte ich mich aber auch bei den Zuhörern für Nachfragen und kritische Anmerkungen.

Dank gilt auch Herrn Pfarrer Föckersperger und den Mitarbeiterinnen des Pfarrbüros Moosburg für den Zugang zum Pfarrarchiv sowie Herrn Stadtarchivar Wilhelm Ellböck für die intensive Unterstützung bei den Recherchen im Stadtarchiv.

Ein besonderer Dank geht an meiner Frau Christine Metterlein-Reither, die die Konzeption der Vorträge und das Erstellen der Kapitel kritisch begleitet und das Lektorat übernommen hat.

VIII

Inhaltsverzeichnis

Einleitung	1
1. Kapitel: Das frühe Mittelalter (488-1050)	3
I. Hintergrund	3
1. Einführung	3
2. Der Übergang von der Antike ins frühe Mittelalter	5
3. Das Herzogtum Bayern im frühen Mittelalter	6
4. Bevölkerung und Siedlungsstruktur	8
5. Landwirtschaft	11
6. Handwerk und Handel	13
7. Herrschaft und Gesellschaft	14
8. Kirche	17
9. Klöster	19
II. Moosburg	24
1. Kloster und Stift	24
2. Die Siedlung Moosburg	31
2. Kapitel: Das hohe Mittelalter (1050-1281)	35
I. Hintergrund	35
1. Überblick	35
2. Bevölkerungswachstum	37
3. Die Wiederentdeckung der Stadt	40
4. Die Entstehung der Territorien	48
a) Aufbau der Territorien	48
b) Ausbau der Herrschaft	52
c) Herrschaft im Kleinen: Die Burghartinger in Moosburg	54
II. München, Landshut und Moosburg im hohen Mittelalter	56
1. München	56
2. Landshut	59
3. Moosburg	62
III. Fazit	70
3. Kapitel: Das späte Mittelalter (1281-1505)	72
I. Hintergrund	72
1. Stadt	73
2. Krise	76
3. Vorläufer des einheitlichen Flächenstaates	78
a) Allgemeine Entwicklung	78
b) Bayern	81
II. Das späte Mittelalter in Landshut, München und Moosburg	87

1. Landshut	87
a) Das Teilherzogtum Bayern-Landshut	87
b) Die Stadt Landshut	89
2. München	95
3. Moosburg	100
a) Stift	100
b) Stadt	104
4. Kapitel: Die frühe Neuzeit (1505-1799)	108
I. Hintergrund	108
1. Die frühe Neuzeit als Zeit der Stagnation	108
2. „Neuzeit" und „Mittelalter"	109
3. Allgemeine Gründe für die Stagnationsphase	111
4. Bayerische Besonderheiten	113
a) Außenpolitik	113
b) Innere Entwicklung	125
II. Landshut, München und Moosburg in der frühen Neuzeit	129
1. Landshut	129
2. München	131
3. Moosburg	133
a) Verlegung des Kollegiatstifts St. Kastulus	134
b) Schwere Schäden in den Kriegen des 17. und 18. Jahrhunderts	136
5. Kapitel: Das 19. Jahrhundert (1799-1912)	140
I. Hintergrund	140
1. Der neue Staat	141
a) Ausgangslage	141
b) Außenpolitik	142
c) Innenpolitik	145
2. Schleppende wirtschaftliche Entwicklung 1818-1886	154
3. Die Prinzregentenzeit 1886-1912	158
II. München, Landshut und Moosburg im 19. Jahrhundert	160
1. München	160
a) Hauptstadt eines vergrößerten Staates (1799-1825)	161
b) Ausbau zum Kunst- und Kulturzentrum (1825-1864)	163
c) Entwicklung zur modernen Großstadt (1864-1912)	165
2. Landshut	168
a) Napoleonische Kriege	168
b) Reformen	168
c) Moderne Stadt	170
3. Moosburg	170
a) Napoleonische Kriege	170
b) Reformen und Säkularisation: Veränderungen im Stadtbild und Stadtentwicklung	171

c) Ländliche Stadt	172
d) Moderne Stadt	173
6. Kapitel: Das 20. Jahrhundert (1912-1990)	176
I. München	176
1. München in der Zwischenkriegszeit	177
2. „Hauptstadt der Bewegung"	178
3. München in der Zeit des Nationalsozialismus	181
4. Nachkriegszeit bis zur 800-Jahr-Feier 1958	182
5. München als wirtschaftliches und kulturelles Zentrum der Bonner Republik	184
II. Landshut	187
III. Moosburg	188
1. 1912 – 1939: Vom Landstädtchen zum Industriestandort	189
2. 1939 - 1948: Kriegs- und Nachkriegszeit	191
a) Stalag VII A	192
b) Civilian Internment Camp No. 6	199
c) Ansiedlung von Flüchtlingen	207
3. 1948 – 1990: Ausbau der Infrastruktur und Wachstum der Stadt	212
Anmerkungen	214
Literaturverzeichnis	249

XII

Einleitung

Moosburg ist deutlich älter als Landshut oder München. Trotzdem hat es weniger Einwohner und eine erheblich geringere Bedeutung als diese beiden Städte. Warum ist Moosburg im Laufe der Zeit so zurückgefallen oder, anders ausgedrückt, wann, wie und warum konnten Landshut und München Moosburg so deutlich überholen?
Um diese Frage zu beantworten genügt es nicht, einfach die jeweiligen Stadtgeschichten zu betrachten und zu vergleichen. Entscheidend ist hier ein Blick auf die Strukturen und Hintergründe, auf die Zeitumstände, in deren Kontext die Entwicklung von Moosburg, Landshut und München stattgefunden hat. Besonderes Augenmerk gilt dabei der Geschichte Bayerns und den gesellschaftlichen und wirtschaftlichen Entwicklungen, stellen diese doch die wesentlichen Faktoren für die Geschichte von Moosburg, Landshut und München dar. Außerdem waren die Entscheidungen der Herrschenden immer wieder von ausschlaggebender Bedeutung für die Entwicklung der drei Städte. Über die Jahrhunderte hinweg haben lokale, regionale und überregionale Träger von Herrschaft versucht, ihre Macht zu erhalten und auszubauen. Städte wurden von ihren Entscheidungen in erheblichem Umfang beeinflusst oder waren direkt Mittel der Sicherung und des Ausbaus von Macht und Einfluss. Auch diese Entscheidungen basierten auf den Strukturen der jeweiligen Zeit.
Bis ins hohe Mittelalter hinein existierten nur wenige Städte, waren Land und Leute Mittel der Machtausübung, waren Kirche und Klöster wichtige Faktoren, um Herrschaft zu dokumentieren. Ab dem Hochmittelalter wurden diese Faktoren durch die Komponenten Geld, Technik und Wirtschaftskraft bis zu einem gewissen Grad verdrängt. In dieser Zeit wurden Städte wichtige Faktoren in wirtschaftlicher, politischer und gesellschaftlicher Hinsicht. Dies waren Entwicklungen, die sich im späten Mittelalter und in der frühen Neuzeit verstärkten und durchsetzten. Zentralistischer Staatsaufbau, Gewerbefreiheit, Industrialisierung und Bevölkerungswachstum führten dann im 19. und 20. Jahrhundert zu großen Veränderungen in der Gesellschaft. Diese Faktoren bestimmten auch die Moosburger, Landshuter und Münchener Stadtgeschichte, wie sich in den nachfolgenden Kapiteln nachvollziehen lässt.
Das erste Kapitel beschäftigt sich mit der Entstehung und Entwicklung Moosburgs im frühen Mittelalter. Das zweite Kapitel behandelt das hohe Mittelalter, hier die Jahre von 1050 bis 1281 und damit die Zeit, in der Landshut und München gegründet wurden und rasch an Bedeutung

gewannen. Anschließend geht es um das späte Mittelalter, die Jahrhunderte, in denen Landshut und München schnell zu regionalen Zentren aufstiegen, während die Entwicklung Moosburgs deutlich langsamer verlief. Diese gegenläufigen Tendenzen setzten sich fort und vertieften sich in den folgenden Jahrhunderten, in der frühen Neuzeit, im 19. und 20. Jahrhundert.

Das Buch ist so aufgebaut, dass jedes Kapitel aus sich heraus verständlich ist. Manche Hintergrundinformationen tauchen deswegen in zwei aufeinanderfolgenden Kapiteln auf. Epochengrenzen werden dann nicht strikt eingehalten, wenn dies dazu führen würde, dass die Darstellung von Entwicklungen auseinandergerissen würde. Außerdem sind nicht alle Ereignisse der Stadtgeschichte von Moosburg, Landshut und Freising dargestellt, sondern nur diejenigen, die für die Fragestellung von Bedeutung sind. Dies gilt auch für die Hintergründe, die nur soweit thematisiert werden, wie sie die Stadtgeschichte beeinflusst haben.

1. Kapitel: Das frühe Mittelalter (488-1050)

Das frühe Mittelalter umfasst hier die Zeit zwischen 488, dem offiziellen Ende der römischen Herrschaft in Bayern, und 1050. Um 1050 brachten nämlich neue technische und soziale Entwicklungen grundlegende Veränderungen in Wirtschaft und Gesellschaft, neue Formen der Herrschaftsausübung und der Machtverteilung. Diese Entwicklungen führten unter anderem zum Aufbau von geschlossenen Herrschaftsgebieten sowie zur Renaissance der Stadt und so auch zum Entstehen von Landshut und München. Damit endete in diesen Jahrzehnten das frühe Mittelalter.

Die Realität des frühen Mittelalters unterscheidet sich deutlich von unserem Mittelalterbild mit Burgen, Städten und Rittern. Darum soll diese Phase im Folgenden näher dargestellt werden, die Zeit, in der die Wurzeln Moosburgs liegen und die der Gründung Münchens und Landshuts vorangeht.

Zunächst geht es um den historischen Rahmen, soweit er für die Entwicklungen von Bedeutung ist, bevor die gesellschaftlichen und wirtschaftlichen Verhältnisse thematisiert werden. Der Schwerpunkt in der Darstellung liegt dabei auf der Zeit der Bajuwaren von 488-788, dem Zeitraum, in dem die Wurzeln Moosburgs liegen. Gleichzeitig ändern sich viele Strukturen der Bajuwarenzeit, die für das Entstehen von Städten wichtig werden, durchgreifend erst im hohen Mittelalter, also ab 1050. Der zweite Teil des Kapitels behandelt die Entstehung Moosburgs.

I. Hintergrund

1. Einführung

Im frühen Mittelalter sind Landbesitz und Leute die Ressourcen für Herrschaft. Macht definiert sich vor allem über Gefolgsleute und Land ist das Mittel, sich diese zu verschaffen. Der Herzog ist zur Beherrschung seines Landes auf Würdenträger angewiesen, die für ihn Herrschaft ausüben und als Gegenleistung Land zur Nutzung erhalten. Im Laufe der Zeit versuchen diese Würdenträger jedoch, ihre Ämter zu vererben, das Land als Eigentum zu erhalten und ihre Macht auszudehnen. Der Herzog steht daher auch in Konkurrenz zu den Adelsclans. Besonders wenn der Herzog aus internen oder externen Gründen schwach ist, muss er den Großen im Herzogtum entgegenkommen. Um seine Herrschaft zu festigen und auszubauen, stützt sich ein Herrscher zunehmend auf die Kirche. Bischöfe stellen Gefolgsleute dar, die über die Religion Herrschaft legitimieren können. Klöster sind wichtige Mittel, um Ressourcen zu gewinnen und Herrschaft zu dokumentieren. Es handelte sich um eine Gesellschaft, die sich in und nach den Wirren der Völkerwanderungszeit überhaupt erst finden und organisieren musste.

Das frühe Mittelalter ist eine Epoche, die von der Landwirtschaft dominiert wird. Sie bestimmt die Wirtschaft, die soziale und gesellschaftliche Struktur und die Siedlungsform. Fast alle Menschen leben auf dem Land und fast alle leben direkt oder indirekt von der Landwirtschaft. Die meisten Menschen sind Bauern oder arbeiten als freies oder unfreies Gesinde auf einem Hof mit. Kirchliche Würdenträger leben von landwirtschaftlichen Abgaben ebenso wie die weltlichen Großen bis hin zum Herzog, der mit seinem Gefolge von Herzogshof zu Herzogshof zieht. Die Landwirtschaft wird als Subsistenzwirtschaft zur Eigenversorgung betrieben. Sie ist nicht in der Lage, in größerem Umfang städtische Siedlungen mit Nahrung zu versorgen. Überschüsse, um Handel zu treiben oder Waren und Dienstleistungen erwerben zu können, gibt es kaum. Daher stellen die Menschen auf ihren Höfen so weit wie möglich alles zum täglichen Gebrauch selbst her, so beispielsweise Textilien oder Keramik. Lediglich Gegenstände, deren Herstellung spezielle Kenntnisse und Werkzeuge erfordert, wie das Schmieden oder komplexere Zimmereiarbeiten werden von Handwerkern übernommen. Da es kaum landwirtschaftliche Überschüsse und handwerkliche Produktion in größerem Umfang gibt, findet Handel nur mehr spärlich statt, Fernhandel so gut wie überhaupt nicht– anders noch als in der Antike, als landwirtschaftliche Produkte und handwerklich leicht anzufertigende und in Massen produzierte Gegenstände wie Öllampen und Amphoren im ganzen Reichsgebiet im großen Umfang transportiert wurden. Eine arbeitsteilige Wirtschaft existiert nicht. Es dominiert der Tauschhandel, die Wirtschaft kommt weitgehend ohne Geld aus. Einige städtische Siedlungen existieren an Verkehrsknotenpunkten oder dort, wo Bischofssitze entstehen. Es handelt sich jedoch um kleine Einheiten, dominiert von Herzog und Kirche. Eine Bürgerschaft als Träger von Städten, die Zentren von (Fern-)Handel, Kapital und handwerklichen Fähigkeiten sind und in denen Wissen und Nachrichten ausgetauscht werden wie im hohen und vor allem späten Mittelalter, existiert noch nicht. Die wenigen städtischen Siedlungen spielen kaum eine Rolle.

Die Herzöge und Könige aber auch der Adel, Bischöfe und Klöster betreiben schon früh, verstärkt ab dem 8. Jahrhundert, einen intensiven Landesausbau. Herrenloses Land in Siedlungsnähe wird in Besitz genommen und kultiviert, später Urwald und Sümpfe urbar gemacht, Siedlungen gefördert. Derjenige, der Land urbar macht, wird zu dessen Herrscher. Damit können auch die Adeligen Macht, Besitz und Einfluss ausbauen. Sie verfügen über ausreichend Unfreie, die sie zu Rodungen abstellen oder auf dem neu gewonnenen Land ansiedeln können. Vor allem ab der Karolingerzeit (8. Jahrhundert - 911) gehen König und Adel dazu über, Rodungstätigkeit dadurch attraktiv zu machen, dass diejenigen, die sich zu einer solchen Tätigkeit verpflichten, weniger an Diensten und Abgaben zu leisten haben. Dadurch wird im Lauf der Zeit die landwirtschaftliche Nutzfläche deutlich ausgeweitet, sodass mehr Menschen ernährt werden können, was dann im hohen Mittelalter zu großen Umwälzungen führt.

2. Der Übergang von der Antike ins frühe Mittelalter
„Hunuwulf aber befahl auf Anordnung seines Bruders allen Romanen nach Italien zu gehen. So wurden alle Bewohner wie aus dem Haus der ägyptischen Knechtschaft herausgeführt aus den Ausplünderungen durch die Barbaren, die sich tagtäglich sehr häufig wiederholten [...]. Denselben Weg gingen mit uns auch alle Provinzbewohner, die ihre Städte am Ufer der Donau verließen und in ganz verschiedenen Gebieten Italiens Wohnsitze in der Fremde zugeteilt bekamen."[1]
So steht es in der Lebensbeschreibung des heiligen Severin, die die Lebensumstände in den römischen Donauprovinzen Raetien und vor allem Noricum, auf deren Gebiet das heutige Südbayern liegt, in der zweiten Hälfte des 5. Jahrhunderts beschreibt. Dieser Befehl aus dem Jahr 488 symbolisiert das Ende der römischen Herrschaft in den beiden Provinzen, die die Römer seit 15 v. Chr. beherrscht hatten. Er stellt den Schlusspunkt einer längeren Entwicklung dar, die mit den Angriffen der Germanen auf die römischen Gebiete südlich der Donau 212/213 begonnen hatte.[2] Dennoch bedeutete diese Anordnung, die bei weitem nicht von allen Personen befolgt wurde, nicht das Ende jeglichen römischen Lebens in Bayern. Zahlreiche Romanen, eine Gruppe aus Resten der keltischen Urbevölkerung und Personen aus allen Teilen des Reiches, die vor allem der Militärdienst an die Donau verschlagen hatte, blieben im Land.
Auch wenn das Jahr 488 damit keinen vollständigen Bruch darstellt, markiert es doch den Übergang von der Antike ins frühe Mittelalter, einer in politischer, wirtschaftlicher und gesellschaftlicher Hinsicht weitgehend anders strukturierten Zeit.
Die neue Gruppe, die nach dem Ende der Römerzeit Bayern beherrschte und Bayern auch seinen Namen gab, sind die Bajuwaren. Die Bajuwaren sind nicht im Rahmen der Völkerwanderung als Stamm geschlossen nach Raetien

und Noricum gezogen. Der Stammesverband hat sich vielmehr aus verschiedenen germanischen und nichtgermanischen Bevölkerungsgruppen, die vielfach im Sold der römischen Armee standen, erst dort gebildet. Eine dieser Gruppen ist gleichsam zum „Katalysator" bei der Stammesbildung geworden.[3] Man nannte diese Gruppe die „Baiuvarii", die Männer aus Baia, wobei dieses Baia aufgrund von archäologischen Funden in Südwestböhmen zu verorten ist. Die Männer aus Baia zogen von dort über die Gegend Cham-Furth in das Gebiet um Regensburg und Straubing und siedelten vor allem im Bereich von Donau, Altmühl und Regen. Im Westen wurde der Lech zur Grenze ihres Siedlungsgebietes.[4] Im sechsten Jahrhundert erreichte das bayerische Siedlungsgebiet bereits das Pustertal im Süden, im 7. Jahrhundert wurde auch entlang der Enns gesiedelt. Um 788 umfaßte das bayerische Stammesherzogtum die Gebiete vom Lech im Westen bis zur Enns im Süd- und dem Böhmerwald im Nordosten, vom Pustertal im Süden bis in die Oberpfalz im Norden.[5]

Die Bajuwaren lebten mit der ansässigen romanischen Provinzialbevölkerung weitgehend in friedlicher Koexistenz, was sich unter anderem im Fortbestehen romanischer Siedlungen zeigt. Mischnamen, aus lateinischen Namensbestandteilen und bayerischer Endung wie Marzling (lat. Marcellinus) deuten auf das Weiterexistieren der romanischen Orte hin. Handwerkstechniken wurden ebenso wie landwirtschaftliche Kenntnisse und wohl auch der christliche Glauben weiter gegeben, auch Worte aus dem Lateinischen blieben erhalten.[6]

3. Das Herzogtum Bayern im frühen Mittelalter

551 erfolgte in der Gotengeschichte des Jordanes die wohl erste Nennung des Namens „Baiuvarii", Männer aus Baia/Baio.[7] „Denn jenes Gebiet der Sueben (Schwaben) hat im Osten die Bayern, im Westen die Franken, im Süden die Burgunder, im Norden die Thüringer". Das Herzogtum der Bajuwaren war Teil des fränkischen Einflussbereiches. Bayern hatte für die Franken eine große Bedeutung, da es die Alpenpässe nach Italien im Süden und (über die Donau) den Zugang nach Südosten eröffnete. Je nach Stärke des fränkischen Reiches und seiner Herrscher und den Interessen der Franken an den östlichen und südlichen Gebieten konnten die bayerischen Herzöge eine mehr oder weniger eigenständige Politik betreiben. Dabei versuchten sie intensiv, Schwächephasen des fränkischen Reiches zu nutzen. Vor allem in der Zeit des Niedergangs der fränkischen Merowingerkönige (7./8. Jahrhundert) konnte Bayern größere Unabhängigkeit entfalten.[8]

736 trat mit Odilo (bis 748) ein neuer Herzog auf. Er stammte wahrscheinlich aus einer schwäbischen Nebenlinie der bayerischen Herzogsfamilie der Agilolfinger. Ihm gelang 739 die Einrichtung der vier bayerischen Bistümer Salzburg, Freising, Passau und Regensburg und damit die Etablierung einer eigenen Landeskirche, eine Dokumentation seiner Macht und Unabhängigkeit. Trotz dieses bedeutenden Erfolges wurde er zeitweise von einer Adelsrevolte aus Bayern vertrieben und musste sich zwischen 740 und 741 an den fränkischen Hof zurückziehen. Dies zeigt, wie schwach und gefährdet die Stellung auch eines außenpolitisch erfolgreichen bayerischen Herzogs im Inneren war, wie mächtig die großen Familien, die die Position eines Herzogs durchaus in Frage stellen konnten.[9]

Als im 8. Jahrhundert die Familie der Karolinger die Macht im Frankenreich übernommen hatte, versuchte sie, das inzwischen relativ unabhängig gewordene Bayern wieder an sich zu binden, was zu einem über 25 Jahre andauernden Konflikt mit dem letzten Agilolfingerherzog Tassilo III. (748-788) führte. Tassilo brach 763 mit den Franken, als er sich eigenmächtig mit seinen Truppen von einem fränkischen Heereszug zurückzog. Nachdem Karl der Große sich in den Machtkämpfen des Frankenreiches durchgesetzt hatte, begann er nun, seine Herrschaft auch im Süden und Osten seines Reiches zu behaupten. Gleichzeitig gelang es dem fränkischen Herrscher, zahlreiche bayerische Adelige auf seine Seite zu ziehen. Dies führte 788 zur Absetzung Tassilos III. durch Karl den Großen.[10]

Nach der Absetzung Tassilos wurde Bayern fränkische Provinz, zunächst verwaltet von Grafen. Eine gewisse Eigenständigkeit blieb dadurch erhalten, dass Bayern keine Gebiete verlor, sein Rechtssystem behielt und eine eigene bayerische Kirchenprovinz unter einem Erzbischof mit Sitz in Salzburg eingerichtet wurde. Neben Frankfurt war Regensburg ein Hauptort des ostfränkischen Reiches der späten Karolingerzeit im 9. Jahrhundert.[11]

Bayern wurde zum Ausgangspunkt für Expansionen des fränkischen Königtums in den (Süd-) Osten Europas. Dies trug zu einer erheblichen Bedeutung Bayerns und einer gewissen Eigenständigkeit bei. Auch Kaiser Arnolf (877-899) stützte sich auf das bayerische Herzogtum.[12]

Eine erhebliche Bedrohung ging ab 900 von den Ungarn aus, die in mehreren Zügen plündernd in Bayern einfielen. Bei einem bayerischen Gegenschlag kam es 907 bei Preßburg zu einer katastrophalen Niederlage des bayerischen Heeres. „Fast der gesamte Stamm ist ausgelöscht", schreibt ein Chronist, viele Adelige und auch einige Bischöfe starben, darunter Udo von Freising.[13] Der bayerische Herzog zog Klosterbesitz ein und gab diesen an Adelige und Bischöfe weiter, damit diese Reiterkrieger gegen die Ungarn auszurüsten konnten, aber auch um Bischöfe an sich zu binden und so seine Herrschaft zu stärken. Bischof Dracholf, der Besitz des Klosters/Stifts Moosburg erhielt, ist dafür nur ein Beispiel. Klosterbesitz wurde deswegen enteignet, weil inzwischen kein herrenloses Land mehr zur Verfügung stand, das man hätte übertragen können. 909 zogen die Ungarn über Freising ostwärts und kamen dabei wohl auch durch Moosburg.[14] 955 konnten sie vor Augsburg von Kaiser Otto I. (936-973) geschlagen werden, die Ungarngefahr war damit gebannt. In diesen Jahrzehnten gingen zahlreiche Klöster unter, Landesausbau und Rodungstätigkeit verlangsamten ihr Tempo.[15] Während dieser Zeit erhielt Bayern seine größte Ausdehnung im Mittelalter. Nun gehörten zum Herzogtum neben Kärnten die Markgrafschaft Verona und die Marken Krain und Istrien. Bayern erstreckte sich vom Fichtelgebirge bis zur Adria, vom Lech bis zum Wienerwald. Diese Ausdehnung behielt es jedoch nicht lange. Während Kärnten, Krain, Verona und Istrien bereits seit 976 verloren waren, wurden die Mark Österreich 1156 und die Steiermark 1180 vom bayerischen Herzogtum abgetrennt.[16]

Der bayerische Herzog Heinrich IV. war gleichzeitig von 1002-1024 als Heinrich II. deutscher König. Bayern wurde nun für etwa ein Jahrhundert eines der zentralen Gebiete des Reiches, auf das sich Heinrich II., aber auch die nachfolgende Dynastie der Salier (1024-1125) stützte. Für Heinrich II. war Bayern das Zentrum seiner Macht, von hier holte er sich bedeutende Mitarbeiter, wichtige geistliche Posten im Reich besetzte er mit Bayern. Ein Beispiel ist Egilbert, Bischof von Freising (1005-1039), aus einer Moosburger Familie. Für die Salier war Bayern als Kronland eine wichtige Machtbasis, weswegen mehrmals die bayerische Herzogswürde an Mitglieder der Familie übertragen wurde.[17]

4. Bevölkerung und Siedlungsstruktur

Die Bajuwaren zogen von den Gebieten an der Donau entlang der Flüsse Richtung Süden. Um 550 war Altbayern bis zu den Alpen von ihnen besiedelt, abgesehen von den Grenzräumen im Norden, Osten und Süden. Die ersten Ansiedlungen im 5. und 6. Jahrhundert lagen in den Tälern von Donau, Isar (das Gebiet von Moosburg bis Wolfratshausen), Salzach und Inn. Von hier aus wurden der Alpenraum und ab dem 7. Jahrhundert auch das Gebiet nördlich der Donau erschlossen. Zunächst wurden vor allem die waldfreien Gebiete an den Flüssen besiedelt. Weite Teile des Landes waren dagegen zunächst nicht kultiviert, hier gab es ausgedehnte Urwälder. Ab dem Ende des 6. Jahrhunderts erweiterten die Bajuwaren nach und nach den

Siedlungsraum auch durch Rodungen, vor allem im Brachland um die besiedelten Flächen. Ortsnamen deuten auf die Entstehungszeit der jeweiligen Siedlung hin. Die ältesten Orte setzen sich aus einem Personennamen und der Silbe -ing zusammen. Schwabing zum Beispiel bedeutet „bei den Leuten des Suapo", also die Leute/Sippe, die in einem Dorf oder Weiler siedelte. Etwas später entstanden Orte, deren Namen auf -heim enden. Jünger sind meist die Siedlungen mit der Endung -hausen, -hofen, -stätten oder -bach. In dieser Phase wurden Orte nicht mehr nach dem Namen eines Sippenoberhaupts benannt. In der Karolingerzeit entstanden Orte, die auf -dorf oder -brunn enden. Namen mit der Endung auf -ried, -reuth, -brand, -zell, -münchen, oder -münster deuten auf spätere Rodungen hin.[18]

Das Land war nur dünn besiedelt, in der Frühzeit inselartig. Einen Einblick in die Bevölkerungsgröße gibt eine Nachricht aus dem Jahr 595. Bei einem Feldzug gegen die Slawen erlebten die Bajuwaren eine schwere Niederlage. Sie verloren 2000 Mann und erlitten dabei einen lange nicht wieder gutzumachenden Verlust.[19] Um 800 lebten in Deutschland durchschnittlich 4-5 Menschen pro Quadratkilometer.[20]

Aus Abfallgruben lassen sich Kenntnisse über die Größe der Siedlungen und die Lebensumstände ihrer Bewohner gewinnen. Zwar wurde fast nichts weggeworfen, die meisten Gegenstände gebrauchte man so lange, bis sie zerfielen. Rohstoffe wie Eisen waren so teuer, dass man sie recycelte. Aus dem Inhalt der Gruben lassen sich aber dennoch wertvolle Kenntnisse über die Zusammensetzung der Nahrung und die Zahl der Menschen in einem Haus, Hof oder einer Siedlung gewinnen.

Eine andere wichtige Quelle sind Friedhöfe und Begräbnisplätze. Anhand der Skelette und Grabbeigaben lassen sich Rückschlüsse auf die Zeit der Bestattung, ethnische Herkunft, Alter, Lebensumstände, Altersstrukturen, Erkrankungen und Siedlungsgrößen ziehen. Man schätzt, dass 45 Prozent der Menschen schon im Kindes- und Jugendalter starben. Außerdem weisen zahlreiche Skelette Wirbel- und Gelenkerkrankungen auf, Knochenbrüche und Kampfverletzungen. Aus vielen frühmittelalterlichen Quellen lässt sich ableiten, dass Gewalt, auch außerhalb von Kriegen, weit verbreitet war. Von den Belegungszahlen der Begräbnisplätze kann man die Einwohnerzahlen von Ortschaften hochrechnen. So gab es grob gesagt zwei Typen von Siedlungen: Solche mit 20-50 Einwohnern und Orte mit mehr als 120 Einwohnern, wobei Siedlungen mit 150-300 Einwohnern und 6-12 Gehöften nicht selten waren. Tendenziell wuchsen die Siedlungen im 7. Jahrhundert, was auf stabilere Verhältnisse schließen lässt.[21] Die Dörfer bestanden aus mehreren Gehöften. Ein Anwesen hatte ein zentrales Langhaus, das meist 6 bis 10 Meter breit und bis zu 20 oder mehr Meter lang war. Diese Hauptgebäude dienten als Stall, Wohnhaus und zur Aufbewahrung von Vorräten. Zu jedem Gehöft gehörten neben einem Brunnen Stadel, Scheunen und Grubenhäuser. Diese hatten verschiedene Funktionen. Neben der Aufbewahrung von Vorräten dienten sie zur Herstellung von Textilarbeiten. Die Wände der in Pfostenbauweise errichteten Häuser waren aus Flechtwerk mit Lehm oder aus Brettern, die Dächer aus Schilf oder Weizenstroh. Zunächst wurden die Häuser, wenn sie trotz Reparaturen nicht mehr bewohnbar waren, an anderer Stelle wieder aufgebaut. Erst als sich die Besitzverhältnisse an Grund und Boden verfestigen und die Dorfkirche zu einem zentralen Punkt der Siedlung wurde, nahm die Tendenz zu, Neubauten an Ort und Stelle des Vorgängerbaus zu errichten. Besonders in der Frühzeit, vor dem 8. Jahrhundert, haben die Menschen sogar ganze Siedlungen immer wieder, nämlich dann, wenn die Bodenqualität zu schlecht wurde, aufgegeben und ein Stück weiter weg wieder neu errichtet. Erst im Zuge der kirchlichen Organisation im 8. Jahrhundert wurden die Menschen sesshafter.[22]

Der Herzog aber auch die anderen großen Familien standen vor der Aufgabe, das Land zu erschließen und auszubauen, um so ihren Besitz zu vergrößern und Herrschaft nach innen und außen zu sichern oder überhaupt erst zu errichten. Landesausbau schuf Herrschaft. Mittel dazu waren für den Herzog Straßen und Herzogshöfe als Stützpunkte sowie, zur christlichen Legitimation der Herrschaft, Bischofssitze und Klöster. Insgesamt wurden während der Agilolfingerzeit (bis 788) schon in weiten Teilen die Grundstrukturen vorgegeben, aus der sich die heutige Besiedelung entwickelt hat.[23]

Herzogshöfe (landwirtschaftliche Großbetriebe), meist an wichtigen Straßen gelegen, durchzogen als systematisch angelegte herzogliche Stützpunkte das Land. Um zentrale Orte, wie um den Herzogshof Aschheim, gruppierten sich verschiedene Siedlungen, in denen wohl eine größere Zahl von Menschen wohnte.[24]

Regensburg war der Hauptort des Bajuwarenherzogtums. Die Befestigungsanlagen des römischen Legionslagers scheinen das Ende der römischen Herrschaft weitgehend intakt überstanden zu haben. Es handelte sich damit um eine große, gleichsam uneinnehmbare Festung, ein Merkmal, das Regensburg von anderen Orten im Herzogtum unterschied. Außerdem lag die Stadt an wichtigen (Fernhandels-)Straßen. Hinzu kam, dass die Herzöge über umfangreichen Landbesitz in der Gegend von Regensburg,

über Landgüter mit Weinbau und Fischzucht, sowie ausgedehnte Wälder verfügten. Die Herzöge banden in Regensburg außerdem kirchliche Würdenträger an sich, sodass die Stadt auch zu einem kirchlichen Zentrum des Bayern der Agilolfingerzeit wurde. So entwickelte sich Regensburg auch zu einem kulturellen Mittelpunkt. Aus dieser Zeit sind wertvolle Handschriften überliefert. Aufgrund seiner politischen, wirtschaftlichen, kulturellen und kirchlichen Bedeutung war Regensburg der Zentralort Bayerns und hatte als solcher ein Alleinstellungsmerkmal. Diese Stellung sollte die Stadt bis ins hohe Mittelalter behaupten. Regensburg wuchs noch im frühen Mittelalter und beherbergte im 10. Jahrhundert nachweislich Fernkaufleute, die aber - anders als im späten Mittelalter - noch keine Massengüter handelten.[25] In den folgenden Jahrhunderten existierten auch in den Bischofssitzen Passau (9. Jhd.) und Salzburg (10. Jhd.) Siedlungen von (Fern-) Kaufleuten, während Freising und Eichstätt zwar über einen Markt verfügten, aber sich wirtschaftlich weniger stark entfalten konnten. Eine Sonderentwicklung erlebte Laufen, das als Salzumschlagsplatz fungierte. Im frühen 11. Jahrhundert kamen Amberg, an einer Handelsstraße nach Prag gelegen, und Niederaltaich als Marktorte nach königlicher Verleihung des Marktrechts hinzu, weitere Anfänge für eine städtische Entwicklung zeigen Cham und Nabburg. Allerdings waren diese Orte eher Fremdkörper in einer agrarisch ausgerichteten Umgebung, politische Herrschaft ging von diesen Siedlungen nicht aus. Die Herrschaftsträger lebten auf dem Land. Lediglich für die Bistümer hatten die Bischofssitze eine zentrale Funktion.[26]
Ein weiteres Mittel zum Landesausbau waren planmäßige Rodungen in den Urwäldern. Als sich im achten Jahrhundert der Landesausbau intensivierte, kam es zu einer verstärkten Rodungstätigkeit, die die Siedlungsfläche vergrößerte. Einer der Schwerpunkte war die Gegend um Freising. Träger der Rodungsunternehmen waren neben dem Herzog Adel und Klöster. In dieser Zeit entstanden die „–hausen" Orte, denen oft Adelige ihren Namen gaben.[27]

5. Landwirtschaft
Die allermeisten Menschen lebten im frühen Mittelalter von Ackerbau und Viehzucht. Noch um 800 waren Schätzungen zufolge 95 Prozent der Menschen in der Landwirtschaft tätig. Sie betrieben Subsistenzwirtschaft für den Eigenbedarf. In guten Zeiten wurden alle satt, in schlechten hungerten die Menschen. Umfangreicher Austausch landwirtschaftlicher Produkte, wie er noch in der Spätantike vorkam (noch zum Ende der römischen Herrschaft wurde in Raetien und Noricum Olivenöl verwendet und der Getreidebedarf

teilweise durch Lieferungen aus anderen Teilen des Reiches gedeckt), fand in der Bajuwarenzeit nicht mehr statt. Auch die Geistlichen waren über Naturalabgaben von der Landwirtschaft abhängig, ebenso die Adeligen und der Herzog, die mit ihrem Gefolge von Gut zu Gut zogen, um sich versorgen zu lassen.[28]

In Bayern wurde kontinuierlich Ackerbau betrieben. Nach dem Ende der römischen Herrschaft ging die Anbaufläche zwar zurück und erreichte die Ausmaße der Römerzeit wohl erst wieder im hohen Mittelalter. Es war jedoch nicht so, dass weite Landstriche wüst fielen und nicht bebaut wurden. Teilweise nutzte man jedoch Flächen nur für eine gewisse Zeit, ließ sie dann wieder verwildern und zog weiter. Erst nach und nach setzte sich eine systematische Bewirtschaftung durch.[29]

Das Land war in der Hand freier Bauern und größerer Gutsbesitzer, den Grundherren, die auch herrschaftliche Befugnisse über die auf ihrem Land lebenden Menschen hatten. Vor allem ab dem 9. Jahrhundert wurde ein Teil des Landes, das zum Herrenhof gehörte, an Bauern verliehen. Diese Einheiten hießen Hufen oder Huben (von dort kommt auch der Name Huber). Das geliehene Land reichte zur Versorgung einer Familie aus. Die Pächter schuldeten dafür neben der Abgabe von Naturalien Dienste auf dem Herrenhof, vor allem während der Saat und der Ernte. Waren die Pächter unfrei, übernahm der Herr für sie Schutzfunktionen und die Vertretung vor Gericht sowie den Kriegsdienst.[30]

Den Menschen standen zunächst nur einfache Hakenpflüge zur Verfügung, die die Erde lediglich oberflächlich aufrissen. Generell waren die Äcker schnell erschöpft, sodass man einen Teil des Bodens brach liegen und dort zur Düngung Vieh weiden ließ. Erst ab dem 9. Jahrhundert verbreitete sich mit der Dreifelderwirtschaft nach und nach eine rationalere Bewirtschaftungsform, die sich allerdings erst im hohen Mittelalter allgemein durchsetzte. Was die Erträge anbelangt schätzt man, dass pro Hektar 600-800kg Getreide und damit etwa das Drei- bis Vierfache der Aussaatmenge erzielt wurde. Da es weder Mineraldünger noch Pflanzenschutz gab, schwankten die Erträge zwischen guten und schlechten Böden und guten und schlechten Jahren erheblich um diesen Mittelwert. Schädlinge verwüsteten immer wieder ganze Landstriche. Für die Jahre 593 und 873 gibt es Berichte über Heuschreckenschwärme in Süddeutschland. In schlechten Jahren konnte die Ernte auch ausfallen.[31] Mangel war Alltag, wohl jeder Mensch hatte zumindest ein Mal in seinem Leben eine Hungersnot mitgemacht. Die Situation der Landwirtschaft erklärt, warum es nur so wenige städtische Siedlungen gab. Die Landwirtschaft war nicht in der Lage, ausreichend Überschüsse zu produzieren, um eine größere Anzahl von Menschen in einer Stadt zu ernähren.

6. Handwerk und Handel

Die arbeitsteilige Wirtschaft der Spätantike war im frühen Mittelalter weitgehend zusammengebrochen. Es wurde einfach zu wenig Nahrung produziert, um eine größere Anzahl von Menschen zu versorgen, die nicht von der Landwirtschaft, sondern vom Handwerk hätten leben können. Jeder musste selbst die Nahrung produzieren, die er benötigte. Eine arbeitsteilige Wirtschaft war daher nicht möglich. Außerdem konnte es sich die Masse der Bevölkerung nicht leisten, Nahrung gegen höherwertiges Geschirr, Kleidung oder Möbel einzutauschen. Es war zu wenig Überschuss zum Tauschen vorhanden. Die produzierte Nahrung wurde für den eigenen Bedarf benötigt. Lediglich in Bereichen, in denen man auf Spezialisten nicht verzichten konnte, nämlich auf Schmiede zur Herstellung von Eisengeräten oder Zimmerleute für den Hausbau, lässt sich eine größere Zahl von Handwerkern feststellen. Es gab daher keine Massenproduktion von Gegenständen des täglichen Bedarfs, die dann im ganzen Land hätten verteilt werden können. Handel in größerem Umfang oder über weitere Strecken wurde deswegen kaum mehr getrieben. Die Produktion verlagerte sich zu den Klöstern und an die wenigen präurbanen Zentren, nämlich die Bischofssitze und Herzogsresidenzen, in denen die Erzeugnisse der Handwerker auch gleich verbraucht wurden. In weiten Bereichen des Handwerks lagen die Fähigkeiten und Fertigkeiten unter dem Niveau der römischen Zeit. Manche Berufszweige verschwanden völlig. Lediglich im Bereich der (Gold-)Schmiedekunst gab es technologische Neuerungen über den römischen Standard hinaus. So waren die Schwertklingen der Bajuwarenzeit den römischen Vorläufern überlegen.[32]

Damit fielen auch mögliche Tauschgüter für den Fernhandel weitgehend weg. Lediglich Salz war nennenswertes Exportgut. Ein Zentrum der Salzproduktion war Bad Reichenhall. Die Salzgewinnung scheint ihren Aufschwung mit dem Auftreten der Bajuwaren genommen zu haben, was daran liegen könnte, dass nun kein Meersalz, zum Beispiel von der Adria, mehr bezogen werden konnte.[33] Das Salz wurde über Passau und Regensburg exportiert. In geringem Umfang importierte man Luxusgüter wie byzantinisches Bronzegeschirr, Kaurischnecken aus dem Roten Meer und Glas aus dem Westen. Der Fernhandel wurde auf Flüssen und Römerstraßen abgewickelt. Letztere verbanden Bayern mit Italien.[34] Handelswege in den Bereich der Südostalpen sowie in das langobardische

Norditalien lassen sich nachvollziehen. Verbindungen in den Westen waren weniger stark ausgeprägt.[35]

In der Karolingerzeit intensivierte sich der Handel wieder. Vor allem die Donau wurde eine wichtige Route für den bayerischen Fernhandel, der sich wohl bis Kiew erstreckte. Eine bedeutende Straße verlief von Mainz über Regensburg nach Süden. Aus Bayern wurden nun neben Salz vor allem hochwertige Handwerkserzeugnisse geliefert.[36]

Da die Bajuwaren kein eigenes Geld prägten, dominierte die Tauschwirtschaft. Erst in der Karolingerzeit setzte wieder Münzprägung ein. Münzen unterschiedlicher Herkunft dienten im frühen Mittelalter zur Aufbewahrung des Vermögens und zum Erwerb ausländischer Luxusgüter, wurden jedoch vor allem als Rohstoff für Goldschmiedearbeiten verwendet.[37]

Als Fazit lässt sich feststellen, dass keine arbeitsteilige Wirtschaft existierte, die eine größere Zahl von Handwerkern und Händlern hervorbringen konnte und damit ein städtisches Wirtschaftsleben ermöglicht hätte.

7. Herrschaft und Gesellschaft

An der Spitze des Herzogtums in der Bajuwarenzeit stand der Herzog. Allerdings fehlten eine Staatsidee, wie im römischen Reich mit den Idealen öffentliche Sicherheit und Gemeinwohl, sowie weitgehend die staatlichen Strukturen. Es existierte noch kein abstrakter Staatsbegriff, kein Denken in Rechten und Kompetenzen. Das Herzogtum/Reich war ein Personenverband, auf den Herzog/König hin orientiert, das dort existierte, wo der Herzog/König seine Macht zur Geltung bringen konnte. Es hatte keine Organe, war kein Rechtsträger und auch nicht von der Person des Herzogs/Königs unabhängig - ein Zustand, der noch für Jahrhunderte andauern sollte.

Die Autorität des Herzogs gründete auf der Tradition, nämlich seiner Abstammung aus einer Familie, die sich auf einen anerkannten, weit in der Vergangenheit lebenden Urahnen zurückführen konnte und das Herzogsamt lange innegehabt hatte, sowie in einer kriegerischen Zeit auf militärischen Erfolgen. Zeichen der Herrscherwürde waren Thron und kostbare Gewänder, Geschenke oder Gastmähler. Diese zeigten die herzogliche/königliche Stellung. Zeichen, Gesten und Rituale dokumentierten Herrschaftsakte, wiesen die Stellung im Personenverband zu. Herrschaft äußerte sich in diesen Symbolen, nicht in schriftlichen Akten oder schriftlich niedergelegten Kompetenzen. Eine weitere Machtbasis neben dem Landbesitz bildeten die Anhänger und Verwandten des Königs. Mit dem Christentum konnte eine

zusätzliche Legitimationsquelle für Herrschaft gewonnen werden, nämlich der Wille Gottes. Die Kirche sakralisierte und legitimierte so Herrschaft.[38] Dem Herzog standen Grafen zur Verfügung, die für ihn Herrschaft ausübten. Ein Steuersystem, dessen Einnahmen den Herzog und seine Leute finanzieren konnten, existierte nicht. Der Herzog lebte von den Erträgen seines Herzogsguts. Als Entlohnung wurde den Grafen Herzogsgut zur Bewirtschaftung überlassen. Problematisch war nun, dass die Grafen dazu neigten, ihre Position in der Familie weiterzuvererben und das ihnen überlassene Gut als Eigentum anzusehen (wobei es den Zeitgenossen grundsätzlich oft schwer fiel, Privatgut und öffentliches Gut voneinander zu trennen). Vor allem im 8. Jahrhundert entwickelte sich eine Führungsschicht, der Adel. Dieser unterschied sich, von Geburt aus, von den anderen Freien und beanspruchte für sich die herausgehobenen politischen und kirchlichen Ämter. Auf der Synode von Dingolfing (ca. 770) musste Herzog Tassilo III. zugestehen, dass alle Güter, die Herzog Tassilos Vorfahren an Adelige verliehen hatten, in der Verfügungsgewalt der Adeligen und ihrer Nachkommen bleiben sollten, solange diese dem Herzog treu und gewissenhaft dienten. Die Adeligen versuchten, ihre Macht auszuweiten und betrachteten zunehmend die vom Herzog übertragenen Kompetenzen als eigene. Sie wurden so immer stärker von ausführenden Organen des Herzogs zu eigenständigen Akteuren und dadurch auch zu seinen Gegenspielern. Diese Gruppe begann nun auch, herrenloses Land in Besitz zu nehmen, Landesausbau in ihren Ländereien und eine eigene Politik zugunsten ihrer eigenen Interessen zu betreiben. Es entwickelte sich so eine kleine Gruppe von mächtigen Familien, auf die sich der Herzog stützen konnte, die aber vor allem ab Mitte des 8. Jahrhunderts auch in Gegnerschaft zu ihm geriet und mit der er die Macht im Herzogtum ausübte. Dieser Personenverband verkörperte den „Staat". Ein Herrscher konnte nur aufgrund der Loyalität der Großen regieren. Verlor er diese, war seine Position unhaltbar, wie das Schicksal Odilos und vor allem Tassilos zeigt. Generell scheint sich der Adel im Verlauf des 8. Jahrhundert zumindest zu einem nicht unerheblichen Teil am Frankenreich orientiert zu haben und zu einer Stütze der fränkischen Herrschaft geworden zu sein.[39]
In der Karolingerzeit, vor allem zu deren Ende, verstärkte sich die Tendenz, dass die regional bedeutenden Adelsfamilien königliche Rechte, Herrschaftsbefugnisse und Land übernahmen und weiter vererbten. Selbst als zu den Höhepunkten der Karolingerzeit die fränkischen Könige eine vergleichsweise straffe zentrale Herrschaft mittels Boten, sogenannten missi, ausübten, mussten sie auf diesen lokalen Adel zurückgreifen und damit

dessen Positionen anerkennen. Die Adeligen stellten nicht nur die Kontingente im Heer, sondern zogen meist selbst an der Spitze ihrer Truppen in den Kampf.[40] Aber auch untereinander standen die adeligen Familien in Konflikt. Jeder Aufbau und Ausbau von Herrschaft schuf Neid, Streit und Gegenreaktionen. Gewalt war durchaus auch ein Mittel der Politik. Trotz aller Loyalitäten und verwandtschaftlicher Verbundenheiten misstraute jeder jedem.[41]

Keimzelle der Gesellschaft des frühen Mittelalters war die Großfamilie. Diese verfügte über das Land - die wirtschaftliche Ressource schlechthin -, war Versorgungseinheit und bot ihren Mitgliedern Hilfe, Schutz und soziale Absicherung. Die Bedeutung der Sippe zeigt sich auch darin, dass die Ortsnamen der Frühzeit häufig aus einem Personennamen und der Silbe -ing zusammengesetzt waren.[42]

Ursprünglich war die Gesellschaft wohl im Wesentlichen zweigeteilt, in Freie und Unfreie. Eine Möglichkeit für den wirtschaftlichen und sozialen Aufstieg war die Nähe zum Herzog, seine Unterstützung und (Kriegs-) Dienste für ihn, die mit Land belohnt wurden. Die Freien, denen dies besonders gut gelang, konnten in den Adel aufsteigen. Diese Gliederung fächerte sich bis zur zweiten Hälfte des 8. Jahrhunderts weiter auf. Allerdings sagt die Eigenschaft „frei" nichts über die soziale Situation aus. Ab dem 8./9. Jahrhundert zeigt sich die Tendenz, dass einige wenige Freie in den Adel aufstiegen, während viele Freie wohl (wirtschaftlich) abgestiegen zu sein scheinen.[43]

Der von den Freien auszuübende Kriegsdienst war, was Waffen und Ausrüstung anbelangt, aber auch wegen der Tatsache, dass während der Kriegszüge und Heerschauen der Krieger nicht als Arbeitskraft auf dem Hof zur Verfügung stand, sehr teuer. Immer weniger freie Bauern konnten sich daher den Kriegsdienst überhaupt leisten.[44] Ab dem 9./10. Jahrhundert entwickelte sich nach und nach ein Bauernstand aus den Personen, die ein Stück Land bebauten, aber keine Waffenträger mehr und nicht zum Kriegsdienst verpflichtet waren. Dies hängt mit einer Änderung in der Wehrtechnik zusammen, nämlich dem Übergang von einem Heer von Fußsoldaten, das zumindest in der größeren Region kämpfte, zu einem Reiterheer, das auf weit entfernt liegenden Kriegsschauplätzen eingesetzt wurde. Die Ausrüstung eines Reiters war bedeutend kostenintensiver als die eines Fußsoldaten, gleichzeitig bedeuteten Kriegszüge in ganz Europa lange Abwesenheit des Kriegers von der Heimat. Zahlreiche Freie zogen es nun vor, auf den Waffendienst zu verzichten, sich ganz der Landwirtschaft zu widmen und sich des Schutzes eines Kriegers gegen Zahlung einer jährlichen Abgabe zu versichern.[45]

8. Kirche

In den römischen Provinzen war, so geht es aus der Vita des heiligen Severin hervor, das Christentum bereits weit verbreitet. Es existierte schon eine Kirchenorganisation in Form von Bistümern (So war der heilige Valentin Bischof von Raetien).[46] Während die Organisationsstrukturen beim römischen Rückzug untergingen, haben sich über die Völkerwanderung hinweg Inseln des Christentums erhalten. Die Verehrung der Heiligen Florian, Maximilian und Valentin deutet auf römisch überliefertes Christentum hin. Solche Inseln fanden sich vor allem an der Donau, im Alpenraum, in Tirol und um Salzburg. Allerdings war ihre Ausstrahlungskraft gering, sodass Mission und Neuorganisation nötig wurden.[47]

Neben Landbesitz und Gefolgsleuten wurde die Kirche ein wichtiges Element, um Herrschaft abzusichern, auszuüben und zu legitimieren. Die mit der Christianisierung entstehenden kirchlichen Strukturen verschafften bis zu einem gewissen Grad einen Ausweg aus dem Dilemma, dass der Herzog einerseits von den adeligen Familien abhängig war, andererseits diese immer wieder in Gegnerschaft zu ihm traten. Die Herzöge banden früh Bischöfe und kirchliche Würdenträger an sich und versuchten, eine eigene, von ihnen beherrschte Landeskirche aufzubauen. Bischöfe wurden wichtige Berater und Amtsträger des Herzogs. Spätestens seit der Karolingerzeit waren sie bedeutende Stützen bei der Verwaltung des Landes. Außerdem sammelte sich in den Bischofssitzen über die dort beschäftigten Kleriker Wissen an, das damit auch den Herzögen zur Verfügung stand. Nicht zuletzt leiteten die Bischöfe die Kirchenorganisation und hatten so Zugriff auf den kirchlichen Besitz und die Menschen im Land. Je weniger sich also der Herzog auf weltliche Kräfte stützen konnte, desto mehr gewann die Kirche als Stütze der Herrschaft an Bedeutung. Dies war ein Grund, warum den bayerischen Herzögen so stark an einer eigenen Kirchenorganisation gelegen war. Reich und Kirche, weltliche und geistliche Herrschaft waren nicht getrennt, sondern miteinander verschränkt. Der Herrscher verstand sich als Teil der Kirche, verantwortlich für sie. Es galt das Reich nach christlichen Grundsätzen zu strukturieren und zu regieren. Die Welt sollte christlich werden. Wie sehr kirchlicher und weltlicher Bereich verwoben waren, zeigen die Landessynoden der Tassilozeit, auf denen sich weltliche und geistliche Große versammelten und Entscheidungen im kirchlichen und weltlichen Bereich trafen.[48]

Schließlich darf ein religiöser Aspekt nicht vernachlässigt werden: Klöster, Bischöfe und Priester galten als Mittler zu Gott, die durch ihre persönliche Beziehung zum Göttlichen für die Menschen im Diesseits und Jenseits nützlich sein konnten. Die Gründung eines Klosters, dessen Beschenkung oder der Bau einer Kirche und die Bezahlung eines Priesters verschafften dem Stifter einen persönlichen Mittler zu Gott, der sich dann durch Gebet ganz besonders für seinen Wohltäter einsetzen sollte. Der Stifter konnte sich so auch des göttlichen Schutzes versichern, sich unter den besonderen Schutz Gottes stellen.[49]

Im 6. Jahrhundert gibt es erste Hinweise, dass zumindest die bayerischen Herrscher Christen waren. Bald dürften Führungsschicht und Funktionsträger ebenfalls christlich gewesen sein, während zumindest Teile der Bevölkerung wohl noch heidnisch waren oder Mischformen anhingen. Ab dem 7. Jahrhundert waren in Bayern Missionare tätig, zunächst ab 615 iro-fränkische Mönche, an der Wende zum 8. Jahrhundert fränkische Bischöfe wie Rupert, Emmeram, Erhard und Korbinian. Die Kirche integrierte bei den Missionsbemühungen teilweise heidnische Kulte - so entstanden an manchen alten Heiligtümern Kapellen oder Kirchen. Die Herzöge stützten und förderten diese Mission.[50]

Einige wenige spätantike Kirchenbauten könnten die Völkerwanderungszeit überstanden haben. Es handelt sich jedoch um Einzelfälle, die bei der erneuten Christianisierung des Landes kaum mehr Bedeutung haben konnten. Vielleicht ist es schon im 6. Jahrhundert zu ersten Neubauten gekommen. Um 715 stand auf dem Domberg in Freising bereits eine Pfalzkapelle St. Marien. Im 8. Jahrhundert werden dann immer wieder Kirchenbauten erwähnt. Die ersten Kirchen waren oft aus Holz. Der Dom in Freising dürfte um die Mitte des 8. Jahrhunderts bereits dreischiffig gewesen sein. In der Ottonenzeit (919-1024) wurden vor allem in Regensburg monumentale Sakralbauten errichtet, so der Vorgängerbau des heutigen Doms, Obermünster und der Westbau von St. Emmeram.[51]

Bereits 716 gab es im Zuge der Selbständigkeitsbestrebungen der bayerischen Herzöge Pläne für eine Bistumsorganisation in Bayern, die jedoch wahrscheinlich am Streit innerhalb der Herzogsfamilie scheiterten, sodass erst 739 die Bistümer Freising, Passau, Regensburg und Salzburg vom Missionsbischof Bonifatius (ca. 673-754/755) eingerichtet wurden. Der Aufbau einer eigenen Kirchenorganisation zeigte die Anerkennung der eigenständigen Herrschaft des bayerischen Herzogs durch den Papst.[52]

Gleichzeitig hofften die Herzöge, die Bischofsstellen mit ihren Gefolgsleuten besetzen und so ihre Macht absichern zu können. Allerdings gelang dies bald auch den großen Adelsfamilien. Adelige Abkunft war meist eine Voraussetzung für die Berufung (so in Freising, dem 906 ausnahmsweise die freie Bischofswahl zugestanden worden war). Nur selten wurden Nichtadlige Bischöfe, eine Entwicklung, die bis zum Ende der alten Reichskirche 1802/1803 andauerte. Zeitweise gelang es einzelnen Familien sogar, über mehrere Jahrzehnte Angehörige ihrer Familien als Bischöfe in einem Bistum zu etablieren. Ein besonderes Beispiel hierfür ist das Bistum Freising, das von 764 bis 854, vielleicht sogar bis 883 in der Hand der bayerischen Adelssippe der Huosi war, die damit auch die Politik in diesem Raum bestimmte.[53]

9. Klöster

Auch Klöster wurden zur Unterstützung der Herrschaft herangezogen. Wenn ein Herzog ein Kloster gründete, schuf er damit einen herzoglichen Stützpunkt. Auf dessen Ressourcen konnte er zum Beispiel bei Reisen zurückgreifen, wenn das Kloster ihn und sein Gefolge aufnahm. Er unterstrich damit auch seinen Herrschaftsanspruch auf ein bestimmtes Gebiet. Außerdem konnte der Herzog mit einer Klostergründung den Landesausbau fördern. Die Mönche rodeten und kultivierten Land, übernahmen Infrastrukturmaßnahmen wie den Brückenbau und gaben handwerkliche Fähigkeiten und landwirtschaftliche Kenntnisse an die Menschen der Umgebung weiter. Die Konvente waren Zentren von Wissen und Kunst. Klöster wurden daher das Mittel schlechthin für Erschließung und Kultivierung des Landes.[54] Sie waren deswegen nicht nur Orte für das Seelenheil und als Grablegen Orientierung für das Jenseits. Sie stellten auch wirtschaftliche und intellektuelle Zentren dar. Damit erfüllten sie zum Teil Funktionen, die im hohen und späten Mittelalter von den Städten übernommen wurden.

Wegen ihrer Bedeutung für den Landesausbau erhielten die Klöster oft Land an Verkehrswegen, zum Beispiel den alten Römerstraßen. Außerdem übertrug man ihnen Urwald und Sumpfgebiete zu Rodungszwecken. Die Konvente wurden durch diese Schenkungen zu Großgrundbesitzern und scheinen das Land sehr zielstrebig und systematisch kultiviert und ausgebaut zu haben. So waren sie stark an der Besiedelung des Landes beteiligt. Die bayerischen Klöster waren besonders in der Ostmission und der Besiedelung der Ostgebiete (Österreich) tätig.[55]

Ein Kloster war, je nach Größe, ein mehr oder weniger umfangreicher und komplexer Wirtschaftsbetrieb mit Werkstätten, Ställen, Scheunen und Speichern. Um die große Anzahl von Personen (Konvente von 50-100 Mitgliedern dürften vielfach realistisch gewesen sein) zu versorgen, war eine systematische, gut organisierte Landwirtschaft nötig. Das an die Klöster gestiftete Land bewirtschafteten die Konvente zum Teil selbst, teilweise übergaben sie es Bauern gegen Abgaben zur Nutzung. Soweit Klöster ihre Ländereien selbst bewirtschafteten, setzten sie in gewissem Umfang Laien ein. Außerdem beschäftigten sie Handwerker. Aus außerbayerischen Klöstern wissen wir, dass dort spezialisierte Handwerker wie Maurer, Zimmerleute, Schuster, (Gold-)Schmiede, Erzgießer und Müller tätig waren. Diese siedelten sich um die Klöster an. Die Klöster wurden so zu Orten, an denen sich Kenntnisse über Landwirtschaft und Handwerkstechniken sammelten.[56]

Klöster waren auch Zentren kultureller Leistungen. Die Kirchen der Konvente waren oft wertvoll ausgestattet. Viele Klöster hatten neben Bibliotheken auch Schreibstuben. In den klösterlichen Werkstätten entstanden bedeutende Werke der Buchmalerei und der Literatur. Zumindest am Anfang besaßen die Klöster das Monopol der Schriftlichkeit. Priester benötigten die Heilige Schrift, Messtexte, Kommentare und Schriften der Kirchenlehrer für Seelsorge und Mission.[57]

Hinzu kam, dass Klöster über Gelehrte und damit auch über einen enormen Schatz an Wissen verfügten. Die frühmittelalterlichen Klöster überlieferten in ihren Schreibstuben im Wesentlichen das uns heute bekannte Wissen der Antike, vor allem die Werke der griechischen und römischen Schriftsteller. Diesen Schatz konnten die weltlichen Herrscher für sich nutzbar machen. Ihre Herrschaft konnte historisch legitimiert, Recht in ihrem Sinne definiert werden. Gleichzeitig bestimmten die christlichen Gelehrten, von denen ja sämtliche schriftlichen Werke verfasst wurden, das Bild der Epoche und der Herrscher. Sie prägten damit auch die Vorstellung, die sich die Nachwelt von den jeweiligen Herrschern machen würde, ein wichtiger Faktor in der Erinnerungskultur des frühen Mittelalters. Gleichzeitig konnten die kirchlichen Gelehrten auch Traditionen begründen, um ihre gesellschaftliche Stellung oder die ihres Klosters oder Bischofssitzes zu stärken und zu legitimieren. So unternahmen es Äbte und Bischöfe, die Lebensbeschreibungen von Ortsheiligen zu verfassen (oder zu lassen), um so den jeweiligen Heiligenkult zu verbreiten aber auch, um die Bedeutung ihres Patrons herauszustellen und so dem eigenen Kloster/Bistum Bedeutung und Tradition zu verschaffen. Beispielsweise hat der Freisinger Bischof Arbeo

(764-783) eine Lebensbeschreibung des heiligen Korbinian, des Bistumsheiligen, verfasst.
Die Mönche überlieferten auch historische Ereignisse und Wissen über Alltagsleben und soziale Struktur. Besonders bedeutend sind in dieser Hinsicht die Schreibstuben in Freising. Hier entstanden auch viele der Urkunden, Geschichtswerke, Heiligenlegenden, Gedichte und Rechtsbücher, aus denen wir schriftliche Kenntnisse aus der Zeit der Bajuwaren haben. Hinzu kamen, vor allem in der Karolingerzeit, Rechtstexte und Besitzverzeichnisse.
An Wissen und Argumentationstechnik war den kirchlichen Gelehrten niemand ebenbürtig. Weltliche Gelehrte gab es noch nicht. In den Klöstern entwickelte sich durch systematischen Unterricht und das Studium der philosophischen Texte der Antike und der Schriften der Kirchenväter auch ein neues systematisches und logisches Denken und eine Intellektualität, die es ermöglichte, die Welt besser zu erfassen und systematisch zu verstehen und Probleme zu lösen.
Die Klöster vermittelten aber nicht nur antike Bildung, sondern beschäftigten sich in Ansätzen auch mit althochdeutscher Sprache und überlieferten, wenn auch in sehr kleinem Umfang, germanische Traditionen. In Freising beschäftigte man sich besonders intensiv mit althochdeutscher Literatur.[58]
Außerdem waren Klöster Zentren der Heilkunst. In den Klöstern wurde das Wissen der Ärzte der Antike weitergegeben, hier konnten Krankheiten am besten behandelt werden.
Klöster und Bischofssitze waren eng und intensiv miteinander vernetzt. Bücher wurden zum Abschreiben versandt, Mönche reisten zu anderen Bibliotheken, um Bücher zu kopieren, Bischöfe und Mönchen tauschten Briefe aus. Es gab Wanderkünstler (Mönche), die ihre Tätigkeit an verschiedenen Orten ausübten. Klöster nahmen Gäste und Pilger auf und hatten so Teil am Wissen der Welt, wurden zu Sammelpunkten von Informationen und Nachrichten. Sie wurden zum Schnittpunkt und Schmelztiegel der Kulturen. In der bildenden Kunst, aber auch in den schriftlichen Werken lassen sich spätantike, oberitalienische, byzantinische, fränkische und iro-schottische Elemente nachvollziehen.[59]
Außerdem waren Klöster Bildungsanstalten, in denen im Gegensatz zur weltlichen Ausbildung, in der der Schwerpunkt eindeutig auf der Vermittlung von Kampftechniken lag, Fähigkeiten wie Lesen und Schreiben weitervermittelt wurden.[60]

Das Kloster entwickelte sich aber oft auch zu einem sakralen Zentrum der Stifterfamilie. Es existierten Gedenkbücher für die Verstorbenen des Konvents und der Stifterfamilien, um die Erinnerung an diese Personen wachzuhalten und Familientraditionen zu begründen, die ihrerseits wiederum Legitimation für die eigene Herrschaft bedeuteten.[61]
Schließlich waren Klöster Versorgungsanstalten. Immer wieder zogen sich die Alten der Stifterfamilien am Ende ihres Lebens in ein Kloster zurück.[62]
Nicht unterschätzt werden darf die Tatsache, dass Klöster in der gewalttätigen Zeit des frühen Mittelalters Orte des Friedens darstellten. Gerade in einer kriegerischen Epoche hatten die Klöster insoweit auch eine wichtige sakrale Funktion. Die Mönche sollten durch ihr Gebet Gott trotz der Sünden der Menschen versöhnlich stimmen. Für die Zeitgenossen waren Klöster daher „Oasen des Friedens und Brücken zur Ewigkeit".[63]
In diesen diversen Funktionen eines Klosters liegen auch die Ursachen für ihre Gründung.
In Bayern könnten sich einige spätantike Mönchszellen erhalten haben, die jedoch kaum in der Lage gewesen sein dürften, Impulse zu geben. In größerem Umfang kam Bayern im 7. Jahrhundert in Kontakt mit der Idee mönchischen Lebens, als, vom Kloster Luxeuil in Burgund aus, iro-fränkische Mönche wie der heilige Eustasius auch in Bayern missionierten. Vielleicht ist bereits in dieser Zeit das Kloster Weltenburg errichtet worden. Erst im 8. Jahrhundert kam es dann zu mehreren Klostergründungswellen in Bayern durch den Herzog und große Adelige, die die Klöster zum Seelenheil und aus weltlichen Überlegungen heraus stifteten, ausstatteten und förderten. Zunächst scheinen vor allem die Herzöge und Bischöfe Klostergründer gewesen zu sein. Die ersten Konvente waren St. Emmeram in Regensburg, errichtet spätestens 715/716, eventuell schon 652 und Weihenstephan, gegründet von Korbinian wohl noch vor 725.[64]
Herzog Odilo (739-748) gründete sieben Klöster, von denen jedoch nicht alle in Bayern lagen. Neben religiösen dürften hier vor allem politische Gründe eine Rolle gespielt haben. Odilo hatte, wie auch sein Nachfolger Tassilo, das Bestreben, angesichts der drohenden fränkischen Übermacht die eigene Position zu stärken. Tatsächlich sollte es nämlich den Karolingern bis 788 gelingen, große Teile des bayerischen Adels und der hohen Geistlichkeit auf ihre Seite zu ziehen.[65] Odilo begann nach seiner Rückkehr vom fränkischen Hof 741, an den er nach einer Adelsrevolte hatte flüchten müssen, sich intensiv mit der Gründung und der Ausstattung von Klöstern zu beschäftigen, ein Zeichen, dass er damit versuchte, seine Stellung nach innen zu festigen. Nach seiner Rückkehr vom fränkischen Hof scheint Odilo

eine dezidiert antifränkische Politik verfolgt zu haben. Diese hatte wohl nicht zuletzt den Hintergrund, dass im Rahmen von Thronstreitigkeiten am fränkischen Hof, in die Odilo eingegriffen hatte, Bayern 743 teilweise von fränkischen Truppen besetzt worden war.
Seit dem Tod Herzog Odilos wurde auch der Adel ein wichtiger Klostergründer. Motive waren ein neues christliches Selbstverständnis aber auch der Wille, Macht und Ansehen zu demonstrieren und Herrschaft zu legitimieren. Die Adelsclans versuchten, mittels Klostergründungen ihre Eigenständigkeit gegenüber den Agilolfingern zu dokumentieren. In diesen Jahrzehnten kam es zu einer Mischung aus Konkurrenz und Kooperation zwischen Adel und Herzog bei der Gründung der Klöster. Einerseits errichtete man diese zur Abgrenzung von Einflusssphären, gleichzeitig statteten Herzog und Adel die Konvente des jeweils anderen mit Gebietsübertragungen aus. Dies ist ein Symptom für den Wechsel zwischen Konflikt und Kooperation im Verhältnis zwischen Herzog und adeligen Familien. Trotz Ansätzen zu einer Kooperation scheint es unter der Herrschaft von Tassilo III. (748-788) einen regelrechten Wettkampf zwischen Herzog und Adel in der Frage der Klosterstiftungen gegeben zu haben. Tassilo III. errichtete und förderte Klöster in großem Umfang. In seiner Regentschaft setzte eine regelrechte Gründungswelle ein. Er selbst gilt als Stifter zahlreicher Klöster, auch wenn die Details teilweise unsicher sind. Gleichzeitig traten aber auch Adelige als Klostergründer auf. Vor allem im Westen des Herzogtums errichtete der frankenfreundliche Adel Klöster und stärkte so den fränkischen Einfluss, im Osten, als Gegengewicht zu dieser Entwicklung, der Herzog. Beide Gruppen waren sehr aktiv, beim Sturz Tassilos gab es in Bayern über 50 Klöster.[66]
Diese wurden vor allem an Flüssen – Donau, Lech, Inn, Altmühl - und an den Seen im Voralpenland (so Tegernsee, Schliersee oder Chiemsee) gegründet. So entstanden an der Isar zum Beispiel Schäftlarn und Moosburg.[67]
Interessant sind die weiten Verbindungen der bayerischen Klöster: Niederaltaich wurde stark von Mönchen von der Reichenau beeinflusst, Mondsee könnte Kontakte nach Montecassino gehabt haben. Beweise für die Verbindungen sind die Verbrüderungsbücher (Namenslisten, um der genannten Personen im Gebet gedenken zu können) der Reichenau und von St. Peter in Salzburg. Im Verbrüderungsbuch der Reichenau sind die Listen der Klöster Mondsee, Mattsee, Chiemsee, Niederaltaich und vielleicht auch Metten aufgeführt.[68]

Die Klöster waren unterschiedlich groß. Das Kloster St. Peter in Salzburg hatte nach seinem Verbrüderungsbuch im Jahr 784 bereits 124 verstorbene Klosterangehörige, Kloster Mondsee hatte nach dem Reichenauer Verbrüderungsbuch 73 Mönche und Herrenchiemsee etwa 75. Großklöster wie in St. Gallen, auf der Reichenau, in Lorsch und Fulda (mit 1000 Mönchen zur Fuldaer Blütezeit) gab es in Bayern jedoch nicht.[69]

In der Karolingerzeit wurde die Bistumsorganisation ausgebaut, und die Rolle des Bischofs gestärkt, der nun auch für weltliche Reichsdienste herangezogen werden sollte. Im Zuge dieser Entwicklungen verloren viele Klöster ihre Selbständigkeit und wurden den Bistümern übertragen, in denen sie lagen.

Die Ungarneinfälle zu Beginn des 10. Jahrhunderts stellten eine tiefe Zäsur dar, die kulturelle Tätigkeit ging zurück. Erhebliche Schäden sind zum Beispiel aus Weihenstephan oder Benediktbeuern überliefert.[70]

II. Moosburg

1. Kloster und Stift[71]

Auf der Synode von Dingolfing, einer Versammlung der weltlichen und geistlichen Würdenträger des Herzogtums Bayern, zu datieren auf 769/770, wird ein Abt Reginperht des Klosters Moosburg erwähnt.[72] Es handelt sich dabei um die erste Nennung des Ortes.

Über das frühmittelalterliche Benediktinerkloster sind wir nur schlecht informiert. Vor allem die Gründungsphase liegt im Dunkeln. Ein Gründungsbericht oder eine entsprechende Urkunde sind für das Kloster Moosburg nicht vorhanden, ebenso wenig eine Gründungssage. Dennoch kann man aufgrund verschiedener Tatsachen die Entstehung des Klosters auf die 750er Jahre eingrenzen:

Ausgangspunkt für die Überlegungen ist die Person des Abts. Bei Reginperht muss es sich um den ersten Abt des Klosters handeln. Im Salzburger Verbrüderungsbuch von 784, das die Mitglieder und die Verstorbenen des Moosburger Konvents aufführt, wird nämlich nur Reginperht als Abt bezeichnet.[73] Abt Reginperht ist bis 811 in Urkunden belegt, sodass seine Amtszeit nicht vor ca. 750 begonnen haben dürfte.[74]

Andererseits nennt das Salzburger Verbrüderungsbuch ca. 400 Namen von Mitgliedern und Gönnern des Moosburger Klosters, wobei von den Klostermitgliedern bereits 50 als verstorben aufgeführt sind. Um diese beträchtliche Zahl zu erreichen, war eine gewisse Zeit nötig, so dass die Klostergründung deutlich vor 769/770 erfolgt sein muss.[75]

Was den Gründer oder die Gründerfamilie anbelangt, werden verschiedene Theorien vertreten. Man hat Abt Reginperht als Mitglied der alten bajuwarischen Adelsfamilie der Fagana identifiziert und geht deswegen von einer Faganagründung aus.[76] Andere rechnen Reginperht der bajuwarischen Sippe der Huosi zu.[77] Teilweise wird Moosburg als „Hauskloster" der Aribonen bezeichnet.[78] Man vermutet auch Herzog Tassilo oder die Familie der Agilolfinger als Klostergründer.[79] Aufgrund der spärlichen Quellenlage kann zwar die Frage nach dem Stifter nicht eindeutig beantwortet werden, jedoch sprechen verschiedene Indizien für die Herzogsfamilie oder Tassilo selbst als Gründer.[80]

Grundlage für diese Erwägungen ist die Lage des Klosters. Die Klostergebäude befanden sich wohl am Kastulusplatz und auf dem Gebiet des heutigen Münsters. Während die Klostergebäude, wie in der Zeit üblich, vermutlich aus Holz errichtet wurden, war die Kirche schon aus Stein.[81]

Die Lage ganz am nördlichsten Rand des Stadtberges lässt sich damit erklären, dass das Kloster nicht frei auf dem Areal angelegt werden konnte, sondern dass sich auf dem Stadtberg bereits etwas befand. Wahrscheinlich handelt es sich dabei um einen Gutshof in herzoglichem Besitz.[82] Sowohl topographische als auch geographische Gründe sprechen für die Existenz solch eines Herzogshofs auf dem Stadtberg. Dieser Hof stellte einen Stützpunkt am Zusammenfluss von Isar und Amper dar. Von dort aus konnten sowohl das Ampertal als auch das Isartal erreicht und beherrscht sowie der Übergang über beide Flüsse gesichert werden. Außerdem kontrollierte er einen wichtigen Verkehrsknotenpunkt bestehend aus den Straßen, die die Herzogsorte Neuching und Moosinning sowie Altenerding und Langenpreising miteinander verbanden und dann über die Isar nach Regensburg oder Straubing weiterführten. Moosburg war von diesen Höfen aus auch mit Gefolge bequem in einem Tag zu erreichen. An der heutigen Michaelskirche trafen sich außerdem zwei Handelsstraßen. Eine, die von Freising über die Münchener und die Thalbacher Straße über die Amper führte und eine, die über den heutigen Westerberg auf die Michaelskirche zulief.[83] Außerdem reiht sich Moosburg in eine Kette von herzoglichen Höfen ein, die sich von Aschheim im Süden über Neuching und Ding bis Langenpreising im Norden als Sperrriegel gegen den vom Adel beherrschten Westen entlang der Isar zieht - Moosburg schließt die Lücke zwischen Ding und Langenpreising.[84] Auch topographisch war die Lage Moosburgs für einen Herzogshof ideal. Auf einem leichten Höhenrücken gegen Hochwasser geschützt, gleichzeitig über den Baumwipfeln gelegen, was beides die Landwirtschaft erleichterte.[85] Nicht zuletzt war der Ort auf einem von Sümpfen umgebenen Hügel gut gegen Angriffe zu verteidigen.

Auch der Ortsname unterstreicht diese Annahme. „Moosburg" bedeutet „die von Sümpfen umgebene Burg". Der Namensbestandteil „Burg" kann verschiedene Bedeutungen haben. Er kann eine altgermanische Volks- oder Fluchtburg beschreiben. Diesen Namensbestandteil hängten die Germanen auch an die Namen der römischen Städte an. Außerdem benannte man so die befestigten Herrensitze und Königshöfe der Karolingerzeit. Seit Beginn des 12. Jahrhunderts wird unter „Burg" auch der Markt verstanden. Angesichts der Tatsache, dass eine römische Stadt für Moosburg ausscheidet und der Ort bereits 817 als „Moseburch" bezeichnet wird, weist der Namensbestandteil –burg jedoch auf eine alte Fliehburg oder einen Herrensitz hin. Letzteres ist höchstwahrscheinlich die Erklärung für den Ortsnamen. Nach Meinung der Historikerin Gertrud Diepolder war Moosburg ein herzoglicher Ort. Sie geht davon aus, dass alle frühen „–burg"-Orte in Bayern, also auch Moosburg, herzoglich sind. Diese Schlussfolgerung wird noch dadurch gestützt, dass der bayerische Herzog Tassilo in der Moosburger Gegend Grundbesitz hatte.[86]

Warum aber wurde Moosburg als Klosterort ausgewählt? Zunächst liegt Moosburg, von Freising abgesehen, in einem weitgehend klosterlosen Gebiet. Die nächsten Klöster im Süden sind Schäftlarn und Wessobrunn, im Westen Altomünster, Ilmmünster und Münchsmünster, im Norden die Klöster in Regensburg, Weltenburg und Metten, im Osten Niederaltaich, Postmünster und Isen.[87] Es war also sinnvoll, zur Erschließung und Missionierung des Landes in der Moosburger Gegend ein Kloster einzurichten.

Ein wichtiger Grund dürfte auch die Rodungstätigkeit im Gebiet um Moosburg gewesen sein. Planmäßig ließen Herzöge und Adelige nach der Besiedelung der Flusstäler den umliegenden Wald roden. Auch der Zeitraum der Gründung in der Mitte des 8. Jahrhunderts spricht für dieses Motiv, wurden doch gerade in dieser Zeit intensive Rodungsaktionen durchgeführt. Da diese in der Freisinger Gegend vor allem der Herzog veranlasste, (Katalog 177) deutet die Tatsache, dass das Kloster Moosburg zumindest auch zum Zweck der Rodung gegründet wurde, darauf hin, dass der Herzog hinter der Errichtung des Klosters stand. Wahrscheinlich wollte er damit auch ein Gegengewicht zu den Rodungen des Adels der Umgebung schaffen. Dafür, dass das Kloster Rodungsaufgaben übernehmen sollte, sprechen auch die Besitzungen des Konvents in der Umgebung, die am Ende des 8. Jahrhunderts greifbar sind. Diese befanden sich unter anderem um Bergen, wo das Kloster Weinberge hatte, in Berghofen (bei Eching), Allershausen und Hummel. Tatsächlich rodeten und kultivierten die Moosburger Mönche in der Umgebung viel Land. Namen wie „Oberes" und „Unteres Gereuth" oder „Ober- und Unterreit" gehen auf die Rodungen der Mönche zurück.[88]

Entscheidend ist aber ein weiterer Aspekt. Moosburg lag in einem Gebiet, in dem die Einflusssphäre des fränkisch orientierten westbayerischen Adels auf jene der Agilolfingerherzöge traf.

Auch wenn Einzelheiten und Umfang nicht klar und überdies umstritten sind, so ist doch davon auszugehen, dass der Herzog im östlichen Teil des Herzogtums in größerem Umfang Ländereien besaß, seine Position durch Landesausbau überdies festigen konnte und in seinen Herrschaftsrechten akzeptiert war. Dagegen sah er sich im Westen mit mächtigen Adelsfamilien konfrontiert, die ihrerseits dort begütert waren und Landesausbau betrieben.[89] Die Einflusssphären trafen an einer Linie Weltenburg-Moosburg-Inn aneinander, eine wichtige Grenze in unserem Gebiet war die Isar.[90] Dies wurde virulent, als sich unter Herzog Odilo in den 740ger Jahren gezeigt hatte, dass dieser westbayerische Adel eine eigene Politik betrieb, fränkisch orientiert war, nicht verlässlich loyal zum Herzog stand und das Entstehen eines geschlossenen herzoglichen Machtbereichs ernsthaft in Frage stellte. Jetzt galt es für beide Seiten, ihren Einfluss zu festigen. Sowohl der Herzog als auch der Adel gründeten daher zahlreiche Klöster, um ihre Einflusssphären zu dokumentieren und abzusichern sowie Landesausbau zu betreiben. Die Klöster im westlichen Bayern, das vom Adel dominiert wurde, scheinen nun auch zu politischen Stützpunkten des Frankenreichs in Bayern geworden zu sein.[91]

Westlich der genannten Linie betätigte sich daher der fränkisch orientierter Adel als Stifter und Förderer von Klöstern, östlich der Linie waren die Agilolfinger als Klostergründer tätig. Die zahlreichen Klostergründungen in Bayern in der zweiten Hälfte des 8. Jahrhunderts sind als Ergebnis einer Konkurrenz dieser zwei Herrschaftsgruppen zu verstehen.[92]

Ein Schwerpunkt der Auseinandersetzung lag im Bistum Freising. Dieses deckte einen wesentlichen Teil des westlichen Gebiets des Herzogtums ab.[93] Hinzu kam, dass das Bistum in dieser Zeit fest in der Hand des fränkisch orientierten Adels war.[94] Ein Blick auf die Hintergründe macht deutlich, warum die Situation hier für den Herzog so problematisch war. Freising war seit 700 Herzogspfalz der Agilolfinger. Bei der Gründung der Diözese 739 wurde die bisherige Herzogspfalz auf dem Domberg neuer Bischofssitz. Die

Agilolfinger-Herzöge hatten damit einen zentralen Stützpunkt im westlichen Teil des Herzogtums aufgegeben. Inzwischen standen sie an der Grenze ihres Einflussbereiches einem potentiellen Gegner gegenüber, da der Freisinger Bischof aus dem einheimischen Adel stammte, der seinerseits großen Einfluss bei der Bischofwahl hatte und das Bistum massiv mit Güterschenkungen unterstützte.[95] Es entstand so dem Herzog mit einem reich begüterten, aus dem fränkisch orientierten Adel stammenden und von diesem gestützten Bischof ein mächtiger Gegenspieler in einem Gebiet, in dem sich die Einflusssphären trafen. Wahrscheinlich war das Kloster Moosburg, am östlichen Rand des Bistums Freising gelegen, daher auch als Gegengewicht gegen den dortigen Bischof geplant. Dies macht es wahrscheinlich, dass die Agilolfinger gerade in der Nähe zu Freising, an der Grenze ihres Machtbereiches, versuchten, ein Kloster zu errichten, um hier den fränkisch orientierten Adel, in besonderem Maß repräsentiert durch den Freisinger Bischof, einzudämmen und einer Ausweitung des Einflussbereiches des Adels entgegenzuwirken.

Ab 764/765 sollte sich dann tatsächlich zeigen, wie schnell dieses Problem akut werden konnte. Seit dem Amtsantritt von Bischof Arbeo (764/765-784) war das Bistum in der Hand der Familie der Huosi, nach den Agilolfingern die mächtigste Familie im Land,[96] und sollte dies für rund ein Jahrhundert bleiben. Die Huosi verfügten über ein dichtes Netzwerk, das bis in die Alpen reichte, hatten also Einfluss über einen weiten Bereich.[97] Vor allem zu Bischof Arbeo scheint Herzog Tassilo ein gespanntes Verhältnis gehabt zu haben. Von ihm heißt es ausdrücklich, er habe Karl den Großen gegen Tassilo unterstützt.[98] In der Forschung wird sogar behauptet, Freising sei unter den Huosi zu einem Zentrum des fränkisch orientierten Adels geworden.[99]

Über die Entwicklung des Klosters Moosburg in den Folgejahren ist wenig bekannt. Nach der Absetzung Herzog Tassilos 788 wurde es wahrscheinlich eine königliche Abtei.[100] Die Bedeutung des Klosters in dieser Zeit lässt sich aus dem Salzburger Verbrüderungsbuch erschließen. Dieses führt für das Jahr 784 die Namen von etwa 80 Mönchen und Priestern und 50 Verstorbenen der Moosburger Klostergemeinschaft auf. Gleichzeitig nennt das Reichenauer Verbrüderungsbuch für das Kloster Mondsee 73 und für das Kloster Herrenchiemsee 75 Mönche. Dies zeigt, dass das Kloster Moosburg eine gewisse Größe und damit eine gewisse Bedeutung hatte. Mit einem der wichtigsten Klöster des Frankenreiches, Fulda, pflegte der Konvent Beziehungen.[101]

Ab 807 lassen sich die Kastulus-Reliquien in Moosburg nachweisen. Sie wurden vermutlich im letzten Viertel des 8. Jahrhunderts, der Legende nach von den beiden Mönchen Renigertus/Reginbert und Albinus/Alpuni, aus Pavia nach Moosburg gebracht.[102] Nach der Überlieferung war Kastulus unter Kaiser Diokletian (243-313) Speisemeister oder Hofkämmerer des Herrschers und wohnte in dessen Palast. Während einer Welle von Christenverfolgungen 286/287 soll Kastulus Christen in seinen Gemächern im Palast aufgenommen haben, aber verraten worden sein. Er wurde gefoltert und lebendig in einer Sandgrube begraben. Kastulus gilt als Schutzheiliger der Hirten und als Schutzpatron vor Blitzen. Mit der Übertragung der Reliqiuen begann eine über Jahrhunderte andauernde Wallfahrt.[103]

817 wird Moosburg in die dritte Klasse der Reichsklöster eingereiht. Diese Gruppe hatte keine Bewaffneten zu stellen und keine Abgaben zu leisten, sondern lediglich für Kaiser und Reich zu beten. Das kann auf einen Verfall hindeuten, doch ist viel wahrscheinlicher, dass man den Konvent nicht über Gebühr belasten wollte. Die Tatsache, dass das Kloster umfangreichen Besitz im Südosten hatte - in Österreich besaß das Kloster die Gegend um Hollenburg (Niederösterreich) und Buchenau (bei Linz) -, von der Dienstleistung für das Reich 817 aber frei gestellt wurde, lässt nämlich vermuten, dass das Kloster intensiv in der Mission im Osten tätig und damit ausgelastet war.[104]

Die hohe Zahl von Priestern und Diakonen, die im Salzburger Verbrüderungsbuch aufgeführt sind, sowie die acht Diakone und neun Priester, die keine Mönche waren, aber trotzdem zum Kloster gezählt werden, sind Hinweise auf eine Klosterschule. Ihre Bedeutung ist aber nicht zu ermitteln.[105]

In der Namensliste des Salzburger Verbrüderungsbuchs tauchen auch einzelne Namen von Frauen auf, ohne dass deren Status eindeutig zu klären ist. Ein Doppelkloster ist für Moosburg aber nicht nachzuweisen.[106]

829 wird mit Sigimot, dem Nachfolger Reginperhts, zum letzten Mal ein Abt des Klosters Moosburg genannt.[107] Dies kann ein Hinweis auf einen Niedergang sein.

Moosburg wird erst 895 wieder erwähnt. Kaiser Arnolf übertrug am 16.7. diesen Jahres auf einer Reichsversammlung zu Regensburg das sogenannte „monasterium Mosaburch" an den Bischof von Freising.[108] Moosburg teilte damit das Schicksal zahlreicher bayerischer Klöster. Die Übertragungen an die Bistümer wurden vorgenommen, um die Bischöfe zu stärken, auf die sich die Karolinger bei der Herrschaftsausübung besonders stützten. Die

Übertragung Moosburgs fand im Vergleich zu anderen Klöstern jedoch eher spät statt.[109]

Wahrscheinlich war Moosburg zu dieser Zeit bereits kein Benediktiner-Kloster mehr, sondern ein Chorherren-Stift.[110] Dafür gibt es mehrere Hinweise: Die Formel, mit der in der Arnolf-Urkunde die Moosburger Geistlichen bezeichnet werden, entspricht weitgehend der später in den Moosburger Traditionen (einem Verzeichnis von Güterschenkungen an das Stift) gebrauchten Formel für die Moosburger Chorherren. 977/994 wird außerdem ein Reginhalm als „praepositus" bezeichnet, die typische Bezeichnung für eine leitende Persönlichkeit eines Stifts.[111] Der Zeitraum der Umwandlung des Klosters in ein Stift lässt sich aber nicht genauer eingrenzen. Hier ist auch problematisch, dass der Übergang vom Kloster zum Stift vielfach ein fließender, über längere Zeit andauernder Prozess war. Außerdem war ein Wechsel zwischen den Lebensformen durchaus nicht unüblich, weil diese noch nicht strikt definiert waren. Vor allem vor dem Hintergrund, dass im frühen Mittelalter zahlreiche Mischformen zwischen Kloster und Stift existierten, könnte es durchaus sein, dass sich die Lebensform im Laufe der Zeit vom Kloster hin zum Stift entwickelte.[112] Eine konkrete Umwandlung – falls es sie denn tatsächlich gegeben hat - vor 895 würde aber auch in die erste Periode der Stiftsgründungen in Deutschland fallen, die um 900 endete.[113] Bei einem Stift handelt es sich um eine Gemeinschaft von Weltgeistlichen, also Priestern einer Diözese, die keinem Orden angehören. Kleriker schlossen sich zu einer Gemeinschaft, einem Collegium, zusammen, das gemeinsam Gottesdienst feierte, daher die Bezeichnung „Kollegiatstift". Die Priester lebten gemeinsam, legten aber im Gegensatz zu Mönchen kein Gelübde ab, waren nicht dauernd an die Gemeinschaft gebunden und durften Privatbesitz haben. Auch war ihr Alltagsleben nicht so stark asketisch geprägt wie das der Mönche. Jedes Collegium hatte als Zentrum eine Kirche, ein Münster, deren Besitz die Kleriker versorgte. Hauptaufgabe dieser Stiftsherren waren das tägliche gemeinsame Chorgebet (daher die Bezeichnung „Chorherren") sowie der feierliche Gottesdienst. Diese kirchliche Lebensweise hatte sich im Frankenreich zu Beginn des 6. Jahrhunderts entwickelt.

Um diese geistliche Lebensform vom Leben der Mönche abzugrenzen, wurden in den Statuten des Bischofs Chrodegang von Metz 755 sowie in der Regel von Aachen 816 das Leben in den Kollegien systematisch normiert. Die Priester, die nach diesen Regeln, canones genannt, lebten, bezeichnete man auch als Kanoniker. Allerdings waren diese Regularien im Vergleich zu Ordensregeln weniger streng. Sie unterlagen zudem, je nach Region, im

Laufe der Zeit vielfältigen Wandlungen und Abweichungen, sodass eine Vielzahl von Lebensformen entstand.
Ein Stift wie das in Moosburg war folgendermaßen strukturiert: Ein Dekan leitete die Chorherren (Stiftsmitglieder) und ihre Dienste. Er war der eigentliche Mittelpunkt eines Stifts. Der Propst dagegen vertrat als eine Art Ehrenvorstand das Stift nach außen in Kirche und Welt, hatte aber keine Leitungsbefugnisse nach innen. Oft handelte es sich um einen Ehrenposten und der Propst war meist gar nicht dauerhaft vor Ort. Außerdem hatte er in der Regel weder Sitz noch Stimme in der Versammlung der Chorherren, die das Vermögen des Stifts verwaltete. Dem Dekan folgte im Rang der Scholasticus, der die Aufsicht über die Stiftsschule innehatte. Weitere wichtige Ämter waren die des Kantors, der den Chorgesang zu leiten hatte, des Stiftspredigers, dessen Existenz auf eine gewisse Größe des Stifts hindeutet und des Custos, der sich um die Sakristei und die Kirchenschätze kümmerte. Außerdem gab es noch Camerarius und Cellerarius, die die Stiftsgüter verwalteten. Es existierten oft auch noch Stiftsschreiber.[114]
Als die Ungarn 909 Freising brandschatzten, dürfte auch Moosburg dieses Schicksal erlitten haben. Eine weitere schwere Belastung für das Stift war die Tatsache, dass ihm der Freisinger Bischof Dracholf in großem Umfang Kirchengerät, Gold und Silber entzog. Allerdings zeigt dies auch, dass das Stift noch nicht völlig verarmt war.[115]
Auf einem Hoftag in Tittenkofen 1027 wurden im Auftrag Kaiser Konrads II. (1024-1039) die Besitzverhältnisse am Moosburger Stift überprüft und festgestellt, dass es dem Bistum Freising gehörte.[116]

2. Die Siedlung Moosburg

Schwieriger als für Kloster und Stift St. Kastulus ist es, aus den spärlichen Informationen die frühe Entwicklung der Siedlung Moosburg nachzuvollziehen. Vielleicht gab es sogar zwei Siedlungskerne, aus denen sich Moosburg entwickelte.
Ausgangspunkt der Überlegungen ist auch hier der Herzogshof auf dem Stadtberg. Dieser hat sich wahrscheinlich in der Umgebung der heutigen Michaelskirche befunden. Dort liegt nämlich die höchste Stelle des Stadtberges. Gleichzeitig trafen hier die Straßen Richtung Westerberg und die von Freising her aufeinander, die es zu sichern galt. Insofern handelt es sich um die strategisch wichtigste Stelle auf dem Stadtberg.
Auf und bei diesem Hof wohnte eine größere Anzahl Bediensteter, die zur Bewirtschaftung gebraucht wurden, vielleicht, wie bei größeren Höfen üblich, auch einzelne Handwerker, die Güter für den Bedarf des Hofes

produzierten. Es entstand so eine kleine Siedlung mit dem Herrenhof als Zentrum. Dass sich um einen herzoglichen Hof eine Siedlung entwickelte, ist nicht ungewöhnlich. Im Umkreis des Herzogshofs Aschheim entstanden sogar drei Siedlungen.[117]

Für deren Einwohner wurde wohl schon relativ bald die Michaelskirche errichtet, was damals durchaus üblich war.[118] Die Wurzeln der Kirche (die heutige stammt wohl aus der Mitte des 12. Jahrhunderts)[119] dürften noch in die Frühzeit des Klosters und damit in das 8./9. Jahrhundert reichen. Für die Errichtung eines Vorgängerbaus der heutigen Steinkirche schon in dieser Zeit spricht auch das Patrozinium – Michael war ein beliebter Heiliger der Agilolfinger.[120] Auch dies deutet darauf hin, dass es sich um die Kirche der Siedlung des herzoglichen Herrenhofs handelte. Um die Michaelskirche lag auch der Friedhof. Dieser Siedlungskern mit der Michaelskirche als Zentrum befand sich im hohen und späten Mittelalter außerhalb der Stadtmauer, die am Beginn der Münchener Straße endete. Er bestand über die Jahrhunderte hinweg als eigener Stadtteil, die Michaeli-Vorstadt, bis zum Abbruch der Stadtmauer zu Beginn des 19. Jahrhunderts und der Bebauung des Breitenbergs nach der Säkularisation fort.

Der zweite Siedlungskern könnte um das Kloster entstanden sein. Es ist nämlich davon auszugehen, dass sich schon bald Menschen um das Kloster/Stift niederließen. Die Klöster beschäftigten Laien beim Betrieb ihrer Landwirtschaft. Diese durften nicht im Kloster wohnen, der Klosterbereich war den Mönchen vorbehalten. Sie siedelten sich daher, gemeinsam mit den vom Konvent beschäftigten Handwerkern, außerhalb des Klosters an, sodass eine Siedlung entstand.[121] Ein Vorgängerbau der Johanneskirche (Johannes der Täufer) neben dem Münster wurde wahrscheinlich ebenfalls schon in die Frühzeit des Klosters errichtet.[122] Die Tatsache, dass somit vermutlich zwei Kirchen für Laien bestanden (das Münster war die Kirche des Klosters/Stifts) ist ein Hinweis darauf, dass es zwei Siedlungen gegeben haben könnte, aus denen sich Moosburg entwickelte. Dafür, dass um das Kloster/Stift ein Siedlungskern entstand, spricht auch die Tatsache, dass sich im Umkreis des Münsters im hohen und späten Mittelalter die Siedlung Moosburg zur Stadt weiterentwickelte, hier entstanden Marktplatz und Rathaus.

Der Herrenhof und die Siedlung werden 890 erwähnt. Am 21.3.890 hielt sich Kaiser Arnolf (887-899) in Moosburg auf. Arnolf war auf dem Weg zu einer Heeresversammlung in Pannonien (Gebiet der Steiermark und Nordwestungarn). In Moosburg übertrug er in einer Urkunde dem Kloster St. Emmeram in Regensburg Besitzungen. Auch wenn es nicht unumstritten ist, dass der als Ausstellungsort der Urkunde angegebene Ort „Mosapurc" tatsächlich Moosburg an der Isar ist, hat doch eine systematische Rekonstruktion des Reiseweges Arnolfs ergeben, dass mit „Mosapurc" nur Moosburg an der Isar gemeint sein kann. Auch die Bezeichnung „civitas regia" für Moosburg deutet auf eine weitere Siedlung neben der Klostersiedlung hin. „Civitas regia" ist mit „königliche Siedlung" zu übersetzen, was für eine Stiftssiedlung nicht passen würde. Diese Bezeichnung ist daher ein weiteres Indiz für eine zweite Siedlung.

Die Beurkundung in Moosburg liefert wichtige Informationen. Diese kann man aus der Tatsache erschließen, dass in der Urkunde insgesamt 100 Zeugen für die Schenkung aufgeführt werden. Es handelt sich zunächst um sieben Grafen, darunter die mächtigsten in Bayern und Alemannien (Schwaben). Dann kommen 93 weitere Zeugen. Interessant sind vor allem die sieben Grafen aus teilweise von Moosburg weit entfernten Gebieten. Es ist anzunehmen, dass sie sich mit einem entsprechenden Gefolge in Moosburg eingefunden hatten – zusammen mit dem Hof Arnolfs muss sich also eine relativ große Zahl an Personen in Moosburg aufgehalten haben. Dies setzt eine gewisse Größe und Leistungsfähigkeit von Stift oder Herrenhof voraus. Ein solcher Aufenthalt des Königs stellte nämlich für mittelalterliche Verhältnisse enorme Anforderungen an Ressourcen und Organisation. Für mehrere hundert Menschen – neben König und Adel auch deren jeweiliges Gefolge und Dienstpersonal – mussten Nahrung und Schlafgelegenheiten zur Verfügung stehen. Tiere waren zu versorgen und an Waffen, Sätteln, Zaumzeug und Wagen mussten Ausbesserungs- und Instandsetzungsarbeiten vorgenommen werden. Hierzu war eine gewisse Anzahl geschulter und spezialisierter Handwerker nötig.

Über die Situation im 10. Jahrhundert kann wenig gesagt werden, da sich die spärlichen Nachrichten auf das Stift St. Kastulus beziehen und keinen Hinweis zu Herrenhof oder einer Siedlung geben.

Im 11. Jahrhundert war Moosburg der Sitz einer bedeutenden Familie. Egilbert, einer der einflussreichsten Männer des frühen 11. Jahrhunderts, stammte aus Moosburg. Egilberts Geburtsdatum ist nicht bekannt. Er war von 1002 bis 1005 Kanzler Kaiser Heinrichs II. (1002-1024) für Italien und Deutschland. Als solcher war er ständiger Begleiter des Herrschers und ist in fast 100 Urkunden bezeugt. Von 1005 bis zu seinem Tod 1039 war Egilbert Bischof von Freising. In seine Amtszeit fällt die Neugründung des Klosters Weihenstephan im Jahr 1021. Egilbert war Berater Konrads II. (1024-1039). Er war auch Erzieher Heinrichs III. (1039-1056) von 1029 bis 1033. Egilbert gehörte in diesen Jahren zu den engsten Vertrauten der Salier. Auch später scheint er noch einer der einflussreichsten Männer in Bayern gewesen zu sein. Egilberts Bruder Heinrich war Truchsess (Herr über die Tafel und als solcher für die Verpflegung des Hofes zuständig) Kaiser Heinrichs II. Er wurde bei der Krönung der Kaiserin Kunigunde in Paderborn umgebracht. Es gibt Indizien, dass Egilbert zu einer Nebenlinie der Eppensteiner gehörte, die vielleicht mit den Burghartingern verwandt war, der Sippe, die nach der Familie Egilberts Moosburg beherrschte.[123] (Moosburg wird am Ende des frühen Mittelalters wieder erwähnt. Kaiser Heinrich III. (1039-1056) hielt sich, von Freising kommend, wo er Weihnachten verbracht hatte, am 2.1.1049 in Moosburg auf und zog von hier aus weiter nach Ebersberg.[124]

2. Kapitel: Das hohe Mittelalter (1050-1281)

Dieses Kapitel beschäftigt sich mit der Zeit von 1050 bis 1280. Es ist eine Phase großer Veränderungen in vielen Bereichen, unter anderem in Wirtschaft und Gesellschaft. Vor diesem Hintergrund kommt es in jenen zwei Jahrhunderten zu zahlreichen Städtegründungen. In dieser Zeit liegen auch die Anfänge der zentral regierten Territorien. Im Rahmen dieser Entwicklungen entstehen München und Landshut. Schon jetzt werden auch die Weichen für das Verhältnis von Moosburg, Landshut und München gestellt, schon hier entscheidet sich die zukünftige Entwicklung dieser drei Städte.

I. Hintergrund

1. Überblick

Das Mittelalter ist keine statische Zeit, keine Zeit des Stillstands oder der Stagnation, keine Zeit der Finsternis nach den Wirren der Völkerwanderung, die erst durch den Aufschwung der frühen Neuzeit ab 1500 beendet wurde. Ganz im Gegenteil. Das Mittelalter kannte Phasen großer Dynamik, in denen sich innerhalb weniger Jahrzehnte Strukturen und Verhältnisse grundlegend veränderten. Die Welt um 1500 war daher eine ganz andere als die Welt um 500.

Vor allem die Jahre zwischen 1050 und 1150 sind eine Zeit des Wandels – es handelt sich um die Zeit der intensivsten Veränderung zwischen dem Ende der Antike und der Reformation. Der größte Teil der Herrschaft der Salier (1024-1125) fällt in diese Phase. Die Zeit der Salier gilt daher als Umbruchszeit zwischen der Herrschaft der Ottonen (919-1024) und der Herrschaft der Staufer (1138-1254), zwischen dem frühen und dem hohen Mittelalter.

Ab 1050/60 beginnt ein neuer Aufbruch. Europa erlebt vom 11. bis zum 13. Jahrhundert eine einzigartige Periode der Expansion und Entfaltung von Wirtschaft, Gesellschaft und Kultur.

Die Grundstrukturen von Herrschaft und Gesellschaft wandeln sich. Reformbewegungen verändern die Kirche und prägen sie über Jahrhunderte, mit Auswirkungen bis heute. Die geistigen Auseinandersetzungen im Zuge dieser Reformen führen zu einem systematischeren, abstrakteren Denken. Im Investiturstreit wird das politische Kräfteverhältnis im Reich neu austariert, das Papsttum gewinnt die Führungsposition in der Christenheit. Die Stellung des Kaisers wird zugunsten der Reichsfürsten geschwächt.[1] Adelige bauen Burgen und setzen Ministeriale (Dienstmannen) ein, um die von ihnen beherrschten Gebiete zu geschlossenen Territorien zusammenzufassen, dauerhaft zu erwerben und effektiv zu regieren und zu verwalten. Dies sollte sich vor allem im späten Mittelalter auswirken, als in Deutschland die Fürsten, und nicht der König, begannen, Vorformen moderner Staaten aufzubauen.

Neue landwirtschaftliche Techniken führen zu einer regelrechten Bevölkerungsexplosion – die wachsende Bevölkerung rodet Land und drängt in die unerschlossenen Gebiete im Osten. Die Zunahme an Menschen führt aber auch in den Altsiedlungsgebieten zu massiven Veränderungen. Hunderte Märkte und städtische Siedlungen entstehen als wirtschaftliche und technische Zentren. Jetzt gibt es ausreichend Menschen, die die Städte bevölkern können, jetzt ist die Landwirtschaft in der Lage, in größerem Umfang Menschen zu ernähren, die anderen Berufen nachgehen. Die arbeitsteilige Wirtschaft beginnt zu entstehen. In den Städten entwickeln sich so neue Handwerkstechniken und Wirtschaftsweisen. Ein handwerklicher Aufschwung setzt ein. Er zeigt sich am augenfälligsten im Bau der großen Kirchen – zum Beispiel der Dome zu Speyer und Mainz, in unserer Gegend des Kastulus-Münsters. Hier werden neue handwerkliche Fähigkeiten und Fertigkeiten eingesetzt. Es muss zudem eine große Zahl an Arbeitskräften mobilisiert und koordiniert, müssen Finanzierungen gestemmt werden.[2]

Dies und die Entstehung von Städten als Verbrauchszentren vergrößern die Bedeutung von Geld im Wirtschaftsleben. Gleichzeitig entwickeln sich die Städte aber auch mehr und mehr zu politischen Faktoren. Sie werden zu Bündnispartnern, nicht zuletzt für den Kaiser, zu einem Mittel der Herrschaft für Fürsten, die jetzt mit Städtegründungen ein Gebiet erschließen, ihre Macht demonstrieren und sich wirtschaftliche Zentren schaffen. Ab dem 10. Jahrhundert kommt es dann zu technischen Neuerungen wie der Wassermühle, Verkehr und Informationsaustausch nehmen zu.[3] Durch den wiederbelebten Fernhandel und die Kreuzzüge entstehen neue Kontakte mit dem Orient. Fremde Gewürze und Stoffe werden jetzt für eine reiche Oberschicht zu begehrten Luxusartikeln. In den Städten führt die Arbeitsteilung zu einer Aufspaltung der Gesellschaft in verschiedene Gruppen. Es entsteht damit eine neue soziale Struktur. Dies gibt der Gesellschaft wichtige Impulse. Das Leben in den Städten, der Bedarf an Menschen in den Rodungsgebieten und der Dienst als Ministeriale

ermöglichen nun leichter den sozialen Aufstieg, die soziale Mobilität steigt.[4]
Eine neue ständische Gliederung entsteht.
Aber auch der Alltag der Menschen verändert sich. Die dichtere Besiedlung verringert die Isolation der Menschen. Die Menschen werden mobiler.[5] Deutete man die Verpflanzung in die Fremde im frühen Mittelalter noch als Vorwegnahme des Todes, werden nun der fahrende Ritter, der wandernde Gelehrte und der Pilger nach und nach zu einem Idealbild. Landwirtschaft und Handwerk schaffen Wohlstand, wenn auch oft auf niedrigem Niveau.[6]
In der Kunst fällt in diese Zeit der Übergang von der Romanik zur Gotik.
Veränderungen ereigneten sich jedoch nicht so schnell und umfassend wie heute. Die Reisemöglichkeiten, vor allem aber die Kommunikationsmittel waren deutlich eingeschränkt, sodass sich Neuerungen im Vergleich zu heute nur langsam ausbreiteten. Entwicklungen und Veränderungen liefen nicht gleichmäßig ab. Es gab Zentren der Entwicklung und Gegenden, die erst später von Veränderungen erfasst wurden, in denen die Wandelungsprozesse längere Zeit in Anspruch nahmen. Es dauerte auch ungleich länger als heute, bis die gesamte Bevölkerung von Wandel und Veränderung erfasst wurde. Diese Prozesse waren auch nicht gleichmäßig und stetig. Zeiten langsameren und Zeiten rasanteren Umschwungs lösten sich ab. Vor diesem Hintergrund kann man die Jahre zwischen etwa 1050 und 1250 als Spanne umfassender Veränderungen, als Umbruchszeit begreifen.
Zwei dieser Phänomene sind für die Entwicklungen von Moosburg, Landshut und München entscheidend. Ausgangspunkt ist ein verstärktes Bevölkerungswachstum, das zu einer arbeitsteiligen Wirtschaft und zur Wiederentdeckung der Stadt - auch als universalgeschichtlicher Wendepunkt bezeichnet[7] - führt. Hinzu kommt die Entstehung von geschlossenen, zunehmend zentral regierten und verwalteten Territorien, in denen Herrschaft nach und nach von Städten her als zentralen Orten ausgeübt wird und in denen es Ansätze für feste Residenzen als Sitz des Herrschers und der Verwaltungsspitze gibt.

2. Bevölkerungswachstum

Ausgangspunkt für die Entstehung einer arbeitsteiligen Wirtschaft und die Wiederbelebung der Stadt ist ein rasantes Bevölkerungswachstum zwischen dem Jahr 1000 und der Zeit um 1350.
In diesen 350 Jahren steigt die Bevölkerungszahl in Europa massiv an. Während um das Jahr 1000 in Deutschland ca. zwei Mio. Menschen lebten, hatte sich die Bevölkerung um 1340 auf gut sechs Mio. verdreifacht.[8] Wäre

das Bevölkerungswachstum in diesem Tempo weitergegangen, hätten 1970 in Deutschland, England und Frankreich 1.300 Mio. Menschen gelebt.[9]
Die Gründe für dieses Wachstum sind vielfältig. Um das Jahr 1000 hatten sich die Verhältnisse nach dem Chaos der Völkerwanderungszeit wieder langfristig stabilisiert. Es gab nun keine chronischen Großkrisen mehr wie die Wikinger-Einfälle im Norden und Westen oder die Plünderungszüge der Ungarn im Süden und Osten. Dies bedeutete, dass nicht mehr ganze Landstriche ausgeplündert und in Kriegen verwüstet wurden, was bei den mangelhaften Transportmöglichkeiten der damaligen Zeit oft zu Hungersnöten und Massensterben geführt hatte.[10]
Hinzu kamen ab dem Jahr 900 Verbesserungen in der Landwirtschaft. Das Hochmittelalter ist die Zeit umwälzender Veränderungen im Agrarsektor. Historiker sprechen teilweise sogar von der „agrartechnischen Revolution" des Mittelalters. Abgesehen vom Anwachsen der Anbaufläche verbesserte sich auch die Qualität der Bewirtschaftung und der eingesetzten Werkzeuge.[11]
Basis der Agrarrevolution war eine enorme Ausweitung der Anbauflächen zu Lasten der Urwälder. Die Zeit zwischen 1060 und 1200 war die Zeit der großen Rodungen. Wälder wurden urbar gemacht, außerdem legte man Sümpfe trocken. In den Alpen legten die Menschen neue Weideflächen an. Die Mittelgebirgsregionen, bisher meist nur von wenigen Menschen bewohnt, wurden nun intensiv erschlossen. Aus Urwald, Sümpfen und spärlich besiedeltem Altland entstand in Deutschland und Europa innerhalb relativ kurzer Zeit eine blühende Kulturlandschaft.[12] Die Rodungen und Ausbaumaßnahmen veränderten das Gesicht Mitteleuropas in einer Intensität, wie es erst wieder die Industrialisierung im 19. und 20. Jahrhundert vermochte. Sie gaben der Landschaft eine Grundstruktur, die sich bis ins 19. Jahrhundert hielt.[13] Abgesehen von den Ballungsräumen sind die Waldflächen heute vielerorts ausgedehnter, als sie es um 1250 waren. Der Rodungsprozess wurde ab dem 12. Jahrhundert in manchen Gebieten sogar bereits wieder gestoppt. Teilweise zeigte sich, dass die Wälder durch Rodung und intensive Holznutzung so sehr litten, dass Grundherren die Forstgebiete mit dem Bann belegten, also das Holzfällen verboten und von einer Genehmigung abhängig machten.[14]
Adelige lenkten vielfach die Rodungstätigkeit, stellten Geräte und Saatgut bereit, gewährten Steuererleichterungen und verbesserte Rechtspositionen, um Menschen dazu zu bewegen, an Siedlungsprojekten teilzunehmen. Mit den Rodungen sollten die Einnahmen der Adeligen aus ihrem Grundbesitz gesteigert werden. Sie versuchten daher, diese neu erworbenen

Herrschaftsgebiete effektiv zu verwalten und mit Hilfe von Burgen, Dörfern und Städten zu erschließen und zu sichern.[15] Die Rodungstätigkeit führte dazu, dass mehr Ackerland zur Verfügung stand, sodass es den Menschen leichter fiel, einen Bauernhof zu erhalten, um eine Familie zu ernähren. Das Heiratsalter sank infolgedessen, was zu einem Anstieg der ländlichen Bevölkerung beitrug.[16]

Außerdem kamen nun neue und bessere Geräte zum Einsatz. Die wichtigste technische Neuerung ist der Räderpflug mit Sech und Streichbrett aus Metall, der die Erde tief umgräbt, die Schollen wendet und auflockert, so den Stoffwechsel verbessert und größere Erträge ermöglicht. Der zuvor gebräuchliche Hakenpflug hatte die Erde lediglich geritzt und so nur eine Saatfurche erzeugt. Auch die Technik, Zugtiere einzusetzen, änderte sich. Bisher hatte man diese an der Brust angeschirrt, wodurch sie sich bei schweren Lasten beinahe selbst erstickten. Nun wurden Pferde mit dem Kummet, Ochsen mit dem Stirnjoch angespannt. Dies steigerte ihre Zugkraft um das vier- bis fünffache. Dazu wurden zunehmend Ochsen durch Pferde als Zugtiere ersetzt. Sie sind leistungsfähiger und schneller. Zur Bodenbearbeitung verwendeten die Bauern nun auch die schwere eiserne Hacke und den Spaten oder die Schaufel mit eisernem Blatt oder zumindest eisernen Schneidebeschlägen. Diese hatten eine weit größere Wirkung als die bis dahin üblichen Holzspaten. Weiteres wichtiges Hilfsmittel war die Egge.[17]

Die bereits vorhandene Fläche wurde auch besser genutzt. Bauern begannen, Ackerland auch zu düngen. Die Flächen wurden zu größeren Einheiten zusammengefasst. An die Stelle eines ungeregelten Wechsels von Ackerbau und Graswirtschaft trat nun eine geregelte und systematische Bewirtschaftung. Die Dreifelderwirtschaft setzte sich allgemein durch. Es folgten Brache, Winterfrucht und Sommerfrucht im jährlichen Wechsel aufeinander.[18] Damit waren neben einer generellen Ertragssteigerung durch eine bessere Ausnutzung der Böden auch eine Sommer- und Wintersaat möglich, sodass schlechte Witterungsbedingungen in einer Jahreszeit leichter durch die Erträge in der anderen ausgeglichen werden konnten. Hungersnöte waren so seltener und konnten besser abgefedert werden. Aufgrund der höheren Erträge konnten die Bauern jetzt auch Ackerflächen zugunsten von Hopfengärten, Ölsaaten, Gemüse-, Obst- und Weinanbau, vor allem in der Nähe von Städten, verkleinern, was zu einer abwechslungsreicheren und gesünderen Ernährung führte.[19] Die Anreicherung und qualitative Verbesserung der Nahrung machte die

Bevölkerung widerstandsfähiger gegen Krankheiten und kräftiger, ein Zustand, der so erst wieder im 18. Jahrhundert erreicht wurde.[20]

Begünstigt wurden diese Maßnahmen durch ein milderes Klima. In der Zeit von 950/1000 bis 1350 war es etwa ein Grad wärmer als 1950. Dagegen war es in der Zeit von 1550 bis 1850 etwa ein Grad kälter als 1950. Zwar führte diese leichte Warmzeit, abgesehen vom Weinbau, nicht zu einer grundlegenden Verbesserung der landwirtschaftlichen Ertragssituation,[21] sie wirkte sich jedoch positiv aus.

Diese Faktoren steigerten die Erträge in quantitativer (die Erträge stiegen zwischen dem 10. und dem 13. Jahrhundert um das Dreifache) und qualitativer Hinsicht. So konnten mehr Menschen ernährt werden, was ein rasantes Bevölkerungswachstum nach sich zog.[22]

3. Die Wiederentdeckung der Stadt

Bevölkerungszunahme, Landesausbau und agrarwirtschaftlicher Fortschritt bildeten, zusammen mit einer Neubelebung des Handels, die Grundlage für das Aufblühen der Städte und der gewerblichen Produktion. Die Zahl der in der Landwirtschaft Beschäftigten sank, die der Handwerker und Händler stieg, es entwickelte sich eine soziale Schichtung in den Städten, die sich von der auf dem Land unterschied.

Die Frage, was eine Stadt zur Stadt macht, wurde lange Zeit vor allem an rechtlichen Formalien festgemacht. Frühere Historiker verstanden die Stadt zunächst als Rechtsbezirk – unter anderem mit den Bestandteilen Stadtfrieden, einem eigenen Stadtrecht (der Sammlung von Rechtsregeln, die in der Stadt galten), einem Stadtgericht, der Stadtfreiheit und einer gemeindlichen Stadtverfassung.[23] Dies definiert jedoch eine Stadt nur in einem Teilbereich. Inzwischen herrscht ein neuer Stadtbegriff vor, der die voll entwickelte Stadt durch ein Kriterienbündel beschreibt. Zunächst ist die Stadt von ihrem Erscheinungsbild her ein dicht besiedelter Raum. Hinzu kommt die Tatsache, dass in den Städten der knappe Platz durch intensive Bebauung, vor allem den Bau in die Höhe, genutzt wird. Weitere wichtige Elemente sind die enge wirtschaftliche Verbindung der Stadt mit ihrem agrarischen Umland, die Bedeutung von Handel und arbeitsteiligem Gewerbe sowie die Existenz eines Marktes.[24] Ein Merkmal, das die oben aufgeführten zusammenfasst, ist die so genannte „Zentralität" der Stadt, also eine überragende Bedeutung in verschiedener Hinsicht gegenüber anderen Siedlungen in der Umgebung: Die Stadt ist Verwaltungsmittelpunkt, Sitz eines weltlichen oder kirchlichen Machthabers und Markt, also Zentrum des wirtschaftlichen Austausches.[25]

Die Basis der Stadtentwicklung bildete das Bevölkerungswachstum. Mit der gewachsenen Bevölkerung stand nun Personal für die Besiedlung der Städte überhaupt erst zur Verfügung. Im Bayern des frühen Mittelalters hätte es kaum ausreichend Menschen gegeben, um in größerem Umfang Städte zu besiedeln.
Außerdem ermöglichten die Überschüsse der produktiveren Landwirtschaft überhaupt erst die Existenz von Städten in größerem Umfang. Erst jetzt war es möglich, so viele Lebensmittel zu produzieren, dass ein Ort, in dem Menschen lebten, die eben nicht oder kaum Landwirtschaft betrieben, ernährt werden konnte.[26] Die Stadt ist daher auch als Siedlung zu verstehen, die sich, anders als ein Dorf, nicht mehr in der Lage war, sich selbst mit Nahrungsmitteln zu versorgen, sondern die auf den Import von Lebensmitteln aus dem Umland im Tausch gegen handwerkliche Produkte angewiesen war. Wann diese Grenze erreicht war, lässt sich nur schwer schätzen. Geht man davon aus, dass die von einem Dorf bewirtschaftete Fläche etwa 8,5 km² betrug, dürfte ein Dorf in der Lage gewesen sein, etwa 300 Menschen zu ernähren. Dies erklärt, warum im Mittelalter viele uns heute als sehr klein erscheinende Orte das Stadtrecht erhielten. Es bleibt zu bedenken, dass auch ein relativ kleiner Ort von nur 1.000 Einwohnern zur Ernährung einer Fläche von ca. drei Dörfern bedurfte. Diese Fläche konnte in der Regel nicht von einer Stelle aus bewirtschaftet werden, sodass mehrere Dörfer zur Versorgung einer Stadt nötig waren, die aber jeweils auch nur einen Teil ihrer Nahrungsmittelproduktion abgeben konnten. Auch kleine Städte hatten daher ein relativ weites Einzugsgebiet.[27]
Des Weiteren war die Landwirtschaft jetzt in der Lage, so viele Menschen ernähren, dass nicht mehr alle ihre Nahrung selbst produzieren mussten, sondern als Handwerker andere Produkte herstellen konnten. Es entwickelte sich die arbeitsteilige Wirtschaft. Nun wurde nicht mehr alles auf den einzelnen Höfen selbst hergestellt, wie dies noch im frühen Mittelalter weit verbreitet gewesen war. In den sich entwickelnden Städten bauten Handwerker ihre Werkstätten auf und produzierten Waren für das Umland.
Schließlich gab es jetzt auf den einzelnen Bauernhöfen Überschüsse, die gegen Handwerksprodukte eingetauscht werden konnten. Marktbeziehungen zwischen Stadt und Land entwickelten sich.[28] Händler brachten diese Überschüsse im Austausch gegen Handwerksprodukte in die Stadt. Im Laufe der Zeit entwickelte sich daraus die Geldwirtschaft.[29] Daher ist das Hochmittelalter die Zäsur zwischen der auf Selbstversorgung angelegten Hauswirtschaft, in der auch handwerkliche Produkte so weit wie möglich

selbst hergestellt wurden, und der arbeitsteilig gegliederten Verkehrswirtschaft. Man spricht von einer Wirtschaftsrevolution.[30]
Diese Entwicklungen führten zur Renaissance der Stadt. Nachdem im Frühmittelalter lediglich Reste der römischen Stadtkultur und einige präurbane Siedlungen als Marktorte und Bischofssitze existiert hatten, entstanden im Hochmittelalter Städte und ein dichtes Netz von Marktsiedlungen. Diese kamen dann im späten Mittelalter zur vollen Entfaltung.[31] Um 1150 gab es ungefähr 200 Städte im deutschen Reich, um 1200 bereits 600. Das Gebiet mit dem am weitesten entwickelten Städtewesen war dabei der Niederrhein. 1320 existierten 4.000 Städte allein in Deutschland. Vom Ende des 14. Jahrhundert bis zum 19. Jahrhundert vergrößerte sich die Zahl kaum mehr. Die Anzahl der Städte war also innerhalb weniger Jahrzehnte regelrecht explodiert. Die Stadt war von einer exotischen Siedlungsform in kurzer Zeit zu einem alltäglichen, allgemein verbreiteten Phänomen geworden.[32]
Nicht nur die Zahl der Städte, auch die Einwohnerzahlen der Städte wuchsen. Ab dem 11. Jahrhundert kam es zu einem verstärkten Zuzug in die Städte und Marktsiedlungen. Dadurch wuchs die Stadtbevölkerung deutlich an. 1150 lebten zwei Prozent der Bevölkerung in Städten, um 1400 dann schon zwölf Prozent. Allerdings darf man die mittelalterliche Stadt nicht mit den Bevölkerungszahlen unserer Städte vergleichen. In etwa 75 Prozent der Städte dieser Zeit lebten weniger als 500 Einwohner, in manchen sogar weniger als 200. Großstädte hatten 20.000 Einwohner, Köln als die größte deutsche Stadt 40.000.[33]
Die Städte existierten wegen des Zuzugs aus dem Umland. Dieser rührte daher, dass jetzt auch mehr Menschen auf dem Land lebten, wo für sie nur zu einem Teil Perspektiven bestanden, so für nachgeborene Kinder einer Bauernfamilie. Viele hofften auch, strengen Dienstpflichten für den jeweiligen Landeigentümer durch eine Abwanderung in die Stadt zu entgehen. Gerade für diese Menschen waren die Städte attraktiv. Sie boten Freiheitsrechte, wirtschaftliche Entfaltungsmöglichkeiten, Sicherheit und die Möglichkeit des sozialen Aufstiegs. Daher zogen nun verstärkt Menschen in die entstehenden Städte und Siedlungen, hier sahen sie Perspektiven für eine wirtschaftliche Zukunft. Teilweise sprechen die Forscher von einer regelrechten Landflucht.[34]
Eine wichtige Gruppe für das Entstehen und den wirtschaftlichen Erfolg von Städten waren die Handwerker. Vor allem sie zogen in die Städte. Die Städte übten gerade auf sie eine enorme Anziehungskraft aus. Adelshöfe, Klöster, Bischofssitze oder Wallfahrtsorte benötigten spezialisierte Handwerker, um

Gebäude zu errichten und anspruchsvolle Ausrüstungsgegenstände herzustellen. Damit entstand ein Markt für hochwertige handwerkliche Produkte. Außerdem konnte sich ein Handwerker in einer solchen Siedlung leichter bei Kaufleuten und anderen Handwerkern mit Werkzeugen, Rohstoffen und Vorprodukten versorgen. Das Zusammenleben der Handwerker führte zu Qualitätsverbesserungen und zur Entwicklung neuer Handwerkstechniken, Entdeckungen und Erfindungen. Handwerker erhielten nun für ihre Produkte Bargeld, das sie sparen und in neues Werkzeug und Materialien investieren konnten. Dies erleichterte es ihnen, sich zu spezialisieren und immer komplexere Arbeitstechniken zu entwickeln. Die nun entstehende Arbeitsteilung führte zu einer Ausweitung der Produktion. Vor allem durch die Handwerker entstand in der Stadt technischer Fortschritt. Die Städte wurden so zu Austauschzentren und Motoren der Produktion, sie schufen Waren, Techniken und Ideen und setzten sie in Umlauf. In den Städten sammelten sich jetzt Unternehmergeist, Erfindergeist und Innovation. Insgesamt traten damit die Städte langsam an die Stelle, die die Klöster im Frühmittelalter als Zentren von Wissenschaft und Technik innegehabt hatten. In Bayern entwickelten sich so im 11. und 12. Jahrhundert neben den Bischofsstädten auch andere Orte zu Zentren des Handels, so Laufen, Amberg, Beilngries, Cham und Nabburg.[35]

Die städtische Wirtschaft wirkte aber auch auf das Land zurück. Die Bauern konzentrierten sich allmählich immer stärker auf die Landwirtschaft als solche und gaben immer mehr handwerkliche Tätigkeiten auf. Sie hatten damit mehr Zeit und Energie, um landwirtschaftliche Überschüsse zu produzieren. Diese wurden in Form von Nahrungsmitteln und Rohstoffen in die Städte geliefert. Die Bauern richteten sich bei der Produktion immer stärker am Bedarf der Städte aus, die mit ihrer Nachfrage in gewissem Umfang bestimmten, was die Bauern anpflanzten.

Jetzt fand zum ersten Mal seit der Antike wieder Warenaustausch in größerem Umfang statt.[36] Nicht mehr in erster Linie der Luxusbedarf der Oberschicht trug nun Handel und Handwerk, sondern immer mehr auch der alltägliche Bedarf der Bauern.[37] Sie wurden so zu wichtigen Abnehmern der in der Stadt von den Handwerkern erzeugten Artikel. Dieser Aufschwung in der Produktion führte zu einer Intensivierung des Handels. Handel und Schifffahrt erreichten neue Ausmaße. Die Hauptachse der Handelsströme zog sich entlang des Rheins, vom Bodensee bis zur Nordsee. Über Konstanzer und Züricher Kaufleute war der Rheinhandel an die oberitalienischen Städte angebunden, über die Regensburger Kaufleute an den europäischen Südosten. Handel in größerem Umfang wurde mit

Skandinavien und Russland betrieben.[38] Wichtige Nebenachsen waren Maas, Mosel, Schelde und Main. Durch die Auswertung von Zollregistern kann man die Warenströme gut nachvollziehen. Gehandelt wurden in Bayern unter anderem Salz, Korn, Häute, Wein, Tuch, Eisen, Heringe, Kupfer, Zinn, Wachs, Talg und Vieh,[39] also nicht mehr nur Luxusgegenstände, sondern Waren des täglichen Gebrauchs, die Kaufleute in großem Umfang über weite Strecken transportierten. Hinzu kommen der gesamteuropäische Handel und der Handel mit dem Orient, der Luxusgegenstände wie Gewürze und Seide zum Gegenstand hatte. Messen zum Absatz des großen Warenangebots entstanden.[40] Ein Zentrum des Handels, nämlich ein Drehkreuz für den Italienhandel, in unserer Region war Regensburg, die bevölkerungsreichste Stadt Süddeutschlands im Hochmittelalter mit einer sehr starken Differenzierung in den Handwerksberufen mit mehreren Tausend Handwerkern.[41] Neben der wirtschaftlichen Bedeutung erfüllte Regensburg auch die Hauptstadtfunktion für das Herzogtum Bayern und war ein kulturelles Zentrum. Das Herzogtum Bayern hatte damit im Gegensatz zu den anderen weltlichen Herzogtümern einen zentralen Ort. Die Moosburg nächstgelegene größere Handelssiedlung war Freising, das ab 996 das Recht hatte, einen Markt abzuhalten.

Dort, wo überregionaler Handel betrieben wurde, entstand jetzt die Gruppe der Fernhändler, die nun ausschließlich im Handel tätig war.[42] Die Fernhändler wurden für die große Stadt überlebensnotwendig, war es doch ab einer Größe von 2.000 Einwohnern nicht mehr möglich, die Bevölkerung mit Nahrungsmitteln aus der näheren Umgebung zu versorgen. Außerdem benötigten die Handwerker viele verschiedene Rohstoffe.[43]

Die Vermehrung der Siedlungen und ein Wiederaufblühen des Handels führten zu einer Verdichtung und Erweiterung des Wegenetzes. Man ging nun dazu über, Güter auf dem Landweg nicht mehr auf dem Rücken von Tragtieren zu transportieren, sondern setzte dazu verstärkt vierrädrige Karren ein, für die man Straßen und Brücken benötigte. Adelige und hohe Geistliche erkannten, dass sie über Zölle und Benutzungsgebühren einträgliche Geldquellen bekamen, wenn sie Straßen und Brücken bauten und unterhielten oder Verkehrsströme über ihr Gebiet lenkten. Ab den 1130ger Jahren kam es daher zu großen Brückenbauprojekten, die Mainbrücke bei Würzburg, die Donaubrücke bei Regensburg oder die Innbrücke bei Passau sind dafür Beispiele.[44]

Ein wichtiger Faktor für die Attraktivität der Städte, aber auch für ihre wirtschaftliche Entwicklung, war die Tatsache, dass die Städte Friedensbezirke waren. Der Stadtherr oder die Bürgerschaft verboten

Gewalthandlungen in der Stadt und waren meist auch in der Lage, dies durch ihre bewaffneten Organe durchzusetzen. So konnten sich Handel und Wirtschaft entfalten, die Bürger waren gleichzeitig vor Gewalttaten sicher.[45] Um den Ausbau ihrer Städte zu fördern, verliehen die Stadtherren der Bevölkerung Sonderrechte und Freiheiten. Städte wurden zu Orten, in denen eine vergleichsweise intensive Verwaltung und Rechtsprechung sowie die Anfänge eines obrigkeitlichen Gewaltmonopols existierten. In den Städten führte aber auch die neue Situation des engen Zusammenlebens.[46] zu einem intensiveren Regelungsbedürfnis, Streitigkeiten konnten hier nicht mehr mit Gewalt gelöst werden.[47] Aus diesen Rechten, Privilegien und Freiheiten entwickelten sich Stadtrechte, die die Rechtsverhältnisse der Bürger untereinander, aber auch ihr Verhältnis zum Stadtherrn regelten. Im Mittelpunkt stand die persönliche Freiheit aber auch ein freies Grundbesitz- und Erbrecht. Dieses freiheitliche Element zeigte sich auch in der Devise „Stadtluft macht frei".[48]

Die Stadt erhielt aber auch eine politische Bedeutung. Bis zum Ende des 12. Jahrhunderts waren Städte keine Zentren der Herrschaft. Herrschaft wurde auf dem Land ausgeübt. Lediglich Regensburg war in gewissem Umfang Landesmittelpunkt.[49] Dies änderte sich nun im 12., vor allem im 13. Jahrhundert. Die sich entwickelnden Städte gerieten jetzt immer mehr in den Blickpunkt der Herrscher.

Bereits in der zweiten Hälfte des 11. Jahrhunderts hatte Heinrich IV. (1056-1105/06) als deutscher König die Bedeutung der Städte im Kampf gegen Kirche und Adel erkannt. Die Städte wurden zu einem Faktor, auf den sich der König stützen konnte, vor allem weil deren Wirtschaftskraft eine immer größere Bedeutung erhielt.[50] Die nachfolgende Dynastie der Staufer betrieb dann Stadtgründungen als Mittel der Herrschaftsbildung. Sie wurden damit zu Vorbildern für andere Fürsten, die das Mittel der Stadtgründungen für Sicherung und Ausbau von Herrschaft übernahmen.[51] Die Gründe hierfür sind vielfältig. Städte wurden schnell zu den wirtschaftlichen Zentren einer Region. Sie hatten eine wirtschaftliche Bedeutung über ihre Märkte, mit denen das Umland wirtschaftlich erschlossen werden konnte (Nahmarkt). In Landshut und München, Regensburg, Passau und Amberg gab es auch überregionale Märkte. In den Städten sammelte sich daher rasch Reichtum an. Es war für die Landesherren verlockend, auf diesen Reichtum zugreifen zu können, sei es über Steuern, Zölle und Abgaben, über Einnahmen aus Gerichts- und Münzrechten oder die Möglichkeit, Kredite aufzunehmen. Geld wurde zunehmend wichtiger, um Herrschaft auszuüben, um Kämpfer und Verwalter zu bezahlen und Krieg führen zu können. Die Gründung von

Marktsiedlungen in Bayern geht daher vor allem auf den Geldbedarf der Herzöge zurück.[52] Gleichzeitig entwickelten sich die Städte zu zentralen Orten für ihre Umgebung. Von hier aus konnte Einfluss auf das Umland genommen, dieses beherrscht werden. Nach und nach wurden Städte daher auch Verwaltungssitze für ihre Umgebung.[53] Die Stadt war so Dokumentation von Macht und Einfluss. Vor allem in den Städten, in denen Fernhandel betrieben wurde, sammelte sich das Wissen um aktuelle Ereignisse, aber auch das Wissen um die Welt und technische Erkenntnisse. Die Städte wurden zum Markt von Wissen und Ideen. Schließlich waren viele Städte vergleichsweise stark befestigt, so dass sie als große Festung wichtige Stützpunkte der Herrschaft und Mittel zur Sicherung von Umland und Verkehrswegen darstellten. Weil sie so bedeutend waren, konnte es sich kein Landesherr leisten, die Herrschaft über eine Stadt aus der Hand zu geben oder zu dulden, dass andere sich der Herrschaft über eine Stadt bemächtigten oder diese zu selbständig wurde. Er hätte hier wertvolle Ressourcen verloren oder gar in die Hände eines Konkurrenten gegeben.[54]
Daher gab es in Bayern mit Ausnahme von Regensburg keine Reichsstädte. Die Reichsstädte hatten das Recht zur vollständigen Selbstverwaltung erlangt und bildeten damit eigene Stadtrepubliken, die nur dem Kaiser unterstanden. Diese Form der Stadt gab es vor allem in Schwaben und Franken, dort also, wo die herzogliche Gewalt schwach war, und die Städte verhältnismäßig leicht die Herrschaft des Herzogs hatten abschütteln können, nicht jedoch in Altbayern. Hier wurden die Städte - nicht die Bischofsstädte, hier war der Bischof Stadtherr – vom Landesherrn beherrscht. Es gab keine selbst organisierte, von den Bürgern vollständig selbst verwaltete Stadt.[55] Der Stadtherr übte die Gerichtsrechte und die Herrschaft in der Stadt aus; die Bürger konnten lediglich bestimmte Bereiche, soweit ihnen diese übertragen worden war, selbst regeln. Um seine Macht auch in der Stadt ausüben zu können, hatte der Stadtherr oft seine Burg in oder bei der Stadt, so in Landshut die Trausnitz über der städtischen Siedlung, in Moosburg innerhalb. Die Interessen der Stadtbewohner und des Stadtherrn waren nicht immer gleich gerichtet. Während es dem Stadtherrn um einen möglichst intensiven Zugriff auf die Stadt ging, vor allem auf die dort erwirtschafteten Vermögenswerte, versuchten die Stadtbewohner, eine möglichst unabhängige Stellung, einen möglichst hohen Grad an Selbstverwaltung zu erreichen.
Gerade in einem städtearmen Gebiet wie Bayern - an der Schwelle zum hohen Mittelalter waren nur Freising, Regensburg, Passau und Salzburg Städte - gingen die Landesherrn, vor allem die bayerischen Herzöge ab dem

12. Jahrhundert verstärkt dazu über, Städte auch gezielt zu gründen, teilweise ganz bewusst als Wirtschaftsunternehmen, in Konkurrenz zu bestehenden, auf dem Gebiet des Nachbarn liegenden Orten.[56] Meist geschah dies, um die Entwicklung der Stadt zu fördern, an verkehrsgünstig gelegenen Plätzen, vor allem Flüssen und Flussübergängen, waren diese doch ein Nadelöhr für den Verkehr, der dann durch die Stadt fließen musste. Gleichzeitig war die Frischwasserversorgung gesichert.[57]

Diese gezielten Stadtgründungen in Bayern weisen Gemeinsamkeiten auf. Zentren waren Marktplätze, häufig auch Straßenmärkte. Bei einem Straßenmarkt handelt es sich um eine langgezogene, breite Marktstraße, meist die Verbreiterung einer Handelsstraße, von der dann Querstraßen abgehen. Der Herzog garantierte als Landes- und Stadtherr Marktfrieden und Geleitschutz. Die gezielt gegründeten Städte verfügten verhältnismäßig früh auch über eine Stadtmauer, gegebenenfalls wurde eine vorhandene Burg in die Befestigung mit einbezogen, sowie einen Stadtturm. Die Tatsache, dass in der Regel ein Markt eingerichtet wurde, zeigt, dass es den Herzögen bei den Gründungen zu einem großen Teil um die wirtschaftliche Erschließung und die Generierung von Einnahmen ging.[58] Die Städtegründungen erfolgten an Knotenpunkten von Straßen und an Flussübergängen, vor allem entlang von Isar, Inn und Donau. Hier sind die Städte wie Perlen an einer Schnur aufgereiht. Gerade in Bayern erfolgten Städtegründungen auch in Grenzgebieten, die umstritten waren, um so einen Stützpunkt für Herrschaftsausübung und eine Festung zu erhalten.[59]

Diese Städtegründungen und Städteförderungen liefen systematisch und strukturiert ab. Gezielt wurden Bewohner angesiedelt und angeworben, zum Beispiel mittels Steuervergünstigungen. Die Siedlungsstrukturen waren planmäßig angelegt, ebenso die Besiedelung der Stadtfläche. Hinzu kamen Infrastrukturmaßnahmen wie Straßen- oder Brückenbau, oft auch verbunden mit einer Umleitung des Verkehrs, um die Stadt zu fördern. Die Kombination dieser Maßnahmen führte bei vielen der geplanten Städte zu einem raschen Wachstum.[60]

München war 1158 die erste in Bayern gegründete Stadt. Mit München geriet zum ersten Mal das Phänomen „Stadt" in den Blickpunkt des Landesherrn. Nach diesem Anfang kam es seit Beginn des 13. Jahrhundert zu zahlreichen Städtegründungen in Altbayern. Innerhalb weniger Jahre entstand nun eine Vielzahl von Siedlungen, zum Beispiel 1204 Landshut, 1218 Straubing, 1224 Landau, Ingolstadt und Deggendorf ca. 1250, 1251 Dingolfing und 1273 Neustadt a. d. Donau. Um 1300 war Bayern von einem dichten Netz an Städten und Märkten durchzogen, die Wittelsbacher

Herzöge hatten Dutzende von Orten gegründet. Nach der Mitte des 13. Jahrhunderts war die große Welle der Stadtgründungen in Bayern dann vorüber.[61]

Die Städte entsprachen allerdings noch nicht unserem Bild der mittelalterlichen Stadt. Bis ins 12. Jahrhundert wurden die Gebäude, abgesehen von den Kirchen, fast ausschließlich in Holz errichtet. Erst ab dem 13. Jahrhundert gab es nach und nach Steinbauten der reichen Händler und Handwerker sowie Fachwerkgebäude und teilweise aus Stein gebaute Häuser. Noch nicht alle Städte hatten Stadtmauern. Die meisten waren durch Gräben, Erdwälle und Palisaden geschützt.[62] Zentrum der bürgerlichen Stadt war der Marktplatz. Um diesen lagen die Häuser der Oberschicht. Die Handwerker eines Berufes bewohnten, zumindest in größeren Städten, eigene Quartiere oder Straßen.

Obwohl die Stadt attraktiv war für die Menschen aus dem Umland, war das alltägliche Leben innerhalb der Städte sehr unangenehm und belastend. Die Bebauung war eng, es gab keine Abwasser- und Müllbeseitigung, die Wasserversorgung war unzureichend, die hygienischen Verhältnisse problematisch. Die Situation, abgesehen von den Vierteln der Reichen, ist wohl mit der in den heutigen Slums der Dritten Welt vergleichbar. In den Städten fielen deswegen besonders viele Menschen den Seuchen wie der Pest zum Opfer. Man geht daher auch davon aus, dass die Sterblichkeit in den städtischen Siedlungen höher war als auf dem Land und ein starker Zuzug auch deswegen nötig war, um die hohen Bevölkerungsverluste auszugleichen.[63]

4. Die Entstehung der Territorien

Die Gründung von München und Landshut ist vor dem Hintergrund des Phänomens der Territorialisierung, also des Aufbaus geschlossener Herrschaftsgebiete, zu sehen.

a) Aufbau der Territorien

Ein Trend, der sich schon seit der späten Karolingerzeit im 9. und 10. Jahrhundert abgezeichnet hatte, war die Zersplitterung der großen Herzogtümer. Es entstanden selbständige Herrschaftsgebiete einzelner Adelsfamilien. Diese gingen oft auf Amtsträger der Karolingerzeit zurück, die inzwischen Herrschaftsrechte nicht mehr als vom König verliehenes Amt, sondern als Familienbesitz betrachteten und weiter vererbten.[64]

Auch im hohen Mittelalter war der Ausgangspunkt von Macht Grundbesitz, also die Herrschaft über Land und Leute. Ziel aller Herrschenden war es deswegen, möglichst viel Land und Leute zu beherrschen. Adeligen Familien, die sich zunehmend als eigene Dynastien wahrnahmen, war es über die Jahrhunderte hinweg gelungen, Herrschaftsrechte und vor allem durch Rodungen Land zu erwerben.

Diese Tendenzen mündeten in die Territorialisierung, die Schaffung geschlossener Gebiete unter Übernahme möglichst aller Rechte in einer Hand. Ziel war die Kombination von Grundbesitz und Herrschaftsrechten. Es galt fremde Herrschaft ausschließen, übergeordnete abschütteln und möglichst alle Herrschaftsrechte wie Gerichtsrechte, Steuern und Zölle zu erwerben. Schlüsselelement war die Sicherung des Friedens im Herrschaftsbereich. Demjenigen, der mächtig genug war, in einer Region Schutz zu gewähren, dem fiel auch die Aufgabe der Friedenswahrung, die Ausübung der Gerichtsbarkeit und die Garantie der Besitzverhältnisse zu. Dies war die Basis, das Gewaltmonopol zu erringen, also der einzige Träger legitimer Gewalt zu werden und andere Herrschaftsträger von diesem Recht auszuschließen, somit diese zu deklassieren. Ein wesentliches Element beim Ausschluss fremder Herrschaftsträger war die Übernahme königlicher Rechte wie Befestigungsrecht, Marktrecht und Zoll. Damit war der konkurrierende, weil übergeordnete Herrschaftsträger schlechthin von der Herrschaft ausgeschlossen. Erst dann war die Herrschaft über ein Gebiet vollkommen.[65]

Es entstanden kleinteilige Räume, in denen Herrschaft intensiv ausgeübt wurde. Besonders stark war diese Entwicklung dort, wo neue Gebiete durch Rodung, organisiert von einer Adelsdynastie, erschlossen wurden. Rodung und Landesausbau waren wichtige Elemente, um Macht und Einfluss über Grundbesitz und Menschen, die durch die Rodungen angelockt wurden, zu vergrößern. Zeichen für solche Herrschaftsausübung war der Bau von Burgen und die Ummauerung von Orten.[66]

Dieses Phänomen nahm, nach Anfängen im 11. Jahrhundert,[67] im 12. Jahrhundert an Fahrt auf, als nach der Schwächung der königlichen Gewalt im Rahmen des Investiturstreits die nachgeordneten Herrschaftsträger versuchten, möglichst große Gebiete zu beherrschen und nach Selbständigkeit, nämlich Freiheit von übergeordneter Herrschaft, strebten, was von den Stauferkaisern anerkannt wurde.[68] Dieses Ziel verfolgten auch die Bischöfe, die nicht nur Leiter ihrer Bistümer, sondern ebenso weltliche Herrscher über Gebiete waren, die Hochstifte. Auch die Bischöfe versuchten, die Gebiete ihrer Hochstifte zu vergrößern.

In Bayern fand diese Entwicklung vor allem unter den frühen Wittelsbachern ab dem 12. Jahrhundert statt und war mit Ludwig dem

Bayern (1314-1347) abgeschlossen. Nachdem schon Heinrich der Löwe (1156-1180) begonnen hatte, das Herzogtum wirtschaftlich auszubauen, um seine Macht zu vergrößern,[69] fingen die Wittelsbacher nun im 12. Jahrhundert an, ihr Territorium nicht nur zu vergrößern, sondern ihre Gebiete systematisch zu sichern und mit Herrschaftsstrukturen zu überziehen. Ihnen gelang es im besonderen Maße, königliche Rechte wahrzunehmen. Die Sicherung erfolgte vor allem mittels Burgen, die neue Zentren der Macht und wichtige militärische Stützpunkte wurden. Außerdem begannen die Wittelsbacher, das Land mit Brücken und Straßen zu erschließen. Gerichtssitze wurden Ausgangspunkte von Herrschaft, von hier aus wurde Macht über das nähere Umland ausgeübt.[70]

Zunächst waren die Wittelsbacher nur eine Familie unter vielen, die um Macht und Herrschaft in Bayern konkurrierten. Anfangs waren sie nämlich nicht die mächtigste Familie im Land, sondern 1180, als sie das Herzogtum Bayern übertragen erhielten, nur eine unter 30 anderen Hochadelsgeschlechtern. Andere mächtige Adelsfamilien hatten ebenfalls, wie später die Wittelsbacher, das Potential, zur mit Abstand mächtigsten Familie aufzusteigen und Bayern zu regieren.[71]

Da viele verschiedene Familien und Bischöfe miteinander um Gebiet und Leute konkurrierten, war es ganz entscheidend, selbst so schnell zu wachsen und so groß zu werden, dass man nicht von einem übermächtigen Nachbarn abhängig oder gar erobert wurde. Außerdem galt es, den Nachbarn einzudämmen und zu blockieren, am besten durch Erwerb von Gebieten im Grenzbereich oder der Errichtung von Stützpunkten an der Grenze zwischen zwei Einflusssphären, um den Herrschaftsanspruch auf das eigene Gebiet zu dokumentieren und zu stärken sowie zu verhindern, dass der Gegner in einem umstrittenen Gebiet zu viel Einfluss gewann. Außerdem galt es zu unterbinden, dass im eigenen Gebiet ein fremdes Territorium entstand, das dann als Basis für die Expansion ins eigene Kernland dienen und dieses aushöhlen konnte. Gerade in solchen Situationen kam es immer wieder zu kriegerischen Handlungen, zu Kämpfen um Städte und Burgen, wurden Brücken und Orte zerstört.[72] Während im frühen Mittelalter die adeligen Familien ihren Besitz über weite Regionen verstreut hatten, kann man nun nachvollziehen, dass binnen weniger Generationen aus diesem Streubesitz durch Tausch und Verkauf geschlossene Gebiete wurden. Es entstanden die Territorien der Wittelsbacher, anderer hoher Adeliger (wie der Andechser, Ortenburger, Bogener oder Aribonen, die größere Territorien aufbauen konnten) und zahlreicher kleinerer Edelleute (wie der Burghartinger in Moosburg) sowie der Bischöfe.[73]

Besonders erfolgreich waren die bayerischen Herzöge der Wittelsbacher, die mittels Kauf, Tausch, Erbe, Heirat und auch durch kriegerische Maßnahmen Herrschaftsrechte und Gebiete übernahmen. Sie waren bald die mit Abstand reichste Familie im Land und um 1250 galten sie als eine der reichsten Fürstenfamilien im Reich überhaupt.[74] Sie konnten bis zur zweiten Hälfte des 13. Jahrhunderts rasch ein großes und beinahe geschlossenes Territorium erwerben und die anderen Adelsfamilien zum größten Teil ausschalten. Mit dem Aufbau eines solchen Territoriums schufen die Wittelsbacher den Kern des heutigen Bayern. Sie verhinderten damit eine Zersplitterung wie in Franken und Schwaben, was dort wiederum zur Ausbildung zahlreicher Reichsstädte führte.[75]

Neben erfolgreichen kriegerischen Maßnahmen kam ein besonderes Phänomen den Wittelsbachern dabei zu Hilfe. Vor allem im 13. Jahrhundert starben nämlich die hochadeligen bayerischen Familien weitgehend aus. Die Wittelsbacher gehörten zu den wenigen Überlebenden. Da sie als Herzöge nach dem damaligen Recht die Herrschaftsrechte erbten, konzentrierten sich so die Gebiete und Herrschaftsrechte der ausgestorbenen Familien in ihrer Hand. Die Gründe für dieses Adelssterben sind vielfältig. Der Mode der Zeit folgend gingen zahlreiche Vertreter dieser Familien auf die Kreuzzüge (von 1096-1101, 1147, 1187-1192, 1199-1204 und 1217-1228). Diese dauerten teilweise mehrere Jahre. Die Kreuzfahrerheere erlitten meist hohe Verluste wegen Seuchen, schwerer Kämpfe und schlechter Versorgung. Auch ein Burghartinger nahm am Kreuzzug 1147 Teil und ist dabei gestorben. Hinzu kamen die verlustreichen Italienfahrten der Stauferkaiser. Außerdem traten zahlreiche Vertreter des Adels im Zuge der religiösen Erneuerungsbewegung der Zeit in den geistlichen Stand über. In der ersten Hälfte des 13. Jahrhunderts war somit der Hochadel in Bayern weitgehend ausgestorben, bis zum Ende des 13. Jahrhunderts auch zahlreiche kleinere adelige Familien. Deren Erbe hatte sich bei den Wittelsbachern konzentriert und bildete gemeinsam mit dem alten Wittelsbacher Besitz die Grundlage des modernen Flächenstaates. Die überlebenden hochadeligen Familien und die Edelfreien waren in Abhängigkeit zum Herzog geraten. Die Herzöge waren dann Mitte des 13. Jahrhunderts mächtig genug, Landfrieden einfach zu dekretieren, ein Zeichen, dass sie auf andere Adelige keine Rücksicht mehr zu nehmen brauchten.[76].

Im Hinblick auf die Hochstifte war diese Entwicklung anders verlaufen. Hier gab es kein Erbrecht, das die Wittelsbacher nutzen konnten. Beim Tod des alten wurde ein neuer Bischof bestimmt. Gleichzeitig waren Kauf oder Tausch nur eingeschränkt möglich. Die Hochstifte waren daher als

Konkurrenten der Wittelsbacher übrig geblieben. Konkurrenten, die sich dem Herzog ebenbürtig fühlten und ihn nicht mehr als Herren akzeptierten. An ihrer Spitze standen Bischöfe, die ebenfalls versuchten, ihre Territorien auszubauen. Schon seit der Zeit Heinrichs des Löwen kam es immer wieder zu starken Gegensätzen zwischen den Bischöfen, die ihre Hochstifte ausbauen und dem Herzog, der seinen Besitz ausweiten wollte. Besonders intensiv trifft dies auf Regensburg zu, den alten Hauptort Bayerns und gleichzeitig wichtigsten Herzogssitz und die Gegend um Freising. Das Hochstift Freising lag als langgezogenes Gebiet entlang der Isar mitten im Herzogtum. Mit diesen Bischöfen gab es Ende des 12., Anfang des 13. Jahrhunderts teilweise heftige Auseinandersetzungen, wobei es den Wittelsbachern weitgehend gelang, den Ausbau dieser geistlichen Territorien in Grenzen zu halten.[77]

Diese Entwicklungen, nämlich das Ausgreifen der Wittelsbacher und der Konflikt mit dem Freisinger Bischof, lassen sich auch in der Gegend um Moosburg als dem Grenzgebiet zwischen dem Herzogtum Bayern und dem Hochstift Freising nachvollziehen. Um Wartenberg waren die Wittelsbacher begütert. Die Gegend wurde zu einem alten und wichtigen Stützpunkt und damit zu einem Kern des entstehenden Wittelsbacher Territoriums. Hier, von einer zentral gelegenen Region aus, waren die Wittelsbacher sehr aktiv und griffen in die Umgebung aus.[78] Im Laufe des 12. Jahrhunderts konnten sie ihren Einfluss um Wartenberg ausdehnen sowie andere Adelige verdrängen und unterwerfen, ein Prozess der mit der Gründung von Landshut[79] endete. Bis ins 13. Jahrhundert gelang es den Wittelsbachern, den Freisinger Bischof in jahrzehntelangen Auseinandersetzungen weiter zurückzudrängen und viele seiner Dienstmannen zu übernehmen.[80] Schließlich verfügten sie über Besitz östlich der Isar bis kurz vor Moosburg. Weitere Stützpunkte der Wittelsbacher in der Region waren Wolfersdorf und Hörgertshausen sowie die Gerichte Zolling und Inkofen.[81]

b) Ausbau der Herrschaft

Die Herrschaft intensivierte sich jetzt außerdem. Es war nicht ausreichend, lediglich Gebiete und Herrschaftsrechte zu sammeln, diese mussten auch einheitlich verwaltet werden, erforderten ein geregeltes Rechtsleben und geordnete Finanzen. Solch eine Form der Verwaltung war mit den Mitteln der damaligen Zeit aber nur auf der Ebene kleiner Einheiten möglich. Die Territorialherren begannen nun, das Land nicht mehr als Lehen an andere Adelige auszugeben, sondern von Bediensteten verwalten zu lassen. Es gab Ansätze für eine systematische und intensivere, vor allem aber durchorganisierte Verwaltung, die in Ansätzen schon auf Schriftlichkeit beruhte. Mittels dieser konnten die Ressourcen für den Herzog erschlossen und effektiv Herrschaft über die verschiedenen Gebiete ausgeübt werden. Es wurden Besitzverzeichnisse, Steuerlisten und Einnahmetabellen angelegt.[82] Zöllner, Amtsleute, Richter, und Viztume (vicedomus), also Stellvertreter des Herzogs in einem bestimmten Bezirk, wurden eingesetzt, um die Verwaltung ausüben zu können. Dies war insoweit eine Neuerung, als diese Verwaltungsleute nun im Auftrag des Herzogs eine bestimmte Aufgabe, zum Beispiel Steuererhebung oder Rechtsprechung übernahmen, und nicht mehr, wie bisher, einen Teil des Territoriums vom Herzog übertragen bekamen, um dort selbständig Herrschaft auszuüben. Der Herzog bediente sich jetzt auch einer neuen Gruppe von Personen, um die Verwaltungsaufgaben zu erledigen. Er setzte nicht mehr Adelige ein, sondern stütze sich auf Ministeriale. Es handelte sich dabei ursprünglich um Unfreie ohne eigenen Besitz, denen bestimmte Aufgaben übertragen wurden. Da sie im Gegensatz zu Adeligen keinen eigenen Besitz hatten, waren sie von ihrem Dienstherrn vollkommen abhängig was Einkünfte und Bezahlung anbelangte und daher weit loyaler als die vergleichsweise unabhängigen Adeligen.[83] Von den Ministerialen war somit, im Gegensatz zu den Adeligen, weder ein Aufstand noch eine Abspaltung zu befürchten. Die Einheit des Territoriums und die Einheitlichkeit der Herrschaft waren damit nicht in Frage gestellt. Ministeriale wurden als Burgenbesatzung, Gutsverwalter, Richter und als Ritter eingesetzt. Sie entwickelten sich zur Basis von Verwaltung und Militär. Mit ihnen wurde ein Gebiet herrschaftlich organisiert, verwaltungsmäßig erschlossen und militärisch gesichert. Ministeriale lassen sich zuerst auf Reichsebene in der Zeit Heinrichs IV. ab 1070 nachweisen. Dann wurde diese Einrichtung von anderen Adeligen übernommen, 1125/1130 auch in Altbayern. Seit dieser Zeit befanden sich Ministeriale im Dienst der Wittelsbacher. Für die Ministerialen war die Tätigkeit bei einem Adeligen eine Möglichkeit des sozialen Aufstiegs. Einige Familien konnten über mehrere Generationen selbst in den Adelsstand gelangen. In gewisser Weise sind die Ministerialen die Wurzel des heutigen öffentlichen Dienstes.[84]

Mit dieser intensiveren und systematischeren Verwaltung änderte sich jetzt auch die Form der Herrschaft. Herrschaft wurde nicht mehr von einem umherziehenden Herzog mit seinem Gefolge ausgeübt, sondern von örtlich gebundenen Amtsträgern. Städte entwickelten sich jetzt zu Verwaltungszentren.[85]

Nun entstand nach und nach ein Hof des Herrschers mit Hofämtern als Verwaltungsspitze und Herrschaftsgremium. Die Verwaltung war auf den Hof als Zentrum ausgerichtet. Dieser zog nun nicht mehr permanent durch das Land, sondern wechselte zwischen mehreren festen Plätzen. Residenzen entstanden auf diese Weise. Es gab eine Kanzlei mit Schreibern und Notaren, was zeigt, dass jetzt die Schriftlichkeit in der Verwaltung eine immer größere Rolle einnahm. Hier wurden Urkunden ausgestellt und Besitzverzeichnisse angelegt, diplomatische Missionen vorbereitet und der Schriftverkehr erledigt. Außerdem finden sich Ansätze für einen Hofrat. So entwickelten sich die Residenzorte zu zentralen Orten des Landes, zu Vorformen von Hauptstädten.[86]

c) Herrschaft im Kleinen: Die Burghartinger in Moosburg

Das, was die Wittelsbacher auf regionaler Ebene durchführten, versuchten auch die anderen Adelsfamilien auf lokaler Ebene umzusetzen. Die Burghartinger begannen von Moosburg aus ebenfalls, ihr Territorium auszubauen, starteten aber von einem deutlich niedrigeren Niveau, was mit der Geschichte der Familie zusammenhängt.

Die Familie der Burghartinger ist sicher seit 1055/1060 zu fassen, als Burghart I. in einer Urkunde genannt wird. Die Ursprünge der Familie liegen im Dunkeln. Sein jüngster Sohn, Burghart, war der erste Vogt (Schutzherr und Beistand) des Stifts St. Kastulus aus der Familie. Erst nach 1085 taucht die Familie in Moosburg auf. Vogt Burghart gehörte zur der Generation der Burghartinger, die mit Abstand am meisten Macht und Einfluss hatte. Sie zählte zur Spitzenschicht des Reiches am Ende des 11. und Anfang des 12. Jahrhunderts. Burgharts älterer Bruder, ebenfalls mit Namen Burghart, war Markgraf (Stellvertreter des Kaisers in einem Grenzgebiet mit umfangreichen militärischen und zivilen Aufgaben) von Istrien, später wurde er zusätzlich noch Vogt von Aquileia, Sitz einer großen italienischen Kirchenprovinz. In der Zeit von 1093 bis 1101 trat er immer wieder in der Umgebung des Kaisers auf. Außerdem konnte er erreichen, dass sein Sohn Burghart Bischof von Brixen wurde, der aber noch vor ihm starb. Da Markgraf Burghart keinen überlebenden Sohn hatte, gingen, als er 1106 starb, seine Ämter für die Burghartinger verloren. Der zweite Bruder, Berthold, war von 1085 bis 1106 vom Kaiser im Rahmen des Investiturstreits eingesetzter Gegenerzbischof von Salzburg gegen die papsttreuen Bischöfe.[87] 1105/1106 wendete sich das Blatt. Heinrich IV. wurde von seinem Sohn Heinrich V. (1105/06-1125) abgesetzt. Mit diesem Herrscherwechsel ging auch ein radikaler Politikwechsel einher, zeigte sich der neue König doch zunächst kirchentreu und hoffte, Frieden mit dem Papsttum schließen zu können.[88] Diese neue Politik erforderte neue Vertraute, die den neuen Kurs mittrugen und nach außen glaubwürdig repräsentierten. Heinrich V. stütze sich daher auf neue Vertraute. Die Burghartinger als Vertreter des alten Kaisers und des alten Kurses verloren den Zugang zum Hof, ihre Spitzenposition und damit ihre Ämter und den ihnen übertragenen Besitz. Berthold wurde abgesetzt und musste sich 1106 nach Moosburg zurückziehen, wo er wahrscheinlich 1115 starb. Die Familie fiel ins Bodenlose, lediglich Ländereien um Moosburg und weit verstreute kleine Besitzungen mit wenigen Gefolgsleuten waren geblieben, ebenso die Vogtei über Sankt Kastulus.

Die Burghartinger sammelten sich in Moosburg, die Vogtei scheint der letzte nennenswerte Besitz gewesen zu sein. Vogt Burghart, der im Gegensatz zu seinen Brüdern in Moosburg geblieben war, hatte wohl zunächst Schwierigkeiten, sich zu behaupten. Der Wiederaufstieg der Burghartinger verlief langsam und zäh. Es dauerte von 1105 bis etwa 1125 bis sich die Familie in Moosburg durchsetzen konnte. Nur über eine enge Verbindung mit den Wittelsbachern, die 1123-1125 begann, war die Zukunft der Familie abgesichert. Gerade diese Verbindung zeigt, dass die Burghartinger nicht in der Lage waren, sich aus eigener Kraft zu behaupten. Auch die Zahl der Gefolgsleute stieg nur langsam. Nach und nach konnten die Burghartinger ihre Herrschaft in der näheren Umgebung ausbauen. Zu ihrem Besitz zählten Volkmannsdorf, Gammelsdorf, Wang, Grünseiboldsdorf, Ober-/Niederhummel, Mauern und Berglern. Später kamen die untere Amper und die mittlere Isar hinzu. Eine deutliche Ausweitung von Macht und Besitz bedeutete 1179 das Erbe der Grafen von Roning und deren Güter an der Laaber (Rottenburg). Allerdings bestand hier das Problem, dass dieser Besitz in großer Entfernung zum Gebiet um Moosburg lag und zudem weit verstreut war. Die Burghartinger konnten letztlich nur ein kleines Gebiet in der näheren Umgebung von Moosburg erwerben. Sie verfügten auch, im Vergleich zu anderen Grafenfamilien, über relativ wenige Gefolgsleute und damit wenig Rückhalt.[89]

Der letzte männliche Vertreter der Burghartinger war Konrad V. Er starb bereits am 19.8.1281. Da er keine männlichen Nachkommen hatte, erlosch mit ihm die Familie der Burghartinger. Ihre Eigengüter erbte ein Edler namens Ulrich von Altmannstein, ihre Herrschaftsrechte in Bayern fielen weitgehend an die Herzöge von Niederbayern. Moosburg blieb dann auch bis zur Bildung der Regierungsbezirke im 19. Jahrhundert niederbayerisch. Die Situation der Burghartinger glich damit der vieler anderer adeliger

Familien in Bayern, die nach ihrem Aussterben von den Wittelsbachern beerbt wurden.[90]

Interessant ist, dass die Burghartinger schon früh das moderne Herrschaftsinstrument der Ministerialen zur Verwaltung von Besitz einsetzen. Ministeriale lassen sich im Umkreis der Familie ab den 1120ger/1130ger Jahren nachweisen. 1120-1133 wurde ein Ministeriale Richter in Moosburg (einer der ersten Ministerialen als Richter in Bayern überhaupt). Zudem setzten die Burghartinger Zöllner ein.[91]

Außerdem hatten die Burghartinger schon bald eine Hofhaltung. Sie führten vergleichsweise früh, nämlich in der zweiten Hälfte des 12. Jahrhunderts, Hofämter ein wie die Herzöge und Könige, was ein dynastisches Bewusstsein zeigt. Verwalter, Kämmerer, Cellerar, Speisenträger, Köche, Mundschenke und Marschälle lassen sich nachweisen.[92]

Trotz aller Bereitschaft, die modernen Methoden der Zeit zu nutzen, konnten die Burghartinger keine größere Herrschaft aufbauen, schon gar keine, die sich mit der der Wittelsbacher hätte messen können. Sie starteten von einer ungleich schlechteren Ausgangsposition und konnten zu wenig Besitz und Gefolgsleute erlangen, um ein größeres Gebiet zu beherrschen.[93]

II. München, Landshut und Moosburg im hohen Mittelalter

1. München

Die Gründung oder besser der Ausbau Münchens ist vor dem Hintergrund der Funktion einer Stadt als Herrschaftsmittel im Kampf um Sicherung und Ausbau eines Territoriums zu sehen.

Im Zentrum des Herzogtums bestand das Konkurrenzverhältnis zwischen den Herzögen und den Freisinger Bischöfen, wobei auch die Burghartinger, die in diesem Gebiet überlappender Interessens- und Einflusssphären ihren Besitz hatten, in diese Entwicklungen involviert waren. Der Grenzraum zwischen Herzogtum und Hochstift Freising war einer der intensivsten Konfliktbereiche des Bayerischen Herzogs. Dies lag daran, dass das Hochstift ein Territorium im Herzen des Herzogtums darstellte. Diese Situation wurde durch die Lage des Hochstifts entlang der Isar zwischen Moosburg bis kurz vor das heutige München noch verschärft. Gleichzeitig bestand die Gefahr, dass sich dieses Gebiet mitten im Herzogtum weiter ausbreiten und so die Stellung des Herzogs im Zentrum seines Herzogtums massiv schwächen könnte. Doch nicht nur das Zentrum war in Gefahr. Südlich von München war der Herzog nur schwach begütert.[94] Im Norden wurde das Hochstift Regensburg gefährlich. Das Gebiet des Bischofs von Regensburg reichte an der Isar bis kurz vor das heutige Landshut. Der Herzog stand nun vor einer prekären Situation. Von der Nordgrenze des Herzogtums an der Donau griff der Regensburger Bischof entlang der Isar nach Süden aus, in der daran anschließenden Region hatten die Grafen von Moosburg ihren Einflussbereich, woran sich das Gebiet des Freisinger Bischofs bis kurz vor München anschloss, während die Position des Herzogs im Süden Münchens schwach war. Es bestand nun die ernsthafte Gefahr, dass das Herzogtum in seinem Zentrum von der Donau bis zu den Alpen entlang der Isar gespalten werden könnte, in ein Gebiet westlich und eines östlich der Isar zwischen denen sich mehrere Herrschaften anderer Herrschaftsträger befanden. Dies hätte wiederum bedeutet, dass eines der beiden Teile des Herzogtums leicht hätte verloren gehen können. Dieser Gefahr musste begegnet werden. Die Eindämmung des Freisinger Bischofs sollte den bayerischen Herzog dann auch bis zum Ende des 13. Jahrhunderts beschäftigen.[95] Heinrich der Löwe griff nun ein und begann, die Verbindungslinien im Herzogtum zu stärken. Er begann, sich die Salzstraße Reichenhall-Augsburg mit ihren als Einnahmequelle wichtigen Zolleinnahmen zu sichern. Diese Straße bedeutete auch die Sicherung einer Ost-West-Achse im Süden des Herzogtums.[96]

Gleichzeitig galt es, den Bischof von Freising im Süden des Hochstifts einzudämmen, in einem besonders gefährdeten Gebiet, in dem der Herzog wenig begütert war und daher kaum Einfluss hatte. Heinrich der Löwe ging brutal vor. Er zerstörte die Isarbrücke des Freisinger Bischofs bei Föhring, über die der Salzhandel geleitet wurde und an der sich ein Marktort entwickelt hatte. Er verlegte sie einige Kilometer flussaufwärts auf herzogliches Gebiet - dorthin, wo sich zwei Handelsstraßen aus dem frühen Mittelalter kreuzten und sich wahrscheinlich bereits eine oder mehrere kleine Siedlungen befanden. Diese könnten am Marienplatz und auf dem Petersbergl gelegen haben. Außerdem leitete der Herzog die Salzstraße von Reichenhall nach Augsburg über diese neue Brücke um und richtete Zollstation, Markt und Münze ein. Mit der Brückenverlegung hatte sich Heinrich eine wichtige Einnahmequelle geschaffen, konnte er doch nun von den Salzhändlern, die von Berchtesgaden nach Westen reisten, Brückenzoll erheben. Der Kaiser bestätigt 1158 die Verlegung, Markt und Münze in Föhring blieben aufgehoben, der Herzog muss aber dem Freisinger Bischof ein Drittel der Zoll- und Münzeinnahmen abtreten. Obwohl sich am Ort des heutigen München wahrscheinlich schon frühere Siedlungen befanden, gilt 1158 als Jahr der Gründung Münchens, da ab diesem Jahr der Ort von

Heinrich, der die Bedeutung von Städten erkannt hatte, ausgebaut wurde. Das systematische Vorgehen lässt sich auch am planmäßigen Grundriss der Siedlung erkennen. Sie umfasste das Gelände zwischen der heutigen Augustinerstraße, der Löwengrube, dem Viktualienmarkt und dem Färbergraben. Ihr Grundriss ist auch heute noch zu erkennen, die Siedlung Heinrichs des Löwen bildet noch heute den Stadtkern. Die Fläche Münchens umfasste 17 Hektar und bot Platz für 2.500 Menschen. Ab 1173/74 schützte eine Mauer mit fünf Toren den Ort. 1170 ist ein Richter nachweisbar, weiter gab es Zöllner, Münzer und einen Aufseher über die Stadtmauer. 1173/74 werden die ersten Handwerker genannt, 1190 die ersten Händler. Die Ost-West-Achse der Siedlung bildete die Salzstraße, die sich zum Marktplatz erweiterte.[97]

München entwickelte sich rasch. Es lag an einem wichtigen Handelsweg, dessen Bedeutung noch dadurch gesteigert wurde, dass es dem bayerischen Herzog Mitte des 13. Jahrhunderts gelang, die Straße von Bad Reichenhall bis München alleine zu kontrollieren.[98] Rasch wurde München daher neben seiner Stellung als Transitort für das bayerische Salz auch zu einem Marktort für die Umgebung. Die Siedlung wurde dadurch zu einer Konkurrenz für Freising, was den dortigen Bischof schwächte. In Freising dagegen konnten sich städtische Strukturen nur in deutlich geringerem Umfang entwickeln. 996 hatte Freising von Otto III. (983-1002) das Recht auf einen täglichen Markt, das Münz- und das Zollrecht verliehen bekommen, im 11. Jahrhundert entstand die Untere Stadt. 1140 erhielt Freising dann auch noch das Recht, einen Jahrmarkt abzuhalten, doch schwächte der Verlust des bischöflichen Brückenzolls von Oberföhring an den bayerischen Herzog.[99] Gleichzeitig hatte sich Heinrich jedoch einen Stützpunkt gegen den Freisinger Bischof geschaffen.

Ein weiterer Faktor für den Aufschwung Münchens war die Entwicklung zur Residenz.

Hintergrund dafür war eine neue Tendenz bei der Verwaltung des Landes. Im Zuge der intensiveren Verwaltungstätigkeit im Rahmen der Territorialisierung ging man dazu über, eine feste Verwaltung mit Amtsleuten als Stellvertreter des Herzogs zu installieren. Der Herzog reiste nun nicht mehr durch das ganze Land, sondern pendelte zwischen mehreren Residenzen, von denen eine zur Hauptresidenz wurde. Dieser kam nun eine zentrale Funktion im Herzogtum zu.

Zunächst war Landshut vorrangiges Herrschaftszentrum des Herzogtums Bayern, nachdem der Herzog den alten Hauptort Regensburg an den dortigen Bischof verloren hatte.[100] 1255 kommt es zur Teilung des

Herzogtums Bayern zwischen den Brüdern Ludwig und Heinrich. Die Trennlinie verlief von Kelheim über Moosburg, Erding, nach Kraiburg und Rosenheim.[101] Heinrich erhält Niederbayern, Ludwig Oberbayern. Auch hinsichtlich Regierung und Verwaltung wurde das Land geteilt, jedes Teilreich benötigte nun einen eigenen Herzogssitz. Landshut übte diese Funktion für Niederbayern aus, München für Oberbayern. Daneben gab es noch die Residenzstädte Ingolstadt, Straubing und Burghausen. In München befand sich damals die Residenz noch im Alten Hof.[102] Münchens Funktion als Residenz. förderte ganz massiv den Aufschwung zum Handels- und Gewerbezentrum. In solchen Residenzstädten war das Gewerbe weitgehend auf Hof und Verwaltung ausgerichtet.[103] Dieses Phänomen lässt sich besonders gut am Beispiel Landshuts nachvollziehen.

2. Landshut

Wie München ist auch Landshut eine aus politischen und wirtschaftlichen Motiven heraus gegründete Stadt. Herzog Ludwig der Kelheimer, der zweite Wittelsbacher Herzog, gründete 1204 Landshut.

Die Motive für die Stadtgründung ergeben sich schon aus der Lage Landshuts. Die Stadt liegt mitten im Zentrum des bayerischen Herzogtums, im Kernland zwischen München und Straubing. Schon der Name Landshut (Landeshut) zeigt die Funktion der Stadt: Es ging um Sicherung und Schutz des Landes, um die Dokumentation und die Sicherung des Herrschaftsanspruchs des Herzogs, in einem Gebiet, das im Norden vom Bischof von Regensburg bedrängt wurde, in dessen Süden sich das Gebiet der Grafen von Moosburg befand, in dem der Herzog nur schwach begütert war und das im Osten von den Grafen von Bogen bedroht wurde.[104] Am meisten Gefahr drohte vom Herrschaftsgebiet des Bischofs von Regensburg. Es reichte bis zur sogenannten Straßburg, einer Festung, wenige Kilometer vor dem heutigen Landshut gelegen. Landshut war nun als Bollwerk gegen die Vorstöße des Regensburger Bischofs konzipiert. Es galt zu verhindern, dass dieser sich bis an die mittlere Isar ausdehnte. Gleichzeitig sollte die Siedlung als Sprungbrett nach Norden und Osten dienen. Außerdem war die Siedlung als Ausgangspunkt für eine Gegenoffensive gegen den Regensburger Bischofs bis hin zur Rückgewinnung der Stadt in die herzogliche Gewalt konzipiert.[105] Regensburg war für den Herzog von großem Interesse. Seit der Entstehung des bayerischen Herzogtums war Regensburg Hauptort des Herzogtums und darüber hinaus sein wirtschaftliches Zentrum, das sich nun in der Hand des Bischofs befand und für den Herzog seit Ende des 12. Jahrhunderts praktisch verloren war. Es handelte sich um eine wichtige Ressource, vor allem vor dem Hintergrund der Wirtschaftskraft der Stadt, die sich in der von 1135-1146 erbauten Steinernen Brücke zeigt. Regensburg war die bedeutendste Gewerbestadt Süddeutschlands im Hochmittelalter mit einer wichtigen Funktion im Fernhandel und mit einer großen Einwohnerzahl. Hinzu kamen die strategische, verkehrsgünstige Lage und ihre Bedeutung als Festung.[106] Diesen Hauptort galt es zurückzugewinnen. Ein Versuch, der nicht von Erfolg gekrönt war. 1245 wurde Regensburg Reichsstadt. Ein weiteres Motiv für die Gründung Landshuts dürfte gewesen sein, für den Fall, dass eine Rückgewinnung Regensburgs nicht gelingen sollte, einen Ersatz als politisches und wirtschaftliches Zentrum zu schaffen.[107]

Außerdem konnte der Bischof nun auch wirtschaftlich geschwächt werden. Bei Altheim, auf bischöflichem Gebiet, kreuzten sich zwei Straßen, eine von Reichenhall nach Regensburg und eine von Augsburg über Freising nach Passau. Dort lag auch eine Brücke über die Isar, geschützt durch die bereits erwähnte Straßburg. 1204 zerstörte Ludwig wahrscheinlich die Straßburg und verlegte den Flussübergang. Er konnte somit den Salzhandel nach Regensburg unter Kontrolle bringen und sich Zolleinnahmen verschaffen - ein ähnliches Vorgehen, wie es Heinrich der Löwe gegenüber dem Freisinger Bischof angewandt hatte.[108]

Auch in Landshut hatte sich der Herzog nun in einem gefährdeten Bereich einen Stützpunkt verschafft. Er hatte ein wichtiges wirtschaftliches Zentrum erlangt und den Bischof auch wirtschaftlich geschwächt, indem er ihm die Kontrolle über eine Handelsstraße entzogen und die Zolleinkünfte vereinnahmt hatte.[109]

Landshut selbst lag günstig am Kreuzungspunkt mehrerer alter Straßen. Außerdem war die Isar hier durch Mühleninsel in zwei Arme geteilt, sodass sie gut mit zwei Brücken zu überqueren war. Wahrscheinlich gab es im Bereich der Martinskirche bereits Vorformen von Siedlungen.[110]

Landshut war nur der Auftakt einer ganzen Serie von Städtegründungen entlang der Isar flussabwärts Richtung hin zur Donau. Bis 1251 wurden Landau, Dingolfing und Deggendorf gegründet, jeweils an Flussübergängen. Sie sicherten die Herrschaft des bayerischen Herzog nach Norden ab. Hinzu kam 1218 Straubing als Stützpunkt an der Donau.[111]

Nach seiner Gründung hatte Landshut drei Siedlungskerne, die Burg, die Siedlung in der heutigen Altstadt und jenseits der Isar das Zisterzienserinnenkloster Seligenthal, drei Kerne, die damals noch räumlich getrennt waren und im Laufe der Jahrhunderte zusammenwuchsen. Die eigentliche Siedlung entwickelte sich aus der Altstadt, einem Straßenmarkt.

Ausgangspunkt war die Gegend um die heutige Martinskirche und den Dreifaltigkeitsplatz. Entlang des Straßenmarktes siedelten sich rasch zahlreiche Handwerker und Händler an. Bereits 1253 lassen sich Münzprägungen nachweisen. Die Siedlung hatte also in kurzer Zeit wesentliche Stadtmerkmale gewonnen. Landshut übte mehrere Funktionen aus, die für ein rasches Wachstum sorgten: Über Landshut lief der Salzhandel nach Norden. Außerdem erfüllte Landshut Marktfunktionen für das Umland. Das Heilig Geist Spital war Rastmöglichkeit für Reisende. Die Burg bot Schutz für die neuen Einwohner des Ortes.[112]

Zusätzlich wurde Landshut bald Hauptort des bayerischen Unterlandes. Im frühen 13. Jahrhundert wurden wesentliche Teile der Trausnitz errichtet, wo die Herzöge Hof hielten. Burg und Siedlung entwickelten sich zur Residenz. Der genaue Beginn der Funktion als Residenz ist zwar unklar, gesichert ist sie seit 1232, andere sagen seit 1228, also bereits ein Vierteljahrhundert nach der Gründung.[113] Bayern hatte damit schon zu einem Zeitpunkt, als Kaiser Friedrich II. (1211-1250) noch häufig durch sein Reich zog, einen festen Residenzort.[114] Diese Funktion beflügelte das Wachstum Landshuts. Eine dauerhafte Residenz bedeutete den Beginn einer Hofhaltung. Der Hof bestand aus der herzoglichen Familie, Vertrauten und Gefolgsleuten, Amtsträgern, Personal, Wachen und Gästen, zum Beispiel Künstlern. Bei großen Festen und wichtigen Ereignissen kamen zahlreiche weitere Personen in den Residenzort. Am Hof lebten auch die Söhne der rangniederen Adeligen, die dort ausgebildet wurden und Beziehungen knüpften.[115] Zudem war der Hof nicht nur Zentrum von Regierung und Herrschaft, sondern auch der Kultur.

Die Funktion als Residenz bedeutete nun einen erhöhten Bedarf an Unterkunft und Versorgung mit Nahrung und Gegenständen für Hofstaat, Hofpersonal, Künstler (wahrscheinlich hielten sich die Minnesänger Neidhart von Reuenthal, Walther von der Vogelweide und Tannhäuser am Landshuter Hof auf) und für die Großen, die zu Hoftagen kommen, jeweils mit Gefolge, Personal und zahlreichen Pferden. Es wird geschätzt, dass 1209 zu einer Beurkundung 1000 Personen mit Pferden und Wagen in Landshut waren.[116]

So entstand ein Markt für Waren und Produkte und damit bessere Verdienstmöglichkeiten, nicht zuletzt für spezialisierte Händler und Handwerker. In der Residenz eines wohlhabenden Fürsten stieg nämlich nun auch der Bedarf an luxuriöser Ausstattung wie Gerätschaften aus Gold und Silber, Teppiche und Vorhänge, Kleidung aus wertvollen Stoffen, Pelze und Schmuck.[117]

Die Gründung und die Entwicklung von München und Landshut ähneln sich und verliefen weitgehend parallel. Bei beiden handelt es sich um gezielt gegründete Städte, um einen Bischof als Konkurrenten einzudämmen und Herrschaft zu sichern. Außerdem ging es darum, wirtschaftliche Macht und Einnahmequellen zu erlangen. Auch die Faktoren, warum beide Städte sich so rasch entwickelten, sind identisch. Beide wurden als Gründungen von den Herzögen massiv gefördert und unterstützt. Das Wachstum Münchens und Landshuts beruht auf ihrer Lage an wichtigen Salzhandelsstraßen. Der Salzfernhandel verlief auf den Straßen von Bad Reichenhall über Landshut und München. An beiden Orten wurden Zoll erhoben, ein Markt eingerichtet und Münzen geprägt. Außerdem wurden beide Städte als Hauptresidenzen der Herzöge Herrschaftszentren und damit zentrale Orte.

3. Moosburg

Die Entwicklung in Moosburg verlief grundsätzlich anders. Moosburg ist keine gegründete Stadt oder Marktsiedlung, sondern hat sich nach und nach entwickelt.

Solch eine sich entwickelnde Stadt konnte unterschiedliche Wurzeln haben, aus denen sich vor allem im 11. und 12. Jahrhundert städtische Siedlungen entstanden.

Ein Ausgangspunkt für eine Stadtbildung war die Burg, die den Siedlern Schutz bot.[118] Vor allem die Burgen des frühen Mittelalters waren noch Niederungsburgen, um die herum sich das Gesinde des Burgherrn ansiedelte. Kamen handwerkliche Spezialisten hinzu oder lag die Burg für Kaufleute strategisch günstig, konnte sich eine solche Siedlung zur Stadt entwickeln. Dies galt auch für Herrensitze, vor allem dann, wenn die zur Ausübung von Herrschaft und zur Hofhaltung nötigen Personen nicht mehr alle im Herrensitz selbst, sondern in der daran anschließenden Siedlung untergebracht werden konnten Es entstanden so Ballungen kaufkräftiger Konsumenten, die die Siedlungen für spezialisierte Handwerker und Kaufleute attraktiv machten. Neben weltlichen Herren kamen auch Bischöfe oder Stifte als wichtige Impulsgeber in Frage. Marktsiedlungen entwickelten oft an kirchlichen Zentren. In deren Umfeld zum Beispiel eines Klosters oder Stifts, ließ sich das dort benötigte Personal in einer Siedlung nieder. Es handelte sich dabei zum Beispiel um Hilfskräfte, die die Klosterlandwirtschaft betrieben. Das Klostergesinde durfte nämlich nicht im Kloster selbst wohnen, der innere Klosterbereich wo Abt und Mönche lebten, blieb ihm verschlossen.[119] Oft kamen Handwerker und Händler hinzu, deren Produkte vom Hof des Bischofs, vom Stift, von Bevölkerung im Umland aber auch von den Menschen in der Siedlung gekauft wurden.[120] Auch ein Markt, vor allem ein (Wochen-) Markt für die nähere Umgebung, war häufig Ausgangspunkt für die Entwicklung einer Stadt.[121] Besonders im 11. Jahrhundert nahm die Zahl der Marktsiedlungen zu. Es konnte vorkommen, dass sich ein (Wochen-) Marktort an einer kaufmännisch-gewerblichen Siedlung oder an einer Kreuzung wichtiger Straßen entwickelte, und keine reguläre Marktrechtsverleihung vorlag. Gerade in Bayern war das durchaus möglich. Diese Siedlungen übten Marktfunktionen für die nähere Umgebung aus. An diesen entstehenden Marktplätzen siedelten sich Händler und Handwerker an, die sich hier bequem mit Rohstoffen versorgen und ihre Produkte verkaufen konnten. Ein Straßenmarkt war oft die verbreitete Hauptstraße des Ortes und gleichzeitig das Zentrum der Siedlung von Händlern und Handwerkern, an dem die öffentlichen Gebäude wie Gericht oder Rathaus lagen.[122] Untersuchungen haben gezeigt, dass gerade die Dorfbewohner aus heutiger Sicht lediglich geringe Entfernungen zum nächsten Markt überwanden. Die Masse der Marktbesucher kam aus einer Entfernung von bis zu 30 km, über eine Entfernung von mehr als 60 km reiste kaum jemand an. Die Menschen konnten im Hin- und Rückweg je 10-15 km am Tag bewältigen. Da die Masse der Menschen den Marktbesuch an einem Tag absolvieren musste, entwickelte sich nach und nach ein Netz von Marktorten in einem entsprechenden Abstand.[123]

Eine Brücke war ebenfalls ein wichtiger Faktor für die Entstehung einer städtischen Siedlung. Hier gab es eine günstige Verkehrslage am Schnittpunkt zwischen Wasser- und Landstraße, verbunden mit Zolleinnahmen für die Benutzung der Brücke. Hier war ein Nadelöhr, das der gesamte Verkehr passieren musste. Hier entstanden, weil sich eben alle Menschen trafen, Zentren des Austausches. Der Fluss war darüber hinaus auch eine wichtige Quelle von Wasser, Energie (Wasserkraft) und Nahrung (Fischfang). Auch Häfen an Flüssen oder am Meer konnten Grundlagen für eine städtische Entwicklung werden.[124]

Der sich ausbreitende Reliquienkult konnte ebenfalls dazu beitragen, dass sich eine Stadt entwickelte. Reliquien zogen in Wallfahrten Pilger von weit her an, die versorgt werden mussten. Für sie errichtete man Gasthäuser, Bäckereien und Metzgereien gaben ihnen Nahrung, Wechselstuben das gängige Geld. Pilger verhalfen außerdem dem örtlichen Kloster oder der Pfarrei mit Spenden zu Kapital, das diese Kirchenbauten anlegten. Zu ihrer Errichtung und Erhaltung benötigte man permanent spezialisierte

Handwerker, die sich an der Kirche niederließen. Eine Pilgerfahrt war auch eine willkommene Gelegenheit, Gegenstände zu erwerben oder zu verkaufen. Oft entwickelte sich so ein Marktbetrieb an den Festtagen des Heiligen, wenn die Masse der Pilger vor Ort war. Auf diese Weise konnten Kloster-, Stifts-, und Wallfahrtskirchen zu Ausgangspunkten gewerblicher Siedlungen werden.[125]

In Moosburg trafen, wie häufig, mehrere dieser Faktoren zusammen.[126] Hier befanden sich mit dem Herrenhof in der Gegend der Michaelskirche/dem Hof der Grafen von Moosburg und dem Stift St. Kastulus ein weltliches und ein geistliches Zentrum. Beide beschäftigten Personal, das sich in der Umgebung niederließ. Außerdem war der Ort ein Nahmarkt für die Umgebung. Es handelt sich um einen Straßenmarkt, nämlich den Stadtplatz, die Verbreiterung der Straße von München her. Außerdem gab es eine Brücke über die Isar.[127] und eine über die Amper. Darüber hinaus war Moosburg ein Wallfahrtsort.

Die Entwicklung der Siedlung im hohen Mittelalter können wir relativ gut nachvollziehen. Wichtigste Quelle für das 12. und 13. Jahrhundert sind die Traditionen (Trad.) des Stiftes St. Kastulus. Es handelt sich dabei um die Aufzeichnungen von Schenkungen, die das Stift erhalten hat. In diesen Aufzeichnungen sind zahlreiche Informationen zur Entwicklung Moosburgs enthalten. So kann man den Listen der Zeugen, die bei den einzelnen Übertragungen aufgeführt sind, wichtige Hinweise entnehmen: Die Motive der Schenker, aber auch Besitzverhältnisse lassen sich erschließen. Problematisch ist, dass die meisten Traditionen nicht datiert und auch nicht exakt datierbar sind.[128]

Diese Informationen beweisen, dass in Moosburg schon eine relativ weit entwickelte Siedlung existierte, die nicht erst im 12. Jahrhundert entstanden sein kann, sondern in ihren Wurzeln deutlich weiter zurückreichen muss. Ab 1115-1121 werden Personen als „Einwohner" bezeichnet, der früheste fassbare Hinweis auf eine Siedlung mit städtischen Zügen.[129] Ab 1120-1133 (Trad. 45) ist die Pfarrei Moosburg nachweisbar, ab 1133-1146 tauchen Berufsbezeichnungen und Namenszusätze auf, was auf eine gewisse Siedlungsgröße schließen lässt. Ebenfalls für 1120-1133 (Trad. 45) ist ein Richter belegt. Dies weist auf eine gewisse Siedlungsgröße hin und wohl auch darauf, dass in einem gewissen Umfang Handel betrieben wurde, weil sonst ein Richter nicht ausgelastet gewesen wäre. Dies kann ein Indiz für einen Wochenmarkt sein, ebenso wie die Nennung von zwei Kaufleuten in Trad. 90 (1147-1161). Trad. 69 (1146) weist auf eine Straße nach Thalbach sowie eine Amperbrücke hin, zeigt also die Verkehrsbedeutung Moosburgs.

Dies und die zentrale Funktion Moosburgs für die Menschen der Umgebung deuten ebenfalls auf die frühe Existenz eines Marktes hin.[130] In Trad. 91 (1147-1161) werden dann mehrere Personen als Einwohner einer Marktsiedlung bezeichnet.

Dass Moosburg erst 1212 und damit relativ spät offiziell das Recht erhielt, einen Jahrmarkt abzuhalten, lässt sich mit den politischen Gegebenheiten erklären. Weder die Freisinger Bischöfe noch die Wittelsbacher hatten ein Interesse daran, die Siedlung Moosburg soweit aufzuwerten. Der Freisinger Bischof wollte keine Konkurrenz zum Markt in Freising etablieren. 1140 hatte er sich zum Beispiel vom Kaiser zusagen lassen, dass im Bistum kein neuer Markt entstehen sollte und gleichzeitig für Freising ein Jahrmarkt eingerichtet wurde. Im 13. Jahrhundert wurde festgelegt, dass der Markt in Moosburg der Stadt Freising keinen Schaden bringen dürfe.[131] Auch die Wittelsbacher hatten wohl kein Interesse daran, dass sich in einer Siedlung, die von Verbündeten, nämlich den Burghartingern, beherrscht wurde, ein Markt etablierte. Es bestand ja die Gefahr, dass die Verbündeten, auf diese Weise gestärkt, sich vielleicht von den Wittelsbachern abwenden würden, und die mit einem Marktrecht aufgewertete Siedlung als wichtige Ressource in die Hand von Gegnern fallen könnte.

Ab Trad. 98 (1161-1171) werden die ersten Handwerker erwähnt: Schneider, Fischer, Metzger, Schuster, Maurer. Nun tauchen in vielen Traditionen die Einwohner mit Berufsbezeichnungen auf. Die Vornamen wechseln dabei, sodass davon auszugehen ist, dass mehrere Personen ein und dasselbe Gewerbe ausübten was auf eine gewisse Siedlungsgröße hindeutet. In Trad. 145 (1181-1189) überträgt der Schuster Mazilo seine Äcker in Moosburg an das Stift. Das zeigt, dass die Moosburger Handwerker zumindest zum Teil über Grundbesitz verfügten, den sie selbständig weiter übertragen konnten und manche nebenher noch eine Landwirtschaft unterhielten.

Damit steht fest, dass Moosburg im 12. Jahrhundert bereits eine Siedlung mit Kaufleuten und Handwerkern war. Handwerker wie Bäcker und Metzger sind typisch für eine Siedlung auf dem Weg zur Stadt, da in einer landwirtschaftlichen Siedlung diese Tätigkeiten von den Bauernfamilien noch selbst wahrgenommen werden. Gerade die Existenz von Handwerkern aus dem Lebensmittelbereich deutet auf eine gewisse Größe, aber auch eine bereits ausgeprägte Arbeitsteilung hin, somit auf eine gewisse städtische Lebens- und Wirtschaftsweise, die die Existenz dieser Handwerker ermöglicht, aber auch nötig macht.[132] Die Situation einer wirtschaftlich schon relativ weit entwickelten Siedlung wird durch die Nennung von Kaufleuten unterstrichen. Sie scheint eine gewisse regionale

Verkehrsbedeutung gehabt und zumindest für das nahe Umland die Funktion als so genannter Nahmarkt ausgeübt zu haben. Aus dieser Marktsiedlung entstand die Stadt Moosburg, eine in Altbayern typische Entwicklung. Die Siedlung hatte drei Zentren: Das Stift, die bürgerliche Siedlung und schließlich die Burg der Grafen von Moosburg, zunächst auf dem Plan gelegen, seit 1207 am Weingraben. Die Siedlung befand sich im Zentrum der heutigen Altstadt. Um den Kastulusplatz lagen die Gebäude des Stifts. Westlich des Plans, im Bereich des heutigen Stadtplatz, siedelten die Handwerker und Kaufleute auf einem ursprünglich freien Gelände. Ihre Häuser lagen damit an der Handelsstraße, die von Freising kommend, an der Michaelskirche vorbei über die heutige Thalbacher Straße und die Amper führte. Der Stadtplatz selbst ist eine Verbreiterung dieser Straße. An der Kreuzung mit der Herrnstraße erweitert er sich zu einem kleinen Platz. Dieser diente wohl auch als Marktplatz. Die Siedlung der Handwerker und Kaufleute hatte daher mit dem Stadtplatz ein eigenes Zentrum. Es war durchaus nicht ungewöhnlich, dass sich eine Bürgersiedlung, die im Umfeld an ein Kloster oder Stift entstand, mit einem eigenen Mittelpunkt, abgesetzt von den kirchlichen Baulichkeiten, entwickelte. Gerade wenn ein Markt nicht offiziell gegründet oder organisiert wurde, sondern sich aus den günstigen wirtschaftlichen und verkehrstechnischen Bedingungen entwickelte, entstand er oft als Straßenmarkt und nicht an einem zentralen Platz.[133]

Weitere Handwerker und Kaufleute wohnten wohl im Bereich der Herrnstraße und des Weingrabens, der damals allerdings nur einseitig, an der dem Stadtzentrum zugewandten Seite, bebaut war. Neben den Hauptstraßen Stadtplatz und Herrnstraße existierten verbindende Gassen (Seifensiedergasse, Kirchgäßl, Fingergäßl, Georg-Hummel-Straße und Gerichtsgäßl).

In einer zwischen 1170 und 1177 aufgezeichneten Lebensbeschreibung des Salzburger Bischofs Konrad I. wird Moosburg als „castellum" (also Festung) bezeichnet.[134] Spätestens zu diesem Zeitpunkt war Moosburg also befestigt. Allerdings handelte es sich nicht um eine steinerne Mauer, eine solche ist erst ab 1403 nachweisbar. Die Befestigung war vielmehr ein System von Gräben, Steilhängen und mit Palisaden besetzten Wällen. Franz Heilmann hat aufgrund von Straßenverläufen und alten Straßennamen den Umfang der Umwallung ermittelt. Sie verlief am heutigen Härtlmayrgäßchen (bis 1808 Kapuzinergraben), am Abhang an der Leinbergerstraße, am Weingraben (erste Nennung 1404), an der inneren Bahnhofstraße (1526 Loch, im Sinne von Vertiefung genannt) sowie an der

Rentamtstraße (früher Lochgäßchen).[135] Auf dem Gries, einem Überschwemmungsgebiet der Isar, siedelten sich erst später Menschen an. Die Ersterwähnung dieses Gebiets erfolgt 1398. Das Areal „Auf dem Gries" sowie die andere Straßenseite des Weingrabens wurden erst in die 1403 begonnene Ummauerung einbezogen.[136] In Moosburg existierten damals wahrscheinlich nur Holzhäuser. Neben der Michaelskirche und der Johanneskirche war das Kastulus-Münster der einzige Steinbau in der Siedlung.

Im Januar 1171 hielt Herzog Heinrich der Löwe einen Landtag in Moosburg ab. En Landtag war eine Versammlung der weltlichen und geistlichen Würdenträger. Auf den Landtagen wurden Beratungen durchgeführt, Entscheidungen getroffen und Streitigkeiten geschlichtet.[137] Es war selten, dass solche Versammlungen außerhalb des Hauptortes Bayerns, nämlich Regensburg, stattfanden. Warum Moosburg als Tagungsort bestimmt wurde, ist nicht klar, doch könnte der geplante Neubau der Kastulus-Kirche ein Motiv gewesen sein. Vielleicht nahm der Herzog an der Grundsteinlegung teil oder er hoffte, die Landtagsteilnehmer zu Spenden an das Stift bewegen zu können, um so den Kirchenbau voranzutreiben. An dem Landtag, der vermutlich mehrere Tage dauerte, nahmen unter anderem Pfalzgraf Otto VIII. von Wittelsbach, Friedrich von Wittelsbach, die Grafen von Dachau, Wasserburg, Valley, Falkenstein, Sulzbach, Andechs und Vohburg sowie mindestens 64 Edelfreie teil. Da Herzog und Grafen mit Hofstaat und Gefolge anreisten, muss Moosburg auch in dieser Zeit in der Lage gewesen sein, über mehrere Tage eine große Anzahl von Menschen zu beherbergen und zu verköstigen.[138]

Die Größe der Siedlung lässt sich relativ gut anhand der Michaelskirche erschließen. Bei Renovierungsarbeiten stellten Experten des Bayerischen Landesamts für Denkmalpflege fest, dass der heutige Bau in seinen Grundzügen auf die Mitte des 12. Jahrhunderts zurückgeht.[139] Die Kirche war zu dieser Zeit noch die Moosburger Pfarrkirche. Dass sie schon damals in Stein errichtet wurde, deutet auf einen gewissen Wohlstand der Bewohner hin. Das Baumaterial Backstein erklärt, warum die Kirche ohne größere Verzierungen gebaut wurde.[140]

Das Wachstum der Siedlung lässt sich ebenfalls am Kirchenbau nachvollziehen. Zwischen 1175 und 1275 wurde das Schiff der Johanneskirche errichtet, das größer ist als das der Michaelskirche. Der Bau wurde in den folgenden Jahrzehnten immer wieder erweitert. Die Notwendigkeit eines größeren Kirchengebäudes lässt darauf schließen, dass nun auch die Bevölkerung gewachsen war. Zunächst war die Johanneskirche

Taufkirche, seit 1353 Pfarrkirche.[141] Das Zentrum der weltlichen Siedlung hatte sich damit endgültig vom Bereich der Michaelskirche wegentwickelt.
Die Siedlung hatte zwei wichtige Impulsgeber, die die Entwicklung förderten und das Bild der Stadt bis heute prägen, was die Struktur der Altstadt und die markanten Gebäude anbelangt: Das Stift St. Kastulus und die Familie der Burghartinger.
Nachdem Informationen über die früheren Jahrhunderte nur spärlich vorhanden sind, wissen wir ab dem 11., vor allem ab dem 12. Jahrhundert, deutlich mehr über das Kollegiatstift.
Aus den Traditionen geht hervor, dass das Stift schon im frühen 12. Jahrhundert umfangreich begütert war und reich beschenkt wurde. Das Stift hatte unter anderem Besitz bei Geisenhausen (Trad. 13) Kumhausen (Trad. 14), Tittenkofen (Trad. 17), Taufkirchen (Trad. 23), Aich (Trad. 24), Nandlstadt (Trad. 25), Enghausen (Trad. 26), Fraunberg (Trad. 29), Dorfen (Trad. 31), Gammelsdorf (Trad. 34), Vilsheim (Trad. 40), Buch (Trad. 41) und Wang (Trad. 45). Dieser Besitz ermöglichte dem Stift eine umfangreiche Bautätigkeit in Moosburg im hohen und späten Mittelalter.
Neben Informationen zum Besitz gibt der Traditionskodex auch wichtige Hinweise auf die kulturelle Bedeutung, die das Stift schon im frühen 12. Jahrhundert hatte. In Trad. 36, zu datieren auf 1123-1125, wird ein Scholasticus Folwin erwähnt. Diese Tradition ist der früheste Hinweis auf eine Stiftsschule. Diese Schule war im Mittelalter durchaus bedeutend. Gerhoch von Reichersberg (1093-1169), ein wichtiger Theologe und Kirchenreformer des 12. Jahrhunderts, wurde unter anderem in Moosburg unterrichtet. 1093 geboren, erhielt er eine erste Ausbildung in Polling. 1110 gelobte er seinen Eintritt in den geistlichen Stand und wechselte auf die Schule in Moosburg. Dies zeigt, dass die Moosburger Stiftsschule im frühen 12. Jahrhundert eine regionale Bedeutung hatte und in der Lage war, zukünftige Kleriker in mehr als nur in Grundkenntnissen zu unterrichten. Gerhoch von Reichersberg gehört zu den bedeutendsten bayerischen Gelehrten des 12. Jahrhunderts. Er besaß eine universelle Kenntnis des zeitgenössischen Lehrguts, tiefe Kenntnis der lateinischen und griechischen Fachliteratur und beherrschte die zeitgenössischen Methoden. Gerhoch verfügte über vielfältige Beziehungen zu den geistigen und politischen Größen seiner Zeit unter anderem zu den Päpsten. So war er ein Gesprächspartner von Kaiser Friedrich Barbarossa (1152-1190) in seiner Auseinandersetzung mit dem Papsttum.[142] Das Stift scheint im 12. Jahrhundert auch über eine gute Bibliothek verfügt zu haben. Relativ zeitnah

nennt es bedeutende theologische und juristische Werke der Zeit sein Eigen und tauschte sich hier mit anderen Stiften und Klöstern aus.

Das wichtigste und folgenreichste Bauprojekt des Mittelalters in Moosburg ist das Kastulus-Münster, die Stiftskirche. Aus dem Traditionskodex lassen sich wichtige Nachrichten zur Baugeschichte gewinnen. 1110 - 1120 stürzte die Decke des Vorgängerbaus ein und erschlug neben dem Dekan auch einige Kirchenbesucher. Wir wissen von diesem Vorfall, da die Stiftsherren ihren in Bamberg weilenden Propst aufforderten, nach Moosburg zurückzukehren und anfragten, ob in der teilweise zerstörten und durch den Tod mehrere Menschen befleckten Kirche weiterhin Sakramente gespendet werden dürften.[143] Das Münster scheint nur notdürftig wiederhergestellt worden zu sein, man trug sich wohl schon mit dem Gedanken an einen Neubau. Auf dem Landtag 1171 wurden dem Stift umfangreiche Schenkungen zum Kirchenbau gemacht. So übertrug zum Beispiel Graf Friedrich von Wittelsbach ein Gut zu diesem Zweck (Trad. 112, 28./29.1.1171). Wahrscheinlich weihte Bischof Adalbert von Freising die Kirche 1184. Nach einem Brand 1207 wurde das Münster bis 1212 in vergrößerter Form wieder errichtet. Es gehörte zu dieser Zeit zu den größten Kirchen der Diözese (nach dem Freisinger Dom) und stellt einen der ältesten Backsteinbauten dar. Als solcher setzte das Münster Maßstäbe. Das Tympanon-Relief gehört zu den bedeutendsten Werken der romanischen Bildhauerei in Altbayern.[144] Bedenkt man, wie klein die Siedlung war, muss der Kirchenbau in seiner Größe auf die Menschen einen besonderen Eindruck gemacht haben. Moosburg dürfte ein für das hohe Mittelalter typisches Bild abgegeben haben: kleine geduckte hölzerne Häuser der Siedlung und der hoch aufragende steinerner Kirchenbau.[145] Das Münster dominierte dann auch das Erscheinungsbild Moosburgs bis in das 20. Jahrhundert hinein.

Die Traditionen zeigen darüber hinaus, wie sehr die Bautätigkeit die Entwicklung in Moosburg förderte. Das Bauvorhaben war ein wichtiger Impulsgeber. Aus der Tatsache, dass die Kirche mit ihren großen Ausmaßen wahrscheinlich in der kurzen Zeit zwischen 1171 und 1184 errichtet wurde, kann man schließen, dass eine große Zahl von Maurern in der Siedlung lebte. Außerdem benötigte man noch viele andere spezialisierte Handwerker. Diese Menschen mussten alle versorgt werden, was das Auftreten von Bäckern und Metzgern erklärt. Des Weiteren dürften permanent große Mengen an Baumaterial angeliefert worden sein, was wohl auch dem Handel in Moosburg einen neuen Schub bescherte. Der Bau des Münsters stellte somit im Nebeneffekt ein gewaltiges Konjunkturprogramm dar.

Ein weiterer wirtschaftlicher Faktor für Moosburg waren die Burghartinger mit ihrer Hofhaltung. Gleichzeitig war die Siedlung Verwaltungssitz eines, wenn auch kleinen, Territoriums, hatte damit eine, wenn auch in geringem Umfang, zentrale Funktion für das nähere Umland. Auch die Burghartinger beeinflussten das Bild Moosburgs. Die Familie hatten über einen gewissen Zeitraum eine Burg auf dem Gelände des heutigen Plan. Seit wann die Burghartinger ihren Sitz in Moosburg hatten, ist jedoch unklar. Diese Burg brannte 1207 ab, wobei auch das Kastulus-Münster schwer beschädigt wurde. Graf Konrad verlegte nun die Burg an den Weingraben (Areal des ehemaligen Amtsgerichtsgebäudes), ebnete den bisherigen Standort ein und belegte ihn mit einem Bauverbot.[146]

Moosburg dürfte im Hochmittelalter eine kleine Siedlung mit mehreren hundert Einwohnern gewesen sein. Eine solche Stadt war in der Regel noch sehr stark auf das nähere Umland ausgerichtet. Dieses reichte aus, um gemeinsam mit der in der Regel auch von der Stadtbevölkerung betriebenen Landwirtschaft die Stadt zu ernähren. Überregionaler Handel wie bei größeren Städten fand daher nicht statt. Das bedeutete aber auch, dass sich keine wirtschaftlich starke und politisch selbstbewusste Gruppe in einer solchen Siedlung bilden konnte, die Stadt noch sehr agrarisch geprägt blieb, eine ganz andere Situation als bei den deutlich größeren Städten München und Landshut, wo der Fernhandel zu einem wichtigen Wirtschaftszweig wurde.[147]

III. Fazit

Moosburg entwickelte sich, gerade im Vergleich zu Landshut und München, nur sehr langsam und blieb schon wenige Jahrzehnte nach Gründung dieser beiden Siedlungen hinter ihnen zurück. Während Landshut bereits 1279 das Stadtrecht verliehen bekam, war das in Moosburg erst 1331 der Fall. Von der Gründung bis zur Stadterhebung hatte Landshut gerade 75 Jahre gebraucht.

Wesentlicher Punkt für diese Entwicklung war, dass München und Landshut gezielt gegründet worden waren und massiv gefördert wurden, um die Siedlungsprojekte zum Erfolg werden zu lassen und die mit ihnen erstrebten Ziele zu erreichen. Diese Gründer waren noch dazu überregional bedeutende Herrscher. Sie machten München und Landshut zum Zentrum ihrer Herrschaft.

In Moosburg war das anders. Hier gab es ein Stift und eine lokal agierende Adelsfamilie. Beide hatten nicht die Möglichkeit, Moosburg so zu fördern wie die Herzöge München oder Landshut. Das Stift entfaltete weniger Impulse als eine herzogliche Hofhaltung. Dies trifft auch auf die Hofhaltung der Burghartinger zu. Moosburg war das Zentrum eines lokalen Herrschers, nicht eines großen Herzogtums, die Hofhaltung war entsprechend kleiner. Hinzu kam, dass auch die wirtschaftlichen Rahmenbedingungen schlechter waren als in München oder Landshut. Moosburg war nicht wie diese beiden Städte ein Knotenpunkt des Fernhandels. Die Fernhandelsstraßen liefen an Moosburg vorbei. Der Weg von den Salzgewinnungsregionen im Süden nach Regensburg, der bayerischen Drehscheibe im Fernhandel, verlief auf dem kürzesten Weg über Landshut und nicht durch Moosburg. Durch die Siedlung lief nur der Weg für das Salz, das im Hinterland, in der Holledau verkauft werden sollte. Moosburg war zudem nur ein lokaler Markt für die Umgebung, kein überregionaler Markt. Solche Märkte gab es in Landshut, München, Passau und Regensburg. In Moosburg wurden auch keine Münzen geprägt.

Außerdem war Moosburg gleichsam eingekeilt zwischen dem zentralen Ort des Herzogtums, Landshut, und dem Sitz des Hochstifts Freising.

Es zeigt sich damit, dass schon im hohen Mittelalter die Entwicklungen in Moosburg einerseits und Landshut und München andererseits auseinanderlaufen, eine Entwicklung, die sich in den kommenden Jahrhunderten vor allem im Fall von München noch beschleunigen sollte.

Moosburg war also schon am Ende des hohen Mittelalters hinter München und Landshut zurückgefallen, was Größe, Wirtschaftskraft und politische Bedeutung anbelangt.

3. Kapitel: Das späte Mittelalter (1281-1505)

Das späte Mittelalter umfasst hier den Zeitraum von 1281, dem Aussterben der Burghartinger in Moosburg, bis zum Jahr 1505, dem Ende des Teilherzogtums Bayern-Landshut und der Wiedervereinigung Ober- und Niederbayerns.

Beide Ereignisse stellen wichtige Wendepunkte dar. Moosburg verlor mit dem Ende der Burghartinger seine Funktion als Mittelpunkt eines - wenn auch kleinen - Territoriums, die Hofhaltung der Burghartinger und damit auch Entfaltungsmöglichkeiten. Gleichzeitig wurde es zu einem Verwaltungssitz der Herzöge von Niederbayern für die nähere Region und entwickelte sich in dieser Zeit zu einer Stadt. Für Landshut war der Verlust der Hauptstadtfunktion eines regional bedeutenden, wirtschaftlich mächtigen Herzogtums ein heftiger Einschnitt. Während es im hohen Mittelalter Zentrum eines der wohlhabendsten Fürstentümer des Reiches gewesen war, sank es nun zu einer Provinzstadt herab. Ab jetzt war München der zentrale Ort Bayerns.

München, das im hohen Mittelalter Residenzstadt für das Teilherzogtum Bayern-München war, wurde während der Regierungszeit Kaiser Ludwigs des Bayern (1314-1347) zeitweise zu einem Hauptort im Reich und ein intellektuelles Zentrum in Europa.

I. Hintergrund

Zwei Phänomene prägten die Zeit und hatten großen Einfluss auf die Situation der hier untersuchten Orte. Nach der Phase der Städtegründungen im hohen Mittelalter kam es im späten Mittelalter zu einem massiven Ausbau und einer intensiven Entwicklung der Städte. Zwar flachte das zunächst noch starke Bevölkerungswachstum vor allem ab der Mitte des 14. Jahrhunderts ab, doch kam es jetzt zu einem dynamischen inneren Fortschritt, was Organisation und Struktur sowie Bebauung anbelangt.

Außerdem setzte sich die im hohen Mittelalter begonnene Entwicklung zum Flächenstaat mit einer zentralisierten und immer intensiveren Verwaltung, der seine Spitze in einem festen Zentrum, einer Stadt, hatte, fort. Die Fürsten bezogen jetzt endgültig feste Stützpunkte und bauten dort eine stehende Hofhaltung und Verwaltungsspitzen auf. Damit wurden einzelne Städte zu Residenzen, Zentren der Herrschaft und Sitz des Hofes. Diese Hauptorte wuchsen wegen der vielen Impulse durch Regierung und Hofhaltung enorm. Die Residenz wurde zu einem wirtschaftlichen Zentrum der Region, auf das nun auch die landwirtschaftliche Produktion ausgerichtet war. So entstanden auf Milchviehhaltung spezialisierte Höfe in der Umgebung von Landshut oder München.[1]

Gegen Ende des Mittelalters, ab den großen Pestepidemien in der Mitte des 14. Jahrhunderts, mehrten sich die Anzeichen für Krisen, die sich dann in der frühen Neuzeit massiv auswirken sollten. Diese Krisen waren für die Städte zunächst Chancen, setzten aber auch ihrer Entwicklung Grenzen.

1. Stadt

Wie schon im hohen Mittelalter waren die Städte weiterhin Zentren der Entwicklung. Allerdings kam es in Bayern, im Gegensatz zum hohen Mittelalter, kaum mehr zu Neugründungen. Die Städtegründung ist nämlich eng mit dem Prozess der Territorialisierung verknüpft, waren Städte doch ein wichtiges Mittel, Herrschaft über ein Gebiet zu sichern und auszubauen, vor allem in Grenzräumen und in Konfliktsituationen. Mit dem Abschluss der Territorialisierung im 13. Jahrhundert war das Bedürfnis nach diesem Herrschaftsmittel weggefallen.[2]

Die Bevölkerung der Städte und Marktsiedlungen stieg zunächst sprunghaft an und nahm im 13. und 14. Jahrhundert stetig zu. Ab etwa 1400 stagnierte dann das Bevölkerungswachstum, nicht zuletzt aufgrund der großen Pestepidemien ab 1347, die vor allem unter den auf engem Raum lebenden Menschen in den Städten zahlreiche Opfer forderten. Weiterhin waren die Städte bei den Menschen auf dem Land beliebt, die daher auch in großer Zahl in die Städte zogen und die Bevölkerungsverluste ausglichen, diese aber nicht überkompensieren konnten. Die Siedlungsfläche vergrößerte sich im 13. und 14. Jahrhundert, stagnierte dann aber in den folgenden Jahrzehnten. Am Ende des Mittelalters hatten die meisten Städte eine Bevölkerungsgröße und einen Siedlungsumfang, die erst Anfang des 19. Jahrhunderts überschritten wurden.[3]

Jetzt schloss sich eine Phase des inneren Ausbaus bestehender Siedlungen an. Dafür entwickelten sich nun die Infrastruktur und die wirtschaftlichen Verhältnisse. Jetzt entstand die typische Stadtkultur mit Stadtrat, Zünften, Selbstverwaltung und Institutionen wie Stiftungen und Genossenschaften. Entsprechende Ansätze des hohen Mittelalters gelangten jetzt zur vollen Entfaltung.

In den Städten herrschte eine intensive Bautätigkeit. Das besiedelte Stadtgebiet wurde dicht bebaut, mit repräsentativen öffentlichen und privaten Gebäuden, jetzt aus Stein. Bürgerkirchen, Rathäuser, Amtsgebäude, Festsäle und Häuser reicher Bürger wurden errichtet, außerdem Stadtmauern. Viele Menschen lebten und arbeiteten in einem Haus, oft befanden sich Laden oder Werkstatt im Erdgeschoss, im Obergeschoss die Wohnräume.[4] Außerdem entstanden Residenzen und Befestigungen der Stadtherren, wie der Alte Hof oder die Neue Veste in München. Die mittelalterlichen Gebäude in den bayerischen Städten stammen zumeist aus dieser Zeit. Die Städte erlebten einen starken Aufschwung, der im 14. Jahrhundert mit Handelsmessen, dem Zusammenschluss von Kaufleuten, Fernhandel und der Entfaltung von Handwerkerautonomie seinen Höhepunkt erreichte.[5]

Die unterschiedlichen Berufe und Vermögensverhältnisse ließen nun, verstärkt seit dem Spätmittelalter, trotz der formalen Rechtsgleichheit, soziale Schichtungen entstehen. Die Oberschicht setzte sich vor allem aus Fernkaufleuten, Ministerialen und reichen Handwerkern zusammen. Sie übernahm auch die Herrschaftsbefugnisse. Diese kleine Oberschicht bestimmte nach und nach die Geschicke der Stadt. Die Mittelschicht wurde durch die Masse der Handwerker und Gewerbetreibenden gebildet. Zu den Unterschichten gehörten die Besitzlosen, das Gesinde, Tagelöhner und Gehilfen. Sie hatten meist kein Bürgerrecht.[6]

In den Städten führten das Leben und Wirtschaften auf engstem Raum zu einer neuen Organisation des Zusammenlebens. Es war nun eine intensivere Verwaltung nötig, um das Leben in den dicht besiedelten Orten zu organisieren. Das enge Zusammenleben schuf Konflikte, eine komplexere Wirtschaftsordnung benötigte ausdifferenzierte Rechtsregeln. Es kam daher nach den ersten Ansätzen im hohen Mittelalter zu einer zunehmenden Verrechtlichung. Immer umfangreichere Sammlungen von Rechtsregeln, die in der Stadt galten, die Stadtrechte, entstanden, ebenso die Stadtgemeinde als eigener Rechtskreis. Die Bürger erhielten immer mehr Einfluss auf das Stadtgericht, in dem der vom Landesherrn eingesetzte Richter nicht nur Recht sprach, sondern auch die Stadt verwaltete. Ende des 13./Anfang des 14. Jahrhunderts entwickelten sich Stadträte. Sie kümmerten sich um die Verwaltung der Stadt, vor allem im Bereich Gewerbeaufsicht, Armenpflege und Baurecht und organisierten Verwaltung, Steuererhebung, Aufsicht über das Marktgeschehen und die Errichtung öffentlicher Bauten. Die immer mehr fortschreitende Differenzierung und Intensivierung der Verwaltungstätigkeit führte erst zur Bildung von Ratsausschüssen und im 14. und 15. Jahrhundert zur Entstehung eines städtischen Behördenwesens. Das Großbürgertum konnte zunächst die Ratsstellen und die Ämter für sich beanspruchen, bis im 14. Jahrhundert das Kleinbürgertum, vor allem Handwerker, sich eine Beteiligung an der Stadtregierung erkämpfte. Außerdem kam es in Bayern immer wieder zu Kämpfen zwischen den Bürgern, vor allem der wohlhabenden Oberschicht, und den Herzögen um Macht und Einfluss in den Städten, wobei sich die Herzöge im Wesentlichen durchsetzen konnten.[7]

Typisch für die spätmittelalterliche Stadt in Bayern sind ein bürgerlicher Rat, der zusammen mit dem herzoglichen Stadtrichter die Stadt regierte, ein eigenes Stadtrecht, das die Stadt vom Umland unterschied, eine Befestigung und Jahr- und Wochenmärkte.[8]

In den Städten boomte die Wirtschaft. Die im hohen Mittelalter begonnene Arbeitsteilung setzte sich fort und intensivierte sich. Dadurch und durch Rationalisierungsmaßnahmen kam es zu Produktionssteigerungen in den städtischen Siedlungen, in denen sich zunehmend Wohlstand fand. Einige Händler und Kaufleute konnten riesige Vermögen ansammeln. Gleichzeitig wurden rationale Planung und Buchhaltung immer wichtiger. Es entwickelten sich Unternehmertum und unternehmerischer Einfallsreichtum, neue Formen des Wirtschaftslebens.[9]

Mit diesem Reichtum wuchs die Nachfrage nach exotischen Gegenständen aus dem fernen Ausland und nach Luxusartikeln. Der Fernhandel gewann weiter an Bedeutung und intensivierte sich. Fast alle Regionen in Europa produzierten jetzt Güter, die in anderen Gegenden nachgefragt wurden, ganz Europa war in ein Handelsnetz eingebunden. Dies schuf überregionale Verbindung, verbreitete Wissen und Kenntnisse, aber auch Seuchen wie die Pest. Vor allem in Süddeutschland nahm der Handel einen starken Aufschwung, sowohl im Hinblick auf das Volumen als auch die Zahl der gehandelten Waren. Die wichtigsten Handelswege gingen über die Alpen nach Norditalien, auf den Balkan und in das Gebiet des Schwarzen Meeres.[10]

Auch Bayern war in diesen internationalen Handel eingebunden. Das bayerische Exportgut Salz als unerlässliches Konservierungsmittel schuf Wohlstand für die Salzhändler. An der Spitze der sozialen Schichtung in den Städten standen die Fernkaufleute, in München die Salzhändler.[11]

Geld wurde für das Wirtschaftssystem immer wichtiger, es entstanden schon Frühformen des Kapitalismus.[12] In den Städten als den wirtschaftlichen Zentren floss Geld zusammen. Die Fürsten profitierten von Steuern und Abgaben. Ihr Finanzbedarf stieg im Verlauf des 14. Jahrhunderts deutlich an. In immer größerem Umfang mussten Söldner gegen Geld angeworben werden, benötigten Fürsten Geld für eine prestigeträchtige Hofhaltung, um Personal bezahlen und Verbündete anwerben zu können, sowie um

Festungen zu bauen und zu unterhalten. Geld wurde immer wichtiger bei der Sicherung der Herrschaft, der Ausübung von Macht und für die Kriegsführung, es wurde immer mehr zu einem Machtfaktor. Die Steuern aus den Städten wurden nun zu einem wesentlichen Teil der Einnahmen des Fürsten. Da die Steuern und Abgaben aber nicht ausreichten, um den Finanzbedarf zu decken, waren die Fürsten, ebenso wie Kaufleute oder Studenten, bei der Geldbeschaffung in zunehmendem Maße auf Kredite angewiesen und erhielten diese von den reichen Bürgern und Städten. So entstand ein Kapital- und Kreditmarkt. Fürsten waren nun zum Teil vom Zugang zu diesem Markt und damit von Bürgern und Städten abhängig, wer keinen Zugang zum Kapitalmarkt hatte, konnte in Probleme geraten.[13]

Die Städte gewannen daher jetzt für die Fürsten weiter an Bedeutung. Sie, vor allem die Residenzstädte als zentrale Orte, erfuhren daher eine Förderung.[14] Die Fürsten unterstützten gezielt Handel und Gewerbe, vor allem indem sie Privilegien wie Zollfreiheit verliehen und versuchten, Sicherheit zu schaffen. Besonders wichtig waren hier der freie Handel, der gesicherte Zugang zum Markt und sichere Handelswege. Dies versuchten die Fürsten zu gewährleisten.

Das gilt auch für die bayerischen Herzöge, insbesondere für Ludwig den Bayern, der sich mit Hilfe von Privilegierungen treue Verbündete im Kampf gegen Habsburg und den Papst verschaffte. So verlieh er das Stadtrecht an zahlreiche Orte.[15]

2. Krise

Allerdings häuften sich ab der Mitte des 14. Jahrhunderts krisenhafte Situationen. Epidemien, von denen die bekannteste die große, europaweite Pestepidemie von 1347/48 ist, forderten riesige Opferzahlen. Die Bevölkerung ging innerhalb weniger Jahre um etwa ein Drittel zurück.[16] Die Bevölkerungsentwicklung stockte auch in den folgenden Jahrzehnten. Die Verluste waren erst nach etwa 150 Jahren um das Jahr 1500 ausgeglichen, da innerhalb weniger Jahre immer wieder neue Pest-Wellen auftraten und besonders die noch durch vorangegangene Epidemien nicht immunisierten Bevölkerungsteile, also vor allem Kinder und Jugendliche trafen.[17] Diese bekannte große Epidemie war nur eine von zahlreichen Seuchen, die die Menschen seit dem Beginn des 14. Jahrhunderts heimsuchten. Besonders massiv litten die Städte unter diesen Seuchen, hier wird ein Bevölkerungsverlust von 40 Prozent geschätzt.[18] Viele Menschen lebten auf engstem Raum zusammen, was die Ansteckung erleichterte. Katastrophal wirkten sich aber auch die mangelhaften sanitären Einrichtungen aus. Eine

Abwasserbeseitigung fehlte weitgehend, ebenso eine ausreichende Versorgung mit frischem Wasser.[19] Vielfach lagen Friedhöfe innerhalb der Stadt, direkt in der Nachbarschaft zu öffentlichen Brunnen. Die Infrastruktur zumindest in diesem Bereich hatte mit der Entwicklung der Stadt zu einem Zentrum von Kunst und Kultur, Wirtschaft und Wissenschaft nicht Schritt gehalten. Da es keine Heilungsmöglichkeiten und kaum wirksame Vorsorgemaßnahmen gab, und die Pest zudem jeden treffen konnte und jeden traf, führte dies zu massiven Veränderungen, zu einem neuen Welt- und Menschenbild. Die hohen Bevölkerungsverluste mündeten in heftige gesellschaftliche und soziale Verwerfungen.[20]

Hinzu kam eine Krise der Landwirtschaft. Den Auftakt bildeten verregnete Sommer in den Jahren 1316-1318 mit schlechten Ernten. Außerdem scheint die Landwirtschaft an die Grenzen ihrer Produktivität gekommen zu sein, sodass bei schlechten Ernten für die in den vergangenen Jahrhunderten stark angewachsene Bevölkerung - nicht zuletzt mangels ausreichender Lagersysteme - nicht genug Lebensmittel zur Verfügung standen.[21] Ab der Mitte des 14. Jahrhunderts wurde es grundsätzlich schwerer, ausreichend Nahrung für die Bevölkerung bereit zu stellen.[22] Der Rückgang in der Produktion hat verschiedene Ursachen. Im Zuge der Rodungen des hohen Mittelalters waren, je länger diese Rodungen andauerten, in immer größerem Umfang auch Böden für den Ackerbau erschlossen worden, die für eine dauernde Bewirtschaftung nicht geeignet waren. Diese waren innerhalb weniger Jahre ausgelaugt und wurden aufgegeben, sodass nun weniger Ackerland zur Verfügung stand. Gleichzeitig verschlechterte sich auch das Klima, es wurde etwas kälter, was die Situation zusätzlich verschlechterte.[23]

Die Städte konnten jedoch zunächst von der Krise profitieren. Auch nach der Pest blieben sie für die Landbevölkerung attraktive Ziele, hielt die Zuwanderung in die von der Pest stark betroffenen Städte an, kam es streckenweise zu einer regelrechten Landflucht. Teilweise wurden nun sogar Dörfer aufgegeben und verödeten.[24] So paradox es klingt, eröffneten die Bevölkerungsverluste Zuwanderern Chancen. Sie konnten die Betriebe der Verstorbenen übernehmen.[25] Das städtische Handwerk erlebte nämlich einen großen Aufschwung. Die Pest hatte besonders in den dicht besiedelten Städten mit ihren schlechten hygienischen Bedingungen gewütet und ihre Opfer gefordert. Auf dem Land waren die Verluste im Verhältnis nicht so groß. Es gab nun weniger Handwerker und damit Konsumenten landwirtschaftlicher Produkte und Produzenten handwerklicher Produkte. Damit kam es zu einem Überangebot an Nahrung und einer Unterversorgung mit handwerklichen Waren. Daher sanken die Preise für Nahrung und stiegen die Preise für Handwerksprodukte. Die Menschen vor allem in den Städten mussten so weniger für Nahrung ausgeben und hatten nun mehr Geld, um sich Handwerksprodukte zu kaufen. Dies machte eine Tätigkeit als Handwerker in der Stadt, in der zudem viele Werkstätten der Pesttoten leer standen, attraktiv.[26]

Allerdings führte dieser Zuzug nicht mehr zu einem Wachstum der Städte. Die Neubürger glichen nur die Bevölkerungsverluste durch die Epidemien aus. Die Zahl der in den Städten wohnenden Menschen war um 1450 wieder so groß wie um 1350, während die Zahl der auf dem Land wohnenden Menschen massiv gesunken war.[27]

3. Vorläufer des einheitlichen Flächenstaates

a) Allgemeine Entwicklung

Außerdem entstand jetzt nach den Anfängen im hohen Mittelalter der Vorläufer des intensiv verwalteten Flächenstaates. Ein wesentlicher Hintergrund ist der Geldbedarf der Fürsten. Seit sich im 13. Jahrhundert die Geldwirtschaft etabliert hatte, benötigten auch die Fürsten Geld, um ihre Herrschaft aufrecht zu erhalten. Sie waren daher an einem effektiven System der Besteuerung interessiert. Ab dem 14., vor allem ab dem 15. Jahrhundert, wurden nun in immer größerem Umfang Steuern erhoben, Amtsleute für Steuererhebung und Verwaltung eingesetzt und das Land intensiver regiert.

Generell lässt sich eine Ausweitung der Verwaltungstätigkeit feststellen, um Ressourcen möglichst vollständig zu nutzen. Das Territorium wurde mit Steuer- und Besitzlisten sowie Verzeichnissen der Ländereien und Rechte inventarisiert. Um den Territorialstaat dauerhaft beherrschen zu können, war die Einrichtung einer das ganze Land überspannenden Ämterorganisation nötig. Nach Ansätzen im hohen Mittelalter setzte sich jetzt im späten Mittelalter eine verwaltungsmäßige Durchdringung des gesamten Territoriums mit einer hierarchischen, immer weiter aufgefächerten Verwaltung durch. Im späten Mittelalter wurden so die Grundlagen für das Behördenwesen der frühen Neuzeit gelegt. Der Durchsetzung des Machtanspruchs des Herrschers diente jetzt das Prinzip der Schriftlichkeit. Von den Amtsleuten wurden genaue Abrechnungen gefordert, Archive wurden angelegt, um Besitzurkunden sicher zu verwahren und Verwaltungsvorgänge nachvollziehbar zu machen. Schriftlichkeit hielt daher in Verwaltung und Rechtsprechung Einzug. Generell lässt sich im Vergleich zu früheren Jahrhunderten eine Systematisierung, Rationalisierung und

Professionalisierung erkennen mit dem Versuch, das ganze Land einheitlich zu regieren.[28]

Jetzt war Expertenwissen, war eine systematische Beschäftigung mit Staat, Verwaltung und Politik gefragt. Die Fürsten benötigten nun Ratgeber, die in der Lage waren, politische und administrative Konzepte zu entwerfen, systematisch die Einnahmen und die Ressourcen zu steigern, diplomatische Missionen durchzuführen oder die eigene Position mit juristischen Argumenten zu untermauern und abzusichern. Denkschriften und Akten wurden jetzt Herrschaftsmittel. Nachdem sich seit dem 12. Jahrhundert in Italien Universitäten, und aufgrund der Beschäftigung mit Kirchenrecht und römischem Recht eine Rechtswissenschaft entwickelt hatten, setzten sich immer mehr die juristisch geschulten Experten als Inhaber der wichtigsten Verwaltungspositionen durch. Die Fürsten suchten nun Spitzengelehrte als Ratgeber, die systematisch, oft juristisch argumentierend, die Politik ihrer Herrscher konzipierten und umsetzten. Theorien von Staatsorganisation, dem Verhältnis des Fürsten zum Land und Möglichkeiten für eine Ausweitung der Macht wurden erörtert.[29]

Auf diese Weise entstand die Grundlage moderner Staatlichkeit. Während dies in Frankreich, England und Spanien auf der Ebene des gesamten Reiches geschah, vollzog sich in Deutschland diese Entwicklung – wie schon der Prozess der Territorialisierung im hohen Mittelalter - auf der Ebene der großen Fürstentümer. In Deutschland begannen die Fürsten, ihre Herrschaftsbereiche neu zu strukturieren, neu zu organisieren und eine intensivere Verwaltung einzurichten, während eine vergleichbare Entwicklung auf Reichsebene nicht stattfand. Dort gab es zum Beispiel bis 1495, als das Reichskammergericht eingerichtet wurde, kein zentrales Gericht, es existierte keine Reichsverwaltung oder ein Steuer- und Abgabensystem.[30] Dies entstand in den Territorien.

Dies hat mehrere Gründe. Im Vergleich zu Frankreich oder Spanien war das Reich zu groß und zu zersplittert, um mit den Reisemitteln und Kommunikationstechniken des späten Mittelalters einheitlich und intensiv verwaltet zu werden. England, Frankreich und Spanien stellten dagegen vergleichsweise kleine und kompakte Einheiten dar.

Hinzu kam, dass sich der Kaiser als Erbe des antiken Kaisertums verstand und daher auch Herrschaftsansprüche auf Italien erhob, was zu zahlreichen langwierigen, kostspieligen und weitgehend ergebnislosen Kämpfen mit den oberitalienischen Städten und dem Papsttum führte, während gleichzeitig die Ressourcen fehlten, in Deutschland staatliche Strukturen aufzubauen.

Außerdem war gerade im 13. Jahrhundert der Kaiserthron schwer umkämpft. Seit dem Ende der Stauferzeit gab es keine akzeptierte Dynastie mehr, es kam immer wieder zu Kämpfen um die Nachfolge, zur Bildung einer Opposition bis hin zum Aufstand gegen den amtierenden Herrscher. Während die Herrschaftsrechte in Italien verlorengingen, kämpften die deutschen Kaiser ums Überleben. Sie verfügten nicht über die Ressourcen, das Reich neu aufzubauen. Diese Situation kam den deutschen Fürsten durchaus entgegen, die keine starke Zentralgewalt über sich wünschten und daher durchaus versuchten, einen starken Kaiser zu verhindern.[31]

Jedenfalls bildete sich keine Hauptstadt, entwickelte sich kein Zentrum im Reich. Dies geschah in den Territorien, hier entstanden Residenzen als Zentralen der Herrschaftsausübung.

Eine solchermaßen organisierte und komplexe Verwaltung war nämlich auf einen dauerhaften Sitz als Zentrale und entsprechend feste Einrichtungen angewiesen. Das Territorium konnte nun nicht mehr von einem durch das Land ziehenden Wanderherzog verwaltet werden. Jetzt entwickelten sich Residenzstädte als zentrale Orte, wo sich die Verwaltungsspitzen konzentrierten. Hier hielt sich der Landesfürst mit seinem Hof dauerhaft auf.[32] Die so entstandenen Zentren strahlten auf das Land aus.

Aus den ersten Ansätzen im hohen Mittelalter entwickelte sich in diesem Zusammenhang der Hof als neuartiges Phänomen. Er war Bühne für die Herrschaftsdarstellung mit aufwendigen Festen, kostspieligen Turnieren und prunkvollen Begräbnissen, aber auch eine streng normierte Welt, die besonders Wert auf die Etikette legt. Sitzordnungen, der Ablauf von Festen, Zeremonien, auch die Kleidung waren geregelt oder wurden auch in kleinen Details zu einer bestimmten Aussage. Es gab jetzt eigenes Hofpersonal, Hofdamen und Höflinge, Kammerdiener, Haushofmeister und Dienstboten. Der Hof entwickelte sich zu einem Zentrum von Kunst und Kultur, von Malerei, Theater und Literatur. Künstler, Kunstwerke und besonders Bauten wurden zu Mitteln der Repräsentation.[33] Der Fürst definierte sich über Freigiebigkeit, Inszenierung und Prachtentfaltung, dies waren Zeichen seines Wohlstands, seines Prestiges und seiner Macht.[34]

Die Mitglieder des Hofes und der Verwaltung wohnten in den Städten. Deren Haushalte und der Hof hatten großen Bedarf an hochwertigen Handwerksprodukten, exotischen Gegenständen und Luxusartikeln, sodass hier ein großer Markt für spezialisierte Handwerker und Fernhändler entstand.

Die Burganlage als bisheriger Herrschaftssitz wurde zum Palast, zum Repräsentationsraum des Herrschers. Es galt nun, mittels prunkvoller Bauten dem Volk, aber auch anderen Adeligen und fremden Herrschern gegenüber, Macht- und Herrschaftsanspruch sowie materiellen Wohlstand zu dokumentieren. Der Palast war jetzt Wohnraum des Fürsten und seiner Familie, Regierungszentrale und gesellschaftliches Zentrum. Die Zahl der dort lebenden Personen stieg jetzt ebenfalls. Bisher, in der Zeit der Wanderherzöge, war die Zahl der Begleiter des Herzogs eher klein. Nun vergrößerte sich im Zuge von Verwaltungsausbau und Repräsentation das Umfeld des Herrschers, Verwaltungsleute lebten jetzt dauerhaft am Hof. Der Palast hatte nun Räume für die Verteidigung, Vorrats- und Schatzkammern, Fest-, Wohn- und Verwaltungsräume, er bildete den Rahmen für die Hofhaltung.[35]

b) Bayern

Nachdem im hohen Mittelalter die Wittelsbacher in Bayern ein geschlossenes Territorium errichtet hatten, galt es nun, dieses Gebiet mit Verwaltungsstrukturen zu überziehen, um es zu beherrschen und Ressourcen zu gewinnen. Entsprechende Anfänge aus dem hohen Mittelalter setzten die Wittelsbacher jetzt systematisch fort.

Im 12. und 13. Jahrhundert hatten die Wittelsbacher durch Erbe und Kauf großen Besitz erworben, so hatten sie zum Beispiel auch den Besitz der Moosburger Grafen übernommen, die 1281 ausgestorben waren. Sie hatten bis Ende des 13. Jahrhunderts ein geschlossenes Territorium aufbauen können. Gleichzeitig waren die wichtigsten Konkurrenten ausgestorben und die Wittelsbacher hatten weitgehend unterbinden können, dass die Bischöfe in der Lage waren, geistliche Gebiete in größerem Umfang zu errichten.[36]

Ende des 13. Jahrhunderts hatten die Herzöge außerdem Reichsgut und königliche Rechte übernommen, nämlich Gerichtsrechte, Marktrecht, Befestigungsrecht, Zoll und Münzrecht. Der Kaiser hatte seine Herrschaftsrechte in Bayern de facto verloren. Die Herzöge hatten damit die wirtschaftlichen Mittel und die rechtlichen Kompetenzen, eine intensive Beherrschung und Verwaltung des Landes aufzubauen. Sie stützen sich auf Burgen und Städte und begannen, eine systematische Verwaltungs- und Gerichtsorganisation zu etablieren. Die Übernahme von Gerichtsrechten, die die Herzöge von Amtsträgern ausüben ließen, wurde die Basis für die Herrschaft in der Fläche. Städte und Burgen wurden dabei zu Stützpunkten, von denen aus Herrschaft ausgeübt und wo Steuern und Abgaben gesammelt wurden.[37]

Geradezu bahnbrechend war die Errichtung eines Gewaltmonopols mittels der Landfriedensgesetze durch die Herzöge. Diese Regelungen bildeten eine

wichtige Grundlage für die neue Herrschaft. Die Herzöge stellten mit den Landfrieden klar, dass sie die einzige Instanz waren, die rechtmäßigerweise Gewalt ausüben durfte. Sie zogen damit eine der wichtigsten Aufgaben des Königs, die Friedenssicherung, an sich.[38]
Diese Situation spiegelte sich auch in einem gewachsenen Selbstbewusstsein der Herzöge wider. Die Herzöge sahen sich als Landesherren, die ihre Macht nicht vom Kaiser, sondern von Gott ableiteten. Mitte des 14. Jahrhunderts gaben die bayerischen Herzöge bekannt: „dass ihre Land freie Land sind" und dass in ihnen „der Papst, Kayser noch Kunig nichtes zu bieten haben".[39] Dies stellte einen Paradigmenwechsel dar. Die bayerischen Herzöge sahen sich nicht mehr als Amtsträger des Königs, in dessen Namen sie Herrschaft ausübten, sondern als autonome Herrschaftsträger, die ihre Macht von niemandem ableiteten.
Diese Stellung wurde den Herzögen auch dadurch erleichtert, dass es im Inneren kaum mehr oppositionelle Kräfte gab. Die alten mächtigen Adelsfamilien, die den Wittelsbachern ihre Stellung hätten streitig machen können, waren nahezu untergegangen, der noch existierende Adel weitgehend unter Kontrolle, die Städte fest im Griff der Herzöge, die teilweise mit brachialer Gewalt gegen Widerstand vorgingen.[40] Die Stellung des Herzogs im Inneren war damit nicht bedroht – ganz im Gegensatz zum deutschen König, der sich einer Opposition von vielen Seiten gegenüber sah. Die Position des bayerischen Herzogs wurde im Lauf der Zeit immer stärker, er erreichte eine Stellung wie in kaum einem anderem Gebiet in Deutschland. Erst im Zuge der kriegerischen Auseinandersetzungen des 14. Jahrhunderts, die zu einem erhöhtem Geldbedarf führten, konnte der Adel in Steuerfragen mitregieren und gewann ein wenig Einfluss zurück. Nun musste sich der Herzog mit dem Adel auseinandersetzen und wurde in gewisser Weise eingeschränkt.[41]
Ab dem 13. Jahrhundert lässt sich in Bayern eine intensivere Verwaltungsentwicklung nachvollziehen mit zentralen Institutionen, Mittelinstanzen und einer Verwaltungsorganisation in der Fläche. Ausgangspunkt für die Entwicklung von Zentralbehörden war der Rat aus zunächst hochadeligen Persönlichkeiten im Umkreis des Herzogs. Ab dem 13. Jahrhundert entstand dieses Gremium, das sich ab dem Ende des 15. Jahrhundert als Verwaltungsspitze fest etabliert hatte. Ein Hofgericht als Gericht des Herzogs wurde zusätzlich eingerichtet. In der zweiten Hälfte des 15. Jahrhundert besetzten immer mehr an den von den Universitäten ausgebildeten Juristen die Posten in diesen beiden Gremien. In zunehmendem Umfang waren nämlich jetzt Experten für die immer

komplexeren Fragen von Verwaltung und Politik nötig. Außerdem setzte sich die Schriftlichkeit durch. Besitzverzeichnisse, Steuerlisten, Abrechnungen und Quittierungen, Aufstellungen von Einnahmen und Ausgaben sowie Register entstanden. Ab dem 13. Jahrhundert existierte eine Kanzlei als das wichtigste Organ der herzoglichen Verwaltung. Sie war für das Urkundenwesen und sonstige Schriftstücke, Besitzverzeichnisse und Rechnungsbücher zuständig. Ihre Bedeutung wuchs im 14. Jahrhundert, ebenso der Einfluss ihres Leiters, des Kanzlers. Auch in der Fläche wurde die Verwaltung intensiviert. Auf mittlerer Ebene war schon gegen Ende des hohen Mittelalters der Vizedomus (Vitztum) tätig. Der Vitztum war in seinem Amtsbezirk zuständig für die herzoglichen Aufgaben im Bereich Gericht, Militär, Aufrechterhaltung der Ordnung und Finanzen. Zur Erledigung der Finanzgeschäfte, für Steuererhebung und Rechnungswesen kamen im 14. Jahrhundert Landschreiber hinzu, die von Rentmeistern kontrolliert und beaufsichtigt wurden. Die Rentmeister überwachten die Rechnungslegung der unteren Amtsleute vor Ort und wurden in der zweiten Hälfte des 16. Jahrhunderts zu Vorgesetzten der nachgeordneten Behörden. Sie waren direkt dem Herzog gegenüber verantwortlich. Als im Laufe der Zeit die Bedeutung der Finanzen stieg, stieg auch die Bedeutung der Rentmeister.

Das gesamte Territorium war in Amtsbezirke, die Landgerichte eingeteilt. Diese Einteilung galt bis zum 19. Jahrhundert und wurde für die Entstehung des modernen Staates und die Einheitlichkeit des Territoriums von großer Bedeutung, weil jetzt das gesamte Herzogtum einheitlich erfasst wurde. Die Vorsteher dieser Bezirke, die Pfleger, waren vor Ort die militärischen Befehlshaber und zuständig für die öffentliche Sicherheit, Rechtsprechung und die Verwaltung herzoglicher Güter. Sie wurden unterstützt von einem Landrichter für die Rechtsprechung und von einem Kastner für die Güterverwaltung. Hinzu kamen Zöllner und Mautner. Immer mehr wurden, vor allem für die Funktionen auf der unteren Ebene, nichtadlige Experten herangezogen, eine Beamtenschaft begann zu entstehen.[42]

In besonderer Weise treffen diese Entwicklungen auf die Zeit der Herrschaft Ludwigs des Bayern (1314-1347) zu. Unter anderem in den Schlachten von Gammelsdorf 1313 und Mühldorf 1322 gelang es ihm, den Einfluss Österreichs auf Bayern auszuschalten. Die Schlacht bei Gammelsdorf brachte Ludwig deutschlandweit Prestige, in der Schlacht bei Mühldorf konnte er sich als König durchsetzen. So fand eines der Schlüsselereignisse der bayerischen Geschichte des späten Mittelalters in der Region um Moosburg statt. Im Vorfeld der Schlacht von Gammelsdorf lagerte Ludwig mit seiner Reiterei an der Isar bei Moosburg, während die österreichischen Truppen bei Volkmannsdorf den Fluss überquerten. Sie campierten zwischen Bruckberg und Gammelsdorf. Ludwig griff am 9.11.1313 das österreichische Lager bei Gammelsdorf an und konnte den Gegner in die Flucht schlagen. Die Österreicher versuchten, über die Isarbrücke bei Volkmannsdorf zu entkommen. Die Brücke brach zusammen und zahlreiche Österreicher saßen zwischen Moosburg, Isar und Amper fest und wurden gefangengenommen.[43]

Ludwig hatte, auch als deutscher Kaiser, das Ziel, Bayern auszubauen, nicht zuletzt als Machtbasis im Reich. Ihm gelang es 1340/41 Bayern zu vereinigen und einen einheitlichen Herrschaftsraum ohne Sondergewalten zu schaffen, der Süddeutschland beherrschte.

Seit dem 13. Jahrhundert begann man, große, geschlossene Rechtssammlungen zu schaffen. Ein Höhepunkt dieser Entwicklung ist das Landrecht Kaiser Ludwigs, in dem Privatrecht, Strafrecht, Verwaltungs- und Verfahrensrecht zusammengefasst wurden. Besonders intensiv widmete sich die Sammlung der Wahrung des Landfriedens, nicht nur durch Strafe, sondern auch durch präventive Maßnahmen. Der Landfrieden sollte jetzt dauerhaft gelten und durch Gerichte gewahrt werden. Hier liegt die Durchsetzung des staatlichen Gewaltmonopols, ein Grundbaustein des modernen Staates. Es handelt es sich um eine der ersten Rechtssammlungen eines deutschen Fürsten, in der alle Bereiche des Rechts schriftlich niedergelegt waren. Es wurde vorbildlich für ähnliche Werke anderer Territorien. Mittels eines einheitlichen Landrechts versuchte Ludwig, eine einheitliche Gerichtspraxis in ganz Bayern sicherzustellen und zu professionalisieren, aber auch, über ein einheitliches Recht als einigende Klammer, Bayern vor Aufteilung und Zersplitterung zu schützen. Nicht zuletzt war das Landrecht ein Zeichen der Unabhängigkeit des bayerischen Herzogtums.[44] Bayern war beim Herrschaftsantritt Ludwigs eines der modernsten Territorien was Herrschaftsorganisation und Verwaltung anbelangt. Ludwig setzte den Aufbau einer einheitlichen und leistungsfähigen Verwaltung in Bayern fort.[45] Die Zahl der Stadt- und Landrichter sowie der herzoglichen Pfleger wuchs an und damit auch spürbar die Kosten für ihre Besoldung.[46] Ludwig stützte sich besonders auf den niederen Adel und die Städte. Er förderte sie durch Privilegierungen (zum Beispiel das Recht, Märkte abzuhalten oder Befestigungsanlagen anzulegen) und betrieb so eine nachhaltige Wirtschaftsförderung. Dazu trugen auch Zollerleichterungen und Zollbefreiungen bei. Desweiteren konnte der bayerische Herzog reisende Kaufleute vor Ausplünderungen

schützen, was dem Handel Aufschwung brachte. Außerdem kam es zu zahlreichen Stadtrechtsverleihungen.[47]
Ludwig der Bayer reiste noch relativ viel durch seine Gebiete, wobei sich allerdings München vor Ingolstadt, Straubing oder Burghausen als Herrschaftszentrum etablierte, nachdem zuvor Landshut bis 1255 diese Funktion wahrgenommen hatte.[48] Im Laufe der folgenden Jahrzehnte kristallisierten sich vor allem München und Landshut als Residenzstädte und damit Zentren der Herrschaft heraus.
In den Residenzstädten, vor allem Landshut und München, kam es zu einem großen Aufschwung von Wirtschaft, Handel und Kultur. Münchener und Landshuter Kaufleute waren im Handel mit Venedig tätig, auch in Flandern, Ungarn, Wien und Lyon. Allerdings standen beide Städte im Schatten der wohlhabenden Reichsstädte Nürnberg und Augsburg, eine Situation, die bis ins 19. Jahrhundert anhielt.[49]
Ende des 13. Jahrhundert war München die wirtschaftlich bedeutendste Stadt der Wittelsbacher und konnte in Konkurrenz zu den Bischofsstädten treten. Allerdings wechselten im 15. Jahrhundert die reichsten Münchener Händler in den grundbesitzenden ländlichen Adel und gaben mehr und mehr ihre Geschäfte auf, während sich in den benachbarten Reichsstädten erste Ansätze für Großunternehmen, große Fernhandelshäuser und Banken entwickelten.[50]
Nach München war Landshut die wichtigste Handels- und Gewerbestadt Bayerns im späten Mittelalter. Nachdem die Stadt nach der Landesteilung 1392 Sitz der Herzöge von Niederbayern geworden war, erreichte Landshut ein erhebliches wirtschaftliches Gewicht und konnte zeitweise auch München übertreffen.[51]
Damit übernahmen nun die neuen Residenzstädte nach und nach die politischen und wirtschaftlichen Funktionen des alten Hauptorts Regensburg. Dieses verlor dagegen schleichend seine Stellung als Zentralort Bayerns, eine Funktion, die es noch im hohen, vor allem aber im frühen Mittelalter innegehabt hatte. Im 13. und 14. Jahrhundert war in Regensburg die spätmittelalterliche Stadt entstanden, die als Altstadt noch heute existiert. In dieser Zeit wurden weite Teile des Doms errichtet, weitere Kirchen wie die Franziskaner- und die Dominikanerkirche, das prunkvolle Alte Rathaus, die prächtigen Häuser der Händler und reichen Handwerker, die Geschlechtertürme sowie eine neue Stadtbefestigung, alles Zeichen des wirtschaftlichen Wohlstands.[52] Im 14. Jahrhundert übernahmen die Regensburger Kaufleute wichtige Funktionen im europäischen Handelssystem und stiegen auch ins Bankgeschäft ein. Zur Zeit Ludwigs des

Bayern hatte Regensburg 15.000 Einwohner und war damit eine der größten Städte des Reiches.[53]

Regensburg geriet nach dieser Blüte im 14. und beginnenden 15. Jahrhundert in eine lange Phase des Niedergangs. Regensburg war seit dem 14. Jahrhundert zunächst schleichend von den internationalen Handelsströmen, aber auch vom Hinterland abgeschnitten worden, das im Herzogtum Bayern lag. Es gab kaum größere Produktion, vor allem kein exportorientiertes Gewerbe, sondern lediglich Transithandel. Damit war die Situation nachteiliger als in anderen Reichsstädten wie Augsburg oder Nürnberg, die ein großes Hinterland wirtschaftlich erschließen konnten und neben dem Handel in großem Umfang auch Güter produzierten. Regensburg büßte damit an wirtschaftlicher Bedeutung, es zeigten sich erste Tendenzen der Verarmung, der Dombau stockte. Schließlich kam 1486 der Bankrott. Die politische Funktion als Herrschaftszentrum hatte es außerdem an die Residenzen der Teilherzogtümer verloren.[54]

Im hohen Mittelalter kam es immer wieder zur Teilung des Territoriums, zeitweise existierten die Teilherzogtümer Bayern-Landshut, Bayern-München, Bayern-Ingolstadt und Straubing-Holland. Beim Aussterben der jeweiligen Teillinien kam es zur Wiedervereinigung der Herzogtümer. Bayern wurde aber trotz der Teilungen weitgehend als Einheit gesehen.

Diese Teilungen sind zwiespältig zu werten. Sie schwächten zwar Bayern im Gesamten, vor allem gegenüber den Habsburgern. Die Teilherzogtümer waren weitgehend isoliert und nicht in der Lage, im Reich Politik zu betreiben. Außerdem kam es immer wieder zu Auseinandersetzungen und Kämpfen zwischen den Herzögen, was Ressourcen verbrauchte.[55] Gleichzeitig wurde der innere Ausbau, vor allem im Hinblick auf Verwaltung und Organisation, durch die geringe Größe eher erleichtert. Eine kleinteiligere Verwaltung und Gerichtsbarkeit konnten aufgebaut werden, die dann auch funktionierten. Wegen der Teilungen waren nun für jedes Teilherzogtum eigene Residenzen nötig, sodass mehrere Städte Hofhaltungen beherbergten und zu regionalen kulturellen und wirtschaftlichen Zentren wurden, in denen sich die Pracht der Herzöge entfaltete.

Die Teilungen führten auch zur Konkurrenz auf engem Raum, sodass jedes Teilherzogtum versuchte, seine Ressourcen intensiv zu erfassen und seine wirtschaftlichen und administrativen Anstrengungen zu erhöhen, um nicht ins Hintertreffen zu geraten. Besonders wichtig war es, so stark zu sein, dass man vom Nachbarn nicht übernommen werden konnte. Auch deswegen galt es, die eigenen Ressourcen zu vergrößern und durch eine bessere

Verwaltung zu erschließen. Tatsächlich bauten die Teilherzöge leistungsfähige Verwaltungen und Herrschaftsstrukturen nach modernen Grundsätzen auf.[56]

II. Das späte Mittelalter in Landshut, München und Moosburg

1. Landshut

a) Das Teilherzogtum Bayern-Landshut

Das Teilherzogtum Bayern-Landshut bildete Basis und Rahmen für die Entwicklung der Stadt Landshut, weswegen hier kurz auf seine Entwicklung eingegangen werden soll.

1392 wurde Bayern geteilt in die Teilherzogtümer München, Ingolstadt und Landshut, außerdem existierte das Teilherzogtum Straubing.

Bayern-Landshut konnte sein Gebiet rasch vergrößern. 1425 starb die Straubinger Linie der Wittelsbacher aus, das Teilherzogtum Straubing wurde unter den Fürstentümern Bayern-Ingolstadt, Landshut und München geteilt. 1446 endete die Ingolstädter Teillinie und den Herzögen von Bayern-Landshut gelang es 1447/1448, das Herzogtum geschlossen zu übernehmen. Dies stellte einen wichtigen Gebietsgewinn dar. Die Landshuter Herzöge beherrschten nun ein geschlossenes Territorium von den Alpen bis zur Donau, im Westen bis Oberschwaben. Das Herzogtum war damit größer als Bayern-München und das mächtigste in Süddeutschland, dem Territorium der Habsburger ebenbürtig. Es handelte sich um Gegenden mit fruchtbarem Ackerland und mit wichtigen Bergwerken in Kufstein, Kitzbühel und Rattenberg. Dort gab es Mitte des 15. Jahrhunderts reiche Funde an Silber, Blei und Kupfer. Hinzu kamen große Einnahmen aus den Reichenhaller Salinen. Seit dem hohen Mittelalter hatten die Herzöge nach und nach die Salzproduktion unter ihre Kontrolle bringen können. Der Salzhandel und die daraus resultierenden Steuern und Abgaben wurden eine wichtige Einnahmequelle der Landshuter Herzöge.[57]

Außerdem liefen wichtige Handelswege vor allem für den Fernhandel mit Italien durch das Gebiet des Herzogtums. Die Herzöge ergriffen auch Maßnahmen, um den Salzhandel durch ihr Gebiet zu lenken. Außerdem existierten ein kleinteiliger Handel und Austausch in der Fläche, der keine großen überragenden Zentren hervorbrachte, sondern viele kleine regionale Handelsstützpunkte, die dazu führten, dass sich der Wohlstand in der Fläche verbreitete. Durch eine intensive Verwaltung und planvolle Bewirtschaftung ihrer Güter konnten die Herzöge einen großen Staatsschatz anhäufen, auch wenn sie im Krieg und im Rahmen von Hofhaltung und Repräsentation teilweise enorme Summe ausgaben.[58]

Das 15. Jahrhundert war in Landshut geprägt von den Reichen Herzögen Heinrich XVI (1393-1450), Ludwig IX (1450-1479) und Georg (1479-1503). Heinrich hatte bei seinem Herrschaftsantritt ein vergleichsweise schlecht verwaltetes Land und einen hohen Schuldenberg übernommen. Er führte Sparmaßnahmen ein, um die Ausgaben zu begrenzen. Weiterhin baute er eine leistungsfähige Steuerverwaltung auf mit einem detaillierten Verzeichnis der Steuern und Einnahmen. Sein Sohn Ludwig IX. konnte auf den von seinem Vater gesammelten Schätzen aufbauen und den Hof glänzen lassen, nicht zuletzt durch die Vertreibung der Juden aus Landshut 1450, denen er eine Sondersteuer von 25.000 Gulden auferlegt und denen er sämtliche Schuldscheine abgenommen hatte.

Die drei Herzöge entwickelten planvoll den Ausbau der Verwaltung, ihrer Macht und ihrer Finanzkraft. Sie kümmerten sich um eine effiziente Verwaltung ihrer Güter, setzten den Landfrieden und damit Recht und Ordnung durch und gewährten Sicherheit für die Kaufleute. So wurde Niederbayern für den Handel attraktiv. Die Herzöge beherrschten ein relativ großes, geschlossenes Territorium mit einer sich gut entwickelnden Städtelandschaft, produktiver Landwirtschaft und ertragreichen Bergwerken. Niederbayern war ein vorbildlich verwalteter Staat. Es herrschten Wohlstand und wirtschaftliche Prosperität, was sich an den zahlreichen großen und prächtigen gotischen Kirchen in den Städten, aber auch auf dem Land nachvollziehen lässt.[59]

Die Herzöge erkannten die Zeichen der Zeit und waren zu Innovationen bereit. So gründete Ludwig IX. 1472 die Universität Ingolstadt als eine der ersten Universitäten in Deutschland, die er mit umfangreichen wirtschaftlichen Mitteln ausstattete. Die Universität nahm den Lehrbetrieb mit 389 Studenten auf und wurde bald ein wichtiges geistiges Zentrum des Landes. Jetzt konnten unter anderem die für die Verwaltung und Rechtsprechung benötigten Experten direkt im Land ausgebildet werden.[60]

Insgesamt war Bayern-Landshut im 15. Jahrhundert größer und wirtschaftlich wohlhabender als Bayern-München, das in dieser Zeit immer wieder von Finanzproblemen geplagt war. Auch die Pestepidemien seit dem Ende des 14. Jahrhunderts änderten daran nichts, das Land konnte sich erstaunlich gut erholen.[61]

Das Teilfürstentum erlangte auch die internationale Anerkennung. Die Herzöge von Bayern-Landshut konnten weitreichende familiäre

Verbindungen aufbauen, schrittweise in höhere Kreise gelangen und so ihren Aufstieg dokumentieren. Heinrich verheiratete sich mit einer Herzogstochter von Österreich, Ludwig mit einer Kurfürstentochter von Sachsen und Georg mit einer polnischen Königstochter. Mit jeder Generation wurde eine höhere Adelsstufe erreicht. Zudem gab es Verbindungen mit den Herrscherhäusern von Württemberg und der Pfalz.[62]

Diese Entwicklung endete 1503. Herzog Georg der Reiche starb ohne männlichen Erben. Die Herrschaft seiner Tochter und seines Schwiegersohnes wurde von den Herzögen von Bayern-München nicht anerkannt. Es entbrannte der Landshuter Erbfolgekrieg um die Herrschaft über Niederbayern. Nach heftigen Kämpfen 1504/1505, in denen große Teile Ober- und Niederbayerns wie später im Dreißigjährigen Krieg geplündert und verwüstet wurden, kam es 1505 zur Wiedervereinigung Bayerns. Das Teilherzogtum Bayern-Landshut war Geschichte.

b) Die Stadt Landshut

Landshut war im hohen Mittelalter zunächst Hauptort des ungeteilten Herzogtums. Es befand sich in einer zentralen Lage, war Mittelpunkt des damaligen bayerischen Kernlandes zwischen München und Straubing. Dies wirkte sich auf die Stadtentwicklung günstig aus, da Landshut damit auch geographisch das Zentrum des Landes war.

Gleichzeitig war Regensburg seit 1245 Reichsstadt und damit für den Herzog verloren. So war Regensburg zumindest nicht mehr das Herrschaftszentrum Bayerns. Diese Funktionen wurden nach und nach von Landshut übernommen. Burghausen entwickelte sich zum Familiensitz und zur Residenz der Fürstinnen und Kinder.

Diese verschiedenen Funktionen führten dazu, dass Landshut ein rasantes Stadtwachstum erlebte.[63] Die Entwicklung Landshuts in dieser Epoche lässt sich in zwei Phasen unterteilen. Zunächst erfolgte im 13. und 14. Jahrhundert der flächenmäßige, im 15. Jahrhundert dann der innere Ausbau. Beides verlief weitgehend planmäßig, von den Herzögen gelenkt und gesteuert.

Wachstum der Stadt

Die 1204 gegründete Stadt wuchs rasch. Ausgangspunkt war eine frühe dörfliche Siedlung, um die heutige Martinskirche gelegen. In der ersten Phase erstreckte sich die Altstadt von der Umgebung von St. Martin in Richtung Isar bis zur Steckengasse. Dieser Bereich ist auch heute noch gut zu erkennen, handelt es sich doch um die Häuser mit Laubengängen. Dass diese Siedlung nur als Ausgangspunkt für einen größeren Ort gedacht war, kann man aus den Ausmaßen der ersten, der romanischen St. Martins-Kirche, der Vorläuferin des heutigen Baus, erschließen. Diese Kirche aus der Zeit um 1200, eine der größten altbayerischen Stadtkirchen überhaupt, war dreischiffig errichtet, 27 Meter breit (so breit wie der Freisinger Dom) und 50 Meter lang.[64] Sie war damit eindeutig für eine städtische Siedlung geplant und erbaut worden. Dieser Kern der Stadt Landshut war später der Standort der Häuser der vornehmsten Bürger und der wichtigsten herzoglichen Mitarbeiter. Landshut und die Burg Trausnitz waren 1235 schon in der Lage, Kaiser Friedrich II. mit Gefolge mehrere Wochen zu beherbergen, was für eine gewisse Siedlungsgröße und wirtschaftliche Leistungsfähigkeit spricht.[65]

Bereits um 1250 wurde die städtische Siedlung deutlich erweitert und zwar von der Steckengasse bis zum Spital an der Isar, das damals noch außerhalb der Besiedelung lag. Die Altstadt wurde so zu einem der größten Straßenmärkte Altbayerns. An ihr ließen sich Händler und Handwerker nieder, getrennt nach Gewerben.

1280 kam die Neustadt als große Erweiterung hinzu, 1320 als Abrundung der Altstadt der Dreifaltigkeitsplatz. Ein Beispiel für eine geplante, gezielte und geförderte Stadterweiterung ist die 1338 entstandene Freyung. Um die neue Siedlung attraktiv zu machen, gewährte der Herzog den Neusiedlern 10 Jahre Steuerfreiheit und richtete die Bartlmädult ein. Im Gebiet zwischen den Isararmen („Zwischen den Brücken") ließen sich Handwerker nieder.[66]

Um 1350 wurde die Nordgrenze der Stadt bis zur Isar erweitert. Dies ist insofern bemerkenswert, als 1342 ein Großbrand die Stadt zerstörte und 1348/49 die Pest zahlreiche Opfer forderte. Etwa 3.000 Landshuter starben. Dass wenige Jahre nach dem Brand (der Wiederaufbau erfolgte in Stein) und vor allem direkt nach dem Auftreten der Pest die Stadt erweitert wurde, ist bemerkenswert. Trotz der Bevölkerungsverluste durch die Pest hatte Landshut also so viele Einwohner, dass der vorhandene Platz nicht ausreichte. Dies bedeutet, dass zahlreiche Menschen in die Stadt zogen, Landshut also für sein Umland sehr attraktiv war.[67]

Mitte des 14. Jahrhunderts hatte Landshut eine Siedlungsfläche von insgesamt 40ha. Über diese Grenze ist die Stadt erst im 19. Jahrhundert hinausgewachsen.[68]

Innerer Ausbau
Parallel dazu folgte der innere Ausbau Landshuts, der bis zum Ende des Mittelalters andauerte.

Schon die Organisation des Zusammenlebens zeigt die schnelle Entwicklung der Stadt. 1253 wurden in Landshut Münzen geprägt, 1256, 50 Jahre nach der Gründung, lassen sich Stadträte, Stadtschreiber und Stadtrichter nachweisen. Schon 1279 erfolgte die Stadtrechtsverleihung. Herzog Heinrich XIII. stellte in diesem Jahr der Stadt eine Urkunde aus, in der die bisherigen Rechte Landshuts und seiner Bürger zusammengefasst und schriftlich fixiert wurden. Seit 1272 ist das eigene Siegel, ein wichtiges Zeichen der Selbständigkeit, nachweisbar.[69] Ab 1341 erhielt Landshut wichtige Kompetenzen des herzoglichen Stadtgerichts, so 1364 die Gerichtsbarkeit über die Stadtbewohner bis auf die Blutgerichtsbarkeit, die beim herzoglichen Vitztum verblieb.[70] Auch moderne religiöse Strömungen zeigten sich in Landshut. Das Dominikanerkloster wurde 1271 gegründet (heute Sitz der Regierung von Niederbayern), 1280 das Franziskanerkloster (auf dem Gebiet des heutigen Prantlgartens). Die typischen spätmittelalterlichen Bettelorden hatten damit in der Stadt ihren Sitz.[71]

Auch die Bebauung zeigt die rasche Entwicklung Landshuts. Zu Beginn des 15. Jahrhunderts waren die Straßen der Stadt gepflastert, für die damalige Zeit eine Besonderheit. Hinzu kommen mehrere große Kirchenbauten innerhalb weniger Jahrzehnte.

Allen voran steht hier die Martinskirche. Von 1380 bis 1400 wurden der Chorraum, von 1400 bis etwa 1475 das Langhaus und von 1444 bis ca. 1500 der Turm errichtet. Dieser ist mit 130,6 Meter der höchste Backsteinturm der Welt, er war lange Zeit einer der höchsten Türme Deutschlands. Das Turmkreuz ist fast sechs Meter hoch. Im Turm installierte man eine der ersten Kirchturmuhren, die im Viertelstundentakt schlug. Der Turm war wohl auch eine Demonstration des Bürgerstolzes gegenüber dem Herzog, liegt doch die Turmspitze auf der Höhe der Dachfirste der Trausnitz. Das Schiff ist 92 Meter lang und 29 Meter hoch. Diese gewaltigen Ausmaße zeigen den Reichtum und die wirtschaftliche Macht dieser erst relativ kurz zuvor gegründeten Stadt, wurde doch der Kirchenbau von den Bürgern getragen. Bei St. Martin handelt sich um einen der Höhepunkte der Gotik im bayerischen Raum. An der Baustelle der Martinskirche wurden zahlreiche Baumeister ausgebildet, die dann in weitem Umkreis gotische Backsteinkirchen errichteten.[72]

Außerdem entstanden in dieser Zeit die Kirchen St. Jodok und Heilig Geist sowie die Klosterkirchen. Bei der Dominikanerkirche handelt es sich um eines der ersten großen gotischen Bauwerke in Niederbayern. Die große frühgotische Franziskanerkirche wurde in der Säkularisationszeit abgebrochen.[73]

Auch weltliche Bauten wurden errichtet, so die Stadtmauer mit acht Toren, das Rathaus und das Spital an der Isar. Hinzu kamen die Häuser von Bürgern und Amtsleuten.[74]

Das wiederholte Auftreten der Pest im 15. Jahrhundert (so 1495 mit mehreren Tausend Toten) führte zu keinem Abbruch dieser Entwicklungen. Dies zeigt den Wohlstand der Landshuter Bürger.[75]

Außerdem entfalteten auch die Herzöge eine rege Bautätigkeit. Herzog Heinrich zum Beispiel ließ die Straßen pflastern, kleine Bauten, die den großen Straßenzug der Altstadt störten, abreißen, ebenso das alte Rathaus.[76] Außerdem ließen die Herzöge bedeutende Bauten in der Stadt errichten, so das Harnischhaus oder Wirtschaftsgebäude wie den Salzstadel (1425) und der Herzogskasten (großes Lagerhaus) am Dreifaltigkeitsplatz nach 1450.[77] Um 1500 war der Ausbau der gotischen Stadt vollendet.[78]

Landshut war im 14 und 15. Jahrhundert eine gewerbereiche Stadt mit bedeutendem Kunsthandwerk. Künstler wie Bildschnitzer Hans Leinberger, der Maler Hans Wertinger und der Baumeister Hans von Burghausen arbeiteten in der Stadt.[79]

Das schnelle Wachstum und die schnelle Entwicklung zur Stadt beruhen auf einer gezielten Förderung durch die Herzöge und auf der Funktion als Residenz. Landshut wurde nach der Teilung des Herzogtums Bayern 1392 Hauptort des Teilherzogtums Bayern-Landshut. In Landshut liefen die Fäden der Regierung, der Finanzen und der Justiz zusammen, von hier aus wurde das Land verwaltet, während sich Burghausen zum Familiensitz entwickelte.[80]

Seit Herzog Heinrich dem Reichen war die Burg Trausnitz Sitz von Regierung, Finanzverwaltung, Justiz und Hofhaltung.[81] Die Burganlage war damals deutlich größer als heute. Die meisten Gebäude der Vorburg wurden 1632 bei einem Angriff der Schweden zerstört und nicht wieder aufgebaut. Gerade dieser Teil der Burg zeigt die Größe der Hofhaltung und der Verwaltung, die auf der Trausnitz ihren Sitz hatten. Dort befanden sich (Wein-)Keller, Ställe, Lebensmittellager, ein Brauhaus, die Hofschmiede, ein riesiges Harnischhaus für Waffen- und Materialvorräte sowie ein weiteres Wirtschaftsgebäude. Außerdem existierte ein großes Ballhaus für Feste.

Die Hauptburg bestand aus der Alten und der Neuen Dürnitz für das herzogliche Gefolge, einer Burgkapelle über zwei Stockwerke (unter für das Volk, oben für die Fürsten), Festsälen und Gartenanlagen. Vor allem Ludwig und Georg machten aus der Festung einen Palast.

Als die Burg unter Ludwig immer wieder umgebaut und für den wachsenden Hofstaat erweitert wurde, ließ sich der Herzog zwei Stadthäuser errichten, mit dem Harnischhaus an der Länd einen regelrechten Stadtpalast und zusätzlich gegenüber dem Rathaus im Zollhaus eine zweite Stadtwohnung.[82] Das Verhältnis zwischen Bürgern und Herzögen war jedoch durchaus spannungsgeladen. Die Bürgerschaft Landshuts war im Verlauf des 14. Jahrhunderts relativ unabhängig und wohlhabend geworden, wobei der Herzog von diesem Wohlstand nicht profitierte, da die Bürger keine Steuern mehr an ihn entrichten mussten. Die wirtschaftliche Bedeutung der Stadt für die Herzöge zeigte sich in der zweiten Hälfte des 14. Jahrhunderts, als sie bei Landshuter Bürgern teilweise hohe Kredite aufnahmen. Der Einfluss der Bürger wuchs rapide. Die aufstrebenden Bürger wurden immer mehr zur Konkurrenz für die herzoglichen Amtsträger in der Stadt. Es drohte mittelfristig eine Situation wie in Regensburg, wo der Herzog bereits seine Rechte und Einflussmöglichkeiten verloren hatte. Der Amtsantritt von Herzog Heinrich XVI. brachte die Wende. Er begann seine Herrschaft mit einer gewaltsamen Unterwerfung Landshuts. Nach Streitigkeiten um neu eingeführte Steuern und die Bestätigung alter Rechte der Stadt lud er 1408 führende Bürger auf die Burg Trausnitz ein und nahm sie gefangen. Rund 50 wohlhabenden Bürgern wurde zunächst das Vermögen entzogen, dann wurden sie der Stadt verwiesen. Eine als Gegenreaktion der Bürger unternommene Verschwörung wurde aufgedeckt; der Herzog griff brutal durch und reagierte mit zahlreichen Hinrichtungen und Verstümmelungen. Gleichzeitig löste er die Zünfte auf, nahm die Stadtbefestigung unter seine Aufsicht und besetzte seitdem die Bürgermeister-, Rats- und Stadtrichterstellen. Der Prozess der bürgerlichen Selbstverwaltung war beendet, Landshut fest in der Hand der Herzöge, die nun uneingeschränkt auf die Ressourcen der Stadt zugreifen konnten. Dies legte einen der Grundsteine für den Wohlstand der Herzöge.[83]
Im 15. Jahrhundert wurde Landshut dann zur prunkvollen Bühne für die Hofhaltung der drei Reichen Herzöge Heinrich, Ludwig und Georg, mit Turnieren, Tanzfesten und prunkvollen Hochzeiten. Die Stadt wurde dabei auch selbst Teil der Hofhaltung, so wenn bei großen Ereignissen wie den Landshuter Hochzeiten zahlreiche Gäste in den Bürgerhäusern der Stadt einquartiert wurden.[84]
Unter Ludwig wuchsen der Hofstaat und das herzogliche Personal deutlich an. Großzügige Festlichkeiten gehörten zu seinem Regierungsstil. So bewirtete er bei den Begräbnisfeierlichkeiten für seinen Vater 4000 Personen in der Stadt.[85] Er wurde zu einem Meister der Selbstinszenierung. In der

letzten Hofordnung von 1491 sind die Hofämter und das „Hofgesinde" genannt, ebenso detaillierte Regelungen zum Zutritt zum Hof, zum Verhalten bei Hofe sowie die Details wie die Sitzordnungen bei der Einnahme der Mahlzeiten.[86] Die Hofhaltung der Landshuter Herzöge wurde so prächtig, dass sie mit Königshöfen zu vergleichen war.[87]

Ein Detail macht den Aufwand für den Hof deutlich. Pro Jahr wurden am Hof 2.100 Hektoliter Wein verbraucht – neben billigem aus der Umgebung und aus Österreich auch teure Weine aus dem Süden, ein Statussymbol. In Landshut wurde sieben Mal mehr Geld für Wein ausgegeben als am Münchener Hof, mehr als an jedem anderen deutschen Fürstenhof. Solche Ausgaben, auch für die tägliche Hofhaltung, waren ein Mittel der Repräsentation, zeigten sie die Macht und den Reichtum des Fürsten und brachten ihm dadurch Respekt und Einfluss.[88]

Der Wohlstand der „reichen Herzöge" strahlte landesweit aus und bedeutete für Landshut als Zentrum von Regierung und Hofhaltung einen wirtschaftlichen und kulturellen Aufschwung.

Höhepunkte der Dokumentation von Reichtum und Macht waren die prunkvollen Fürstenhochzeiten. Den Auftakt bildeten 1412 die Feierlichkeiten anlässlich der Eheschließung Heinrichs des Reichen mit Margarete, Tochter des Herzogs von Österreich. 1452 dauerten die Feierlichkeiten anlässlich der Heirat Ludwigs des Reichen mit Amalie, Tochter des Kurfürsten von Sachsen acht Tage, Gäste mit 9.000 Pferden waren anwesend, ein Zeichen des Reichtums des zu diesem Zeitpunkt mächtigsten Fürsten Süddeutschlands.[89] Glanzvollen Höhe- und in gewisser Weise Schlusspunkt bildete die Landshuter Fürstenhochzeit von 1475, die Eheschließung von Georg dem Reichen und Hedwig, der Tochter des polnischen Königs. Es handelt sich um die bis dato größte gesellschaftliche Veranstaltung Niederbayerns, auch ein Zeichen für die damalige und nicht wieder erreichte Bedeutung der Stadt. Landshut hatte damals 8.000-9.000 Einwohner.[90] An der von einem 80-köpfigen Organisationskomitee geplanten Hochzeit nahmen 10.000 Gäste teil, 6.200 Pferde wurden in Landshut, weitere 3.000 für mehrere Tage in der Umgebung untergebracht. Der Brautzug umfasste 1.200 Pferde und 100 Wagen. Sein Weg führte auch durch Moosburg. Hier übernachtete die Braut vom 13. auf den 14. November 1475. In Moosburg begann die letzte Etappe auf dem Weg nach Landshut. Bei Kronwinkl wurde die Braut von Bischöfen und Fürsten empfangen, sowie von deren Gefolge von mehreren hundert Reitern. Noch am selben Tag fand in St. Martin die Trauung statt. Es folgten Turniere und Festessen, der Herzog verköstigte das Volk acht Tage lang auf seine Kosten.

Auch hier zeigt sich die Bedeutung der Schriftlichkeit und der Intensivierung der Verwaltung. Es existieren genaue Aufstellungen, welche Gegenstände angeschafft, welche Waren angefertigt und was verzehrt wurde sowie welche Kosten für was angefallen sind.[91]
So wissen wir, dass die Kosten enorm waren, wie auch Vergleichszahlen belegen. 1467 verzichtete der oberbayerische Herzog Sigmund auf die Regierung und erhielt insgesamt 4.000 Gulden Jahresgehalt.[92] Laut Abrechnung beliefen sich die Kosten für die Landshuter Hochzeit auf 60.766 Gulden, mehr als die jährlichen Einnahmen des Herzogtums.[93]
Wie auch bei den vorausgegangenen Festen wurden die Gelder zumindest teilweise wieder in der Stadt investiert. Händler und Handwerker erhielten Aufträge. In Landshut konnten also Händler und spezialisierte Handwerker leben, es existierten Handelsbeziehungen mit Regensburg, Böhmen, Paris und Venedig.[94] Diese Gruppe hatte ihrerseits wieder Geld zur Verfügung, das sie in der Stadt ausgeben konnten. Außerdem benötigten Regierung und Hofhaltung Personal, das in der Stadt wohnte. So entstand ein großer Markt für Waren und Dienstleistungen. Beides, die Hofhaltung und die nun zentralisierte Regierung und Verwaltung bedeuteten so ein wichtiges Konjunkturprogramm für Landshut. Dies zeigt, wie sehr Landshut als Stadt von Hofhaltung und Residenz profitierte.
Mit dem Ende des Teilherzogtums 1505 verlor Landshut seine Position als Hauptort eines reichen Fürstentums mit internationalen Beziehungen. Es war nur noch Sitz einer regionalen Verwaltungsbehörde, des Rentamts Landshut. Eine Regierung, eine umfangreiche Hofhaltung existierten nicht mehr, Landshut war kein regionales Zentrum mehr, lediglich noch zeitweise Sitz der Hofhaltung der bayerischen „Kronprinzen" im 16. Jahrhundert. Allerdings haben sich deswegen im Stadtzentrum die Siedlungsstrukturen des späten Mittelalters, zahlreiche Gebäude sowie der Charakter einer gotischen Stadt erhalten.[95]

2. München

Die Situation Münchens ist mit der Landshuts vergleichbar. Seit 1240 war München in der Gewalt der bayerischen Herzöge. Nach dem Aufstieg Regensburgs zur Reichsstadt und der Landesteilung von 1255 in die Teilherzogtümer Ober- und Niederbayern war München die Residenz der Herzöge von Oberbayern und wurde so zu einem regionalen Zentrum. Seit 1265 wurden die Aufenthalte der Herzöge in München zahlreicher und länger, München entwickelte sich so zu einer der frühesten Residenzen in Deutschland.[96] Diese frühe Residenzbildung förderte, da die Stadt nun

Zentrum von Regierung und Verwaltung sowie Sitz einer Hofhaltung war, wie in Landshut den Aufstieg zu einem Handels- und Gewerbezentrum.
Im 13. und 14. Jahrhundert wuchs die Stadt rasant. 1271 wurde neben der Peterspfarrei eine zweite Pfarrei errichtet, die zu Unserer Lieben Frau. Bald wurde der Mauerring Heinrichs des Löwen zu eng. Neue Stadtviertel entstanden, Franziskaner und Augustinereremiten errichteten Klöster. Die Stadtrechtsverleihung erfolgte 1294, hinzu kamen die Organisation der Handwerker in Zünften und die Etablierung von Ratsgremien.[97]
Ende des 13. Jahrhunderts war München, was Einwohnerzahl und Wirtschaftskraft anbelangt, die bedeutendste Stadt Oberbayern. In manchen Jahren entrichtete München mehr Abgaben an den Herzog, als alle anderen Städte und Märkte des Territoriums zusammen. Darüber hinaus versorgten Stadt und Bürgerschaft den Herzog mit beträchtlichen Summen.[98] Die Idee, mit der Gründung einer Stadt ökonomische Ressourcen zu erlangen, hatte sich realisiert, München war für den Herzog ein beträchtlicher Wirtschaftsfaktor.
Eine besondere Förderung erfuhr die Stadt durch Ludwig den Bayern. Er baute München massiv aus. Die Stadt Heinrichs des Löwen hatte sich durch die massive Zuwanderung inzwischen um das Sechsfache vergrößert. Ludwig ließ ab 1315 eine neue Mauer errichten. Noch heute nehmen Namen wie Neuhauser Tor oder Sendlinger Tor auf diese Ummauerung Bezug. Diese Befestigung wurde, nach Ausbauten in der Frühen Neuzeit, erst gegen Ende des 18./Anfang des 19. Jahrhunderts beseitigt. Das Stadtgebiet mit 90 ha bebauter Fläche wurde bis Ende des 18. Jahrhunderts nicht überschritten. Ludwig erließ nach einem Brand 1327, der einen großen Teil der Stadt zerstört hatte, auch mit die ältesten Bauvorschriften in Europa. In Zukunft sollten in München nur noch mit Ziegeln gedeckte Steinbauten errichtet werden.[99] Außerdem errichtete der Herzog ab 1385 neben dem Alten Hof einen weiteren Stützpunkt, nämlich die Neueveste auf dem Gebiet der heutigen Residenz.[100] Die Verbindungen zwischen Hof und Stadt waren eng. Landtage fanden im Rathaus statt, München beherbergte in dieser Zeit den Adel, die Prälaten und die Vertreter der Städte und Märkte Oberbayerns.
Die Regierung Ludwig des Bayern bedeutete auch noch in anderer Hinsicht eine Zeit des Umbruchs, aber auch des Aufschwungs für die Stadt. Aus einer Siedlung von Salzhändlern entwickelte sich eine blühende städtische Siedlung, die zum Zentrum des bayerischen Salzhandels wurde.[101] Diese Funktion sicherte Ludwig durch Privilegien, nämlich Monopole im Salzhandel und Zollbefreiungen, ab. Unter anderem gewährte er Zollfreiheit für den Handel mit Nürnberg, was von besonderer Bedeutung war, da der

Italienhandel nach Nürnberg über München lief, die Stadt also nun an einer wichtigen Fernhandelsroute lag. Außerdem erhielt die Stadt das Handelsmonopol für Salz, das aus Reichenhall und Hallein über die Isar gebracht wurde. Mit diesen beiden Maßnahmen wurde München zu einer wichtigen Handelsstadt. Die Führungsschicht bestand aus Bürgern, die durch Italien- und Salzhandel reich geworden waren. Der Handel über den Brenner bekam im 14. Jahrhundert neuen Schwung, wovon München profitierte.[102] Mit ihren Stadtfarben Gold und Schwarz erinnert die Stadt an ihren bedeutenden Gönner. Von diesem Aufschwung profitierte auch Ludwig.[103]

Die Bedeutung Münchens für die bayerischen Herzöge zeigt sich ebenfalls darin, dass die Münchener Bürger seit dem Ende des 13. Jahrhunderts den Herzögen Geld liehen und damit zu wichtigen Kreditgebern wurden.[104] Die Herzöge konnten jedoch oder gerade wegen ihres großen Einflusses durch die Förderungsmaßnahmen die Stadt in ihrer Abhängigkeit halten und so auf die Ressourcen Münchens zurückgreifen.

Zur Zeit Ludwigs des Bayern erlebte München zusätzlich noch eine Sondersituation. Es wurde als Sitz des deutschen Königs zu einer „Hauptstadt des Reiches auf Zeit". Kaiser Ludwig hielt sich häufig in der Stadt auf. München überflügelte nun den alten Hauptort Regensburg. Gleichzeitig sammelten sich hier, am Sitz Ludwigs, des größten Gegenspielers des Papstes, die antipäpstlichen Theologen und Intellektuellen Europas. Sie erhofften hier Schutz und die Möglichkeit, ungestört ihre Lehren verbreiten zu können. München wurde so für einige Jahre zu einem der geistigen Zentren des Abendlandes mit großer Bedeutung für Theologie, Kunst und Wissenschaft. Besonders die Franziskaner waren in München stark vertreten, so der Vorsteher des Franziskanerordens, Michael von Cesena, und der Jurist des Ordens, Bonagratia von Bergamo, die ihrerseits mit dem Papst in Konflikt lagen. Hinzu kamen Marsilius von Padua und William von Ockham. Sie lebten im Alten Hof oder im Franziskanerkloster, das auf dem Gebiet des heutigen Max-Josephs-Platzes stand, und sandten ihre Schriften in die Welt hinaus.[105] Marsilius von Padua vertrat erstaunlich moderne Tendenzen. Nach seiner Lehre ist das Volk der alleinige Gesetzgeber, ein vom Volk gewählter Herrscher sei für den Vollzug der Gesetze und zur Wahrung von Frieden und Ordnung zuständig. Das Volk könne den Herrscher wählen und absetzen. William von Ockham beeinflusste dagegen auch noch Staatsphilosophen späterer Jahrhunderte.[106] Ludwig stützte sich in seiner Auseinandersetzung mit dem Papsttum stark auf die Franziskaner. Diese lieferten ihm Argumente und stellten Berater in politischer Hinsicht und Diplomaten. Sie verfassten staatphilosophische

Schriften, um das Handeln Ludwigs zu legitimieren und erstatteten juristische Gutachten. Zu dieser Gruppe der Franziskaner kamen Dominikaner, Benediktineräbte und hohe Geistliche.[107] Außerdem erhielt München intellektuelle und künstlerische Impulse durch Ludwigs Zug nach Italien (1327-1330).[108]

Zunächst beherrschten die Patrizier, vor allem die im Salzhandel reich gewordenen Kaufleute, die Stadt. Die schon 1294 erwähnten Zünfte gewannen im Laufe des 14. Jahrhunderts an Bedeutung. Seit 1377 war die Handwerkerschaft an der Stadtregierung beteiligt. In den folgenden Jahren kam es zu heftigen Kämpfen zwischen Patriziern, Handwerkern und den Herzögen um die Regierung der Stadt. 1403 erfolgte eine Einigung über die Form der Stadtverwaltung, nach der nun alle Bürger mit Grundbesitz oder einer jährlichen Mindeststeuerzahlung an der Gemeindeverwaltung teilnehmen durften. Die Stadt hatte einen relativ hohen Grad an Selbstverwaltung erreicht. Diese Regelung galt bis 1800.[109]

Die großen Patrizierfamilien konnten im 15. Jahrhundert mit dem Salz- und dem Italienhandel enorme Gewinne erwirtschaften und große Vermögen anhäufen. München hatte nämlich eine zunehmende Bedeutung im Handel mit Italien, vor allem aber im Ost-West-Handel (Augsburg-Salzburg). Mit dem Aufbau des herzoglichen Salzhandelsmonopols im Laufe des 15. Jahrhunderts zogen sich aber immer mehr Kaufmannsfamilien aus dem aktiven Geschäft zurück. Sie legten ihr Geld in Landbesitz an und verheirateten sich mit dem Landadel. Dies führte dazu, dass diese Familien zunehmend die Handelstätigkeit aufgaben und ihren Lebensunterhalt als Grundbesitzer erwarben.[110] Diese Tendenz sollte sich in der frühen Neuzeit noch massiv auswirken und den Charakter Münchens verändern.

München ist weit weniger als Landshut von mittelalterlichen Bauten geprägt, was vor allem daran liegt, dass Landshut in dieser Zeit die Phase seiner größten Blüte erlebte, während die Bedeutung Münchens in der frühen Neuzeit und dann im 19. und 20. Jahrhundert noch deutlich zunahm. Viele Bauten Münchens stammen daher aus dieser Zeit, außerdem wuchs in diesen Jahrhunderten die Stadt rasant. Das markanteste Bauwerk Münchens aus dem späten Mittelalter ist die Frauenkirche. Sie ist die größte Backsteinkirche nördlich der Alpen und die größte Hallenkirche – bei diesem Typ sind alle Schiffe gleich hoch, es handelt sich um die typische Bürgerkirche des späten Mittelalters – überhaupt. Mit 198 Metern Länge und 40 Metern Breite sowie 37 Metern Höhe übertrifft sie St. Martin deutlich. Ihre Türme sind 98 Meter hoch. Die Kirche wurde von der Bürgerschaft in nur 20 Jahren, von 1468 bis 1488, errichtet. Diese extrem kurze Bauzeit angesichts der Größe der Kirche zeigt den Reichtum und die wirtschaftliche Kraft der Münchener Bürgerschaft. Die Motive für den Kirchenbau sind vielfältig. Neben einer größeren Zahl von Gläubigen, für die nun mehr und größere Kirchen gebraucht wurden, und einem allgemeinen religiösen Aufschwung sind gerade die Bürgerkirchen ein Zeichen des Selbstbewusstseins der eben erst entstandenen selbstständigen Bürgerschaften in den Städten. Neben dem Rathaus war die Bürgerkirche ein Mittel, Wohlstand und Eigenständigkeit sowohl gegenüber kirchlichen als auch weltlichen Machthabern zu demonstrieren, was aber nicht ausschloss, dass, wie in München, geistliche und weltliche Herrscher sowie die Bürgerschaft beim Bau der Kirchen zusammenarbeiteten.[111] Außerdem entstand im späten Mittelalter das Alte Rathaus, das Symbol für die selbständige Bürgerschaft. Es war nicht nur Ort der Ratsversammlungen, sondern auch ein Tanzhaus und somit ein Ort gesellschaftlicher Begegnungen.[112]

Die Stadt Ludwigs des Bayern hatte etwa 10.000, die Reichsstädte Augsburg und Nürnberg hatten jedoch ca. 20.000 Einwohner. Die große Pest 1349 und 1356 stoppte zunächst das weitere Bevölkerungswachstum. Trotzdem konnte die Stadt ihre führende wirtschaftliche Stellung behaupten.[113] Um 1470 hatte München 13.000 Einwohner, die Einwohnerzahl war aber stark schwankend.[114] Schließlich lebten um 1500 in München 14.000 Menschen, die Stadt war damit die bevölkerungsreichste Ansiedlung im Herzogtum Bayern. Von Größe und Steuerkraft her lag München mit Abstand an der Spitze in Oberbayern. Allerdings hatte die Stadt, von der Zeit Ludwigs des Bayern abgesehen, nur regionale Bedeutung. Vor allem an Wirtschaftskraft stand sie im Schatten der prosperierenden Städte Nürnberg und Augsburg, ein Zustand, der sich erst in der Mitte des 19. Jahrhunderts änderte.[115]

Landshut und München erlebten damit parallele Entwicklungen. Sie wurden als Stützpunkte der herzoglichen Macht gegründet und bald zu Sitzen von Regierung und Hofhaltung erhoben. Außerdem wurden sie gezielt als wirtschaftliche Zentren der Herzogtümer gefördert. Diese Faktoren, nicht zuletzt die intensive Förderung durch die Herzöge, bewirkten eine solch rasante Entwicklung, innerhalb von Jahrzehnten von kleinen Siedlungen zu Hauptorten, zu wirtschaftlich wohlhabenden, vergleichsweise großen Städten als Zentren von Handel, Handwerk und Kultur. Dies ist der Grund, warum München und Landshut innerhalb weniger Jahre ältere Siedlungen wie Moosburg deutlich überflügeln konnten. Diese hatten weit weniger bedeutende Impulsgeber, empfingen weit weniger Förderung und konnten daher den Entwicklungsfortschritt von München und Landshut nicht mehr aufholen.

3. Moosburg

Moosburg entwickelte sich, nach Ansätzen im hohen Mittelalter, im frühen 14. Jahrhundert zur Stadt im Rechtssinn, nach und nach entstanden mit Rathaus, Zünften und Rat die typischen Institutionen der spätmittelalterlichen Stadt. Weiterhin prägte das Stift die wachsende Siedlung. Außerdem wurde Moosburg ein Stützpunkt der herzoglichen Verwaltung

a) Stift

Die Bedeutung des Stifts für Moosburg war enorm. Die Stiftsherren hatten vielfältigen Einfluss auf die Siedlungsentwicklung und prägten mit ihren Gebäuden den Stadtkern, was teilweise bis heute nachwirkt.

Das Stift besaß große Ländereien um Moosburg, was sich insofern für das Wachstum der Siedlung als nachteilig erwies, weil die Chorherren diese Flächen landwirtschaftlich nutzten und keine Besiedelung stattfinden konnte. Das Stadtwachstum war daher über Jahrhunderte hinweg weitgehend gehemmt, bis im frühen 19. Jahrhundert - nach der Aufhebung des Stifts im Zuge der Säkularisation - der Grundbesitz an Privatleute verkauft wurde, und eine Bebauung beginnen konnte.

Außerdem entstanden im späten Mittelalter die Stiftsherrenhäuser am Plan und an der Herrnstraße. Noch im späten 12. Jahrhundert lebten die Stiftsherren gemeinsam, was eine Schenkung beweist, deren Erträgnisse für das Licht im gemeinsamen Schlafsaal verwendet werden sollten.[116] Nach dem Ende der Burghartinger gaben die Chorherren das gemeinsame Leben auf und bezogen eigene Wohnhäuser um Plan und Herrnstraße, die davon ihren Namen hat. Es bildete sich somit ein geistlicher Bezirk um Plan, Herrnstraße und Kastulusplatz als Standort der Stiftsgebäude. Das heutige Benefiziatenhaus am Kastulusplatz war die Propstei, der jetzige Pfarrhof das Haus des Stiftsdekans (erstmals erwähnt 1380).[117] Am Kastulusplatz befand sich auch der Kreuzgang des Stifts, der aber im Zuge der Säkularisation abgebrochen wurde.

Das Stift führte auch wichtige Bau- und Ausstattungsmaßnahmen am Münster durch, die sowohl die Finanzkraft des Stifts als auch den Einfluss der Herzöge auf das Stift zeigen.

1468 ließ das Stift von Frühjahr bis Oktober den Hochchor des Münsters errichten.[118] Der niederbayerische Herzog legte den Grundstein, was für den großen Einfluss des Herzogs und die enge Verbundenheit mit ihm spricht. Die Tatsache, dass der Hochchor in nur einer Bausaison, also in wenigen Monaten, errichtet werden konnte, zeigt den Reichtum des Stifts. Der Bau erfolgte nämlich für die Verhältnisse des späten Mittelalters erstaunlich schnell, wenn man ihn mit dem Bau der Frauenkirche in München, der immerhin 20 Jahre dauerte, dem Bau des Martinsmünsters in Landshut oder der langen, sich über Jahrzehnte erstreckenden Bauphase der Johanneskirche vergleicht.

1469 wurden beim Abbruch der romanischen Apsis und des alten Hochaltares im Zuge der Bauarbeiten auch die Kastulus-Reliquien wiedergefunden und feierlich auf den neuen Hochaltar übertragen, was die Wallfahrt zum Heiligen Kastulus wieder in Schwung brachte. Die vier Holzreliefs, die das Martyrium des Heiligen darstellen, wurden wahrscheinlich für die Wallfahrer angefertigt.[119]

Das späte Mittelalter war zudem eine Zeit, in der Wallfahrten beliebt waren. Generell stieg die Mobilität der Menschen, mehr Menschen waren unterwegs. Pilgerreisen und Wallfahrten nahmen zu, zahlreiche Wallfahrtsorte entstanden oder erlebten einen Aufschwung. Pilgerreisen wurden zu einer Massenbewegung. Viele Berufsgruppen suchten sich „ihren" Schutzheiligen und unternahmen entsprechende Wallfahrten. Es existierten sogar Berufspilger, die gegen Bezahlung für andere auf Wallfahrt gingen. Motive waren die Sorge um das Seelenheil, Angst oder die Hoffnung auf Heilung von Krankheiten.[120]

Wenige Jahre später, 1475, wurde das Chorgestühl eingebaut, ein wichtiges Monument spätgotischer Schnitzkunst. Es diente den Stiftsherren als Aufenthaltsort während der Gottesdienste. Da die Gesänge und Gebete im Wechsel erfolgten, waren die Sitzgelegenheiten gegenüber angeordnet. Neben reicher Ornamentik gibt es zahlreiche Figuren und Fabelwesen, die jedoch nur teilweise gedeutet werden können. Viele Aussagen dieser Symbole bleiben rätselhaft.[121]

Abschluss und Höhepunkt der Ausstattung des Münsters war die Aufstellung des Leinberger-Altares 1514. 1515/1516 wurden die Altarbilder von Hans Wertinger ergänzt. Der Altar gilt als einer der bedeutendsten hochgotischen Altäre Bayerns, einer der größten spätgotischen Schnitzaltäre überhaupt. Die Figur der Mutter Gottes misst 2,12 Meter, der Gesamtaltar ist 14,5 Meter hoch und 4,5 Meter breit.[122] Im Zentrum des Altares befindet sich die Mutter Gottes mit dem Jesuskind, flankiert von Kastulus und Kaiser Heinrich II. Außen stehen Johannes der Täufer und Johannes der Evangelist. In der

Reihe darüber sind Bischof Korbinian, Maria und Johannes sowie König Sigismund angeordnet.

Der Altar, vor allem das Altarbild, zeigt die enge Verbundenheit zwischen Stift und Herzogshaus und den Einfluss der Herzogsfamilie Ende des 15., Anfang des 16. Jahrhunderts sowie, in der Person des Stiftspropsts, auch die Bedeutung des Stifts. Das Bild rechts stellt die Chorherren mit ihrem Propst Theoderich Mair dar, der an seinem Wappen mit Stulpenhut erkennbar ist. Propst Mair, zum Zeitpunkt der Aufstellung des Altares bereits verstorben, wird als Initiator des Altares an prominenter Stelle dargestellt. Theoderich Mair war der Sohn von Martin Mair, der im Dienst verschiedener Fürsten, unter anderem des Herzogs von Niederbayern und Kaiser Friedrichs III. (1440-1493) stand und der Nürnberger Patriziertochter Katharina Imhof. Theoderich und einer seiner Brüder waren die ersten Studenten der Universität Ingolstadt, deren Gründung ihr Vater mit initiiert hatte. Theoderich hatte verschiedene Propststellen inne, die er jedoch nicht alle dauerhaft behielt. So war er nicht nur Stiftspropst von Moosburg sondern auch von Ilmmünster sowie Dompropst von Eichstätt und Freising. Theoderich Mair war ein anerkannter Jurist und Diplomat und wurde unter anderem mit schwierigen Verhandlungen mit dem Papsttum betraut. In seiner Amtszeit ließen die Chorherren die Empore im Hauptschiff des Münsters einbauen. Außerdem errichtete das Stift die zweistöckige Sakristei mit Bibliothek und Kapitelsaal im Obergeschoss.[123]

Die Kanoniker tragen auf dem Altarbild ihre besondere Kleidung, nämlich den vom Papst Ende des 14. Jahrhundert verliehenen Umhang mit Pelzbesatz (Almutium, von Stiftsgeistlichen beim Chordienst in der kalten Jahreszeit getragen) in der typischen Form des späten Mittelalters, nämlich lang, bis zum Ellbogen, versehen mit Fransen.

Auf dem linken Bild finden sich die Stifter des Altares: Der Administrator des Herzogtums Wolfgang (der Bruder Herzog Albrechts IV.), und die Söhne Albrechts: Wilhelm IV., Ludwig und Ernst.[124] Es handelt sich um die herzogliche Familie in einer wichtigen Umbruchszeit für Bayern. Albrecht führte die Wiedervereinigung des Herzogtums 1505 durch, mit ihm beginnt die Renaissance in Bayern. Sein Nachfolger, Wilhelm IV., erließ 1516 das Reinheitsgebot und zog vom Alten Hof in München in die Neue Veste, den Ausgangspunkt für die Residenz. Hier ist er mit prächtiger Rüstung dargestellt, mit Standarte, im Vordergrund. Damit wird dokumentiert, dass er alleine Herzog sein wird, keine Teilungen mehr durchgeführt werden. Damit enthält das Altarbild auch eine politische Aussage. Ludwig arrangierte sich mit seinem Bruder dahingehend, dass er als eine Art

Statthalter in Landshut regieren würde, und baute dort die Residenz. Ernst war zeitweise Bischofs-Administrator von Passau und Salzburg.[125]
Neben der Darstellung der Personen befinden sich links das Rautenwappen mit Löwen für die Wittelsbacher, rechts das Drei-Rosen-Wappen mit einem Engel für das Kollegiatstift.
Im frühen 16. Jahrhundert, nach Aufstellung von Chorgestühl und Hochaltar, war der Chorraum anders gestaltet als heute. Dort, wo sich jetzt der Volksaltar befindet, stand damals ein Kreuzalter. Eine Art Schranke (Lettner) trennte den Bereich der Chorherren ab. Zwischen dem Chorgestühl befand sich ein Schaugrab des Heiligen Kastulus. Dieser stand so den Chorherren während ihres im Chorgestühl gehaltenen Gebets vor Augen und zeigte als Blickpunkt für die Wallfahrer die Funktion des Münsters auch als Wallfahrtskirche. Den Abschluss bildete der Hochaltar.[126]
Ein weiteres wichtiges Element der Ausstattung aus dieser Zeit ist das Grabmal Theoderich Mairs aus Rotmarmor. Es zeigt Anna, Maria, Jesuskind, Johannes den Evangelisten und Sebastian.[127]
Die Kunstwerke aus dieser Zeit bewirken die besondere Bedeutung des Münsters als Gesamtkunstwerk. Diese liegt nämlich in seiner umfangreichen, weitgehend im Ensemble erhaltenen Ausstattung aus der späten Gotik.[128]
Das Stift hatte im späten Mittelalter überregionale Bedeutung. Dies lässt sich an verschiedenen Einzelaspekten festmachen:
Ablassbriefe aus den Jahren 1297/1306 aus der Peterskirche in Rom für den Besuch des Gottesdienstes im Kastulus-Münster zeigen, dass das Stift überregional bekannt war.[129] Stiftspropst Mauerkirchner (1479-1482) war außerdem Propst von Altötting, Kanzler Herzog Georg des Reichen von Landshut und später Bischof von Passau.[130]
Außerdem verfügte das Stift über eine wichtige Schreibstube. Ein herausragendes Werk, das hier entstand, ist das Moosburger Graduale. Bei einem Graduale handelt es sich im Spätmittelalter um ein Buch mit Text und Noten der nicht vom Priester während der Messe auszuführenden Gesänge. Es wurde spätestens 1360 unter Leitung von Dekan Johannes von Perchausen verfasst und enthält Hymnen in kunstvoll gereimten, rhythmischen Versen. Gesänge für bestimmte Festtage sind besonders geschmückt. Das Graduale gilt als eines der bedeutendsten Denkmäler der Dichtung und Musik des 14. Jahrhunderts. Im Stift wurden daneben auch noch andere Musikwerke verfasst.[131]

Das Stift betrieb im späten Mittelalter auch eine gute Schule. Berthold von Moosburg, ein bedeutender Theologe des Dominikanerordens, stammt aus der Stadt und hat hier wohl auch die Schule besucht.[132]

Im 13. und 14. Jahrhundert erhielt das Stift weiter Zuwendungen und Privilegien und konnte zahlreiche Pfarreien in der Umgebung besetzen. Das Stift war so finanzkräftig, dass es im 15. Jahrhundert dem Landshuter Herzog einen Teil der Kosten für einen Feldzug vorstrecken konnte.[133]

Die schnelle und umfangreiche Bautätigkeit sowie die reiche Ausstattung des Münsters zeigen die Finanzkraft des Stifts und seine Fähigkeiten, über Kontakte mit dem Herzogshaus schnell große Finanzmittel zu mobilisieren. Das Stift war, genauso wie die Wallfahrt, ein wichtiger Wirtschaftsfaktor für die Stadt. Mit ihren Haushalten schufen die Chorherren Nachfrage nach Waren und Dienstleistungen sowie Arbeitsplätze. Nicht zuletzt übernahm das Stift die Wohlfahrtspflege und damit eine wichtige soziale Funktion. Immer wieder machten Kanoniker zudem Stiftungen, deren Erträge Armen, Alten und Kranken in Moosburg zugute kommen sollten.[134]

b) Stadt

Unter der Ägide der Landshuter Herzöge entwickelte sich die Siedlung Moosburg im späten Mittelalter zur Stadt.

1281 übernahmen nach dem Aussterben der Burghartinger die Wittelsbacher die Siedlung und bauten sie zu einem Stützpunkt gegen den Freisinger Bischof aus. Gleichzeitig wurde Moosburg aber auch zu einer Basis des Herzogs für die Verwaltung und Beherrschung der Umgebung und entwickelte sich zu einem Zentrum für die nähere Region. Moosburg war Teil des Wittelsbacher Städtenetzes; es war jedoch keine (Teil)hauptstadt, kein überregionales Zentrum und auch kein Mittelpunkt eines eigenständigen Territoriums. Darin unterscheidet sich die Situation Moosburgs ganz entscheidend von der Landshuts oder Münchens. Damit waren den Möglichkeiten der Entwicklung im Vergleich zu diesen beiden Städten deutliche Grenzen gesetzt. Das Stift konnte keine vergleichbaren Impulse geben wie eine herzogliche Hofhaltung. Die Funktion als lokales Verwaltungszentrum entsprach nicht der eines Hauptortes des Herzogtums. Besonders das 14. Jahrhundert zeigt, wie weit Moosburg zum regionalen Stützpunkt des Herzogs für Herrschaft und Verwaltung wurde.

Seit etwa 1312 ist das herzogliche Gericht Moosburg nachweisbar. Der Sitz des Gerichts wechselte mehrfach zwischen Moosburg und Inkofen und wurde erst 1448 endgültig nach Moosburg verlegt.[135] Außerdem existierte ein herzogliches Kastenamt.

Gleichzeitig entwickelte sich Moosburg in dieser Zeit zur Stadt. 1311 taucht auch zum ersten Mal der Rat als wichtiges Organ der bürgerlichen Selbstverwaltung auf.[136]

Die Verleihung des Stadtrechts kann auf das Jahr 1331 eingegrenzt werden. Eine Auswertung diverser Teilungsverträge und Besitzverzeichnisse ergibt, dass Moosburg 1329 noch Markt, also noch nicht Stadt im Rechtssinne war.[137] In einem Brief der niederbayerischen Herzöge von 1331 (nur in einer Abschrift, wahrscheinlich aus dem frühen 17. Jahrhundert überliefert) erhielt Moosburg das leicht modifizierte Landshuter Stadtrecht von 1279. Darin ist die Stadterhebung zu sehen.[138] Dass das Landshuter Stadtrecht vergeben wurde, ist ein typischer Vorgang. Es war üblich, die Rechtssammlungen größerer Städte an die kleineren Städte in der Umgebung zu verleihen und gegebenenfalls anzupassen, da sich die Entwicklung eines eigenen Stadtrechts für die kleineren Städte meist nicht lohnte.

Ein wichtiges Element in den Regelungen der Stadtrechte waren die milderen Sätze der Geldstrafen, die den Bürgern im Vergleich zu den Landbewohnern drohten, die nach dem bayerischen Landrecht bestraft wurden. Die Unterschiede sind beträchtlich. Die Sätze betragen oft nur ein Sechstel, in Extremfällen auch nur ein Fünfzehntel. Hinzu kommt, dass der Rat der Stadt Einfluss auf die Höhe der vom herzoglichen Stadtrichter verhängten Geldstrafe nehmen konnte, mit der Begründung, dass die Einheimischen die wirtschaftlichen Verhältnisse des Straftäters besser kennen als der herzogliche Richter und auf diese Weise eine übermäßige Bestrafung verhindert wurde. Die wirtschaftliche Leistungsfähigkeit war ein wesentlicher Strafzumessungsgesichtspunkt.[139]

Alleine schon an den Daten der Stadtentwicklung Moosburgs sieht man, wie rasant die Entwicklung Landshuts im Vergleich zum deutlich älteren Moosburg abgelaufen ist. Schon jetzt, im späten Mittelalter, zeigt sich, dass Moosburg in seiner Entwicklung hinter München und Landshut zurückbleibt.

1374 erhielt die Stadt die niedere Gerichtsbarkeit und das Recht, mit dem Drei-Rosen-Wappen zu siegeln.[140] Die Verwendung eines eigenen Wappens stellt eine wichtige Dokumentation für die rechtliche Selbständigkeit als Stadt dar.

Im 15. Jahrhundert bildeten sich Zünfte. Die erste war die der Schuster (1424), es folgten Sporenmacher und Schlosser (1435), Hutmacher (1477), Leinweber (vor 1481), Bäcker (vor 1503) und Schneider (vor 1509). In den Zunftordnungen finden sich Regelungen zu Ausbildung, Verarbeitungs- und Qualitätsstandards sowie verbotenen Verkaufs- und Werbemaßnahmen.

Außerdem wurden Strafgelder, Gebühren und Beiträge zur Zunftskasse festgesetzt.[141]

Seit 1412 ist ein Rathaus nachweisbar, seit 1491 werden Bürgermeister erwähnt.[142] Damit bestanden wichtige Institutionen, die für eine Stadt des späten Mittelalters typisch sind und diese von einer dörflichen Siedlung unterscheiden. Allerdings zeigt sich auch hier, wie langsam die Entwicklung in Moosburg im Vergleich zu Landshut und München ablief, die diese Institutionen teilweise bereits im 13. Jahrhundert erhalten hatten, in Landshut damit bereits wenige Jahrzehnte nach der Stadtgründung.

Bis zum Beginn des 15. Jahrhunderts dehnte sich das besiedelte Stadtgebiet noch etwas aus. Im 14. Jahrhundert wurde der Weingraben als Teil der alten Stadtbefestigung verfüllt und nun auch die dem Stadtzentrum abgewandte Seite bebaut. Auf dem Gries (Isarschwemmland, der Name Gries steht für angeschwemmten Sand und Kies) siedelten sich erst später Menschen an. Dieser Straßenzug wurde erst 1398, das Statzenbach-Gebiet 1404 zum ersten Mal genannt.[143] Dann wuchs das bebaute Stadtgebiet bis ins 19. Jahrhundert kaum noch weiter. Ende des Mittelalters hatte Moosburg so seine Ausdehnung erreicht, die es bis zu Beginn der 19. Jahrhunderts im Wesentlichen nicht mehr überschreiten sollte. Zwischen dem 13. und 15. Jahrhundert finden sich außerdem die ersten Straßenbezeichnungen: Steinweg (heute Thalbacherstraße), Westerberg, Gries, Statzenbach und Weingraben.

Auch Moosburg wurde von der Pest getroffen. Ein Hinweis darauf ist ein Pestgedenkstein eines Chorherren aus dem frühen 16. Jahrhundert im Münster. Auf diesem ist dargestellt, wie Gottvater Pestpfeile schleudert, während die Menschen schutzsuchend zu Jesus und Maria flüchten. Dies dürfte ebenfalls ein Faktor gewesen sein, der das Stadtwachstum bremste.[144]

Im späten Mittelalter prägten auch die Bauten der weltlichen Gemeinde das Stadtbild. 1399 erhielt die Stadt die Erlaubnis, eine Stadtmauer aus Ziegeln, mit Türmen und einem vorgelagerten Graben zu errichten. Diese wurde ab 1403 gebaut. Mauern wurden aus Kostengründen oft erst im späten Mittelalter errichtet, vorher waren die Siedlungen meist mit Gräben und Wällen geschützt. Die Moosburger Stadtmauer umfasste ein etwas größeres Gebiet als die hochmittelalterliche Befestigungsanlage. Während das Gebiet „Auf dem Gries", der Steinweg (innere Thalbacherstraße), ein Teil der Statzenbach - Gebietes und die dem Stadtzentrum abgewandte Seite des Weingrabens in die neue Befestigung mit aufgenommen wurden, blieb die Michaeli-Vorstadt dagegen außen vor. Die Mauer verfügte über drei Tore, das Münchener Tor (Übergang vom Stadtplatz in die Münchener Straße),

das Isartor (Beginn Landshuter Straße) und Ampertor (Thalbacherstraße auf Höhe Stadtgraben).[145]
Außerdem baute man die Johanneskirche als Bürgerkirche, als Kirche der Pfarrgemeinde (während das Kastulus-Münster als Stiftskirche diente), weiter aus. Zwischen 1175 und 1275, eine genauere Datierung ist nicht möglich, war bereits das Hauptschiff errichtet worden. Die Seitenschiffe kamen im 15. Jahrhundert hinzu, der Chor 1468. Der Johannesturm wurde bis 1530 errichtet. Vergleicht man die lange Bauzeit mit der extrem kurzen der Frauenkirche in München oder die Ausmaße der Kirche mit denjenigen von St. Martin in Landshut, dann wird klar, über wie vergleichsweise wenig Mittel die Moosburger Bürger verfügten. Dies zeigt ganz deutlich den Abstand in Größe und Wirtschaftskraft zwischen Landshut und München einerseits und Moosburg andererseits.[146]
Allerdings erlebte Moosburg in dieser Zeit auch immer wieder herbe Rückschläge. Ludwig der Bayer entschied 1332, dass zwischen Landshut und dem Gebirge nur noch in München Salz über die Isar transportiert werden durfte. Ein Privileg für München, das daraus Profit ziehen konnte, aber gleichzeitig aber ein Verbot des Salztransports durch Freising und Moosburg. Dies wurde 1434 bestätigt. Die Landesteilungen führten jedoch dazu, dass dieses Monopol nicht durchgehend eingehalten wurde. So ließen die niederbayerischen Herzöge Salz über Moosburg nach Schwaben transportieren. Nach der Vereinigung der beiden Teilherzogtümer wurden die Straßenrouten neu festgelegt. Das Salz aus Hallein überschritt die Isar nun unter anderem bei Moosburg. Dieser Übergang war in der Folge umstritten und wohl auch nicht sehr bedeutend. Über Moosburg ging Salz auch nach Franken.[147]
Generell lässt sich feststellen, dass trotz aller Entwicklung in Moosburg die Veränderungen deutlich langsamer, später und in geringerem Umfang stattfanden als in Landshut oder München. Dies betrifft die Entwicklung zur Stadt, den Umfang der Siedlungstätigkeit und lässt sich an Ereignissen wie den Bau der Kirchen ablesen. Der Grund hierfür ist die Sonderstellung Landshuts und Münchens mit der besonderen Förderung durch die Herzöge.

4. Kapitel: Die frühe Neuzeit (1505-1799)

Die „frühe Neuzeit" umfasst hier den Zeitraum von 1505 bis 1799. Mit der Wiedervereinigung der Teilherzogtümer Ober- und Niederbayern als Ergebnis des Landshuter Erbfolgekriegs 1505 existiert ein einheitlicher bayerischer Kernstaat. 1799 endet mit der Herrschaft von Kurfürst Karl Theodor (1777-1799) die Zeit des Alten Bayern. Es beginnt die Regierung Max IV. Joseph (1799/1806-1825) und damit die Zeit der von Montgelas angestoßenen umfassenden Reformen, die Bayern zu einem modernen Staatswesen machen.

I. Hintergrund

1. Die frühe Neuzeit als Zeit der Stagnation
Die frühe Neuzeit ist für München eine Phase der Stagnation, für Moosburg und Landshut sogar eine des Rückschritts.
Ein Symptom für diese Entwicklung ist die Einwohnerzahl der Städte zu Beginn und am Ende der Epoche. So hatte Moosburg 1635 etwa 1.000 Einwohner, 1774 ebenso und 1810 1.302.[1] Landshut hatte um 1800 ebenfalls in etwa dieselbe Bevölkerungsgröße wie am Ende des Mittelalters, nämlich etwa 9.000.[2] Aber auch München blieb, was die Einwohnerzahlen anbelangt, hinter anderen Städten zurück. Orte, die am Ende des Mittelalters weniger Einwohner als München hatten, überrundeten bis zum Ende des 18. Jahrhunderts die Stadt deutlich. Um 1500 lebten in München 14.000 Menschen, 1794 34.000 und im Jahr 1801 40.500. Die Bevölkerung Berlins wuchs in diesem Zeitraum auf 172.000, die Wiens auf 247.000 Einwohner.[3] Auch Nürnberg und Augsburg waren um 1800 größer als München. Mehr als 50.000 Einwohner und damit eine größere Bevölkerung als München wiesen Dresden, Breslau, Königsberg, Hamburg (110.000), Köln, Frankfurt und Leipzig auf.[4] Besonders drastisch wirkt der Vergleich mit Paris und London, die im Jahr 1777 670.000 und mehr als 850.000 Einwohner hatten.[5] München war damit auch nach den Maßstäben der Zeit keine Großstadt, sondern allenfalls eine Mittelstadt, die von einer ganzen Reihe anderer Städte im Reich überholt worden war.
Neben dem Kriterium der Einwohnerzahl blieben Moosburg, München und Landshut auch hinsichtlich ihrer Funktion hinter anderen Orten zurück. München war zwar seit 1505 die alleinige Residenzstadt des nunmehr ungeteilten Herzogtums Bayern, entwickelte sich aber nicht zu einem

wirtschaftlichen Zentrum. Diese Funktionen übernahmen Augsburg und Nürnberg. In diesen Städten fand der überregionale Handel statt, hier hatten die großen Bankiers ihren Geschäftssitz. Landshut und Moosburg büßten ihre regionalen Funktionen weitgehend ein.

Diese Entwicklungen widersprechen auf den ersten Blick unseren Vorstellungen von der Neuzeit, der neuen Zeit des Fortschritts und der aufsteigenden Entwicklung. Sie haben ihre Ursache in allgemeinen historischen Entwicklungen, in speziellen bayerischen Verhältnissen und bei Landshut und Moosburg auch in historischen Sondersituationen.

Diese Hintergründe und Sonderentwicklungen sowie ihre Auswirkungen auf München, Landshut und Moosburg gilt es hier zu beleuchten.

2. „Neuzeit" und „Mittelalter"

„Neuzeit" bedeutet nicht, dass nun eine „neue Zeit" anbricht, in der alles anders und besser, in der das „finstere Mittelalter" überwunden ist und ein allgemeiner Aufschwung in allen Bereichen des menschlichen Lebens beginnt.

Zunächst gibt es keine scharfen Epochengrenzen, sind die jahresgenauen Abgrenzungen von der Antike zum Mittelalter und vom Mittelalter zur Neuzeit bis zu einem gewissen Grad willkürlich und entsprechen nicht immer und überall den tatsächlichen Verhältnissen. Es war eben nicht so, dass sich mit einem historischen Ereignis mit einem Mal die Lebensumstände der Menschen in ganz Europa grundlegend und umfassend geändert hätten, wie es die Epochengrenze „1492, Entdeckung Amerikas" suggeriert. Vielmehr wurden durch solche Ereignisse längere, oft über Jahrzehnte andauernde Entwicklungen angestoßen, die erst nach und nach die verschiedenen Lebensbereiche durchdrangen und schließlich veränderten. Außerdem betrafen solche Entwicklungen nicht alle Menschen in Europa in gleichem Maße oder gar zur selben Zeit. Die Entdeckung Amerikas setzte zunächst in Spanien und Portugal Veränderungen in Gang, dann in Italien, Frankreich, Holland oder England, erst später in Zentral- und Osteuropa.

Gerade die Zeit um 1500 ist für die Menschen in unserer Gegend keine Zeit umfassender Veränderungen, die eine Epochengrenze bedeutet hätten.[6]

Die schon angesprochene Entdeckung Amerikas war für Spanien und Portugal der Beginn grundlegender Umwälzungen im politischen und sozialen Gefüge. Die Herrscher dieser Länder dachten bald im globalen Maßstab, rüsteten Expeditionen aus und versuchten, möglichst viele Gebiete in Übersee zu erobern. Sie fingen damit an, Weltpolitik zu betreiben. Die

Teilnahme an solchen Eroberungszügen versprach verarmten adeligen oder bürgerlichen Glücksrittern Prestige und Reichtum und damit sozialen Aufstieg. Gleichzeitig führte der enorme Zufluss an Gold und Silber aber auch dazu, dass die einheimische Produktion einbrach, weil nun billigere Waren aus anderen Gebieten Europas importiert werden konnten. Kaufleute begannen in großem Maßstab internationalen Handel zu treiben, der Horizont weitete sich, der Blick ging von der eigenen Region in die Welt. Zeitversetzt erreichte diese Entwicklung auch England, Holland und Frankreich, die besonders im Überseehandel tätig waren und über eine Verlagerung der Handelswege auch Italien. Für Spanien, Portugal, England, Holland oder Frankreich bedeutete dies einen deutlichen Zuwachs an Macht und Einfluss. All diese Entwicklungen lassen sich für das Gebiet des Deutschen Reiches oder Bayerns so nicht nachvollziehen. Es gab keine bayerischen Überseeexpeditionen, bayerische Kolonien oder internationale bayerische Handelsgesellschaften wie die holländische Ostindienkompanie.[7]

Teilweise wird auch die Reformation als Epochengrenze herangezogen. In Nord- und Ostdeutschland, wo sie Fuß fassen konnte, ist dies durchaus ein brauchbarer Ansatz, brachte doch die Reformation über die Aufhebung von Klöstern, neue Kirchenorganisationen und ein verändertes Menschen- und Christenbild gerade auch für die Masse der Bevölkerung tiefgreifende Veränderungen. Im Kurfürstentum Bayern konnte sich die Reformation dagegen nicht durchsetzen. Hier ist es nicht zu derartigen tiefgreifenden Umwälzungen gekommen. In Bayern stellt die Reformation daher keine solche Zäsur dar.[8]

Außerdem ist zu bedenken, dass es im Mittelalter immer wieder tiefgreifende Reformbewegungen mit grundlegenden Veränderungen gab, sodass die Reformation an Einzigartigkeit verliert. Ein markantes Beispiel ist die Kloster- und Kirchenreform des 10. und 11. Jahrhunderts, die in den Investiturstreit mündete. Hier setzte sich die Idee der armen, auf die Seelsorge bedachten Kirche ebenso durch wie die dominante Stellung des Papstes. Die Reform führte außerdem zum weitgehenden Ende der kirchlichen Funktion des deutschen Königs (wie auch anderer Könige in Europa), zur Veränderung des bisherigen kirchlichen Systems in Deutschland und zum Beginn der Trennung von Kirche und Staat. Auch im Zuge dieser Reformbewegungen kam es also zu tiefgreifenden Umwälzungen in vielen Bereichen.[9] Es gab daher um 1500 in unserer Region keine umfassenden, tiefgreifenden Veränderungen. Die Grundstrukturen von Herrschaft, Wirtschaft und sozialem Leben hatten sich in dieser Zeit gerade nicht grundlegend verändert. Grund und Boden waren wie seit Jahrhunderten die wichtigste Ressource und der Gradmesser für Wohlstand. Die allermeisten Menschen lebten nach wie vor auf dem Land, um 1800 noch 80 Prozent, und zwar in einer Lebenswelt einer jahrhundertealten Überlieferung in traditionellen Strukturen, Mentalitäten und Verhaltensweisen.[10] In Bayern erfolgte zum Beispiel im 17. Jahrhundert die Bodennutzung noch vielfach nach Rechtsregeln der Spätantike.[11] Weiterhin bestimmte die Geburt, da sie einem Menschen über seine Rechtsposition seine Lebenschancen zuwies, weitegehend die Lebensmöglichkeiten eines Menschen. Es existierte weiterhin die ständische Gliederung der Gesellschaft. Diese war, im Großen wie im Kleinen, autoritär und patriarchalisch strukturiert: Der Einzelne war in ein Korsett von Regeln gezwängt, es galt nicht die freie Entfaltung und der Wettbewerb der Ideen. Von einer neuen Zeit, einem Aufbruch, einem umfassenden Aufschwung findet sich wenig. Am sozialen Gefüge hat sich in Bayern bis zum Ende des 18. Jahrhundert kaum etwas geändert.[12] Umfassende Veränderungen im gesellschaftlichen, wirtschaftlichen und sozialen Bereich, die die Lebensverhältnisse in allen Bereichen für alle Menschen grundlegend verwandelten, erfolgten erst ab der Französischen Revolution 1789. Vor allem in Bayern kam es während der Napoleonischen Kriege zu einer umfassenden Umgestaltung der Verhältnisse innerhalb von wenigen Jahren. Damit endeten dann tatsächlich die aus dem Mittelalter überkommenen Strukturen, stellte daher die Zeit um 1800 einen tieferen Einschnitt dar als die Zeit um 1500.[13]

Gleichzeitig dürften die Unterschiede in den Lebensverhältnissen der Menschen, in wirtschaftlicher aber auch in sozialer Hinsicht, zwischen 700 und 1500 deutlich größer gewesen sein als diejenigen zwischen 1400 und 1600, was ebenfalls die Zeit um 1500 als Epochengrenze in Frage stellt.

3. Allgemeine Gründe für die Stagnationsphase

Grundsätzlich ist die Zeit zwischen 1500 und 1800 in vielerlei Hinsicht eine Zeit der Stagnation in Mitteleuropa. Nach den zahlreichen Umbrüchen des hohen und späten Mittelalters, nach einer teilweise rasanten Bevölkerungsvermehrung, dem Gründen und Wachsen zahlreicher Städte und der großen Veränderung hin zu einer in vielen Regionen bereits arbeitsteiligen Wirtschaft fehlten jetzt neue Impulse.

Im hohen und späten Mittelalter hatte sich ein schnelles und massives Bevölkerungswachstum als Impulsgeber ausgewirkt. Gemeinsam mit verbesserten Agrarbewirtschaftungsmethoden hatte dieser Faktor zu einer arbeitsteiligen Wirtschaft geführt. Nicht jeder musste mehr, wie im frühen

Mittelalter, seine Nahrung selbst produzieren. Ein vergleichsweise großer Teil der Bevölkerung konnte nun anderen Beschäftigungen in Handel und Handwerk nachgehen und Nahrung von den Landwirten im Austausch gegen Handwerksprodukte und Handelswaren erwerben. Diese Personen besiedelten nun die sich entwickelnden Städte. Jetzt konnte die Stadt als solche in Deutschland zum ersten Mal seit der Römerzeit in größerem Umfang wieder entstehen. Dort, in der Stadt, entstanden neue Formen des Wirtschaftens, des sozialen Zusammenlebens, des sozialen Aufstiegs. Diese Entwicklungen strahlten auch auf das Land aus.

Diese Faktoren konnten jetzt keine weiteren Impulse mehr entfalten. Die großen Produktionszuwächse durch die besseren Nutzungsmöglichkeiten und die neuen und besseren Werkzeuge, die sich im hohen und späten Mittelalter durchgesetzt hatten, waren weitgehend ausgeschöpft. Die Agrarrevolution des Mittelalters war beendet. Es kam zwar weiterhin zu kleineren und graduellen Verbesserungen, diese führten jedoch nur noch zu geringen Produktionszuwächsen.

Die Bevölkerungsentwicklung stockte. Nach dem Jahr 1500 wuchs die Bevölkerung bis etwa 1618 nur langsam an und auch nur leicht über das Niveau von 1347, vor den großen Pestepidemien, hinaus. Der Dreißigjährige Krieg führte dann zu Bevölkerungsverlusten von 1/4 bis zu 1/3. Je nach Region konnten diese Verluste zwischen 1700 und 1750 wieder ausgeglichen werden. Ab 1750 begann dann regional ein stärkeres Bevölkerungswachstum, das bis 1800 anhielt. Dies gilt jedoch nicht für Bayern. Hier ging die Bevölkerung ab 1750 eher wieder zurück.[14]

Dies bedeutet, dass bis etwa 1750 die Bevölkerungszahl in vielen Regionen maximal so hoch war wie zum Ende des Mittelalters, zeitweise jedoch auch drastisch darunter lag. Damit fiel eine wachsende Bevölkerung als Impulsgeber weg, stand kein Reservoir an Personen für die Besiedlung der Städte mehr zur Verfügung. Gleichzeitig konnte auch die Arbeitsteilung in der Wirtschaft nur noch langsam weitergeführt werden.[15]

Hinzu kam, besonders für den süddeutschen Raum, dass sich die Handelsströme veränderten. Mit der Entdeckung Amerikas, der Orientierung der internationalen Kaufleute auf den Überseehandel und dem wachsenden Einfluss von Spanien, Portugal, Holland und England als Zentren dieses Handels verlagerten sich die Handelswege von Italien und dem Mittelmeerraum weg nach Westen und Norden. Bayern lag damit nicht mehr an einer zentralen Handelsroute von Süden nach Norden und Westen. Der Niedergang Regensburgs, eines der wichtigsten Stützpunkte im Italienhandel des späten Mittelalters, zeigt dies deutlich.[16]

Hinzu kam, dass sich die Zeit ab dem Ende des 16. Jahrhunderts als Krisenzeit darstellte. Eine Klimaverschlechterung, auch als kleine Eiszeit bezeichnet, führte zu geringeren Ernten und zu häufigeren Missernten. Pro Jahrzehnt waren im Durchschnitt drei schlechte Ernten zu verzeichnen. Wenn diese aufeinanderfolgten, konnten die Menschen keine Vorräte anlegen, sodass Hungerkrisen entstanden. Diese Situation dauerte bis ins 19. Jahrhundert an, als verbesserte Anbaumethoden und technische Entwicklungen die Produktion steigerten, und mittels Eisenbahn nun auch Nahrungsmittel in größerem Umfang von Überschuss- in Mangelgebiete verbracht werden konnten.[17] Tendenziell wurden zu wenige Nahrungsmittel produziert, aber auch die Güterproduktion blieb hinter dem Bedarf zurück. Im 18. Jahrhundert lebten 70-80 Prozent der Bauern am Existenzminimum. Um sich über Wasser zu halten, mussten die meisten Menschen auf dem Land einen Nebenerwerb, zum Beispiel ein Handwerk, betreiben.[18] Es fehlte damit an einem großen Impulsgeber wie der Agrarrevolution im Mittelalter oder der industriellen Revolution im 19. Jahrhundert, der zu einem neuen Aufbruch, zu grundlegenden Veränderungen hätte führen können.

Während andere Territorien wie zum Beispiel Preußen mit einer gezielten Politik diesen Krisen gegensteuern konnten, blieben solche Maßnahmen zur Krisenbewältigung in Bayern weitgehend aus, sodass sich diese Faktoren auf die Situation in Bayern massiv auswirkten.

4. Bayerische Besonderheiten

Diese latente Krisensituation wurde durch die Verhältnisse in Bayern, nicht zuletzt hervorgerufen durch den Expansionsdrang einiger bayerischer Herzöge und Kurfürsten dieser Epoche, zeitweise sogar noch massiv verschärft. Diese versuchten, das von ihnen beherrschte Gebiet zu vergrößern und ihren Machtbereich auszudehnen, was jedoch weitgehend misslang und nicht nur erhebliche Ressourcen kostete, sondern auch zu einer Vernachlässigung der Verhältnisse im Inneren führte. Hier, auf dem Gebiet der inneren Entwicklung, konnten andere Territorien, allen voran Preußen, große Erfolge verbuchen. Bayern blieb damit vor allem in wirtschaftlicher Hinsicht deutlich hinter anderen Regionen im Reich zurück, was auch die Diskrepanz in der städtischen Entwicklung erklärt.

a) Außenpolitik
Die Ausgangslage
Diese expansive Außenpolitik war nicht nur auf übersteigertes Macht- und Prestigedenken einzelner bayerischer Fürsten zurückzuführen, sondern hatte

ihre Ursache in einer heftigen Konkurrenz der verschiedenen Territorien in der Frühen Neuzeit. Sowohl in Europa als auch auf Reichsebene standen sich die verschiedenen Herrschaftseinheiten in einer oft erbitterten Rivalität gegenüber, die schnell zu einem Kampf um Sein oder Nichtsein wurde. Von den zahlreichen staatlichen Gebilden im Europa des Jahres 1500 waren um 1900 nur noch vergleichsweise wenige übrig. Der Versuch, das eigene Territorium sowie Macht und Einfluss zu vergrößern, war vor diesem Hintergrund in gewissem Umfang auch existenznotwendig, um in einer Situation des Fressens und Gefressenwerdens zu überleben. Viele, zeitweilig mächtige und wohlhabende Territorien sind in diesem Kampf untergegangen, zum Beispiel die Republik Venedig oder die großen mittelitalienischen Fürstentümer. Diese Ausgangslage führte zu einem Dauerkonflikt, einer andauernden Abfolge von Krisen und Kriegen. Dies gilt bis zu einem gewissen Grade auch für Deutschland. Auch im Reich waren die Territorien nicht sicher, wie der Kampf zwischen Preußen und Österreich im 18. Jahrhundert um Schlesien oder die Expansion Frankreichs im 16. und 17. Jahrhundert nach Osten auf das Reichsgebiet zeigen. Preußen, Österreich, Hannover, Sachsen und Bayern kämpften um die Vorherrschaft im Reich.

Zu diesem Zweck versuchten Preußen und Österreich, aber auch Hannover, Sachsen und Bayern, Politik auf europäischer Ebene zu machen. Ein wichtiges Ziel der großen Territorien in diesem Kampf war die Vergrößerung ihres Gebietes innerhalb und außerhalb des Reiches. Dies gelang vor allem Preußen und Österreich, die sich bis zum Ende des 18. Jahrhunderts große Gebiete in Mittel- und Osteuropa sichern konnten. Österreich und Preußen wurden so im 18. Jahrhundert zu souveränen Staaten mit großen Gebietszuwächsen. Sie entwickelten sich zu europäischen Großmächten mit großen Hauptstädten, die zu überregionalen Zentren wurden. Auch Hannover und Sachsen gelang der Sprung auf die europäische Bühne. 1714 wurde der Kurfürst von Hannover in Personalunion König von England (bis 1837), der Kurfürst von Sachsen konnte sich zeitweise die polnische Krone verschaffen.[19]

Bayern hingegen scheiterte trotz erheblicher Anstrengungen mit seinen ambitionierten Zielen auf europäischer Ebene, aber auch mit einer erheblichen territorialen Erweiterung im Reich ebenso wie mit einer durchgreifenden Verbesserung seiner Machtposition und blieb hinter anderen Territorien zurück.

Die Ausgangsposition für Bayern war äußerst schwierig. Bayern war eingekeilt. Im Osten, Süden und auch Westen lagen die Gebiete der

Habsburger, die sich im späten Mittelalter ein geschlossenes Herrschaftsgebiet erworben hatten und nun als Hauptkonkurrent der bayerischen Fürsten über eine deutlich bessere geographische Ausgangslage verfügten. Ebenfalls im Westen und im Norden befanden sich geistliche Fürstentümer. Gebietsgewinne auf Kosten der Habsburger waren ebenso unmöglich wie ein Erwerb der geistlichen Territorien durch Krieg, Heirat oder Erbe.[20]

Der Versuch der Wittelsbacher im späten Mittelalter, weiter entfernte Gebiete zu erlangen, war nicht dauerhaft gelungen. Holland, Hennegau oder Brandenburg gingen in relativ kurzer Zeit noch im späten Mittelalter wieder verloren. Der in dieser Zeit unternommene Griff nach der ungarischen und der böhmischen Krone war ebenfalls gescheitert.[21]

Im Rahmen des Kampfes um die Vorherrschaft im Reich und in Europa kam es auch zu heftigen kriegerischen Auseinandersetzungen. Drei dieser Konflikte haben sich auf Bayern besonders ausgewirkt, nämlich der Dreißigjährige Krieg, der spanische Erbfolgekrieg und der österreichische Erbfolgekrieg.

Der Dreißigjährige Krieg 1618-1648

Einer der Kulminationspunkte schlechthin im Kampf um Macht und Einfluss im Reich war der Dreißigjährige Krieg. Er galt bis zum Zweiten Weltkrieg als die schlimmste von Menschen verursachte Katastrophe. Bis zum Ersten Weltkrieg war er schlicht „Der große Krieg".[22] Die Bevölkerungsverluste im Reich waren enorm, in manchen Gegenden katastrophal. Der Krieg hinterließ verwüstete und entvölkerte Landstriche, ganze Gebiete mussten neu besiedelt und kultiviert werden. Der Dreißigjährige Krieg stellt insofern einen massiven Einschnitt dar. Dies gilt gerade auch für Bayern.[23]

Der Dreißigjährige Krieg begann als ein Kampf um Macht und Einfluss im Reich sowie um die Machtverteilung zwischen Adel und Fürsten, wobei der Gegensatz zwischen Protestanten und Katholiken nur den äußeren Anlass und die Legitimationsgrundlage für eine kriegerische Auseinandersetzung bot. Relativ schnell griffen ausländische Mächte, die versuchten, ihre Position in Europa zu stärken, in die Kämpfe ein, so dass ein europäischer Krieg mit der Beteiligung Englands, Dänemarks, Schwedens, Frankreichs und Spaniens entstand, der erste europäische Krieg der Geschichte. In seinem Verlauf entwickelte sich der Krieg immer mehr zum Kampf gegen die spanisch-österreichische Vormacht in Europa.[24]

Diese Hintergründe und die Art der Kriegsführung erklären, warum der Krieg so lange dauerte und solch brutale Züge mit verheerenden Folgen annahm.

Die Heere der einzelnen Akteure bestanden aus Berufssöldnern. Diese kämpften nicht aus Loyalität zu einem Heerführer wie noch im Mittelalter oder zu einem Nationalstaat oder einer Idee/Ideologie wie im 19./20. Jahrhundert, sondern sie kämpften für Geld. Sie verkauften ihre Kampfkraft an den Meistbietenden, demgegenüber sie dann auch loyal waren. Dies ist zum Beispiel der Grund, warum die schwedische Armee, die offiziell zur Rettung der in der frühen Kriegsphase in die Defensive geratenen Protestanten in die Kämpfe eingegriffen hatte, bei Kriegsende zu einem großen Teil aus deutschen Söldnern, teilweise aus Katholiken, bestand. Eine Tätigkeit als Söldner war eine Überlebensmöglichkeit für Arme und Existenzlose. Später, im weiteren Kriegsverlauf, schlossen sich daher auch die Ausgeplünderten den Truppen an, von denen sie ausgeplündert worden waren. Motivation zu kämpfen und dabei auch das Leben zu riskieren war die Hoffnung auf Beute während des Kriegszugs, zum Beispiel durch die Plünderung einer eroberten Stadt. Dies galt für den gemeinen Soldaten ebenso wie für den Heerführer.[25]

Diese Form der Kriegsführung führte zu mehreren Problemen: Da nun Krieger und Ausrüstung permanent bezahlt werden mussten, entstanden astronomisch hohe Kriegskosten. Diese hohen Kosten musste der jeweilige Landesherr direkt oder indirekt aus dem Land aufbringen. Gerade für Bayern, das starke Truppenverbände stellte, waren die Kriegskosten hoch. Die Einnahmen der Fürsten reichten häufig nicht aus, um die Truppe zu finanzieren. Oft wurde den Soldaten der Sold nicht bezahlt. Man kalkulierte nämlich teilweise ganz gezielt damit, dass sich die Truppen über Raub und Erpressung im Kampfgebiet selbst finanzieren würden. Daher versuchten die Soldaten auf jegliche Art und Weise, vor allem durch den Einsatz von Gewalt, Beute zu machen. Krieg musste den Krieg ernähren, je länger der Konflikt dauerte, desto intensiver.

Von den Städten wurden regelmäßig hohe Geldsummen, Kontributionen, erpresst. Die Städte zahlten, um Plünderungen und Brandstiftungen abzuwenden. Die Forderungen der Kriegsherren kosteten die Städte oft sämtliches Vermögen, vielfach mussten sie sich auch noch verschulden. Prekär wurde die Situation, wenn die Stadt dann später erneut hohe Kontributionen zu erbringen hatte. Entweder konnte sie die Summe durch Kreditaufnahme bezahlen, oder es kam dann doch noch zu den Plünderungen und Brandschatzungen. Während Menschenleben nur im zweiten Fall zu beklagen waren, verlor die Stadt in beiden Fällen finanzielle Mittel und wirtschaftliche Ressourcen. Vielfach konnten Städte ihre Kredite nicht mehr bedienen und mussten auch Jahre nach Kriegsende noch ihre Schulden tilgen. Manche wohlhabende Stadt (wie Rothenburg o. d. Tauber) erholte sich von diesem Abfluss an finanziellen Mitteln nicht mehr. Eine andere wichtige Einnahmequelle der Soldaten war die Entführungen von Zivilisten gegen Lösegeld.[26] Enorme Summen flossen an die Kriegsherren. Verarmte Adelige wurden auf diese Weise als Heerführer im Krieg reich.[27]

Auch die Versorgung der nun vergleichsweise großen und oft über Jahre hinweg aktiven Truppen stellte ein enormes Problem dar. Einige Zahlen mögen dies erläutern: Pro Soldat wurden täglich drei Pfund Brot, ein Pfund Fleisch, Fisch oder Käse und drei Liter Bier oder ein Liter Wein benötigt. Eine Armee von 30.000 Soldaten verbrauchte pro Tag 45 Tonnen Brot, 1.500 Schafe oder 150 Ochsen;sie führte für einen Feldzug 20.000 Rinder, Schafe und Pferde als Schlachtvieh mit, die wiederum 90 Tonnen Futter am Tag fraßen, außerdem bestand Bedarf an Ersatz der geschlachteten Tiere.[28]

Die oben genannten Zahlen betrafen jedoch nur die eigentlichen Soldaten. Jeder Armee folgte ein Tross aus Handwerkern wie Waffenmeistern und Hufschmieden, Bediensteten, Prostituierten und Händlern, die Ausrüstungsgegenstände an die Soldaten verkauften und von den Soldaten Güter aus Plünderungen erwarben. Im Laufe des Krieges schlossen sich auch immer mehr Zivilisten aus den ausgeplünderten und verwüsteten Gebieten, die in ihrer Heimat keine Perspektiven mehr sahen, dem Tross an. Außerdem nahmen die Soldaten, die oft ihr ganzes Leben lang kämpften und mit der Armee umherzogen, auch ihre Familien im Tross mit.

Die Größe des Trosses wuchs im Kriegsverlauf immer weiter an. Bei Kriegsbeginn hatte ein Regiment von 3000 Mann rund 4000 Personen im Tross. Gegen Ende des Krieges, 1640, zählte die bayerisch-kaiserliche Armee 40.000 Soldaten. Schätzungen gehen davon aus, dass der Tross mehr als 100.000 oder bis zu 140.000 Personen umfasste, also ein Mehrfaches. Eine solch große Zahl von Menschen konnte kaum über längere Zeit in einem Gebiet ernährt werden. Man schätzt, dass permanent eine Mio. Menschen, etwa 5-10 Prozent der Einwohnerzahl Deutschlands, unterwegs waren.[29]

Da ein Nachschubwesen in diesem Umfang über lange Strecken kaum möglich war, so wenn die bayerischen Truppen in Norddeutschland operierten, mussten Requirierungen vorgenommen werden. Die Versorgung der Truppe wurde damit auf die besetzten Gebiete und die Gegenden, in denen die Kampfhandlungen stattfanden, ausgelagert. Plünderungen waren eine Möglichkeit, um Nahrung zum Überleben zu erhalten. Man spricht hier von „Notlagenkriminalität". Um überhaupt ein Mindestmaß an Versorgung sicherzustellen, verteilten die Kommandeure die Truppen über größere Gebiete. Erwies sich eine Gegend, zum Beispiel nach einem Winterquartier, als ausgeplündert, galt es, schnell weiterzuziehen.[30] Längeres Quartier wurde meist in den Städten genommen. Diese Einquartierungen, häufig verbunden mit der Beschlagnahme von Material und Tieren, stellten für die Bewohner der Städte erhebliche Belastungen dar und zwar egal, ob es sich um feindliche oder um „eigene" Truppen handelte.[31]

Vor allem die ländlichen Regionen waren, da es hier keine Befestigungen gab, den Kampfhandlungen und ihren Folgen ausgeliefert. Kleine Trupps plünderten, ohne dass die militärisch unterlegenen Bauern hätten effektiven Widerstand leisten können, in den Dörfern. Es kam zu Folter, Gewaltexzessen und Brandstiftungen. Vor allem gegen Ende des Krieges kamen zu den regulären Soldaten auch noch Banden aus ehemaligen Söldnern, die Marodeure. Die Bauern wehrten sich, indem sie anfingen, kleine Trupps von Soldaten abzufangen und diese umzubringen. Die Soldaten ihrerseits rächten sich mit Vergeltungsaktionen, es kam zu Massakern an den Zivilisten in den Dörfern.[32]

Ein weiterer Faktor, der die Lage der Bevölkerung verschlimmerte, war die Taktik der verbrannten Erde auf Rückzügen. Ziel war es, dem Gegner die Nutzung eines Gebiets zu erschweren und ihm keine Ressourcen zukommen zu lassen.[33]

Vor allem die Zivilisten starben nicht durch die Kampfhandlungen, sondern an Hunger und Krankheiten. Oft waren die Vorräte geplündert, ebenso wie Saatgut und Nutztiere. Die über Land ziehenden Heere schleppten in einem weiten Umkreis Krankheiten ein.

Die Bevölkerungsverluste betrugen im Reich ein Viertel bis ein Drittel, in schwer betroffenen Gebieten auch bis zu 50 Prozent. Nicht immer sind all diese Bevölkerungsverluste auf Tod zurückzuführen, immer wieder flohen die Menschen auch aus umkämpften Gebieten, so auch aus Moosburg, oder schlossen sich den durchziehenden Truppen an.[34]

Einige Beispiele belegen die dramatische Situation. Das Herzogtum Württemberg hatte 1618 400.000 Einwohner, 1648 nur noch 50.000. Ein Extrembeispiel ist die schlesische Stadt Löwenberg, deren Einwohnerzahl von 6500 auf 40 herabsank. Hier lassen sich auch die Langzeitwirkungen der Bevölkerungsverluste nachvollziehen, die Stadt konnte ihre frühere Einwohnerzahl erst wieder im 20. Jahrhundert erreichen.[35]

Neben den hohen Bevölkerungsverlusten kam es zu erheblichen Zerstörungen von Wohnraum und Produktionsmitteln. Land wurde wieder wüst, weil es nicht bewirtschaftet worden war, Handelsströme wurden unterbrochen. Daher war auch die Situation der Überlebenden zunächst schlechter als vor dem Krieg.[36]
Auch Bayern war vom Dreißigjährigen Krieg schwer betroffen. Der Bayerische Herzog, ab 1623 Kurfürst, Maximilian (1598-1651) war einer der wichtigsten Akteure in der Auseinandersetzung. Er hatte sich frühzeitig auf die Seite des Kaisers gestellt und wurde eine der führenden Persönlichkeiten der katholischen Partei. Er finanzierte auch in erheblichem Umfang die kaiserlich-katholischen Truppen. Maximilians Motive sind vielschichtig. Neben seiner religiösen Überzeugung waren die Hoffnung auf Gebietsgewinne, vor allem auf die Oberpfalz und die Erlangung der Kurwürde für Bayern der Antrieb für sein Handeln.[37] Zunächst war Bayern nur indirekt vom Krieg berührt, mussten doch die Truppen des Kurfürsten mittels Steuern finanziert werden. Bis 1632 gab es keine unmittelbaren Kampfhandlungen in Bayern. Dies änderte sich in der zweiten Hälfte des Krieges. 1632-1634 und 1646-1648 gab es schwere, teilweise in systematischen Aktionen durchgeführte Verwüstungen durch die Schweden und Franzosen, zusätzlich zu den Einquartierungen der kaiserlichen und mit ihnen verbündeten spanischen Truppen.
Das Eingreifen der Schweden hatte folgenden Hintergrund. Bis 1630 konnten sich die katholisch-habsburgischen Truppen gegen die protestantischen Kräfte weitgehend durchsetzen und weit nach Norddeutschland vordringen. Schweden fühlte sich nun in seinem Einzugsgebiet Nord-/Ostsee vom Kaiser bedroht. Unter dem Vorwand, die protestantische Sache zu stützen, stießen die Schweden nach Bayern vor, um von dort aus Österreich als das Kernland des katholischen Kaisertums anzugreifen und Bayern als wichtigen Vorkämpfer des Kaisers und des Katholizismus zu schwächen. Diese Idee, Bayern zu schwächen und zu verhindern, dass von hier aus größere Ressourcen eingesetzt werden konnten, erklärt auch die Art der Kriegsführung der Schweden in Bayern, vor allem die massiven Verwüstungen gegen Ende des Krieges.
Bei ihrem ersten Vorstoß 1632 verschonten die Schweden die Städte noch gegen Zahlungen, verwüsteten jedoch das flache Land. 1633/34 plünderten die Schweden im Gebiet zwischen Lech und Isar. Es kam erneut zu schweren Zerstörungen. In einer einzigen Nacht soll man auf der bayerischen Hochebene 300 große Feuer gesehen haben. Jetzt wurde die Lage für die Bevölkerung wirklich dramatisch. In Augsburg starben bei

einer Belagerung im Jahr 1634 60.000 Menschen.[38] Bis 1805, dem Ende der selbständigen Stellung als Reichsstadt, konnte sich Augsburg von den Verlusten des Dreißigjährigen Krieges nicht mehr vollständig erholen.[39] Kaiserliche Truppen und spanische Verbände, die zum Kampf gegen die Schweden eingesetzt worden waren, bedrängten die Bevölkerung ebenso wie die Schweden. Auch sie beteiligten sich an Plünderungen und verübten Gewalttaten.

Außerdem brach jetzt die Pest aus. Unter der bereits von Hunger und Krankheiten geschwächten Bevölkerung kam es zur schwersten Epidemie in Bayern in der Neuzeit. Alleine in München soll es 7000 Tote gegeben haben. Pestsäulen, Votivtafeln, aber auch die Passionsspiele von Oberammergau erinnern an diese große Seuche. 1646 wurde bei einem erneuten Einfall der Schweden das Gebiet zwischen Lech, Isar und Donau noch stärker verwüstet als zuvor, bei einem schwedischen Angriff auf Freising soll fast die gesamte Bevölkerung getötet worden sein.[40]

Einen Höhenpunkt erreichte das Geschehen in Bayern im Jahr 1648, unmittelbar vor Kriegsende. Nun hatte auch Frankreich in den Krieg in Bayern eingegriffen, um die spanisch-österreichische Vorherrschaft in Europa zu brechen, von der Frankreich sich bedroht sah. Schweden und Franzosen plünderten und zerstörten Bayern bis zum Inn. Neben der Notwendigkeit, sich Nahrung zu verschaffen und dem Motiv, Beute zu machen, ging es jetzt darum, dem Kaiser und dem bayerischen Kurfürsten die Ressourcen für eine weitere Kriegsführung zu nehmen. So wurden Dörfer planmäßig zerstört, um die materielle Grundlage Bayerns zu vernichten. Die Kampfhandlungen nahmen Züge eines totalen Krieges an. Betroffen war unter anderem auch Erding, das trotz einer Zahlung von 6.000 Gulden abgebrannt wurde.[41]

Die Ergebnisse des Dreißigjährigen Krieges für Bayern waren durchwachsen. Auf der Habenseite standen die Kurwürde für den bayerischen Herzog, ein deutlicher Gewinn an Prestige, aber auch an Macht und Einfluss. Der bayerische Herzog gehörte nun offiziell zu den höchsten Fürsten im Reich. Außerdem war es Bayern gelungen, die Oberpfalz zu gewinnen, damals das „Ruhrgebiet" Deutschlands, ein wichtiges Zentrum für Eisengewinnung und -verarbeitung. Damit konnte die bayerische Wirtschaftskraft gestärkt werden.

Gleichzeitig war Bayern aber schwer vom Krieg gezeichnet. Bei Kriegsende waren große Teile Bayerns verwüstet. Westlich des Inns waren in Altbayern 900 Städte, Dörfer und Weiler völlig niedergebrannt und ausgeplündert. Die Bevölkerungsverluste werden auf 40-50 Prozent geschätzt. Bayern war bei

Kriegsende völlig ausgezehrt. Die Schweden und Franzosen hatten unter anderem deswegen in diesem Umfang Bayern verwüsten können, weil das Kurfürstentum nicht mehr in der Lage war, frische Truppen auszuheben, um sich gegen Schweden und Franzosen zu verteidigen.[42] Bayern musste auch die großen Außenstände seiner weniger leistungsfähigen Verbündeten bezahlen und geriet so an die Grenzen seiner Leistungsfähigkeit.[43] Hinzu kam ein erheblicher Rückgang von Handel und Gewerbe.

Trotz des Gewinns der Oberpfalz hatte sich die geopolitische Lage nicht verändert. Bayern war nach wie vor von Österreich eingekreist. Die begrenzten Möglichkeiten des bayerischen Kurfürsten hatten sich bei den Einfällen der schwedischen und französischen Truppen 1632 und 1634 sowie 1646 bis 1648 gezeigt, als Bayern zum Spielball der Schweden, Spanier und Franzosen geworden war. Trotz der Gebietsgewinne und der Erhöhung zum Kurfürstentum war Bayern wegen der schweren Substanzverluste nicht in der Lage, Großmachtpolitik zu betreiben. Die bayerischen Möglichkeiten waren also eher geschrumpft, als gewachsen.[44]

Kurfürst Max Emmanuel und der Spanische Erbfolgekrieg

Nachdem der Sohn Maximilians I., Ferdinand Maria (1651-1679), versucht hatte, Bayern wieder aufzubauen, begann der Enkel Maximilians I., Max Emmanuel (1679-1726), wieder mit den Versuchen, bayerische Großmachtpolitik zu betreiben. Als „der blaue Kurfürst" (benannt nach der Farbe der Uniform der bayerischen Armee, die er trug), engagierte er sich in den Kriegen, die der Kaiser gegen die Türken in Südosteuropa und auf dem Balkan führte. Er hoffte, als erfolgreicher Feldherr und wichtige Stütze des Kaisers Prestige zu erlangen. Für diese Feldzüge setzte er enorme Summen ein. Allein die Kampagne zur Eroberung Belgrads, die schließlich durch den persönlichen Einsatz des Kurfürsten gelang, kostete Bayern 10 Mio. Gulden – während eine Pächter- und Landhandwerkerfamilie von 150-200 Gulden im Jahr leben musste.[45] Greifbare Ergebnisse für Bayern blieben jedoch aus.[46]

Max Emmanuels Traum von Großmacht und Prestige schien 1698 Wirklichkeit zu werden, als der Kurfürst die vertragliche Zusicherung erhalten hatte, dass sein Sohn die Erbschaft des kinderlosen spanischen Königs Karl II. (1665-1700) würde antreten können. Durch dieses Erbe wäre Bayern von einer regionalen Größe zu einer Weltmacht geworden. Der spanische König regierte nicht nur über Spanien, sondern auch über Sardinien, Sizilien, die südliche Hälfte des italienischen Festlandes, die

Gegend um Mailand, kleinere Gebiete in Frankreich und über das heutige Belgien (spanische Niederlande). Ebenso bedeutend aber war auch der spanische Besitz außerhalb Europas. Die Spanier beherrschten neben den Philippinen ganz Südamerika außer der portugiesischen Kolonie Brasilien. Der spanische Herrschaftsbereich erstreckte sich bis in den Süden und Westen der heutigen USA (zum Beispiel die Bundesstaaten Texas, New Mexico oder Kalifornien). Namen von Städten wie San Francisco oder Los Angeles weisen auf die spanische Herrschaft hin.[47]

Laut der Vereinbarung sollte der Sohn Max Emmanuels den Hauptteil des Erbes erhalten: Spanien, die Philippinen, Amerika und Belgien. Im Testament des spanischen Königs vom Folgejahr war der Kurprinz sogar als Universalerbe vorgesehen.[48]

Der Sohn Max Emmanuels starb jedoch noch als Kind vor Einritt des Erbfalls. Damit war die große Chance Bayerns, eine europäische Königskrone und reichhaltigen Kolonialbesitz zu erhalten, zerschlagen. In dieser Zeit hatten der Kurfürst von Sachsen die polnische, der Kurfürst von Hannover die englische und der Landgraf von Hessen die schwedische Krone erlangt. Der Kurfürst von Brandenburg hatte sich selbst zum König gekrönt. All diese Fürsten hatten damit ihre Macht ausgeweitet, während dies Bayern nicht gelang.

Nach dem Tod des spanischen Königs machten die Habsburger und der König von Frankreich Ansprüche auf das spanische Erbe geltend. Europa zerfiel nun angesichts der Bedeutung des spanischen Besitzes in zwei Fraktionen: Bayern verbündete sich mit Frankreich und einigen kleineren Fürstentümern in der Hoffnung, durch eine Unterstützung Frankreichs Gebietsgewinne erzielen und den Erzrivalen Österreich schwächen zu können. Dieses Bündnis kämpfte gegen Österreich, große Teile des Reiches, England, Holland, Preußen, Dänemark und Portugal.[49]

Nach Anfangserfolgen der bayerisch-französischen Koalition besetzten die Österreicher 1704 Bayern. Kurfürst Max Emanuel musste nach Brüssel fliehen. Bayern wurde nun von den Österreichern ausgebeutet, da dem bayerischen Kurfürsten die wirtschaftliche Basis entzogen werden sollte. Ziel war es zudem, Bayern für den Kurfürsten unattraktiv zu machen. Dies bedeutete für die Bevölkerung Einquartierungen, Steuern und Zwangsrekrutierungen zur österreichischen Armee. Bayern wurde zwischen Lech und Donau erneut verwüstet, gut fünfzig Jahren nach den Schrecken des Dreißig-Jährigen Krieges. 1705 kam es in Ober- und Niederbayern zu einem Aufstand der Landbevölkerung gegen die österreichische Besatzung,

der jedoch scheiterte. Das bekannteste Ereignis dieses Aufstands ist die sogenannte Sendlinger Mordweihnacht von 1705.
Max Emmanuel ließ der Aufstand weitgehend unberührt. Von seinem Exil aus versuchte er, aus der Situation das Beste zu machen. Er sondierte daher die Möglichkeiten des Tausches Bayerns gegen Sizilien oder die Niederlande.[50]
Am Ende konnte Max Emmanuel nach jahrelangen Verhandlungen 1714 wieder als Kurfürst in München einziehen und erhielt Bayern zurück. Das Kurfürstentum, das sich von den Verwüstungen des Dreißigjährigen Krieges noch nicht erholt hatte, war schwer angeschlagen, ohne dass die kriegerischen Ereignisse – anders noch als nach dem Dreißigjährigen Krieg – messbare Vorteile oder Gebietsgewinne erbracht hätten. Das Land konnte sich das ganze 18. Jahrhundert hinweg von diesen Verlusten nicht mehr erholen. Hinzu kam, dass Max Emmanuel sich auf Außenpolitik und Krieg konzentriert und sich wenig um das Land im Inneren gekümmert hatte. Während seines Exils und der österreichischen Besetzung litten Verwaltung und innere Strukturen. Max Emmanuel hinterließ daher neben einem Schuldenberg von mehr als 20 Mio. Gulden auch noch ein schlecht verwaltetes Land.[51]

Kurfürst Karl Albrecht und der Österreichische Erbfolgekrieg
Sein Sohn jedoch, Karl Albrecht (1726-1745) gönnte dem Land keine Atempause, sondern stürzte es in das nächste Abenteuer, in den österreichischen Erbfolgekrieg.
1740 starb Kaiser Karl VI. aus dem Hause Habsburg ohne männlichen Erben. Der bayerische Kurfürst Karl Albrecht beanspruchte jetzt die Habsburger Länder und erkannte die Tochter Karls VI., Maria Theresia, nicht als Erbin an. Außerdem forderte Karl Albrecht die Kaiserkrone als erster nicht aus dem Hause Habsburg stammender Fürst seit über 300 Jahren.
Hätte Karl Albrecht sich durchgesetzt, hätte er nicht nur Bayern aus der Habsburger Umklammerung gelöst, sondern auch noch umfangreiche Gebiete, weit größer als Bayern, in Mittel-, Ost- und Südosteuropa erworben.
Beim Eintritt des Erbfalls 1740 verfügte Bayern zwar über eine glänzende Hofhaltung in München und Nymphenburg, aber dies war mehr Schein als Sein. Die Effektivität des Staates, der Verwaltung und des Militärs reichte für die Pläne Karl Albrechts nicht aus. Mit den ihm zur Verfügung stehenden Ressourcen war die kommende Auseinandersetzung mit Maria

Theresia nicht zu bestehen. Es kam zum Krieg und 1742 eroberten österreichische und ungarische Truppen Bayern. Zwei Tage nach der Krönung Karl Albrechts zum Kaiser Karl VII. in Frankfurt marschierten österreichische Truppen in München ein. Innerhalb weniger Wochen war die bayerische Armee komplett besiegt, der Zusammenbruch vollkommen. Bayern wurde für drei Jahre von den Österreichern besetzt und Karl war ein Kaiser ohne Land. Er hatte sich in den Habsburger Landen nicht durchsetzen können und war zudem seines eigenen Kurfürstentums verlustig gegangen. Sein Machtbereich war auf Frankfurt beschränkt.
Karl VII. war ein schwacher Kaiser, was auch an den Strukturen des Kaisertums im 18. Jahrhundert lag. Es gab kaum Reichsbehörden und keine Reichsarmee, der Kaiser musste sich auf die Ressourcen stützen, die er als Fürst aus seinen eigenen Ländern zog. Waren die Habsburger Kaiser, wie meist in der Frühen Neuzeit, war dies kein Problem, da sie über enorme Mittel aus ihren großen Fürstentümern verfügen konnten. Das heißt, Karl konnte nicht auf etwaige Ressourcen als Kaiser zurückgreifen, um Bayern wieder zu erlangen, Karl hätte, um als Kaiser effektive Politik machen zu können, vielmehr auf die Ressourcen Bayerns zurückgreifen müssen. Auch sonst hatte Karl kaum Unterstützung. Seine Finanzlage war schlecht.[52]
Die Bayern sahen sich erneut Plünderungen durch die österreichischen und ungarischen Truppen ausgesetzt, ebenso hohen Steuern. Es kam auch jetzt wieder zu erheblichen Kriegsschäden. Landau, Dingolfing und Deggendorf wurden weitgehend zerstört, der Wiederaufbau zog sich über einen längeren Zeitraum hin.[53]
1745, beim Tod Karl Albrechts, war Bayern in einer wirtschaftlich, militärisch und finanziell verzweifelten Lage. Das Land stand unmittelbar vor der Zahlungsunfähigkeit. Max III. Joseph (1745-1777), der Nachfolger Karl Albrechts, schloss unmittelbar nach Herrschaftsantritt Frieden mit Österreich. Dieses rettete mit der vergleichsweise kleinen Summe von 40.000 Gulden das Kurfürstentum. Der Friedensschluss bedeutete das Ende der bayerischen Großmachtpläne. Bayern musste die Hoffnung aufgeben, unter die europäischen Großmächte aufzusteigen. Die Versuche, das spanische und das Habsburger Erbe zu erlangen waren grandios gescheitert und hatten Bayern an den Rand des Ruins geführt. Max Emmanuel und Karl Albrecht hatten ihre Großmachtpolitik ohne entsprechende territoriale und materielle Basis begonnen, was zu einem Desaster geführt hatte.[54]
Maximilian III. Joseph konzentrierte sich auf eine Konsolidierung der Lage und konnte den Schuldenberg von 32 Mio. Gulden auf 15 Mio. Gulden reduzieren. Maximilian III. Joseph hatte als Ziel lediglich die Sicherung des

status quo. Er hielt sich folgerichtig aus dem Siebenjährigen Krieg 1756-1763 heraus.[55]

b) Innere Entwicklung

Die Außenpolitik Max Emmanuels und Karl Albrechts hatte nicht nur nichts eingebracht und hohe Schulden hinterlassen, sie hatte Bayern auch hinsichtlich der inneren Strukturen, also einer effektiven Verwaltung, einer leistungsfähigen Landwirtschaft und einer florierenden Wirtschaft weit hinter andere Territorien zurückfallen lassen.

In Zeiten der Expansion wurden jedoch eine effektive Verwaltung und eine wachsende Wirtschaft immer wichtiger, um Ressourcen, nicht zuletzt über Steuern, als materielle Basis für eine solche Politik zu erhalten. Die Notwendigkeit, durch Reformen von oben Fortschritt zu erzielen und den Vorsprung der Staaten Westeuropas aufzuholen, bestand im 18. Jahrhundert fort.[56] Bayern stagnierte jedoch in dieser Hinsicht nach dem Dreißigjährigen Krieg, fiel ab 1700 zurück und lag zum Beispiel um 1800 weit hinter Preußen.[57]

Ausgangslage bis zum Dreißigjährigen Krieg

Um 1500 war das Herzogtum (im Wesentlichen Ober- und Niederbayern) weitgehend ein einheitliches Staatsgebiet, lediglich durchsetzt von wenigen selbständigen Herrschaften wie dem Erzstift Salzburg mit seinen Besitzungen, den Hochstiften Freising, Regensburg und Passau sowie der Reichsstadt Regensburg.[58] Damit war die Basis für eine effektive Verwaltung und Regierung, waren Voraussetzungen für eine positive Entwicklung gelegt.

Schon früh war es dem Herzog gelungen, Herrschaftsinstrumente wie Gesetzgebung, Heer und Verwaltung auf sich zu konzentrieren und andere Herrschaftsträger zurückzudrängen.[59]

Kurfürst Maximilian führte hier systematisch und mit Ausdauer die Ansätze seiner Vorgänger fort. Er konnte, als er 1598 die Herrschaft antrat, einen Staatsbankrott abwenden und durch Reformen die Finanzkraft Bayerns stärken.[60] Außerdem baute er die engmaschige, auf den Landesherrn hin orientierte Verwaltung weiter aus, umschrieb klar die Aufgaben der verschiedenen Behörden und Amtsträger und reformierte das Beamtentum, von dem er fachliche Eignung und Unbestechlichkeit forderte.[61] Hinzu kamen zahlreiche gesetzgeberische Maßnahmen zur Aufrechterhaltung von Recht und Ordnung.[62] Maximilian konnte durch Reformen ein Staatswesen

schaffen, das den modernen Ansprüchen genügte und zugleich Bayern Ressourcen verschaffte, die eine aktive Politik ermöglichten.[63]
Das Herzogtum war zu Beginn des Dreißigjährigen Krieges das am besten und modernsten verwaltete und organisierte, das finanzstärkste Staatswesen des Reiches. Es verfügte über eine hohe Steuerkraft, gut gefüllte Staatskassen und eine effektive, zuverlässige Beamtenschaft.[64]

Stagnation im Dreißigjährigen Krieg
Der Dreißigjährige Krieg führte in dieser Hinsicht zu einer Stagnation. Zwar boten die Verwüstungen des Dreißigjährigen Krieges auch Chancen zu Reformen, zu einer Ausweitung der Staatstätigkeit, zu Modernisierungen, einer Vergrößerung der landwirtschaftlichen Fläche und zum Ausbau von Handel und Gewerbe.
Es bestand jetzt die Möglichkeit, dass der Staat die Chance nutzte, die Macht von verarmten Städten und Adeligen zu eigenen Gunsten zu beschneiden, die Wiederbesiedelung zerstörter Gebiete zu organisieren, den Ausbau von Landwirtschaft, Handel und Handwerk zu fördern und so Macht und Einfluss für den Staat zu sichern und seine Ressourcen zu vergrößern.[65]
Diese Möglichkeiten wurden zum Beispiel von Preußen sehr stark, von Bayern aber wenig genutzt. Der preußische Landesausbau des 17. Jahrhunderts, direkt im Anschluss an das Ende des Dreißigjährigen Krieges begonnen und im 18. Jahrhundert fortgeführt und ausgebaut, brachte Preußen die für die Armee wichtigen Ressourcen und die Basis für eine effektive Großmachtpolitik. Gleichzeitig wuchsen Wirtschaft und Bevölkerung, was wiederum zu einem starken Wachstum der Städte führte.
Preußen erhielt eine intensive und strikte Verwaltung. Diese begann nun unter anderem mit einer systematischen staatlichen Wirtschaftslenkung, Wirtschaftsförderung und einer eigenen Wirtschaftstätigkeit. So brachten die Aufnahme von Glaubensflüchtlingen aus dem Gebiet des Erzbischofs von Salzburg oder von protestantische Hugenotten aus Frankreich wichtige Impulse. Es handelte sich bei diesen Personen nämlich häufig um fähige Händler und Handwerker. Durch die Ansiedlung der Hugenotten wurden in Preußen aus reinen Agrargebieten gewerbereiche Regionen. Besonders große Bedeutung hatte dies für Berlin. Zeitweise war dort 1/3 der Einwohner französisch-sprechend.
In Preußen förderte der Staat nun auch die Landwirtschaft. Neue Früchte wie die Kartoffel wurden eingeführt, die Landnutzung intensiviert und landwirtschaftliches Wissen weitergegeben. Die Menschen legten umfangreiche Gebiete wie den Oderbruch trocken und vergrößerten so die

landwirtschaftliche Nutzfläche. Außerdem investierte der Staat in den Kanal- und Straßenbau und förderte gezielt Ansiedlung und Betrieb von Manufakturen. Die Bevölkerungszahlen stiegen, während sie in Bayern im Zeitraum von 1750 bis 1800, entgegen dem allgemeinen Trend, fielen. Um 1800 war Preußen Bayern und Österreich überlegen, wegen seiner effizienten Verwaltung und seines Steuersystems, und weil es auf kompetente Experten zurückgreifen konnte.[66]

Rückschritt im 18. Jahrhundert
In Bayern dagegen bauten Maximilians Nachfolger die vorhandenen Strukturen nicht aus, sondern vergeudeten sein Erbe nach dem Dreißigjährigen Krieg.[67] Die Versuche der bayerischen Kurfürsten, ihren Einfluss durch Krieg zu erweitern, führten dazu, dass erhebliche Ressourcen verbraucht wurden, ohne greifbares Ergebnis für Bayern, während gleichzeitig die Ressourcen für die Weiterentwicklungen Bayerns im Inneren fehlten.[68]
Staatliche Impulse zur Wirtschaftsförderung blieben in Bayern im 17. und 18. Jahrhundert im Gegensatz zu Preußen weitgehend aus. Das verödete Land und nicht besetzte Handwerksbetriebe boten den Überlebenden zunächst Chancen, es kam zu einer guten Agrarkonjunktur in Bayern von 1648 bis 1680. Daran konnte jedoch nicht angeknüpft werden, der Staat nutzte diesen Schwung nicht aus. Eine staatlich Lenkung oder Förderung der Landwirtschaft begann erst in der zweiten Hälfte des 18. Jahrhunderts und damit deutlich später als in Preußen. Bis dahin fehlten entsprechende staatliche Maßnahmen.[69] Die Wirtschaftspolitik war oft inkonsequent bis chaotisch, hinzu kamen Probleme bei der Durchsetzung.[70]
Ein symptomatisches Beispiel für den Rückschritt in der gewerblichen Produktion ist die Lodenweberei. Vor dem Dreißigjährigen Krieg wurde noch Loden aus Bayern exportiert. Ab Ende des Dreißigjährigen Krieges, verschlechterte sich die Qualität, der Export ging zurück, ebenso die Produktion. Generell sank die Zahl der im Gewerbe (Textilverarbeitung, Bekleidungshandwerk, Metallgewerbe) beschäftigten Menschen zwischen 1600 und 1800 um etwa 30-35 Prozent.[71] Die Bevölkerungszahlen zeigen die Stagnation: Um 1600 hatte Bayern 800.000 Einwohner.[72] Der Wiederaufbau nach dem Dreißigjährigen Krieg dürfte um 1725 abgeschlossen gewesen sein. Erst um 1770 dürfte die Bevölkerungsgröße den Stand von 1620 wieder erreicht haben.[73]
Bayerns interne Situation war daher in der zweiten Hälfte des 18. Jahrhunderts problematisch. Auch staatliche Strukturen und die

Verwaltungsorganisation waren unübersichtlich und schwach. Ein wesentliches Problem war, dass die zahlreichen Träger der niederen Gerichtsbarkeit, zum Beispiel Adelige, ihre Kompetenzen behalten konnten und damit die Gerichtsgewalt der kurfürstlichen Landrichter einschränkten. Ihre Gerichtsbezirke durchlöcherten regelrecht die Landgerichtsbezirke und verhinderten so die Entwicklung eines einheitlichen Staates.

Aber auch die staatliche Verwaltung war inzwischen ineffizient und korruptionsanfällig. Das Amt des Landrichters war vielfach erblich geworden und wurde innerhalb der Familien der Landrichter weiterübertragen, nicht zuletzt zur Versorgung der Frauen und Kinder. Oft erledigte der Landrichter die tatsächliche Arbeit gar nicht selbst. Dies übernahmen schlecht ausgebildete und bezahlte Kommissare, die von den Landrichtern entlohnt wurden. Diese kassierten ihrerseits die Besoldung. Unterbeamte erhielten keine feste Vergütung, sondern lebten von Gebühren und Bestechungsgeldern.[74] Der Reformbedarf wurde zwar in der zweiten Hälfte des 18. Jahrhunderts gesehen und es wurden auch Reformen angestoßen. Diese waren aber oft nicht systematisch, durchdacht und aufeinander abgestimmt, häufig auch widersprüchlich. Eine Erfolgskontrolle und eine entsprechende Nachsteuerung fanden nicht statt. Bei Widerstand wurden Reformen schnell abgemildert oder rückgängig gemacht. Ein weiteres Problem war die Finanznot. Kostspielige Reformen wie eine bessere Besoldung der Amtsträger, um Bestechungen zu vermeiden, oder eine Aufstockung des Personals waren daher nur schwer möglich.[75]

Außerdem waren die Kurfürsten damit beschäftigt, Bayerns Schuldenberg in den Griff zu bekommen und Bayern überhaupt wieder aufzubauen, so vor allem Maximilian III. Joseph.[76]

Die Folgen lassen sich auch ganz konkret am Zustand der Staatsfinanzen ablesen. Preußen hatte, trotz der Teilnahme an militärischen Auseinandersetzungen, zeitweise einen erheblichen Staatsschatz, so 1740 von 10 Mio. Talern und 1786 von 55 Mio. Talern.

Bayern hingegen war im 18. Jahrhundert permanent hoch verschuldet, viele Haushaltsansätze mussten auf hohen Neuverschuldungen aufgebaut werden.[77]

Situation am Ende des 18. Jahrhunderts
Gerade der Vergleich mit Preußen und Österreich, aber auch mit Sachsen und Hannover am Ende des 18. Jahrhunderts zeigt, dass Bayern eben nicht über den Status einer regionalen Macht hinausgewachsen war, wohingegen

diese Territorien zu europäischen Mächten aufgestiegen waren, Österreich und Preußen sogar zu souveränen Staaten.[78]
Während sich also besonders in Preußen und Österreich vor allem die Residenzorte zu Hauptstädten in europäischen Dimensionen entwickelten und auch andere Städte kräftige Impulse erhielten und damit wuchsen, fehlte dies in Bayern. München wurde nicht zu einer Hauptstadt von europäischem Rang, ja nicht einmal zur Hauptstadt der Region in umfassendem Sinn. München war schon kein wirtschaftliches Zentrum. Besonders in diesem Bereich wurde es von Städten wie Augsburg und Nürnberg überflügelt. Aber auch in den Bereichen Kunst und Kultur hatte es Konkurrenz von anderen Residenzen wie denen der Fürstbischöfe. Die Stadt hatte keine Universität. Außerdem gab es auf dem Gebiet des heutigen Bayern noch zahlreiche andere Herrschaftsträger und eine vergleichsweise wenig zentralisierte Verwaltung, sodass München im Gegensatz zu Berlin oder auch Wien nicht zum Herrschaftszentrum eines Flächenstaates wurde, auf das hin eine hierarchisch gegliederte Verwaltung ausgerichtet war.
Auch die anderen Städte im Land konnten nicht von einem Zuwachs an Macht, Bevölkerung und Wirtschaftswachstum profitieren. Dies ist eine Erklärung für die Stagnation in der Bevölkerungsentwicklung von Landshut und Moosburg.

II. Landshut, München und Moosburg in der frühen Neuzeit

Zu dieser Gesamtlage, die die Entwicklungsmöglichkeiten der Städte massiv einschränkte, kamen im Fall von Landshut und Moosburg noch spezielle Faktoren, die diese schwierige Situation weiter verschärften.

1. Landshut
Für Landshut bedeutete das Jahr 1505 einen massiven Einschnitt. Mit der Vereinigung der Teilherzogtümer Bayern-München und Bayern-Landshut nach dem Landshuter Erbfolgekrieg endete für Landshut die Zeit als glanzvolles Zentrum eines wohlhabenden eigenständigen Territoriums mit Beziehungen zu anderen wichtigen Herrschaftsträgern im Reich und in Europa. Nun fielen die Hauptstadtfunktionen, aber auch die Hofhaltung eines reichen Fürstenhauses weg, die wichtige Impulsgeber für die Entwicklung der Stadt gewesen waren.
Nach 1505 war die Stadt nur noch Sitz eines Rentamts, also einer Mittelbehörde. Landshut hatte damit massiv an Prestige, Wirtschaftskraft

und kulturellen Impulsen verloren.[79] In der Stadt hielten sich zwar im 16. Jahrhundert gelegentlich die bayerischen „Kronprinzen" auf. Sie hinterließen ihre Spuren in Landshut, auch wenn ihre Hofhaltungen und Baumaßnahmen vom Umfang her nicht mehr an die Zeit vor 1505 anknüpfen konnten.

Im 16. Jahrhundert wohnten die Herzöge und Kronprinzen bei ihren Aufenthalten in Landshut auf der Trausnitz. So lebte Wilhelm V. (1579-1598) 1568-1579 mit seiner Frau auf der Burg und ließ diese im Renaissance-Stil umbauen. Die Laubengänge im Burghof stammen aus dieser Zeit.[80] Ludwig X., der jüngere Bruder von Herzog Wilhelm IV., erzwang von seinem Bruder das Recht der Mitregierung und beherrschte als „Statthalter" in Landshut bis zu seinem Tod im Jahr 1545 Niederbayern.[81] Er wohnte zunächst auf der Burg und ließ dort Umbauten vornehmen, unter anderem an der Kapelle.[82]

1536 erbaute er anstelle einiger Altstadthäuser einen Stadtpalast – den der Straße zugewandten Flügel der Residenz, („Deutscher Bau"). Im selben Jahr besuchte er in Mantua Federigo Gonzaga und war von dessen Palazzo del Te so begeistert, dass er diesen Stil von italienischen Experten nachbauen ließ - die drei weiteren Flügel der Residenz („Italienischer Bau") entstanden. Ende 1543 war die Anlage fertig und konnte bezogen werden. Bei der Landshuter Residenz handelt sich um ein herausragendes Bauwerk. Sie ist der erste Renaissance-Palast und einer der bedeutendsten im italienischen Stil nördlich der Alpen.[83]

Ansonsten gab es, vor allem im Vergleich zu den stürmischen vorherigen Jahrhunderten, kaum mehr Bautätigkeit in Landshut, die Bevölkerungszahl stagnierte.

Dieser Nachglanz der goldenen Zeit des 15. Jahrhunderts endete spätestens im 17. Jahrhundert. Der Dreißigjährige Krieg setzte Landshut massiv zu. Zum ersten Mal seit 1505 erlebte die Stadt im Jahr 1632 Kampfhandlungen, konnte sich jedoch durch die große Summe von 100.000 Talern freikaufen. Dies gelang 1634 und 1648 nicht mehr und zeigt, dass eine Stadt im Kriegsverlauf doppelt ruiniert werden konnte. Die erste Freikaufaktion hatte Landshut einen erheblichen Teil seiner finanziellen Mittel gekostet, weiteres Lösegeld konnte es nicht mehr aufbringen. Am Ende standen dann doch Plünderungen und teilweise Zerstörungen. Besonders dramatisch war das Jahr 1634. Die Schweden eroberten die Stadt, wobei die Trausnitz schwere Schäden erlitt. Mehrere Wirtschaftsgebäude der Vorburg wurden zerstört. Vom 22.07. auf den 23.07.1634 brachten die schwedischen Truppen rund 1400 Menschen um und plünderten Landshut dann 13 Tage lang.

Anschließend herrschten Hungersnot und Pest. Die Stadt musste schwere Bevölkerungsverluste verzeichnen und hatte ihren Wohlstand verloren.[84] Auch im österreichischen Erbfolgekrieg wurde der Stadt 1743 durch Einquartierungen und Plünderungen schwer zugesetzt.[85]

2. München

Seit 1505, der Wiedervereinigung der beiden Teilherzogtümer Bayern-München und Bayern-Landshut, war München die alleinige Residenz Bayerns. Hier fielen die politischen Entscheidungen, außerdem setzte die fürstliche Hofhaltung auch künstlerische Impulse.[86] Gleichzeitig ging jedoch Münchens Bedeutung als Wirtschaftsstandort massiv zurück. München verlor an wirtschaftlicher Bedeutung und entwickelte sich zu einer Residenzstadt. Die Stadt wurde von einer bürgerlich beherrschten zu einem vom Fürsten dominierten Ort.

Noch in der zweiten Hälfte des 15 Jahrhunderts war München eine reiche Stadt, die von Salzhandel, Lodenweberei und anderen Gewerben profitierte. Um 1500 gab es keine Adeligen innerhalb der Stadtgrenzen. München war stolz, eine reine Bürgerstadt zu sein. Allerdings verlor München bis zum Beginn des 16. Jahrhunderts seine Stellung als Handelszentrum, eine Eigenschaft, die die Stadt im hohen und späten Mittelalter rasch hatte wachsen lassen. Ein Grund war die Verlegung der Handelsströme. Münchener Großhändler und Bankiers gaben außerdem ihren Beruf auf und zogen sich aufs Land zurück. Deren Funktionen wurden nun von auswärtigen Kaufleuten wahrgenommen. Gleichzeitig entwickelten sich in den benachbarten Reichsstädten große wirtschaftliche Betriebe, etablierten sich Großkaufleute und Bankiers. Dies gilt für Nürnberg oder Augsburg, wo die Fugger ungeheure Reichtümer aufhäuften, und das zu einem Finanzzentrum des Reiches wurde. München, wie auch Bayern im Gesamten, blieben hier zurück.[87] Ein Trend, der sich später fortsetzte.

Damit verlor München aber auch nach und nach diejenigen Bürger, die die Stadt hätten regieren können. Dies hatte dramatische Folgen für die innerstädtischen Machtverhältnisse. 1466 hatten die Bürger noch festlegen können, mit wie vielen Bediensteten der Herzog in München leben durfte, nämlich mit lediglich vier Personen, um zu verhindern, dass der Herzog die Stadt beherrschte. Schon wenige Jahrzehnte später hatte sich die Situation komplett ins Gegenteil verkehrt. Ab 1530 war das Bürgertum entmachtet. Das Salzhandelsrecht zog der Herzog 1587 an sich und brachte damit eine wesentliche wirtschaftliche Grundlage der Stadt unter seine Kontrolle. Seit Maximilian I. stand die Stadt unter der Herrschaft des Hofes. Das Stadtrecht wurde durch herzogliche Rechtsregeln durchbrochen. Der Herzog breitete sich darüber hinaus in der Stadt immer mehr aus - vor allem mit seiner stetig wachsenden Residenz. Diese war für die nun vergrößerte Hofhaltung des wiedervereinigten Herzogtums nötig und diente als Zeichen seiner fürstlichen Reputation. Hinzu kamen weitere herzogliche Bauprojekte. So wurden für den Bau der vom Herzog initiierten Jesuitenkirche und des Jesuitenkollegs zahlreiche Bürgerhäuser an der wichtigsten Geschäftsstraße niedergerissen, ein Zeichen für die Dominanz des Herzogs. Außerdem wuchs nun der Behördenapparat, der sich in München als der gesamtbayerischen Residenz konzentrierte. Der wachsende und immer bedeutendere Hof zog die Adeligen des Herzogtums an, die sich in München niederließen.[88] München war auf dem Weg zu einer herzoglich dominierten Residenzstadt.

Diese Tendenz, eine Schwächung der Bürgerschaft zugunsten des Herzogs, setzte sich im Dreißigjährigen Krieg fort. Ein Viertel der Bevölkerung starb an der Pest. Die Stadt erlitt durch die schwedische Besetzung schwere wirtschaftliche Einbußen. Neben Einquartierungen waren hohe Kriegssteuern eine schwere Belastung. Die Kontributionen taten ein Übriges. Die Schweden forderten von München 300.000 Taler (40 Prozent der jährlichen schwedischen Steuereinnahmen). Die Stadt war mit der Summe völlig überfordert. Sie verfügte nur über die Hälfte in bar und Juwelen. Den Rest musste sie über Anleihen aufbringen, eine schwere Hypothek für den Frieden. Außerdem wurden als Sicherheit von den Schweden Geiseln mitgeführt.[89] Das Bürgertum war am Ende des Krieges in seiner wirtschaftlichen Leistungsfähigkeit schwer geschädigt.[90]

Nach dem Krieg beherrschten dann Hof, Kirche, Adel und staatliche Institutionen endgültig die Stadt. München war nun Residenzstadt, Bühne einer prunkvollen Hofhaltung im Stil Ludwig XIV. mit glanzvollen Auftritten, aufwändigen Banketten, festlichen Bällen, rauschenden Festen und zahlreichen Theateraufführungen.[91] Dies hatte seinen Preis. Im 18. Jahrhundert. brauchte der Hof oft genauso viel Geld wie die gesamte Zivilverwaltung (Bildung, Gerichtswesen, Verwaltung) zusammen.[92] Mit diesen Repräsentationsmaßnahmen demonstrierten die Kurfürsten nach innen ihren Machtanspruch, nach außen ihre Bedeutung.

München wurde durch diese neue Rolle geprägt. Es entstanden nun neue Gebäude im Dienst der Repräsentation. Vor allem Bau und Ausbau der Residenz mit Hofgarten sind hier zu nennen. An ihr wurde vom 16. bis ins 19. Jahrhundert gebaut, sie wurde über die Jahrhunderte hinweg immer wieder erweitert und neu ausgestattet. Ihre bauliche Ausdehnung sollte ein

Zeichen der Größe und Bedeutung der bayerischen Herrscher sein. Außerdem legte man auch großen Wert auf ihre Ausstattung. Die Residenz war konzipiert als Gesamtkunstwerk, mit Kunst- und Büchersammlungen. Hinzu kamen die Schlösser Nymphenburg und Schleißheim als Bühnen der Hofhaltung. Ein weiteres wichtiges Gebäude jener Zeit ist die Theatinerkirche.[93]

Diese Bauten unterscheiden sich, was Initiierung und Finanzierung anbelangt, deutlich von denen des Mittelalters. Sie wurden auf Veranlassung von Herzog/Kurfürst errichtet, nicht mehr wie im Mittelalter, von den Bürgern. Diese hatten seinerzeit weitgehend den Bau der Frauenkirche getragen. Sogar die Ausstattung der Frauenkirche, also der Münchener Bürgerkirche schlechthin, wurde ab dem 16. Jahrhundert nicht mehr von den Bürgern, sondern von der Herzogsfamilie initiiert, geplant und weitgehend finanziert.[94]

Außerdem entstanden in München die Palais großer Adelsfamilien, ein typisches Zeichen für eine Residenz. Gab es um 1500 noch keine Adelssitze in der Stadt, war im 16. Jahrhundert die Hälfte der Anwesen in der Nachbarschaft der Residenz in der Hand von Adel und Kirche.[95]

Die Residenzfunktion schlägt sich auch in der Einwohnerstruktur nieder. 1780 waren von 38.000 Einwohnern nur rund 18.000 unter städtischer Hoheit, die übrigen unterstanden dem Landesherrn. Auch wenn die Bevölkerungszahl wuchs, erweiterte sich das Stadtgebiet kaum. Stadtgrenzen waren wie im Mittelalter das Neuhauser Tor, die Theatinerkirche und die Residenz.[96]

3. Moosburg

Für Moosburg war die Frühe Neuzeit eine Zeit der Stagnation.[97] Schon Mitte des 16. Jahrhunderts war die Stadt in finanzielle Schwierigkeiten geraten, als auf herzogliche Anordnung die Salztransporte zeitweise umgeleitet wurden. Moosburg war kein Transitort mehr, wodurch wichtige Einnahmen verloren gingen. Infolgedessen sanken die Einwohnerzahlen. Die Stadt war finanziell so angeschlagen, dass ihr die Mittel zum Unterhalt der Isar- und Amperbrücke fehlten.[98]

Die auf diese Weise schon geschwächte Stadt erlebte dann im 17. Jahrhundert weitere schwere Rückschläge.

a) Verlegung des Kollegiatstifts St. Kastulus

1598/99 erfolgte die Verlegung des Kollegiatstifts St. Kastulus nach Landshut, gegen massive Widerstände in beiden Städten. Dies war für Moosburg ein schwerer Schlag.

Das Stift hatte nämlich überregionale Bedeutung. Pröpste des Späten Mittelalters und der Frühen Neuzeit waren später Bischöfe von Freising und Passau, Vizekanzler der Universität Ingolstadt oder Kanzler der Landshuter Herzöge. Auch für die Stadt hatte das Stift vielfältige Funktionen. Zunächst war es ein wichtiger Bauherr. Noch im 16. Jahrhundert ließen die Stiftsherren die Propstei am Kastulus-Platz errichten und gestalteten die Ursulakapelle neu. Gleichzeitig war das Stift ein bedeutender Arbeitgeber in Moosburg und übernahm wichtige Funktionen in der sozialen Fürsorge.[99]

Allerdings kam die Verlegung nicht völlig überraschend. Bereits in den Jahrzehnten davor hatte der Herzog erheblichen Einfluss auf die Besetzung der Stiftsstellen und damit auf die Geschicke des Stifts genommen, sodass dessen Autonomie schon erheblich eingeschränkt war.

Die Verlegung erfolgte im Einvernehmen zwischen Papst und Herzog.[100] Die offizielle Begründung des Papstes lautete, dass Moosburg so klein und unattraktiv sei, dass kaum ein bedeutender Chorherr dauerhaft dort bleiben wolle.[101] Neben diesem offensichtlich lediglich als Vorwand verwendeten Grund werden noch mehrere andere diskutiert.

Am plausibelsten ist die Vermutung, mit der Verlegung habe Herzog Maximilian die Seelsorge in Landshut verbessern und einen Stützpunkt gegen den Protestantismus errichten wollen.[102] Die Hintergründe und zeitlichen Abläufe lassen diese Erklärung nachvollziehbar erscheinen.

Die bayerischen Herzöge waren seit 1522 Gegner des Protestantismus und gingen in der Gegenreformation gegen die Lehren Luthers vor. Die Gründe hierfür waren unterschiedlich. Neben einer entsprechenden inneren Überzeugung hatten die Herzöge wohl Angst vor erheblichen sozialen und politischen Umbrüchen im Zuge der Reformation. Außerdem galt es, die Reichskirche mit ihren Bischofsstühlen als Versorgungsstellen für nachgeborene Söhne zu erhalten. Allerdings hatten die bayerischen Herzöge erkannt, dass in der Kirche der frühen Neuzeit durchaus erheblicher Reformbedarf bestand.[103]

Die Kirche befand nämlich im beginnenden 16. Jahrhundert in der Krise. Es herrschte Priestermangel, die Klöster waren schwach besetzt, die Priester unzureichend ausgebildet, die Seelsorge war vielfach schlecht. Manche Forscher sprechen sogar davon, dass die Kirche Gefahr lief, auszusterben. In den Städten, vor allem in Landshut, gab es daher in den Jahren nach Luthers

Thesenanschlag 1517 durchaus protestantische Tendenzen. Diese wurden zwar schon bald zurückgedrängt. Aber um ihnen dauerhaft den Boden zu entziehen, begannen die bayerischen Herzöge mit einer aktiven Kirchenpolitik. Sie kümmerten sich um die Priesterausbildung, die Vermehrung des Priesternachwuchses und führten eine strikte staatliche Kirchenaufsicht ein. Bayern wurde noch unter Maximilians Vater, Wilhelm V. (1579-1598), zum Zentrum des Katholizismus und zur Stütze des Papsttums im Reich. Besonders Maximilian wurde auf diesem Gebiet aktiv, unter anderem mit strikten Religionsgesetzen.[104] In diese Bestrebungen der bayerischen Herzöge, die Seelsorge zu verbessern, die besonders von Maximilian aufgegriffen wurden, passt die Verlegung des Kollegiatstift St. Kastulus. Es verfügte über gut ausgebildete und, wie ein Visitationsbericht von 1560 bestätigt, einwandfrei lebende Seelsorger. Sie hatten bereits früh Position gegen Luthers Lehren bezogen. So war schon Propst Leo Lösch (1524-1552) ein heftiger Kämpfer gegen die Thesen Luthers, Propst Martin Eisengrein (1562-1569) verfasste mehrere Bücher gegen die Lutheraner[105]

Die Verlegung des Stifts war dann auch nur der Auftakt für weitere Maßnahmen Maximilians, Seelsorge und geistliches Leben in Landshut durch Klostergründungen zu stärken. 1610 holte er die Kapuziner (für Maximilian wichtige Erneuerer des Glaubens), 1627 die Kapuzinerinnen nach Landshut. 1629 eröffnete das Jesuitenkolleg.[106]

Die Verlegung war 1604 mit der Übertragung der Kastulusreliquien abgeschlossen. Die Kastulus–Wallfahrt nach Moosburg war zu Ende. Die Stiftshäuser wurden weitgehend verkauft, die Haushaltungen der Stiftsherren in Moosburg aufgelöst. Mit dem Wegzug des Stifts verlor Moosburg nicht nur an Prestige. Ein wichtiger Wirtschaftsfaktor war weggebrochen. Der bedeutendste Träger von Kunst und Kultur, der über Jahrhunderte wichtige Impulse gegeben und mit seinen Bauten das Stadtbild geprägt hatte, war nicht mehr vor Ort.[107]

In der Folge kam es in Moosburg nur noch zu geringer Bautätigkeit. Es gibt aus der Zeit zwischen 1600 und 1800 kaum größere Bauten. Die Stadt erweiterte außerdem ihr Siedlungsgebiet nicht mehr.

St. Kastulus war nur noch Nebenkirche und wurde kaum mehr umgestaltet. Im 18. Jahrhundert erfolgte lediglich eine leichte Barockisierung. Der Innenraum wurde weiß gestrichen und ein neuer Bodenbelag eingebaut. Man erhöhte das Niveau des Bodens, was heute noch an den Säulen der Empore sichtbar ist. Ein neues Gestühl wurde eingebaut, ebenso erfolgte eine Neugestaltung der Fenster.[108] Aber im Gegensatz zum Freisinger Dom, der vollständig umgebaut wurde, gab es keine durchgreifenden Veränderungen, sodass der spätmittelalterliche Charakter der Kirche erhalten blieb.

b) Schwere Schäden in den Kriegen des 17. und 18. Jahrhunderts

Der Dreißigjährige Krieg brachte, wie auch die Kriege des 18. Jahrhunderts, für Moosburg große Schäden.

Nachdem die Kampfhandlungen bisher Moosburg nicht direkt berührt hatten, geriet die Stadt ab 1632 unmittelbar in die Wirren des großen Krieges. Von Mainburg aus rückte die schwedische Armee unter König Gustav Adolf nach Süden vor und traf am 05.Mai 1632 in Moosburg ein.[109]

Der schwedische König hielt sich zusammen mit anderen Anführern der protestantischen Partei wie dem vertriebenen böhmischen König und ehemaligen Kurfürsten Friedrich V. von der Pfalz eine Woche in der Stadt auf. Seine Armee umfasste etwa 15.000 Mann, die auf der Asch-Wiese, am Westerberg und in der Umgebung lagerten. Hinzu kam der Tross, vorsichtig geschätzt nochmals gut 15.000 Personen, sodass sich insgesamt mindestens 30.000 Menschen in Moosburg und Umgebung aufhielten.

Der Grund, warum die Schweden mit ihrem König an der Spitze nach Moosburg vorrückten, war die wichtige strategische Position der Stadt. Von Moosburg aus konnten die Übergänge über Isar und Amper gesichert werden. Allerdings war die Stadt für die schwedische Kampagne nur eine Zwischenetappe im Kampf gegen Kurfürst Maximilian. Von hier aus eroberten die Schweden Landshut und zogen weiter nach Süden, Richtung Freising und München.

Im Feldlager in Moosburg erging ein Erlass Gustav Adolfs über Verpflegung, Beschlagnahmungen und Disziplin im Feindesland und das Verhalten gegenüber der Zivilbevölkerung. Dieser Erlass, der die Zivilbevölkerung zumindest etwas schützen sollte, wurde aber nur sehr eingeschränkt befolgt.[110]

In Moosburg scheint es nämlich zu grundlegenden Überlegungen über das weitere Vorgehen der schwedischen Armee im Krieg gekommen zu sein, in deren Folge sich die Kriegsführung Gustav Adolfs änderte. Schwedische Militärhistoriker gehen davon aus, dass in Moosburg ein Strategiewechsel vollzogen wurde. Bisher hatte Gustav Adolf seinen Generalplan verfolgt, nämlich die Kontrolle über möglichst viele katholische Stützpunkte im Reich zu gewinnen. Diese sollten Operationsbasis sein für einen Angriff auf die österreichischen Erblande, das Herz des Gegners. Bayern nahm hier eine zentrale Stellung ein. Nun änderte sich in Moosburg diese Strategie grundlegend. Es ging nun nicht mehr um die Besetzung Bayerns als Basis

für einen Angriff auf Österreich, sondern um Zerstörung, um die wirtschaftliche Basis Maximilians und des Kaisers zu schwächen und sich dann zurückzuziehen. Als Grund für diesen Strategiewechsel wird genannt, dass kaiserliche Truppen Sachsen bedrohten und Gustav Adolf hier eingreifen musste, also keine Zeit für einen Angriff auf Österreich hatte.
Die Ereignisse sprechen tatsächlich für einen solchen Strategiewechsel. Nach dem Verlassen Moosburgs scheinen auf dem Marsch auf Landshut – im Gegensatz zum bisherigen Feldzug - die Verwüstungen planmäßigen Charakter angenommen zu haben.[111] Moosburg kam diesmal noch vergleichsweise glimpflich davon. Die Schweden zerstörten die Isarbrücke und brannten um St. Michael elf Häuser nieder. Eine Brandschatzung hatte die Stadt durch Kontributionen abgewendet.[112] Die Umgebung litt jedoch schwer. Die Soldaten plünderten Schlösser, Einöden und Dörfer aus und nahmen alle beweglichen Gegenstände und das Vieh mit. Dies galt für die schwedischen wie für die kaiserlichen Soldaten.[113]
Beim nächsten schwedischen Einfall 1634 gab es in der Gegend große Bevölkerungsverluste. Schloss Isareck wurde geplündert und angezündet. Die Dörfer im Umland wie Zolling und Umgebung waren schwer betroffen. Ganze Weiler und zahlreiche Einöden wurden verwüstet und waren menschenleer. Weil nun eine große Zahl von Soldaten verpflegt werden musste, blieb für die Bevölkerung kaum mehr etwas übrig. Es herrschte eine Hungersnot, wie schon 1632. Auch Moosburg war von schwedischen Truppen besetzt, die sich auf dem Marsch von Freising nach Regensburg befanden.[114] Schließlich brach dann in Moosburg und Umgebung die Pest aus, auf dem Land herrschte eine Wolfsplage.
Kurz vor Kriegsende, 1648, wurde Moosburg Aufmarschgebiet der französischen und schwedischen Truppen. In der Nähe der Stadt befand sich ein wichtiger Brückenkopf der Schweden über die Isar, hier kreuzten sich wichtige Straßen. Eine Karte mit den verschiedenen Stellungen in Moosburg und Umgebung hat sich erhalten. Hauptbefestigung der Schweden zur Sicherung der Brücken über die Isar war eine sternförmige Schanze mit Laufgraben.[115] Die Stadt musste wieder Truppen aufnehmen. Schwedische und französische Verbände hielten sich jedoch nur kurz in Moosburg auf, weil es zu Versorgungsschwierigkeiten kam. Dies zeigt, wie schwer die Stadt von den kriegerischen Ereignissen bereits geschädigt war. Die Besatzer nahmen jedoch wieder Kontributionsgelder und die in der Schlacht von Gammelsdorf (1313) erbeuteten Waffen mit.
Moosburg war vom Krieg schwer getroffen worden. Die Bevölkerungszahl war von 1500 auf 400 gesunken. 1649 gab es nur eine einzige Taufe in der

Stadt. Viele Menschen waren gestorben, andere (vor allem Wohlhabende) in die Inngegend geflohen. Die Geflohenen kamen nur zögerlich zurück, sodass sich der Wiederaufbau zog.[116]

Allgemein lässt sich in unserer Region anhand der Taufbücher ein erheblicher Geburtenrückgang feststellen. Viele Bauernhöfe waren zerstört oder verlassen. Pfarrer berichteten von einer allgemeinen Hungersnot. Es wurden Hunde, Katzen, Wurzeln, Gras, Blätter und angeblich sogar Pferdemist verzehrt.[117]

Der Wiederaufbau verlief streckenweise nur schleppend. Im Jahr 1666 waren in Inkofen und Umgebung noch viele Höfe verödet, zahlreiche Hofstellen seit 1632 ohne Häuser und Nebengebäude.

Noch waren nicht alle Kriegsschäden beseitigt, als der spanische Erbfolgekrieg um 1700 auch die Region Moosburg traf. Die österreichische Besetzung Bayerns brachte auch für Moosburg Einquartierungen und Plünderungen, die eine schwere Belastung darstellten. 1704-1712 war die Stadt von den Österreichern besetzt. Die Stadt war völlig verarmt. Teile Moosburgs, darunter auch das Rathaus, brannten 1702 ab. Die Stadt konnte das Rathaus wegen ihrer prekären finanziellen Lage erst 1718 wieder aufbauen.[118]

Aus dem Jahr 1720 hat sich die erste Stadtbeschreibung erhalten, verfasst vom Kupferstecher Michael Wening oder einem seiner Mitarbeiter: „Die Statt ist dermahlen mittelmaessig in zwey- und eingaedigen Haeusern erbauet schliesset in sich ein die zwey Adeliche Suetz Thurn [ehemaliges Amtsgericht] und Asch"[119]

Auch im Österreichischen Erbfolgekrieg war Moosburg mehrmals Kampfgebiet wegen seiner Bedeutung als wichtiger Brückenkopf über die Isar. 1742 besetzten österreichische Truppen die Stadt. Von Moosburg aus rückten sie in die Hallertau vor. Im weiteren Kriegsverlauf war die Stadt als strategisch wichtiger Ort immer wieder umkämpft. Es gab Einquartierungen verschiedenster Truppen, das Vieh wurde weggenommen und Brücken zerstört.[120]

Die wirtschaftlichen Schwierigkeiten der Stadt lassen sich anhand einiger Zahlen nachvollziehen. Vor dem Dreißigjährigen Krieg hatte die Lodenweberei in Moosburg ein kleines Zentrum. Die Weberei selbst aber auch wichtige vorgelagerte Erwerbszweige wie Schäferei, Spinnerei, Spulerei, Wollschläger und Wollwalker boten Arbeitsstellen. Insofern war die Stadt vom Niedergang der bayerischen Lodenproduktion in erheblichem Umfang betroffen.[121]

Die Stagnation im gewerblichen Bereich lässt sich auch an der Zahl der Gewerbetreibenden in der Stadt ablesen: im Jahr 1660 gab es in Moosburg 136 Gewerbetreibende, im Jahr 1774 140.[122]

5. Kapitel: Das 19. Jahrhundert (1799-1912)

Das 19. Jahrhundert umfasst hier die Zeit zwischen den Jahren 1799 und 1912. 1799 begann mit dem Herrschaftsantritt von Kurfürst Maximilian IV. Joseph (ab 1806 König Maximilian I.) und der Regierung Montgelas eine neue Epoche in Bayern, geprägt von grundlegenden Reformen. Diese strukturierten Staat und Gesellschaft völlig neu und wirken bis heute nach. Mit dem Tod Prinzregent Luitpolds 1912 endete die Phase des Übergangs in die Moderne des 20. Jahrhunderts, die bereits mit seinem Herrschaftsantritt 1886 begonnen hatte. Sie war unter anderem von einer verstärkten Industrialisierung Bayerns und der Entwicklung Münchens zur modernen Großstadt geprägt. Insofern wäre eine Epochengrenze exakt im Jahr 1900 ein willkürlicher Bruch eines einheitlichen Geschehens.[1]

Im 19. Jahrhundert beginnt die Moderne. Nun werden die Grundregeln unseres Gesellschafts- und Wirtschaftssystems etabliert: Die Freiheit des Einzelnen, die es ihm ermöglicht, selbst seine Grundentscheidungen im Leben zu treffen, verbunden mit der persönlichen Verantwortung für Erfolg und Misserfolg. Hinzu kommt der Gedanke, dass die Stellung in der Gesellschaft von der Leistung des einzelnen und nicht vom Zufall seiner Geburt abhängt. Wirtschaftlicher Erfolg wurde jetzt zum Gradmesser der sozialen Geltung. Darüber hinaus setzten nun ein Fortschrittsglaube ein sowie der Wille und die Bereitschaft, entsprechende Neuerungen einzuführen.

I. Hintergrund

Das 19. Jahrhundert in Bayern lässt sich in drei Phasen gliedern, die ihrerseits massive Auswirkungen auf die Entwicklung von München, Moosburg und Landshut hatten. Die erste Phase, 1799 bis 1818, ist die Zeit stürmischer Reformen und umfassender Erneuerungen, die den modernen Staat, die moderne Gesellschaft hervorbringen. Daran schließt sich bis 1886 eine Zeit schleppender wirtschaftlicher Entwicklung mit geringem Bevölkerungswachstum an, eine Zeit, in der Bayern, staatlich und gesellschaftlich vorbildlich entwickelt, wirtschaftlich hinter anderen deutschen Staaten zurückbleibt. Die Prinzregentenzeit, 1886-1912, ist dann die Phase des Aufbruchs in die Moderne, eine Zeit der wirtschaftlichen Entwicklung und des starken Bevölkerungswachstums.

1. Der neue Staat

1799 beginnt mit dem Herrschaftsantritt Maximilians IV. Joseph und seines Ministers Montgelas ein umfassender Umbruch in Bayern in beinahe allen Bereichen, der bis heute nachwirkt und die Grundlage des modernen Bayern bildet.[2] Vielfach enden erst jetzt die mittelalterlichen Strukturen im Land. Bayern beruht in seinem geographischen Umfang und in seiner Verwaltungsgliederung, seinem Bildungssystem, der Struktur seiner Museen, Archive, Bibliotheken bis heute weitgehend auf der Montgelas-Zeit. Der moderne bayerische Staat wurde geschaffen.[3] Die Reformen des frühen 19. Jahrhunderts bereiteten auch die Grundlagen für die weitere Entwicklung der Städte, vor allem Münchens.

a) Ausgangslage

Die Reformphase war eine stürmische Zeit, teilweise mit dramatischen Phasen. 1799 starb Kurfürst Karl Theodor (1777-1799) ohne legitimen Erben. Sein Nachfolger Maximilian IV. Joseph (1799/1806-1825) stammte aus der Nebenlinie Zweibrücken-Birkenfeld und wurde als zweiter Sohn des jüngeren Bruders des Herzogs von Zweibrücken erst durch Zufälle Thronerbe. Sein Onkel, der regierende Herzog, blieb wegen nicht standesgemäßer Ehe ohne legitime Nachfolger. Damit ging die Erbfolge auf die Familie von Maximilian über. Der ältere Bruder Maximilians, der nun als Erbe der Wittelsbacher Besitzungen vorgesehen war, starb 1795 ohne Nachkommen, sodass Zweibrücken und später das Kurfürstentum Bayern an Maximilian fielen.[4]

Maximilian Joseph war zunächst ein Herrscher ohne Land. Zweibrücken war von den Franzosen besetzt, er selbst auf der Flucht vor den französischen Truppen, auf der seine erste Frau starb. Maximilian bereitete sich in dieser Zeit auf das Erbe Bayerns vor, sammelte aufgeklärte Experten um sich und ließ ein umfassendes Reformprogramm entwerfen.[5]

Sein wichtigster Berater, später langjähriger Mehrfachminister und damit nach dem König der mächtigste Mann in Bayern war Maximilian von Montgelas (1759-1838). Er war von 1799-1817 Außenminister, 1806-1817 Innenminister und 1803-1806 sowie 1809-1817 Finanzminister. Montgelas war der wohl bedeutendste bayerische Staatsmann überhaupt. Er sicherte die Existenz Bayerns in den napoleonischen Kriegen und nutzte die Chancen, das bayerische Gebiet zu vergrößern. Während dieser Wirren, in denen Bayern mehrmals am Abgrund stand, seine Existenz in Frage gestellt war und es von Finanzkrisen schwer gebeutelt wurde, gelang es ihm in einem großen Reformprogramm, Bayern grundlegend umzugestalten.[6]

Diese Reformen waren dringend nötig. Bayern war seit dem Mittelalter und den Neuerungen Maximilians I. vor dem Dreißigjährigen Krieg strukturell kaum verändert worden. In der ersten Hälfte des 18. Jahrhundert hatten die bayerischen Kurfürsten sich mit Expansionen beschäftigt und die Strukturen im Inneren vernachlässigt. In der zweiten Hälfte des 18. Jahrhunderts versuchten die Kurfürsten zwar, den Staatsbankrott abzuwenden. Zu durchgreifenden Neuerungen waren sie aber nicht in der Lage. Bayern ging mit einer schlechten Verwaltung, weit verbreiteter Korruption, überschuldet, mit schwacher Wirtschaft und einer weitgehend nur auf dem Papier existierenden Armee in die Herausforderungen der Umbruchzeit nach der Französischen Revolution und in die napoleonischen Kriege. Hinzu kam, dass die verschiedenen Wittelsbacher Territorien stark zersplittert und über West-, Nord- und Süddeutschland verteilt waren und kaum einheitliche Verwaltungsstrukturen aufwiesen.[7]

Die Französische Revolution setzte nun die Entscheidungsträger in Bayern unter Zugzwang. Innenpolitisch bestand die Gefahr eines Umsturzes, weil zu befürchten stand, dass die Ideen der Revolution angesichts der ineffizienten Strukturen des bayerischen Staates Nachahmer auch hierzulande finden würden. Außenpolitisch war vor dem Hintergrund der napoleonischen Kriege die Existenz Bayerns durch Österreich und Frankreich bedroht.[8]

Maximilian und Montgelas standen nun vor einer doppelten Aufgabe. Sie mussten außenpolitisch Bayern stärken, um dessen Überleben zu sichern. Ziel war daher eine territoriale Vergrößerung, die Abwehr französischer oder österreichischer Interventionen, die Schaffung eines geschlossenen Staatsgebiets, die Erlangung und internationale Anerkennung der Souveränität und der Aufbau einer leistungsfähigen Armee. Innenpolitisch war die Revolution von oben durchzuführen, um damit der Revolution von unten zuvorzukommen und diese abzuwenden. Es galt, Grundrechte zu garantieren, eine effiziente, unbestechliche Verwaltung aufzubauen, das Gewaltmonopol des Staates gegen private Herrschaftsträger durchzusetzen sowie die staatliche Herrschaft auf Gesetze zu stützen. Ziel war die Schaffung eines einheitlichen, leistungsfähigen Staates.[9]

b) Außenpolitik

Die außenpolitischen Umstände waren beim Herrschaftsantritt Maximilian Josephs prekär. Die Revolutionskriege/napoleonischen Kriege waren bereits in vollem Gange. Bayern, zentral in Europa gelegen, war Durchzugsgebiet der Truppen der europäischen Mächte zu den verschiedenen Kampfplätzen in Europa. Gleichzeitig war Bayern mögliches Kampfgebiet zwischen

Frankreich, Italien, Österreich und Preußen. Hinzu kam, dass Bayern für die Großmächte von Interesse war. Für Preußen und Russland stellte Bayern einen Sperrriegel gegen Österreich dar. Für Österreich war Bayern eine gute Abrundung des eigenen Territoriums und würde die eigene Position im Reich und in Europa stärken. Für Frankreich wiederum stellte Bayern einen Vorposten gegen Österreich und Preußen dar. In diesen Jahren bestand vor allem die latente Gefahr, dass Bayern von Österreich annektiert werden würde. 1799/1800 standen 100.000 österreichische Soldaten im Land.

Gleichzeitig war Bayern zu klein für eine eigenständige Politik gegen die Großmächte Österreich, Preußen, Frankreich oder für eine effektive Neutralität. Dies zeigen schon die Heeresgrößen. Die Großmächte operierten mit Heeren von 100.000 Mann. Die gesamte bayerische Armee hatte dagegen maximal 33.000 Soldaten. Im Jahr 1800 war die bayerische Armee zudem schlecht ausgerüstet und geführt sowie kaum trainiert und bestand weitgehend nur auf dem Papier. Erst ab 1804/1805 begann eine Heeresreform, um die schlimmsten Missstände abzustellen.[10]

Daher war Bayern 1796-1809 immer wieder Schauplatz von Truppendurchzügen und Kämpfen im Zuge der napoleonischen Kriege. Bayern nahm an diesen Kriegen bis 1815 teil.

Im Zeitraum von 1796 bis 1800 litt besonders die Zivilbevölkerung unter den Ereignissen. Die französischen Heere der Revolutionszeit waren improvisierte Massenheere mit schlechter Disziplin und ohne geregelte Versorgung wie sie noch in den Heeren des 18. Jahrhunderts üblich gewesen war. Das Heer lebte aus den besetzten Gebieten, wie im Dreißigjährigen Krieg. Es kam daher zu Plünderungen und Übergriffen.[11]

Im Jahr 1800 unterlagen die bayerisch-österreichischen Truppen den Franzosen. Österreich gab Bayern auf, während gleichzeitig französische Truppen im Land standen. Bayern, das sich aus eigener Kraft weder gegen Österreich noch gegen Frankreich durchsetzen konnte, musste zwischen Frankreich und Österreich lavieren.[12]

Ab 1800/1801 kam es daher zu einem Umschwenken auf die Seite Frankreichs und 1805 dann zum Bündnis mit Napoleon. Die Beweggründe sind vielfältig. Zunächst bestand die Angst, dass Österreich Bayern mittelfristig erobern könnte. Hinzu kamen persönliche Gründe. Maximilian und Montgelas waren antiösterreichisch und frankophil und hegten durchaus Sympathien für Napoleon. Maximilian stammte aus der Linie Zweibrücken, die traditionell enge Beziehungen zu Frankreich hatte. Er war im vorrevolutionären Frankreich Oberst eines französischen Regiments gewesen und hatte in Frankreich gelebt. Montgelas hatte französische

Vorfahren und war unter anderem in Frankreich ausgebildet worden. Napoleon wiederum umwarb Bayern. Er wollte ein starkes Bayern gegen Österreich und so die Entstehung eines gegnerischen Machtblocks in Süddeutschland verhindern. Sowohl Napoleon als auch Maximilian verfolgten übereinstimmend, wenn auch aus unterschiedlichen Motiven das Ziel eines starken Bayern. Schließlich war nach den Erfahrungen des 18. Jahrhunderts die Bevölkerung pro-französisch und antiösterreichisch eingestellt.[13]

Ein wichtiges Ergebnis und der Höhepunkt des Bündnisses mit Frankreich war 1806 die Erringung der vollen Souveränität. Diese ermöglichte, weil nun nicht mehr auf Reichsrecht Rücksicht zu nehmen war, die umfassenden Reformen im Inneren. Die Erhebung zum Königreich am 01.01.1806 war Symbol für diese neue Souveränität.[14]

Das Bündnis hielt bis 1813. Schon länger gab es Differenzen mit Frankreich wegen der großen Zahl an Soldaten, die für die napoleonische Armee zu stellen waren und der hohen Kosten für die französischen Truppen im Land. Ein weiterer Konfliktpunkt war der steigende Druck Frankreichs, von dem man sich in Bayern immer stärker bedroht fühlte. Hinzu kam, dass Bayern zunehmend in die Rolle eines französischen Satellitenstaates geriet und auch wirtschaftlich ausgebeutet wurde. Die Spannungen eskalierten, als im Russlandfeldzug 1812 die bayerischen Truppen (30.000 Mann) mit der grande armee untergingen. Die Stimmung in der Bevölkerung schlug gegen Napoleon um. Die erwachende nationale Bewegung erhielt Zulauf, Kronprinz Ludwig stellte sich an die Spitze der Frankreich-Gegner und bearbeitete Montgelas und seinen Vater, König Maximilian. Als Österreich den von Bayern erworbenen Besitz garantierte, wechselte Bayern zur Anti-Napoleon-Koalition und nahm an den Befreiungskriegen teil. Straßennamen in München erinnern an die Orte in Frankreich, an denen die bayerische Armee gekämpft hat, so die Arcisstraße, die Briennerstraße und die Barerstraße.

Dem Königreich Bayern verblieben wegen dieses Koalitionswechsels die Gewinne aus den napoleonischen Kriegen: Souveränität und Gebietszuwächse.[15]

Diese Gebietszuwächse waren enorm, nämlich ein Drittel an Menschen und Gebieten. Zwar hatten die Wittelsbacher zunächst erhebliche Verluste erlitten, so die Wittelsbacher Territorien am Rhein, Mannheim, Heidelberg, das Fürstentum Berg sowie Gebiete in Belgien und den Niederlanden, das Herzogtum Zweibrücken und die Kurpfalz. Diese Verluste konnten aber durch Gewinne in Schwaben und Franken mehr als kompensiert werden.

Ein erster Schritt auf dem Weg der Expansion war 1802/1803 der Erwerb der geistlichen Territorien. Bayern erhielt als Ausgleich für die Gebietsabtretungen an Frankreich am Rhein die Hochstifte Freising, Würzburg, Bamberg, Augsburg, Teile Eichstätts, Passaus und Salzburgs, 15 Reichsabteien und 13 Reichsstädte in Franken und Schwaben.[16]
Diese Gebietsgewinne waren Teil einer großanlegten Besitzveränderung im Reich. Die Herrscher großer und mittlerer Herrschaften wurden für Gebietsverluste an Frankreich mit den Gebieten der geistlichen Fürsten und der Reichsstädte entschädigt. Diese Maßnahmen der Säkularisation und Mediatisierung brachten das Ende der geistlichen Fürstentümer und der meisten Reichsstädte. Außerdem wurde den Landesherren, nicht zuletzt auf Drängen Bayerns, die Möglichkeit eingeräumt, die Klöster und Stifte im Land selbst zu säkularisieren.[17]
Ab 1805 konnte Bayern in großem Umfang weitere Gebietsgewinne verzeichnen, diesmal nicht als Ausgleich für Verluste, sondern als Gegenleistung für das Bündnis mit Napoleon.
1805 erhielt Bayern den Rest der Hochstifte Eichstätt und Passau, außerdem die Reichsstädte Lindau und Augsburg, die Markgrafschaft Burgau sowie Tirol, Brixen, Trient und Vorarlberg, letztere aber nicht auf Dauer, außerdem die Markgrafschaft Ansbach. 1806 kamen Nürnberg, sowie kleinere Fürstentümer wie die der Fugger und Thurn und Taxis sowie die Reichsrittergebiete in Schwaben und Franken hinzu. 1810 erhielt Bayern das Fürstentum Bayreuth und die Reichsstadt Regensburg, 1814 schließlich die Fürstentümer Würzburg und Aschaffenburg.
Bis 1819, als im Rahmen des Wiener Kongresses und in Folgeverträgen das bayerische Staatsgebiet festgeschrieben wurde, war Bayern zum süddeutschen Großstaat geworden. Es hatte 230 große und kleine neue Landesteile hinzugewonnen und war der drittgrößte Staat in Deutschland, nach Österreich und Preußen. Es hatte jetzt außerdem ein geschlossenes Staatsgebiet.[18]

c) Innenpolitik
Allerdings war dieses neue Bayern alles andere als ein homogener Staat. 230 verschiedene Gebilde, Fürstentümer, Stadtrepubliken, geistliche Territorien, reichsritterliche Zwergherrschaften, waren hinzugekommen. Jede dieser Herrschaften hatte über eigene Behördengliederungen und Verwaltungsstrukturen verfügt, eigenes Recht und einen eigenen Regierungsstil. Es galten verschiedene Maße, Münzen und Gewichte. Unterschiedliche Wirtschaftsräume bestanden. Nicht zuletzt existierten

eigene Loyalitäten. All diese Einheiten mussten nun zu einem neuen Staat fusioniert werden. Hier trafen Welten aufeinander. Der altbayerische Staat mit dem Katholizismus als Staatsreligion sah sich mit protestantisch geprägte Regionen konfrontiert. Agrargebiete in Altbayern standen den entwickelten, kapitalistischen Großstädten Augsburg und Nürnberg gegenüber. Ländliche Regionen im Süden trafen auf die Stadtkultur der Reichsstädte in Franken und Schwaben. Großflächig organisierte Gebiete Altbayerns traten neben die kleinen Territorien der Reichsritterschaften in Schwaben und Franken. Nicht zuletzt regte sich Widerstand in den bischöflichen und fürstlichen Residenzen und Reichsstädten. Das Ende der Selbständigkeit brachte den Verlust von Hofhaltungen, Behörden, Gerichten und Märkten für (Kunst-)Handwerk und damit von Prestige und Wirtschaftskraft. Nicht zuletzt mussten die ehemals regierenden Fürsten in den neuen Staat integriert werden. Dass nicht alle Neubayern von der neuen Situation begeistert waren, zeigt der Ausspruch eines schwäbischen Pfarrers: „Wir sind also bayrisch. Gott gnade uns allen."[19]

Die Bayerische Regierung stand vor der Herausforderung, einen einheitlichen Staat aus diesen zahlreichen Territorien mit unterschiedlichen rechtlichen und sozialen Verhältnissen zu schaffen. Sie entschied sich, eine Integration durch Egalisierung, also durch Angleichung der Verwaltungs- und Herrschaftsstrukturen durchzuführen. Es sollte keine Enklaven mit Autonomie vom neuen Zentralstaat geben, keine Sonderrechte und Sonderbehörden oder Sondergerichte für einzelne Landesteile. Die bayerische Regierung versuchte außerdem, die Akzeptanz der neuen Herrschaft durch deren Effizienz zu erreichen. Ein weiteres Motiv für die Reformen war die Idee, dass der Staat zumindest eine letzte Aufsicht über alle Bereiche der Gesellschaft haben sollte.[20]

Um diese Effizienz, diesen einheitlichen Staat zu erreichen, waren Reformen im Inneren nötig, galt es, neue Strukturen in Staat und Gesellschaft zu schaffen. Vorbild für diese Maßnahmen waren die Reformen in Frankreich im Zuge der französischen Revolution, mit deren Zielen Montgelas sympathisierte.

Die Reformen von Maximilian und Montgelas erfassten Staat und Gesellschaft. Sie führten zu einer umfassenden Umgestaltung fast aller Lebensbereiche und wurden systematisch durchgeführt. Sie sind in ihrer Intensität und Konsequenz einmalig in der bayerischen Geschichte und auch im Vergleich mit den Reformen in anderen deutschen Staaten herausragend.[21]

Zunächst stand eine Verwaltungsreform an. Nach französischem Vorbild wurde nun der zentralisierte, hierarchisch aufgebaute Staat entwickelt. In München entstanden fünf Ministerien (Äußeres, Inneres, Justiz, Finanz und Krieg) als Zentralbehörden und Spitzen eines Instanzenzugs, auf den hin die Verwaltungsbehörden orientiert waren. Zur Koordination und Herbeiführung von Grundsatzentscheidungen gab es den gemeinsam tagenden Staatsrat. Den Ministerien nachgeordnet waren Mittelbehörden in der Region. Das Land war in Kreise, heute Regierungsbezirke, eingeteilt. Diese Kreise bestanden aus den Landgerichten. Der Landrichter mit seinem Verwaltungspersonal stellte die Verwaltung vor Ort dar. Diese Landgerichte wurden nun neu eingeteilt und übernahmen in ihrem Bezirk Rechtsprechung und Verwaltung. Über diese Hierarchie konnte die Spitze bis in die Provinz durchregieren.

Die gemeindliche Selbstverwaltung wurde aufgehoben. Dieser drastische Schritt hatte mehrere Gründe. Man orientierte sich am Vorbild des erfolgreichen, zentralistisch und hierarchisch aufgebauten Frankreich, in dem Entscheidungen nicht vor Ort, sondern in der Zentrale Paris getroffen wurden. Außerdem war die Selbstverwaltung, gerade auch in den Reichsstädten, oft ineffizient, die Reichsstädte hatten meist erhebliche Schulden. So wurde Nürnberg als bankrotte Stadt übernommen. Hinzu kamen interne Spannungen und oft wirtschaftliche Probleme in diesen Städten, sodass das Instrument der Selbstverwaltung bereits ein Stück weit diskreditiert war. Außerdem existierten unterschiedlichste Typen der Kommunalverwaltung in den verschiedenen Landesteilen. In den ländlichen Regionen, die oft unter der Herrschaft eines Fürsten gestanden hatten, mussten Landgemeinden überhaupt erst errichtet werden.

Allerdings war die Aufhebung der Selbstverwaltung die wohl größte Schwäche der von Montgelas durchgeführten Reformen. Die Zentrale in München war mit zu vielen Details und zu vielen Einzelentscheidungen überfordert.

1818 wurde darum die kommunale Selbstverwaltung mit gewählten Gemeindeorganen (Schaffung der Landgemeinden) wieder eingeführt.[22]

Weitere Reformen gab es im Beamtentum. Das Adelsmonopol für höheren Stellen fiel weg. Entscheidend waren nun Vorbildung und die Absolvierung der nötigen Staatsprüfungen. Es zählte Leistung statt Herkunft. Visitationen durch übergeordnete Dienststellen, Disziplinarmaßnahmen, eine feste Besoldung und Versorgung sowie die Garantie der Unabsetzbarkeit schufen eine kompetente, loyale, effiziente Truppe für Reformen. Auf diese Weise entstand das moderne Berufsbeamtentum, das bis ins 20. Jahrhundert vorbildlich für Deutschland war. Es wird geschätzt, dass in Bayern lediglich 180-200 höhere Beamte die vielfältigen Neuerungen umsetzten. Kaum je hat eine solch kleine Bürokratie so umfassende Reformen durchgeführt. Mitte der 1820ger Jahre gab es bei 3,7 Mio. Einwohnern 150 höhere Beamte.[23]

In wirtschaftlicher Hinsicht beseitigten die Aufhebung der Binnenzölle 1808 (Bayern führte dies als erster deutsche Staat durch, schuf so einen einheitlichen Binnenmarkt und galt als der freihändlerischste Staat Deutschlands), die Einführung einheitlicher Maße, Gewichte, und einer einheitlichen Währung (Silbergulden) sowie das Brechen von Monopolen bestehende Hemmnisse und trugen dazu bei, dass sich wirtschaftliche Tätigkeit besser entfalten konnte. Im Bereich der Gewerbefreiheit schreckten die Reformer aber vor durchgreifenden Neuerungen etwas zurück. Sie hoben zwar den Zunftzwang weitgehend auf, er wurde jedoch durch ein System staatlicher Konzessionen ersetzt.[24]

Außerdem führten die Reformer die Gleichberechtigung der Konfessionen und eine Verbesserung der Rechtsstellung der Juden ein. Vor allem Ersteres stellt einen Paradigmenwechsel dar in einem Staat, der sich seit dem frühen 16. Jahrhundert als Bollwerk des Katholizismus gegen den Protestantismus verstanden hatte. Gleichzeitig handelte es sich aber auch um einen entscheidenden Schritt in Richtung Integration der neuen protestantischen Landesteile.[25]

Ein Zwischenergebnis stellte die Verfassung von 1808 dar, die erste wirklich deutsche Verfassung, wohl auch gegeben, um französischem Einfluss zuvorzukommen.

Sie schrieb die einheitliche Organisation des Landes durch eine einheitliche rechtliche Grundlage fest und garantierte die Grundrechte wie Eigentums-, Presse- und Gewissensfreiheit sowie eine unabhängige Justiz. Wichtig war die Festschreibung, dass alle Bayern vor dem Gesetz gleich waren und gleichen Zugang zu Ämtern hatten, die Rechtsstellung hing nun nicht mehr von Geburt oder Herkunft ab. Leibeigenschaft und Sonderrechte waren aufgehoben. Dies war ein wichtiger Schritt zur Integration der Bewohner der neu erworbenen Gebiete, die nun ihre Rechte und Rechtsgleichheit garantiert bekamen. Außerdem trennte die Verfassung den Staat von der Familie der Wittelsbacher. Der König war jetzt Staatsorgan, der Staat war nicht mehr Besitz der Wittelsbacher. Die Idee dahinter war, dass der Staat der Souverän sein sollte, nicht mehr der König. Bayern wurde damit eine der ersten konstitutionellen Monarchien Deutschlands. Durch ihre Rechtstellung wurden aus Untertanen Bürger. Auf diese Weise wurde der neue Staat attraktiv, gerade auch für die bayerischen Neubürger. Der König wurde so

zur Integrationsfigur. Es gelang die Schaffung einer neuen bayerischen Identität, eines neuen bayerischen Selbstbewusstseins.[26]
Die Reformer um Montgelas brannten darüber hinaus innerhalb weniger Jahre ein wahres Feuerwerk an Veränderungen in verschiedensten Bereichen ab: Es kam zu Reformen im Rechtswesen, im Medizinwesen (so wurde in Bayern die erste flächendeckende Pockenschutzimpfung eingeführt, hinzu kamen staatliche Aufsicht sowie Prüfungen für Ärzte und Apotheker), im Bereich der Armenfürsorge, die jetzt unter staatliche Aufsicht genommen wurde, Statistik, es kam zur Förderung von Landwirtschaft, Straßen- und Kanalbau, der Wissenschaft und Bildung - so entstand in Bayern die erste Landwirtschaftshochschule in Deutschland. Die Reformer kümmerten sich um Ausbau und Erneuerung des Schulwesens. Sie setzten ab 1802 die Schulpflicht effektiv durch. Staatliche Schulaufsicht und Vorgabe der Lehrinhalte, Zentralabitur, zentrale Examina und Stipendien wurden eingeführt. Die Reformer kümmerten sich um eine Verbesserung der Lehrerbildung, förderten Universitäten, die jetzt unter staatlicher Kontrolle standen, bauten Sammlungen, Bibliotheken, Archive und Akademien aus, förderten den technischen Fortschritt und verbesserten die Salzgewinnung, um die Staatseinnahmen zu steigern.[27]
All diese Reformen fanden vor dem Hintergrund einer finanziell extrem schwierigen Situation statt.
Altbayern und die meisten neuen Gebiete waren schlecht und ineffizient verwaltet, es herrschte Korruption und die Qualifikation der Verwaltungsmitarbeiter war mangelhaft. Sowohl Altbayern als auch Neubayern waren meist hoch verschuldet, hinzu kamen die enormen Kriegskosten. Bayern stand in diesen Jahren immer wieder kurz vor dem Staatsbankrott.
1802 wurde zum ersten Mal in der bayerischen Geschichte ein Haushalt aufgestellt, dessen Ergebnisse ernüchternd waren: Einnahmen von 6 Mio. Gulden standen Ausgaben von 9 Mio. Gulden gegenüber. Die Staatsschulden betrugen 30 Mio. Gulden. Angesichts der desolaten Zahlen wurde das Budget streng geheim behandelt.
Von den neu erworbenen Gebieten mussten mehr als 50 Mio. Gulden Schulden übernommen werden, hinzu kamen die großen Ausgaben für Kriege, für eine Hungersnot 1816 und steigende Pensionslasten.
1809 war die finanzielle Situation schon so dramatisch, dass Banken keine Kredite mehr gaben. In den Folgejahren musste Bayern mehrfach zum Mittel der Zwangsanleihen greifen. 1811 hatte das Land ca. 118 Mio. Gulden Schulden, 1813 stand es kurz vor dem finanziellen Kollaps. 1815, am Ende

der napoleonischen Kriege, war der Schuldenberg auf 200 Mio. Gulden angewachsen. 1819, nach den Friedensschlüssen, hatte Bayern seine Situation etwas konsolidieren können. Es hatte 30 Mio. Gulden Einnahmen und 107 Mio. Gulden Schulden bei einem Nationaleinkommen von 200 Mio. Gulden. Die finanzielle Situation blieb aber in den Folgejahren schwierig und engte die Spielräume des bayerischen Staates auf viele Jahre hinaus erheblich ein.[28]

Daher bestand das dringende Bedürfnis, die Verschuldung zu begrenzen und die Altschulden abzubauen. Dazu mussten die Steuererträge vermehrt und die wirtschaftliche Leistungsfähigkeit Bayerns vergrößert werden.

Eine Maßnahme hierzu war die Einführung eines neuen Katasters. Dazu wurden über mehrere Jahre hinweg alle bayerischen Grundstücke vermessen und mit Eigentümern und Erträgen erfasst, um die Grundsteuererhebung zu optimieren. Das bayerische Kataster galt bis zur Mitte des 19. Jahrhundert als bestes der Welt und bildete die Grundlage für die bayerische Vermessungsverwaltung.[29]

Eine weitere Maßnahme, mit der die wirtschaftliche Situation Bayerns verbessert werden sollte, war die Säkularisation, also die Einziehung kirchlichen Vermögens.

In Bayern gab es die Hoffnung auf materiellen Gewinn durch Einziehung von Klostergut. Die Klöster waren nämlich Obereigentümer von 56 Prozent der Bauernhöfe im Land und Eigentümer großer Forstgebiete.

Hinzu kamen weitere Beweggründe. Ziel Montgelas war ein einheitliches Staatswesen ohne Ausnahmestellungen und staatsfreie Enklaven. Auch die Kirche sollte zumindest staatlich kontrolliert werden und kein autonomes Eigenleben führen. Vor allem die Klöster mit ihren eigenständigen, abgeschlossenen Strukturen standen diesem Ziel entgegen. Außerdem herrschte unter den Reformern ein Nützlichkeitsdenken vor. Jeder Teil der Gesellschaft sollte dieser Nutzen bringen. In diesem Zusammenhang wurden die Klöster, vor allem die der Bettelorden, als Belastung empfunden. Nach Meinung der Reformer verbreiteten sie Aberglauben, lebten auf Kosten anderer und brachten der Gesellschaft keinen Nutzen. Dabei ist zu bedenken, dass Staat und Gemeinden inzwischen viele Aufgaben der Klöster im Bereich Bildung, sozialer Fürsorge und Krankenpflege übernommen hatten, Aufgaben, zu deren Erfüllung die Klöster seit dem Mittelalter ursprünglich beschenkt worden waren.

Eine generelle Kirchenfeindschaft kann man den Reformern nicht unterstellen. Sie tasteten die Pfarrkirchenstiftungen nicht an, verdichteten demgegenüber das Netz der Pfarreien und sorgten dafür, dass die Pfarrer besser versorgt und ausgebildet wurden. Die Reformer sahen in den Kirchen moralische Bildungsanstalten im Rahmen des Staates. Die Kirche sollte auf diese Weise dem Staat dienen. Dies war aus Sicht der Reformer in den Pfarreien, in denen Seelsorge betrieben wurde, der Fall, nicht jedoch in den auf sich bezogenen, oft von der Welt abgeschotteten Klöstern.

Im Zuge der Säkularisation kam es zur Aufhebung sämtlicher Klöster und Kollegiatstifte im Land. Der Staat nutzte die Gebäude als Gefängnisse, Krankenhäuser, Schulen oder Fabriken oder verkaufte sie mitsamt den Ländereien. Falls sich weder eine öffentliche noch eine private Nutzung fand, wurden sie abgebrochen. Die Kunstgegenstände der Ordensgemeinschaften wurden in die staatlichen Sammlungen überführt, an Schulen abgegeben, verkauft oder eingeschmolzen. Die wertvollen Bestände in den Bibliotheken und Archiven kamen in die Bayerische Staatsbibliothek oder in das Hauptstaatsarchiv in München. Die Zusammenfassung von Büchern, Akten, Urkunden und Kunstgegenständen trug wesentlich dazu bei, dass sich München nun zu einem Zentrum geisteswissenschaftlicher Forschung und zu einem Kulturzentrum europäischen Ranges entwickelte. Die Bestände der Klöster und die Sammlungen der Wittelsbacher wurden die Basis für die großen, international bedeutenden Münchener Sammlungen wie die Pinakotheken oder die staatliche Münzsammlung.

Die Mönche wurden als Pfarrer eingesetzt oder als Lehrer oder Professoren in den Staatsdienst übernommen. Falls eine solche Möglichkeit nicht bestand, ließ man sie häufig in den Klöstern wohnen und fand sie mit Pensionen ab, in Einzelfällen konnten die Ordensgemeinschaften ihre Klöster vom Staat mieten.

Der fiskalische Gewinn war gering und die Säkularisation in Teilen wirtschaftlich sogar kontraproduktiv. Innerhalb kürzester Zeit gab es nämlich durch die Auflösung der Klöster ein Überangebot nicht nur an Land, sondern auch an Rohstoffen, Werkzeugen, Vieh, Lebensmitteln, Haushaltsgegenständen und Möbeln. Bei all diesen Gütern kam es zu Preisstürzen und in deren Folge zu einem Produktionsrückgang bei Bauern und Handwerkern. So löste die Säkularisation eine wirtschaftliche Krise aus, die zu geringeren Steuereinnahmen führte. Käufer von Land waren vor allem die örtlichen Adeligen, Kaufleute, Wirte und Brauer, diese Gruppe verfügte über ausreichend liquide Mittel, während kleine Bauern ihren Besitz kaum ausbauen konnten. Ein Gewinn für den Staat war vor allem die Übernahme des Waldbesitzes (100.000 ha), der die Basis für die bayerischen Staatsforsten darstellt.

Allerdings erbte der Staat mit der Übernahme der Klostergüter auch Verpflichtungen. Die Klosterinsassen mussten über Pensionen versorgt werden, der Staat übernahm mit dem Besitz auch die Schulden der Klöster. Diese Verbindlichkeiten zehrten einen großen Teil der Einnahmen auf. Außerdem fielen mit der Auflösung der Klöster zahlreiche Arbeitsplätze weg, vor allem im Kunsthandwerk, was sich besonders in den abgelegenen und wirtschaftlich schwachen Regionen des Alpenraums auswirkte. Mit den Klöstern verschwanden Institutionen der Nothilfe für die Menschen in ihrer Umgebung und ein wichtiger privater Kreditgeber für Kleinkredite. Nicht zuletzt hatten die Klöster Mustergüter betrieben und so Wissen vermittelt. Allerdings konnte auch, so paradox dies auf den ersten Blick klingen mag, die Kirche von der Säkularisation profitieren. Sie übte nun keine weltliche Herrschaft mehr aus und konnte sich stattdessen auf Theologie und Seelsorge konzentrieren. Dies war die Basis für die kirchliche Erneuerung im 19. Jahrhundert, die sich unter anderem in der Neugründung zahlreicher Klöster niederschlug. So gab es um 1890 in Bayern rund 11.000 Mönchen und Nonnen.[30]

Mit am schwersten von der Säkularisation betroffen war Freising, das besonders brutale Eingriffe zu erdulden hatte. Klöster und Stifte wurden aufgehoben, die Stiftskirchen St. Veit, St. Andreas und die Abteikirche Weihenstephan abgebrochen, ebenso zahlreiche Kapellen. Die geistlichen Verwaltungsbehörden des Bistums wie auch die weltlichen des Hochstifts wurden aufgelöst, die höheren Schulen geschlossen. Freising sank von der Hauptstadt eines kleinen Territoriums zu einem Landstädtchen herab. In den Jahren 1803 bis 1821 gab es im Bistum keinen Bischof, der Dom war durchgehend geschlossen.[31]

Die Säkularisationszeit endete 1817 mit dem Konkordat zwischen Bayern und dem Heiligen Stuhl, das den Rahmen für die kirchliche Erneuerung vorgab. In Bayern sollte es zwei Erzbistümer und sechs neue nachgeordnete Bistümer (Suffraganbistümer) geben mit Grenzen, die den Landesgrenzen entsprachen. München wurde Sitz eines Erzbistums, gleichzeitig der Bistumssitz von Freising nach München verlegt. Außerdem wurden im Konkordat auch Staatsleistungen festgelegt, ebenso der Einfluss des Staates auf die Besetzung kirchlicher Ämter. Schließlich garantierte der Staat die Rechte und Rechtspositionen der Kirche.[32]

Im selben Jahr endete mit dem Sturz Montgelas die Reformzeit. Der Grund für die Ablösung des mächtigen Ministers waren wohl grundlegende Differenzen mit Kronprinz Ludwig und der von Montgelas eingeführte Zentralismus, der zu einer Überforderung der Verwaltung beigetragen hatte sowie der Erlass einer neuen bayerischen Verfassung 1818, die Montgelas verzögert hatte.[33] Die Verfassung schuf nun eine Volksvertretung, die aus zwei Kammern bestand. Die Kammer der Reichsräte hatte eine ähnliche Funktion wie das englische Oberhaus. Sie bestand aus dem Hochadel, Vertretern der Kirchen, Kronbeamten und weiteren erblichen oder auf Lebenszeit berufenen Mitgliedern.

Die zweite Kammer war der Landtag mit gewählten Abgeordneten. Er war zunächst ständisch gegliedert, eine feste Quote der Sitze war für Adel, Geistliche, Vertreter der Städte und Märkte und Landbesitzer reserviert. Das Wahlrecht war an eine bestimmte Mindeststeuer geknüpft (Zensus).

Der Landtag wirkte bei Gesetzgebung, Haushalts- und Steuerbewilligung mit. Die Verfassung wiederholte die schon 1808 garantierten Grundrechte. Es handelte sich um die erste konstitutionelle Verfassung eines größeren deutschen Staates. Mit weiteren Reformen 1848 wurden die Grundrechte noch ausgebaut und auch die Zusammensetzung des Landtags verändert.[34]

Als Fazit der napoleonischen Zeit kann man festhalten, dass Bayern grundlegend verändert wurde. Bayern konnte aus den napoleonischen Kriegen erhebliche Gewinne verbuchen. Es hatte nicht nur als Staat überlebt, es hatte sein Gebiet und seine Bevölkerung um ein Drittel vergrößert und verfügte über ein geschlossenes Staatsgebiet ohne Enklaven fremder oder eigenständiger Herrschaften. Damit war ein Zustand erreicht, der seit dem hohen Mittelalter Ziel der bayerischen Herrscher gewesen war. Es war gelungen, die Bevölkerung aus den unterschiedlichen Landesteilen in den neuen Staat zu integrieren. Außerdem war Bayern ein souveräner Staat geworden.[35]

Bayern ging als gestärkter, modernisierter und leistungsfähiger Staat aus den 20 Jahren europäischer Kriege/Krisen hervor, die zu umfangreichen Umwälzungen und Veränderungen geführt hatten. Bayern war innerhalb weniger Jahre komplett umgekrempelt, ja in die Moderne katapultiert worden. Die Versäumnisse des 18. Jahrhunderts waren aufgeholt, ja überkompensiert worden. Am Ende der Reformzeit war Bayern besser und moderner organisiert als Preußen und Österreich. Es hatte eine der fortschrittlichsten Verfassungen überhaupt. Im Gegensatz zu Preußen gab es in der Folgezeit keine Rückschritte hinter diese Standards mehr, auf die Reform- folgte keine Restaurationszeit. Ein großes Aber bleibt. Wirtschaftliche Reformen, vor allem die Einführung einer umfassenden Gewerbefreiheit, wurden langsamer und später angegangen als in Preußen. Dies sollte sich neben anderen Faktoren noch als Hemmschuh erweisen und ein Grund für die verzögerte wirtschaftliche Entwicklung Bayerns im 19. Jahrhundert sein.[36]

2. Schleppende wirtschaftliche Entwicklung 1818-1886

Die folgenden Jahrzehnte waren von einer schleppenden wirtschaftlichen Entwicklung in Bayern gekennzeichnet. Das Königreich war zwar politisch führend in Deutschland, hatte mit München eines der Zentren für Kunst und Kultur überhaupt, hinkte allerdings wirtschaftlich anderen Regionen hinterher.[37]

So war Bayern 1840 noch überwiegend agrarisch geprägt. 67,5 Prozent der Bevölkerung waren in der Landwirtschaft tätig, vor allem in Altbayern (1800: fast 80 Prozent, 1900: 50 Prozent). Diese Gruppe wurde von der Agrarkrise ab den 1870ger Jahren besonders betroffen. Die kleinteilige bayerische Landwirtschaft war immer weniger in der Lage, mit den großen Gütern im Osten Deutschlands und mit den Produzenten aus Russland und Übersee zu konkurrieren, die zunehmend auf den deutschen Markt drängten. Deren Produkte konnten jetzt mittels Eisenbahn und leistungsfähiger Schiffe auch nach Bayern verbracht werden. Diese Situation sollte sich ab den 1880ger Jahren noch weiter verschärfen.[38]

Um 1850 gab es in Bayern noch keine Industriegebiete sondern lediglich einzelne Industriebetriebe vor allem in der Gegend von Augsburg, Nürnberg und München. Dagegen existierten in anderen Regionen Deutschlands, an Rhein und Ruhr, in Sachsen um Halle, Chemnitz und Dresden sowie in Schlesien schon größere Räume industrieller Verdichtung, Räume, deren Wirtschaftsleben auf die Industrie und nicht mehr auf die Landwirtschaft ausgerichtet war.[39]

Die Gründe für dieses Zurückbleiben Bayerns sind vielfältig. In den Jahren nach den napoleonischen Kriegen hatte der Staat sein Augenmerk vor allem auf die Landwirtschaft gelegt. Zwar waren die Könige Ludwig I. (1825-1848) und Maximilian II. (1848-1864) durchaus offen für die Förderung von Wirtschaft und Technik, auch wenn sie ihren Schwerpunkt auf die Baukunst (Ludwig I.) und die Geisteswissenschaften (Maximilian II.) legten. So fuhr die erste deutsche Eisenbahn 1835 von Nürnberg nach Fürth, investierte der Staat intensiv in den Eisenbahn- und Kanalbau (Main-Donau-Kanal), erschien die erste deutsche Briefmarke 1849 in Bayern, initiierte Maximilian II. 1854 die erste deutsche Industrieausstellung.[40] Aber diesen Bemühungen standen ungünstige Rahmenbedingungen und konterkarierende politische Entscheidungen gegenüber. Bayern hatte wenig Rohstoffe, keine Verbindung zum Meer und stellte, im Gegensatz zu Preußen, einen vergleichsweise kleinen Binnenwirtschaftsraum dar. Hinzu kam die große Verschuldung des Staates, die bis Mitte des Jahrhunderts sogar noch anstieg, und die die Handlungsspielräume staatlicher Akteure auf Jahrzehnte hinaus einschränkte, sodass der Staat als Nachfrager und Impulsgeber für die Wirtschaft teilweise ausfiel.[41] Ein weiteres Problem war die Konkurrenz von außen. Schon nach den napoleonischen Kriegen kam das bayerische Gewerbe durch den Import billiger englischer Industriewaren in Bedrängnis. Nach und nach entwickelte sich ein internationaler Markt für Industrieerzeugnisse. Hier konnte die sich meist auf Handwerker stützende bayerische Wirtschaft nicht mit den Großproduzenten mithalten und geriet so strukturell unter Druck, eine Entwicklung, die sich später noch verstärken sollte.[42]

Ganz entscheidend war jedoch eine konservative Grundstimmung vor allem in Altbayern, die dazu führte, dass der Landtag mehrfach Lockerungen im Gewerberecht und die Einführung der Gewerbefreiheit verhinderte. Die konservativen Kreise stemmten sich gegen die Gewerbefreiheit ebenso wie gegen das moderne Wirtschaftssystem der Industrialisierung, von der sie eine Verarmung weiter Teile der Bevölkerung befürchteten.[43]

In den 1830ger Jahren kam es zunächst sogar zu einer Verschärfung des Konzessionssystems. Erst in den 1850ger Jahren kippte die Stimmung hin zur Gewerbefreiheit, um die Konkurrenzfähigkeit Bayern zu erhöhen. Hintergrund war eine wirtschaftliche Stagnation nach Missernten, die die Bauern als Käufer hatten ausfallen lassen und damit in Handwerk und Gewerbe zu Einbußen geführt hatte. Hierdurch war das Proletariat angewachsen. Ab 1850 begann dann langsam die intensivere Industrialisierung in Bayern, gefördert vom Staat, vor allem in Schwaben und Franken um Augsburg und Nürnberg mit den führenden deutschen Lokomotivenfabriken. Hier war seit der Reichsstadtzeit wirtschaftliches und kaufmännisches Denken stärker verankert, hier konnte an Traditionen und Vorbilder durch frühere Tätigkeiten angeknüpft werden, war man gleichzeitig offener für neue Wirtschaftsformen.[44]

Erst später kam es zur Industrialisierung in München, jedoch noch kaum in Ober- und Niederbayern. Hier handelte es sich um Regionen mit einer langen Agrartradition. In Niederbayern begann man auch erst spät, deutlich nach der Jahrhundertmitte, mit dem Eisenbahnbau.[45] Vor allem dort herrschten konservative Tendenzen gegen die Gewerbefreiheit vor, während man in Schwaben und Franken liberalere Ansichten hatte und stärker für die Gewerbefreiheit eintrat. Diese wurde infolgedessen erst 1868 vollumfänglich eingeführt. Allerdings entwickelte sich Bayern zunächst

nicht zu einem Industrieland, war die Landwirtschaft auch am Ende des 19. Jahrhunderts noch ein wichtiger Produktionszweig.[46]
Die wirtschaftliche Situation hatte auch Auswirkungen auf die Bevölkerungsentwicklung:
Bayern hatte 1818 3,7 Mio. Einwohner, im Jahr 1848 4,5 Mio., 1871 eine Bevölkerungszahl von 4,9 Mio., 1900 dann 6,2 Mio. und 1910 fast 7 Mio. Einwohner. Es erfuhr so mit den geringsten Bevölkerungszuwachs im gesamten Deutschen Bund in der Zeit von 1816-1866 und blieb weit hinter anderen Regionen zurück.
Dies hatte mehrere Gründe, wobei bis heute nicht alle Ursachen vollständig erforscht sind und nachvollzogen werden können. Zunächst blieb die Erwachsenensterblichkeit in Bayern hoch. Tuberkulose war wegen schlechter Ernährung häufig und breitete sich sogar weiter aus. Missernten 1816/17 und 1846 führten zu Hungersnöten, Typhus und Cholera waren nun epidemisch auftretende Krankheiten wie Pest und Pocken in früheren Jahrhunderten.
Gleichzeitig stieg auch die Säuglingssterblichkeit an. Die Ursache hierfür ist nicht vollständig geklärt, man vermutet, dass wegen verkürzter Stillzeiten Kinder weniger widerstandsfähig und anfälliger für Krankheiten waren. Außerdem stieg, da Heiraten große wirtschaftliche und rechtliche Hindernisse entgegenstanden, die Zahl der unehelichen Geburten und damit die Zahl der Kinder, die schlechter versorgt wurden. Die Geburtenrate war klein, weil viele Bauernhöfe in Folge des Preisverfalls für landwirtschaftliche Produkte in wirtschaftliche Bedrängnis kamen. Außerdem wirkte auch noch die problematische Situation aus der zweiten Hälfte des 18. Jahrhunderts fort. In diesen Jahrzehnten war die Bevölkerung in Bayern nicht gewachsen, sondern zurückgegangen, nach Schätzungen ab 1770 ca. 1,2Prozent pro Jahr. Im Gegensatz dazu war in anderen Gebieten Deutschlands die Bevölkerung in der zweiten Hälfte des 18. Jahrhunderts teilweise kräftig gewachsen, nicht zuletzt aufgrund des teils intensiven Landesausbaus.
Die Situation in Bayern änderte sich erst ab Mitte des 19. Jahrhunderts, als hygienische Maßnahmen wie öffentliche Wasserversorgung und Abwasserentsorgung eingeführt wurden und nach und nach griffen. Außerdem verbesserten sich nun die medizinische Versorgung und die Ernährung der Bevölkerung durch grundlegende Neuerungen in Technik und Bewirtschaftungsmethoden und die dadurch ausgelösten Ertragssteigerungen. Hungerkrisen blieben jetzt aus, die Nahrung wurde kalorien- und vitaminreicher. Die Sterblichkeit sank bei weiterhin hoher

Kinderzahl, sodass die Bevölkerung ab 1870 deutlich wuchs. Allerdings blieb sie auch jetzt hinter anderen deutschen Staaten zurück, nicht zuletzt wegen der weiterhin sehr hohen Säuglingssterblichkeit.[47]

Als die Bevölkerung auf dem Land wuchs, kam es zu erheblichen Problemen, weil in Folge der Industrialisierung zahlreiche Möglichkeiten des häuslichen Handwerks als Nebenerwerb weggefallen waren. Die Bevölkerungszunahme auf dem Dorf führte, da die Ressourcen im Agrarstaat nicht ausreichten und nicht genügend Arbeitsplätze auf dem Land vorhanden waren, zur Abwanderung. Besonders betroffen waren davon der Bayerische Wald und Regionen in Franken. Ab Mitte des 19. Jahrhunderts, verstärkt seit den 70ger Jahren, zogen die Menschen vor allem in die Industriegebiete. Da diese sich in Bayern erst entwickelten, wanderten viele in andere Gebiete Deutschlands oder ins Ausland ab. Da es zu wenig Arbeitsplätze in landwirtschaftlichen Betrieben oder in der Industrie gab, bestanden weniger Existenzmöglichkeiten als in anderen deutschen Staaten wie zum Beispiel in Preußen, was die Familiengründung erschwerte. Das Handwerk konnte diese „Stellen" nicht bieten, es war übersetzt und geriet durch die Industrialisierung unter Druck. Bayern sollte ab den 1830ger Jahren für ein Jahrhundert ein Auswanderungsland bleiben. In den Jahren 1846-1856 wanderten 140.000 Menschen aus Bayern aus, in den Jahren 1876 bis 1885 sogar 160.000. Diese Menschen standen den bayerischen Städten nicht zur Verfügung.[48]

Das Wachstum der Städte war daher zunächst moderat. Bayern blieb ländlich geprägt, ein Land der Klein- und Mittelstädte. Die erste bayerische Großstadt (mit mehr als 100.000 Einwohnern) war München, das diese Grenze 1854 überschritt, es folgte 1882 Nürnberg. Aber noch 1870 war München deutlich kleiner als Berlin, lag hinsichtlich der Bevölkerung hinter Breslau, Hamburg und Dresden zurück. Das langsame Städtewachstum hatte seinen Grund auch in der Tatsache, dass es bis zum Ende des Jahrhunderts zu keiner grundlegenden Veränderung in der Siedlungsform kam, zu keiner großangelegten Umsiedlung vom Land in die Stadt, zur Landflucht wie in den letzten Jahrzehnten des Jahrhunderts, sondern dass die Städte weitgehend durch das eigene Bevölkerungswachstum wuchsen. Dies lag auch daran, dass sich in Bayern Städte häufig gegen die Zuwanderung Mitteloser aus dem Umland wehrten, was verständlich wird, wenn man bedenkt, dass in den 1840ger Jahren zeitweise bis zu 33Prozent der städtischen Einwohner auf Armenunterstützung angewiesen waren.[49]

3. Die Prinzregentenzeit 1886-1912

Die Zeit ist nach ihrer prägenden Gestalt, Prinzregent Luitpold, benannt, der 1886 für seine geisteskranken Neffen Ludwig II. (1864-1886) und Otto (1886-1916) bis zu seinem Tod 1912 die Regentschaft führte.
Luitpold pflegte einen präsidialen Führungsstil. Er hatte nach der Verfassung als Prinzregent ohnehin weniger Kompetenzen und finanzielle Möglichkeiten als ein König. Gleichzeitig hielt er sich weitgehend aus der Tagespolitik heraus. Hinzu kam, dass seiner Regentschaft von Beginn an der Makel der Absetzung Ludwigs II. anhing. So galt es für ihn, das Vertrauen der Bevölkerung zu gewinnen. Er tat dies durch zahlreiche Besuche im Land, öffentliche Auftritte und einen betont bürgerlichen Lebensstil. Darum gelang es ihm bald, geachtet und beliebt und zur Integrationsfigur der Monarchie zu werden. Sein Steckenpferd war die Förderung der Künstler.[50]
Die Zeit seiner Regentschaft bedeutete, vor allem im wirtschaftlichen und gesellschaftlichen Bereich, den Übergang Bayerns in die Moderne des 20. Jahrhunderts. Gleichzeitig ist die Prinzregentenzeit vielfältig und widersprüchlich. Sie gilt einerseits als die gute, alte Zeit des gemütlichen, einfachen Lebens, aber auch als eine Phase des Fortschritts, des Aufschwungs und des Wohlstands sowie der künstlerischen Entfaltung vor dem Hintergrund der Kriege und Krisen des 20 Jahrhunderts mit ihren Verwerfungen, Zerstörungen und Notlagen. Sie wurde aber auch als eine Zeit der Übersichtlichkeit empfunden gegenüber den oft als chaotisch und bedrohlich empfundenen Jahrzehnten des 20. Jahrhunderts mit ihren vielfältigen Umwälzungen. Dieses Bild hielt sich und wurde bis in die 70ger Jahre des vergangenen Jahrhunderts hinein gepflegt, man denke nur an die Serie „Königlich Bayerisches Amtsgericht".[51]
Allerdings wird diese Romantisierung der Epoche den tatsächlichen Verhältnissen im Land nicht gerecht. Es war durchaus auch eine harte Zeit für Arbeiter und kleine Bauern, eben keine gute alte Zeit, an die man sich zurücksehnen mochte. Viele Menschen in Bayern lebten in angespannten wirtschaftlichen Verhältnissen. Gleichzeitig war es eine Zeit der Beschleunigung und großer Veränderungen im wirtschaftlichen, technischen und sozialen Bereich, die die Zeitgenossen teilweise auch als bedrohlich erlebten, keine Phase der Übersichtlichkeit und Einfachheit. Es kam zu heftigen Umbrüchen in Staat, Gesellschaft und Wirtschaft aufgrund der Reichsgründung, einer sich intensivierenden Industrialisierung und Technisierung bei einem Fortbestehen der Krise in der Landwirtschaft, zur Entstehung neuer politischer Gruppierungen, Parteien, Verbände und

Gewerkschaften. Zunehmend traten angesichts dieser Veränderungen Spannungen zwischen verschiedenen Gruppen und Schichten auf. [52]
In die Prinzregentenzeit fallen die Weiterentwicklung des Schulwesens vor allem durch den Bau von Schulen, die Erweiterung der Hochschulen, der Bau der Technischen Hochschule, der Ausbau von Sammlungen, Museen und Bibliotheken und die Zulassung von Frauen zum Studium. Außerdem ergriff der Staat Förderungsmaßnahmen für Landwirtschaft und Handwerk, es kam zu Weiterentwicklungen in Wissenschaft und Technik, Verkehr, Gewerbe und Industrie.[53]
Jetzt erlebte auch Bayern eine stärkere Industrialisierung, besonders gestützt vom bisher bereits intensiv betriebenen Eisenbahnbau. 1914 war Bayern ein wichtiger Industriestandort, obwohl das Königreich nach wie vor hinter den Industriegebieten im Norden und Westen des Reiches zurückblieb. Industriegebiete entstanden in der Gegend von Augsburg, Nürnberg-Fürth, München, Selb und Schweinfurt. Dies zeigte sich auch in der Art der Erwerbstätigkeit der Einwohner. Hatte um 1800 noch ein Anteil von 80Prozent der Bevölkerung von Land- und Forstwirtschaft gelebt, war es um 1900 nur noch die Hälfte. Vor allem im Zeitraum 1882-1907 stieg die Zahl der in der Industrie Beschäftigten rasch an. Im Rahmen von Industrialisierung und Technisierung starben traditionelle Berufe wie der des Webers aus, neue Berufe entstanden. Der sich entwickelnde Weltmarkt für Agrarprodukte hatte Auswirkungen auf Bayerns kleinteilige Landwirtschaft. Diese war für viele Güter nicht konkurrenzfähig, auch nicht gegen Großbetriebe in Ostdeutschland. Vor allem Kleinbetriebe gerieten in Bedrängnis. Die Menschen zogen jetzt verstärkt in die Städte. Die Industrialisierung in den städtischen Zentren, die zu einer starken Nachfrage nach Arbeitskräften führte, während gleichzeitig auf dem Land die Perspektiven für die Landlosen und die Kleinstlandwirte sich verschlechterten, führten zur Abwanderung vom Land in die Stadt. Hinzu kamen auch Veränderungen in den Lebensverhältnissen, zum Beispiel die Elektrifizierung und der Ausbau des Eisenbahnwesens. Es entwickelten sich neue Strukturen in Wirtschaft und Gesellschaft, es kam zum Durchbruch der Moderne, viele Prinzipien unseres Alltagslebens wurden dort grundgelegt. So entwickelte sich die Arbeitswelt Fabrik zum Massenphänomen, die Trennung von Wohnen und Arbeiten ebenso, die Familie war nicht mehr Produktionseinheit. Der Arbeitsrhythmus ging jetzt nach der „Stechuhr", nicht nach Jahreszeit oder Sonnenaufgang. Die Arbeitsverhältnisse wurden unpersönlicher. Außerdem veränderten sich die Lebensgewohnheiten. Es stiegen der Verbrauch von Fleisch, Milchprodukten und Zucker,

Genussmittel wie Tabak und Kaffee waren nun allgemein erschwinglich und kein Luxusgut der Reichen mehr. Die Wohnverhältnisse wandelten sich, in der Kleidung wurden regionale Tracht und traditionelle ständische Gewänder zugunsten allgemeiner Moden zurückgedrängt. Außerdem steigerte sich jetzt mit einer verbesserten Gesundheitsversorgung und medizinischen Betreuung die Lebenserwartung. Epidemien mit Massensterben traten nach einer regionalen Pockenepidemie 1870/71 nicht mehr auf, Kindbettfieber und Tuberkulose wurden erfolgreich bekämpft.[54]
Bayern erlebte daher ein Bevölkerungswachstum. Von 1871 4,9 Mio. Einwohnern wuchs Bayern auf 6,2 Mio. Einwohner um 1900 und fast 7 Mio. Einwohner im Jahr 1910. München und Nürnberg wurden nun zu Großstädten.[55]
Andererseits lösten die vielfältigen und rasanten technischen Entwicklungen einen ungebrochenen Fortschrittsglauben aus. Der systematische Eisenbahnbau führte zu einem drastischen Schrumpfen von Raum und Zeit, Entfernungen wurden immer weniger bedeutend, die Welt rückte zusammen. Hier begann die Tendenz des immer schneller, immer weiter.
Das massive Städtewachstum hatte Auswirkungen auf die Lebensverhältnisse. Die Anonymität in den städtischen Quartieren stieg, gewachsene Strukturen lösten sich auf. Gleichzeitig griff städtischer Einfluss auf das Land über, was den Kleidungsstil und Essensgewohnheiten anbelangt. Die scharfe Trennung von Land und Stadt wurde verwischt durch Wehrpflicht, Justiz und Verwaltung, Parteien und Verbände. Eisenbahn und Zeitungen ermöglichten eine intensive Kommunikation zwischen Stadt und Land, Landbewohner konnten problemlos in die Städte gelangen. Lebensstile und Lebenswirklichkeiten glichen sich an.[56]

II. München, Landshut und Moosburg im 19. Jahrhundert

1. München

Auf München hatten die Veränderungen im Bayern des 19. Jahrhunderts am meisten Auswirkungen. An der Entwicklung Münchens lassen sich die Umwälzungen im bayerischen Staat und seiner Gesellschaft unmittelbar nachvollziehen, gerade München wurde sehr stark von den Herrschern und ihren Programmen sowie den Entwicklungen in Bayern geprägt. Dies gilt für die Reformzeit, für die Zeit der Stagnation und auch für die Prinzregentenzeit.

München wurde im 19. Jahrhundert von der Residenz einer kleinen Regionalmacht erst zur Hauptstadt, später zum wirtschaftlichen Zentrum des drittgrößten deutschen Staates und um die Jahrhundertwende zum kulturellen Zentrum Deutschlands.

a) Hauptstadt eines vergrößerten Staates (1799-1825)
Im Zuge der napoleonischen Kriege und der Reformen der Montgelaszeit wurde Bayern zur Regierungszentrale des neuen, vergrößerten Staates. Auf München war die gesamte bayerische Verwaltungsstruktur ausgerichtet, hier liefen die Spitzen der Verwaltung in den Ministerien zusammen. Die Beamten im Land waren die Repräsentanten und die Vertreter dieses Zentrums in der Fläche. In München fielen die maßgeblichen Entscheidungen, die dann von den Beamten vor Ort umgesetzt wurden. München war nun echte Verwaltungshauptstadt. Die Verwaltungsspitze war in Form der Ministerien und zentralen Behörden ausgebaut worden. Zahlreiche Staatsdiener jeglicher Hierarchiestufen wohnten daher jetzt in der Hauptstadt, 1819 betrug die Zahl der Hof- und Zivilbediensteten in München rund 8800. Hinzu kamen Offiziere und Adelige, die sich in der Nähe von Hof und König aufhalten wollten.[57] Ab 1818 wurde München auch ein politisches Zentrum, als mit der neuen Verfassung zwei Kammern als Repräsentation der Bevölkerung eingerichtet wurden und in München ein Politikbetrieb entstand.

Bayern war nun der drittgrößte deutsche Staat und hatte auch im europäischen Kontext eine gewisse Bedeutung. Dies brachte den Ausbau einer repräsentativen Hofhaltung mit sich, die diese Größe widerspiegeln, aber auch den Adel der neuen Landesteile integrieren sollte. Der Hof (bestehend aus dem Hofstaat des Königs, der Königin, der Prinzen und Prinzessinnen und der Königinmutter) wuchs von 820 auf 4000 Personen (Kronbeamte, Leibwachen, Verwaltungsbeamte, Diener bis hin zum Förster). Es gab ein ausgefeiltes Hofzeremoniell und große Feste.[58] Diese Hofhaltungen schufen einen Markt für Dienstleistungen, exquisite Waren und Handwerksprodukte. Bayern war außerdem seit 1806 ein souveräner Staat, der eine eigene Außenpolitik mit den europäischen Mächten betrieb. Deswegen lebten jetzt Diplomaten anderer Staaten in München. Die Brienner Straße erhielt mit den Residenzen der Botschafter den Charakter einer Gesandtenstraße. Die Diplomaten gaben München mittels prachtvoller Palais, aufwändiger Empfänge und Feste Glanz und ein internationales Flair. München war nicht mehr eine regionale Residenzstadt, sondern eine Hauptstadt.[59]

Seit 1817 war München auch noch Metropolitansitz, nun lag die Residenz des Bischofs in München, ebenso wie die kirchlichen Verwaltungsbehörden. Die Verlegung des Metropolitansitzes war nur ein Ausdruck der Zentralisierung. Die wichtigsten kulturellen Einrichtungen des Königreiches, Staatsbibliothek, Hauptstaatsarchiv, Gemälde- und Kunstsammlungen wurden ebenfalls in München konzentriert und mittels Beständen aus dem gesamten bayerischen Staatsgebiet, insbesondere aus säkularisiertem Klostergut, weiter ausgebaut. Wegen dieser Konzentration der in der Säkularisation gesammelten Kunstwerke, Archivalien, Handschriften und Bücher in der Stadt wurde München zu einem Zentrum geisteswissenschaftlicher Forschung und Kultur in Europa. Unter Maximilian I. kam noch das Nationaltheater hinzu.[60]

München wurde somit – in Anlehnung an Paris – als Hauptstadt eines hierarchisch aufgebauten Staates gezielt zum Zentrum von Regierung und Verwaltung, Politik und Kultur des neuen Königreiches ausgebaut.

Nun begann man auch, die Stadt systematisch zu erweitern und mit repräsentativen Gebäuden zu versehen. Dies erfolgte, nach dem Vorbild Napoleons, im Stil des Empire, mit Palastfassaden, Prachtstraßen, Plätzen und Triumphbogen.[61]

Der Startschuss fiel 1807/1812 mit dem Abbruch der alten Befestigungsanlagen. Nun bestand die Möglichkeit, über die bisherigen, seit dem späten Mittelalter bestehenden Stadtgrenzen hinaus zu bauen.[62]

Der Stadtausbau begann mit der Max-Vorstadt als erster planmäßiger Stadterweiterung, ab 1805 konzipiert. Hinzu kamen die Pläne für die Ludwigsvorstadt. Diese Entwürfe wurden nach und nach umgesetzt, vor allem unter Ludwig I. Weniger intensiv überplant wurden die Angervorstadt und die Isarvorstadt. Außerdem kam es zum Ausbau des Englischen Gartens.[63]

Für die zahlreichen neuen Institutionen und Einrichtungen in München, aber auch im Zuge der Erneuerung und des Ausbaus der Stadt zur repräsentativen Hauptstadt, waren zahlreiche Neubauten und Umgestaltungen um den alten Stadtkern herum nötig wie Krankenhaus, Botanischer Garten, Kasernen, die Alte Münze, Friedhof und Sternwarte.[64] Hinzu kamen die Palais der Adeligen und Spitzenbeamten. So entstand um den Karolinenplatz nach den Plänen Fischers eine Villenvorstadt, in der wichtige Repräsentanten des Staates ihre Wohnhäuser errichteten.[65] Jetzt erhielt das Zentrum Münchens in weiten Teilen sein heutiges Aussehen.

In diese Zeit fällt auch die Aufhebung der Klöster und Stifte (z.B. Augustiner und Paulaner), deren Liegenschaften für den Staat oder die private Wirtschaft genutzt wurden. 1801 begann in München als einem der ersten Orte in Bayern die Säkularisation, weil man Schulgebäude benötigte.[66]

Auch eine wichtige Attraktion Münchens hat ihre Wurzeln in dieser Zeit, das Oktoberfest. Dieses entwickelte sich aus einer anlässlich der Heirat des Kronprinzen Ludwig mit Therese von Sachsen-Hildburghausen abgehaltenen Pferderennens.[67]

Aufgrund all dieser Faktoren wuchs in jener Phase die Stadt rasant: von 1799 37.000 auf 60.000 Einwohner im Jahr 1820.[68]

b) Ausbau zum Kunst- und Kulturzentrum (1825-1864)

Nachdem in den Jahren bis 1825 München zur bayerischen Hauptstadt geworden war, ging es jetzt vor allem darum, München zu einer repräsentativen, glanzvollen Metropole auszubauen, wohl nicht zuletzt deswegen, um nach innen und außen die Bedeutung des vergrößerten und zu einer regionalen Macht im Süden Deutschlands aufgestiegenen bayerischen Staates zu dokumentieren und Integration mittels einer attraktiven Hauptstadt zu leisten.[69]

Ludwig I. (1825-1848), der romantische König[70], gab das ehrgeizige Projekt vor: „Ich will aus München eine Stadt machen, die Deutschland so zu Ehre gereichen soll, dass keiner Deutschland kennt, wenn er nicht München gesehen hat".[71] Die bayerischen Herrscher waren sich darüber im Klaren, dass sie militärisch und politisch nie an die beiden größten deutschen Staaten, die europäischen Großmächte Preußen und Österreich würden heranreichen können. Ihr Ziel war daher, aus München eine Kunst- und Kulturmetropole europäischen Ranges zu machen. Durchaus ein ehrgeiziges Unterfangen, wies München doch teilweise noch ein eher ländlich-bäuerliches Stadtbild auf.[72]

Ludwig I. gab zahlreiche Bauten in Auftrag und beteiligte sich intensiv an den Planungen, bis hin zu einzelnen Details in der Ausführung. An die Residenz ließ er den Königsbau am Max-Josephs-Platz anfügen, am Hofgarten den Festsaalbau (mit Thronsaal), außerdem die Allerheiligen-Hofkirche, wobei er die Baumasse der Residenz fast verdoppelte.[73] Sein ehrgeizigstes Projekt war die Ludwigstraße, die Straße von München zum damals noch eigenständigen Schwabing, wo Adelige und reiche Bürger ihre Landsitze hatten. Der Münchener Stadtrat lehnte zunächst Ludwigs Pläne entschieden ab. München würde in hundert Jahren nicht so stark wachsen, dass diese Straße würde bebaut werden können. Erst auf massiven Druck hin konnte Ludwig seine Vorstellungen durchsetzen. An der Ludwigstraße entstanden nun die repräsentativen Bauten für die neuen Institutionen, die Staatsbibliothek und die staatliche Salinenverwaltung, der Odeonsplatz mit dem Odeon, die Feldherrnhalle und das Siegestor, schließlich die Universität mit der Universitätskirche St. Ludwig. Auf die grüne Wiese in der Max-Vorstadt ließ Ludwig ab 1816 die Glyptothek für antike Statuen errichten, das erste öffentliche Antikenmuseum Deutschlands, ebenso den Königsplatz mit Propyläen und die Alte und die Neue Pinakothek. Hier, in diesen Museen, machte er die Bestände der Wittelsbacher Kunstsammlungen aber auch seine eigenen Erwerbungen der Öffentlichkeit zugänglich.[74]

Als Teil der neuen Staatspropaganda um die Bedeutung Bayerns zu zeigen, aber auch als Integrationspunkte für die neuen Landesteile und um Akzeptanz für die umfassenden Reformen zu erreichen, ließ Ludwig die Bavaria als Symbol für Bayern und die Ruhmeshalle über der Theresienwiese mit den Büsten bedeutender Bayern errichten. Dagegen waren die Befreiungshalle bei Kelheim und die Walhalla bei Regensburg dem gesamtdeutschen Kontext zugeneigt, hier ging es um Deutschland als Ganzes, über Bayern hinaus. Diese Bauwerke zeigen aber auch einen Teil der politischen Grundstimmung Ludwigs, der, im Gegensatz zu seinem Vater und Montgelas, Anhänger eines deutschen Nationalstaats war.[75]

1826 kam es dann zur Verlegung der Universität von Landshut nach München. Maximilian I. hatte einen solchen Schritt aus Angst vor Studentenunruhen abgelehnt. Ludwig I. verfolgte dagegen das Ziel, München zum geistigen und wissenschaftlichen Zentrum Deutschlands zu machen. Dazu war die Verlegung der Universität von Landshut nach München unerlässlich. Die Universität sollte zum Leuchtturm ausgebaut werden. Hinzu kam auch der Gedanke, dass eine Kooperation der Universität mit der Akademie der Wissenschaften, mit Staatsbibliothek und Hauptstaatsarchiv, von der man sich bessere Forschungsergebnisse versprach, deutlich besser und leichter zu verwirklichen war, wenn sich alle Institutionen an einem Ort befanden. Außerdem hoffte der König auf Impulse für Kunst und Kultur in München.[76]

Erste Entwicklungen in Richtung Technik und Industrie und damit ein Blick in die Zukunft kündigten sich schon jetzt mit der Eröffnung der Bahnlinie Augsburg-Nürnberg 1840 an.

Am Ende der Regierung Ludwigs war München zu einer repräsentativen Hauptstadt geworden.[77]

Unter dem Nachfolger Ludwigs I., Maximilian II., setzte sich dieser Trend verlangsamt und mit einer etwas anderen Zielrichtung fort. Maximilian II. setzte den Schwerpunkt aber etwas anders als sein Vorgänger. Bayern sollte eine Führungsposition in Wirtschaft, Wissenschaft und sozialer Gerechtigkeit erwerben, diese bewahren und ausbauen. Maximilian II. förderte deswegen besonders die Universität, hier im speziellen die Geisteswissenschaften. Tatsächlich wurde München in der Mitte des 19. Jahrhunderts in vielen Bereichen zu einer führenden Universität in Deutschland, gelang es Maximilian, viele Koryphäen nach München zu holen.[78] Mit Baumaßnahmen hielt sich Maximilian II. etwas zurück. Im Wesentlichen initiierte er den Bau der Maximilianstraße, der Ausfallstraße nach Haidhausen, mit dem Maximilianeum als Abschlusspunkt.

Während es München gelungen war, in Kunst und Wissenschaft eine Spitzenstellung in Deutschland einzunehmen, hinkte es in wirtschaftlicher Hinsicht Mitte des 19. Jahrhunderts hinterher, auch im Vergleich mit den ehemaligen Reichsstädten Augsburg und Nürnberg. München hatte sich bisher wirtschaftlich noch wenig entwickelt. Es gab kaum Industrie und Gewerbe in München. Entsprechende Betriebe produzierten vor allem Lebensmittel und Güter des täglichen Gebrauchs. Handel und Gewerbe waren noch ländlich orientiert, so war der Marienplatz noch in den 1830ger Jahren ein Platz für den Getreidemarkt.[79]

Zu Beginn des 19. Jahrhunderts hatte sich München in wirtschaftlicher Hinsicht von den Einbußen des Dreißigjährigen Krieges noch nicht erholt. 1802 gab es in der Stadt 20 Prozent weniger Gewerbetreibende als 1618. An dieser Situation änderte sich zunächst wenig.[80]

Allerdings begannen in der Mitte des 19. Jahrhunderts bereits Entwicklungen hin zur modernen Großstadt. Nachdem 1836/37 und 1854 eine Choleraepidemie die Stadt heimgesucht hatte, verbesserte Max von Pettenkofer die Wasserversorgung und führte eine Abwasserentsorgung (Kanalisation) ein. Bald galt München als eine der saubersten Großstädte.[81] Bis 1854 war München auf 100.000 Einwohner angewachsen, war jetzt eine richtige Großstadt. Über Eingemeindungen in den 1850ger Jahren (Giesing, Haidhausen, Au) nahm die Einwohnerschaft weiter zu.

c) Entwicklung zur modernen Großstadt (1864-1912)

Ab den 1870ger Jahren, vor allem aber in der Prinzregentenzeit ab 1886, entwickelte sich das alte, noch vorwiegend ländlich geprägte München nach den Ansätzen der früheren Jahrzehnte zur modernen, dynamischen Großstadt. Befeuert wurde diese Entwicklung ab 1870 durch den wirtschaftlichen Aufschwung infolge der Reichsgründung und der französischen Reparationszahlungen (Gründerboom).[82]

Da Ludwig II. (1864-1886) als Bauherr in München weitgehend ausgefallen war - nachdem die Bevölkerung den Bau eines Wagnerhauses über der Isar abgelehnt hatte, wandte er sich anderen Projekten wie seinen Schlössern zu – erlebte München in der Prinzregentenzeit einen weiteren Bauboom. Zu nennen sind hier vor allem die Prinzregentenstraße, die als bürgerliche Nobelstraße konzipiert wurde, sowie der Prinzregentenplatz mit dem Prinzregententheater. Es entstand jedoch auch eine große Zahl bedeutender öffentlicher Bauten: Museen wie das Bayerische Nationalmuseum und das Deutsche Museum, die Kammerspiele, der Justizpalast, das Neue Rathaus, das Müllersche Volksbad, das Schwabinger Krankenhaus und die Großmarkthalle. Mit diesen Bauten schuf die Stadt Einrichtungen der modernen Daseinsvorsorge. Außerdem wurden zahlreiche Brunnen, Brücken und Denkmäler sowie die Jugendstilbauten Schwabings errichtet. Es entstanden die großen Bierkeller und Veranstaltungslokale. München ist in seiner baulichen Substanz in dieser Zeit so geprägt worden wie sonst nur unter Ludwig I.[83]

In der Prinzregentenzeit erlebte München auch die Industrialisierung, die Entwicklung hin zum wirtschaftlichen Zentrum. München war von Klein- und Mittelbetrieben geprägt, es gab jedoch auch Großunternehmen. Linde, die Maschinenfabriken MAN und die Lokomotivenfabrik Maffei errichteten hier ihre Produktionsanlagen, die Stadt erlebte einen wirtschaftlichen Aufschwung. Zwei Drittel der Münchener lebten jetzt direkt oder indirekt von der Industrie.[84]

Um die Jahrhundertwende entwickelte sich München zur modernen Großstadt, was zum Beispiel den innerstädtischen Transport, die Versorgung mit Wohnungen, Krankenhäusern oder auch Freizeitmöglichkeiten und Parks anbelangt. Hinzu kam ein Ausbau des Schulwesens. Im Bereich des Berufsschulwesens wurde München vorbildlich für Deutschland. Straßen wurden befestigt, die Infrastruktur in großem Umfang ausgebaut. Dies betrifft die Wasserversorgung und die Müllbeseitigung, die Versorgung mit Gas ebenso wie die Elektrifizierung. Seit 1893 gab es eine elektrische Straßenbeleuchtung. Die Großmarkthalle wurde 1912 errichtet, die elektrische Straßenbahn fuhr seit 1895, ein Omnibusverkehr wurde 1906 eingerichtet. Hinzu kommt die Einführung des Telefons.[85] Modernes städtisches Leben entstand auf diese Weise.

Gegen Ende des 19. Jahrhunderts war München eine der saubersten Städte Deutschlands. Wasserversorgung und Abwasserentsorgung waren vorbildlich, andere Großstädte in Deutschland standen hier teils deutlich zurück.[86]

München verfügte nicht nur über eine der bedeutendsten Universitäten Deutschlands, sondern wurde um die Jahrhundertwendezeit das Zentrum schlechthin für neue kulturelle Entwicklungen in Deutschland. Luitpold förderte in großem Umfang Künstler, gerade auch noch unbekannte, schuf generell ein Klima der Toleranz für Kunst und Wissenschaft. Es entstand so eine offene, inspirierende Kultur im Gegensatz zum repressiven Klima in Berlin. Die offene, avantgardistische Szene, die Vielzahl literarischer Zirkel, Künstlerlokale und Gesellschaften, die auch getragen werden von Bürgertum und Repräsentanten der Regierung, schufen eine liberale Urbanität, wie es sie sonst nur noch in Wien oder Paris gab. Hier entstanden neue Impulse in Malerei und Literatur, Graphik und Plakatkunst. Nachdem München seit der Jahrhundertmitte Schriftsteller aus Deutschland und aus dem Ausland angezogen hatte, war es gegen Ende des Jahrhunderts der literarische Mittelpunkt Deutschlands. Gleichzeitig entstanden hier immer neue Künstlergruppen wie die Sezession, der Blaue Reiter oder die neue Sezession.

Besonders berühmt wurde die Schwabinger Boheme, die hier am Standort von Universität und Kunstakademie entstand. Außergewöhnlich ist, dass keine separierten Künstlerkolonien entstanden, sondern dass die Künstlerszene fest in der Stadt verankert war. In den Künstlerzirkeln verkehrten auch Unternehmer und Ministerialbeamte, manchmal auch der Prinzregent selbst.

In München arbeiteten die Maler Lenbach, Kaulbach, Stuck, Kandinsky und Klee, die Schriftsteller Wedekind, George, Thoma, Christ und die Komponisten Reger und Strauss. Es existierte ein Verlagswesen und ein breit gefächertes Kunstgewerbe.[87]

Dieses offene Klima in München führte dazu, dass sich auch politische Dissidenten aus dem Ausland in der Stadt aufhielten. So lebte Lenin in den Jahren 1900/1901 in München, ebenso Trotzki.[88]

In diesem Zeitraum explodierten die Bevölkerungszahlen regelrecht. 1871 lebten 170.000 Menschen in München, 1885 261.000, 1900 500.000 und 1913 betrug die Einwohnerzahl 640.000. Jetzt war München die drittgrößte Stadt Deutschlands, übertraf an Gewicht Nürnberg. Allerdings war dieses Bevölkerungswachstum zum Teil auf Eingemeindungen zurückzuführen. In den 1890ger Jahren betraf dies Neuhausen, Schwabing, Bogenhausen, Nymphenburg, Laim und Thalkirchen. Allerdings zogen jetzt auch verstärkt Menschen auf der Suche nach Arbeit nach München. Sie hofften hier auf den sozialen Aufstieg, außerdem lockten ein umfangreiches Kultur- und Freizeitangebot. Viele Münchener lebten jedoch in beengten materiellen

Verhältnissen, 56 Prozent der Haushalte mussten Untermieter aufnehmen, um über die Runden zu kommen.[89]

Die Bevölkerungszunahme verursachte eine drastische Wohnungsnot, vor allem an gesundem Wohnraum, dem jedoch durch einen massiven Wohnungsbau um 1900 begegnet wurde. Die große Anzahl der neugebauten Wohnungen wurde erst wieder in den 1950ger Jahren erreicht.[90]

Innerhalb eines Jahrhunderts hatte München damit den rasanten Übergang von einer Residenzstadt zu einer vielfach vergrößerten, modernen Metropole erlebt.

2. Landshut

a) Napoleonische Kriege

Landshut war während der napoleonischen Kriege immer wieder umkämpft. So vertrieben im Jahr 1800 die Franzosen österreichische Truppen aus der Stadt. Im Zuge der Kämpfe kam es zu Beschädigungen und Plünderung durch die Franzosen. Berechnungen zufolge hat Landshut allein in diesem Kriegsereignis Schäden in Höhe von 500.000 Gulden erlitten.[91]

1809 war die Stadt erneut Schauplatz heftiger Kämpfe zwischen österreichischen und französisch-bayerischen Truppen. Am 16.4. besetzten österreichische Verbände Landshut. Am 21.4. eroberten die verbündeten Franzosen und Bayern in heftigen Kämpfen die Stadt zurück. Gekämpft wurde vor allem in der Zweibrückenstraße um die Isarbrücke und in der Altstadt. Landshut entging durch Glück einer größeren Zerstörung. Napoleon zog mit seinen siegreichen Truppen in die Stadt ein und übernachtete in der Residenz.[92]

b) Reformen

1800 nahm Landshut einen deutlichen Aufschwung. In diesem Jahr wurde die bayerische Landesuniversität von Ingolstadt nach Landshut verlegt. Zunächst war sie im ehemaligen Jesuitenkloster untergebracht, dann wurde das Dominikanerkloster zum Hauptgebäude.[93]

Der Grund für die Verlegung war, dass man Ingolstadt als Festungsstadt schon seit längerer Zeit als ungeeignet empfand. Landshut wurde als neuer Standort gewählt, weil König Maximilian I. aus Angst vor einem Unruheherd keine Universität in der Hauptstadt wollte. München galt außerdem schon als stark bevölkert, Mittelstädte wie Landshut erschienen den Entscheidungsträgern als geeignetere Standorte für eine Hochschule.[94]

In Landshut waren hervorragende Gelehrte tätig. Hier forschten und lehrten Spitzenwissenschaftler, teilweise mit internationaler Bedeutung, in den Fachgebieten Mineralogie, Medizin, Jura, Theologie und Botanik. Wegen dieser Konzentration von Spitzenpersonal war Landshut eine der anziehendsten Universitäten Deutschlands.[95]

Um den Theologen Sailer bildete sich ein Kreis von Professoren und Studenten, die die Gedanken der Romantik in Bayern etablierten und den späteren König Ludwig I., der auch in Landshut studierte, mit diesen Gedanken vertraut machten. Dies hatte Auswirkungen auf die Politik, die Ludwig als späterer König verfolgte. Ludwig war stark vom Geist der Romantik beeinflusst und unterschied sich insofern deutlich von seinem Vater, der von der Aufklärung geprägt war. Dies zeigt, wie sehr in den Jahren, in welchen die Universität hier ihren Sitz hatte, Landshut ein intellektuelles Zentrum in Bayern war.[96] Gleichzeitig bewirkte die Universität mit ihren Gelehrten und Professoren einen wirtschaftlichen und kulturellen Aufschwung für die Stadt.[97]

1826 erfolgte die Verlegung der Universität nach München, weil Ludwig I. auf diese Weise München noch stärker zu einem geistigen Zentrum in Deutschland machen wollte. Dies war für Landshut ein schwerer Verlust, verließen doch nun die Professoren die Stadt und blieben die Studenten aus, womit ein wichtiger Wirtschaftsfaktor wegfiel. Außerdem verlor Landshut seine Stellung als intellektuelles Zentrum des Königreichs. 1839 wurde Landshut Sitz der Regierung von Niederbayern, eine gewisse Kompensation für den Verlust der Universität. Außerdem erhielt Landshut ein Appellationsgericht und wurde eine wichtige Garnisonsstadt. Dies konnte jedoch den Verlust der Universität nicht ausgleichen, Landshut blieb eine stille Provinzstadt.[98]

1802 war Landshut neben München der Ort, in dem die Säkularisation in Bayern begann. In Landshut benötigte man nämlich Räume für die Universität. Die Säkularisierung hatte auf Landshut mit seinen zahlreichen Konventen große Auswirkungen. Die Klöster der Zisterzienserinnen in Seligenthal, der Ursulinen, der Dominikaner, der Franziskaner und Franziskanerinnen, der Kapuziner und Kapuzinerinnen und das Kollegiatstifts St. Kastulus wurden aufgehoben, die Gebäude gingen teilweise in staatliche Nutzung über. Die Dreifaltigkeitskirche (am Dreifaltigkeitsplatz), die Franziskanerkirche (im Bereich Freyung) und die Kapuzinerkirche (an der Isar gelegen) wurden abgebrochen, die Heilig-Geist-Kirche säkularisiert.[99]

Allerdings bedeuteten die Klosteraufhebungen nicht das Ende des klösterlichen Lebens in Landshut. So blieben zum Beispiel die Kapuzinerinnen trotz Aufhebung im Kloster, auch in Seligenthal wohnten weiterhin Nonnen. Nach dem Ende der Regierung von Maximilian I. 1825 wurden einige Klöster wieder errichtet: 1826 das Ursulinenkloster, 1835 das Franziskanerkloster und das Zisterzienserinnenkloster Seligenthal, zum Teil auf Initiative von Ludwig I.[100]
1840 hatte die Stadt 9300 Einwohner.[101]

c) Moderne Stadt

Ab der Mitte des 19. Jahrhunderts hielt die Moderne Einzug in Landshut. Die Stadt erhielt eine leistungsfähige Infrastruktur. So begann 1844 der Bau einer Kanalisation, der sich aber über Jahrzehnte hinzog, ein Grund, warum noch 1854 eine Choleraepidemie Landshut heimsuchte. Ab 1887 erhielt Landshut eine zentrale Wasserversorgung.[102]

1858 wurde der Bahnbetrieb München-Landshut eröffnet. Mit dem Anschluss an das Eisenbahnnetz war Landshut besser an die Welt angebunden. Gleichzeitig war auch für Landshut das Maschinenzeitalter angebrochen, begannen Industrialisierung und Technisierung.[103]

Des Weiteren bekam die Stadt in dieser Zeit teilweise ein neues Aussehen. 1860 erhielt das Rathaus eine neugotische Fassade. In den Jahren 1876-1883 erfolgte die Neugestaltung des Rathaussaals mit Szenen aus der Landshuter Hochzeit. Dies war ein wichtiger Impuls für die Etablierung des historischen Festspiels der Landshuter Hochzeit.[104] Allerdings verlor die Stadt in dieser Zeit auch Teile ihrer historischen Bausubstanz, zum Beispiel die Stadttore. Von diesen hat sich nur das Ländtor erhalten, die anderen Toren wurden bis 1874 abgebrochen.[105] Ab der Mitte des 19. Jahrhunderts führten die geringere Sterblichkeit, die Mechanisierung der Landwirtschaft und die beginnende Industrialisierung dazu, dass Städte wie Landshut wuchsen, vielfach zum ersten Mal seit dem Ende des Mittelalters in signifikanter Weise, ein Trend, der bis heute anhält.[106]

3. Moosburg

a) Napoleonische Kriege

In den napoleonischen Kriegen zogen immer wieder Truppen durch das Gebiet um Moosburg, die Stadt war immer wieder umkämpft. Moosburg hatte wegen der Flussübergänge über Isar und Amper für die verschiedenen Kriegsparteien strategische Bedeutung. So marschierten 1796 Franzosen durch die südliche Hallertau gegen die Österreicher und dabei auch in die Moosburger Gegend. Es kam zu ersten Plünderungen und Einquartierungen in der Stadt. 1799 kamen russische Truppen auf ihrem Marsch gegen die Franzosen in Italien durch die Region. Im Jahr 1800 kämpften französische und österreichische Truppen bei Isareck. Moosburg wurde Quartier für französische Truppen, die es wegen der Sicherung der Isarbrücke bis 1801 besetzt hielten. Auch 1805 besetzten die Franzosen auf ihrem Vormarsch gegen Österreich durch Bayern Moosburg vorübergehend. Napoleon soll am 30.12. im Gasthaus Buchner (heute Setzareal) übernachtet haben. 1806 waren ebenfalls französische Truppen in der Stadt. 1809 war Moosburg Kampfgebiet zwischen bayerisch-französischen und österreichischen Truppen. Es kam zu Gefechten um die Isarübergänge Moosburg und Freising. Schwache bayerische Truppen verteidigten die Brücken, mussten aber vor den Österreichern zurückweichen. Französische Truppen eroberten die Brücken zurück. Moosburg war zeitweise Hauptquartier von Napoleons Marschall Lefebvre, bayerische Truppen unter Kronprinz Ludwig zogen durch die Stadt. Im Zuge der Kämpfe nahmen vier Angehörige des Moosburger Bürgermilitärs 150 Österreicher gefangen. Es handelte sich dabei um die letzten Kampfhandlungen im Gebiet um Moosburg bis zu den Kämpfen beim Einmarsch der amerikanischen Streitkräfte 1945.[107]

b) Reformen und Säkularisation: Veränderungen im Stadtbild und Stadtentwicklung

Die Reformen im staatlichen Bereich sowie die Säkularisation griffen stark ins Leben in Moosburg, in das Stadtbild sowie die Stadtentwicklung ein. 1803 wurde das Kollegiatstift aufgehoben, ebenso wie das Kapuzinerhospiz. Die Pfarrei Moosburg wurde neu errichtet, das Münster St. Kastulus 1805 Pfarrkirche. Das Amt des Pfarrers übernahm ein ehemaliger Mönch. Im Zuge der Säkularisation wurden mehrere Gebäude abgebrochen: Der Kreuzgang des Stifts am Kastulusplatz mit zahlreichen Chorherrengräbern, die Vorhalle vor dem Münster, die Anna-Kapelle an der Sakristei des Münsters und die Maria-Hilf-Kapelle auf dem Kastulusplatz. Die Allerseelenkapelle, auch Martinskirche genannt, am Münster auf dem Plan verkauften die staatlichen Stellen als Privathaus. Die Johanneskirche sollte ebenfalls abgebrochen werden, Moosburger Bürger konnten sie jedoch retten. Nach diversen anderen Nutzungen, unter anderem als Baustadel, wurde sie 1827 wieder Kirche. Der Zehentstadel ging vom Kollegiatstift in städtischen Besitz über.[108]

Die Säkularisation eröffnete aber auch der Stadtentwicklung neue Möglichkeiten. Das Land rund um den Moosburger Stadtkern, bisher weitgehend im Eigentum des Kollegiatstifts, des Hochstifts und Domkapitels Freising ging nun in Privatbesitz über. Während die kirchlichen Besitzer auf diesen Flächen bisher Landwirtschaft betrieben hatten, eröffnete der Eigentümerwechsel die Möglichkeit der Entwicklung und Bebauung, auch wenn dies im 19. Jahrhundert nur in Ansätzen geschah. Eine intensivere Besiedlung fand dann vor allem im 20. Jahrhundert statt.[109] Des Weiteren erfolgte aus hygienischen Gründe 1803 die Verlegung des Friedhofes von der Johanneskirche an die Michaelskirche. Außerdem begann man in dieser Zeit mit dem Abbruch der Stadtmauer und ermöglichte so den Zusammenschluss der ummauerten Altstadt mit den Stadtteilen, die sich in den letzten Jahrhunderten entwickelt hatten, dem Statzenbach-Gebiet im Norden, der Siedlung am Westerberg und der Siedlung um die Michaelskirche, der Michaeli-Vorstadt.[110]

Auch die Reformen in der Verwaltung hatten Auswirkungen auf die Stadt und ihre Bewohner. 1802 wurde ein Rentamt (Finanzamt) eingerichtet, das zunächst im Obergeschoss der Sakristei von Sankt Kastulus, dem ehemaligen Kapitelsaal des Stifts, seinen Sitz hatte, ehe es das Anwesen Stadtplatz 2 bezog.[111]

Die Stadt verlor in diesen Jahren ihre Gerichtsbarkeit, die vollständig auf das Landgericht übertragen wurde. Der Stadtspitze verblieben lediglich Verwaltungsaufgaben. Im Zuge der Neugliederung der Verwaltung wurde Moosburg Oberbayern zugeteilt.[112] 1810 hatte Moosburg 1.302 Einwohner. Die Stadt war in jenen Jahren so verarmt, dass sie 1818 in die Klasse der Landgemeinden übertrat, was eine weniger personalintensive und damit billigere Verwaltung ermöglichte. 1842 hatten sich die Verhältnisse so weit gebessert, dass Moosburg in die Reihe der Städte III. Klasse eingereiht wurde. 1855 rückte Moosburg bei 2.249 Einwohnern in die II. Klasse auf.[113]

c) Ländliche Stadt

Bis weit ins 19. Jahrhunderts hinein war Moosburg eine ländlich geprägte Stadt, die auf die Landwirtschaft im Umland orientiert war.

Dies zeigen auch die in der Stadt abgehaltenen Märkte. Seit 1805 gab es einen Markt zu Pfingsten, den Ursulamarkt, einen Mittefastenmarkt, einen Adventsmarkt, einen Lichtmeßmarkt und einen Kirschmarkt. An diesen Jahrmärkten fanden überregional bedeutende Viehmärkte statt. 1812 wurde eine Getreideschranne (Getreidemarkt) am Stadtplatz eingerichtet, 1870 neben dem täglichem Obst- und Gemüsemarkt ein Wochenmarkt, auf dem

Lebensmittel und Wolle, Flachs und Holz angeboten wurden. Es entstand eine typische Situation für bayerische Kleinstädte, nämlich die auf das agrarische Umland ausgerichtete Stadt mit einer engen Verflechtung zwischen Landwirtschaft und den auf die Landwirtschaft ausgerichteten Gewerbebetrieben in der Stadt, der typische bayerische Landflecken.[114]
Eine Beschreibung der Lebensverhältnisse im Landgerichtsbezirk Moosburg aus den 1850ger Jahren zeichnet das Bild eines agrarisch geprägten Lebens. Auch viele Moosburger betrieben nebenher noch Ackerbau und Viehzucht. Das Gewerbe war auf die Landwirtschaft ausgerichtet, es gab noch keinerlei Industrie und kaum Handel. Allerdings zeigten sich schon die wirtschaftlichen Umbrüche durch die Industrialisierung. Kleine Handwerker wurden zunehmend von der Industrie bedroht, manche Gewerbezweige gerieten in Bedrängnis. Interessant ist die Beschreibung auch im Hinblick auf die Siedlungsstruktur. Im Gegensatz zu den Handwerkern lebten die Tagelöhner in ärmlichen Behausungen im Statzenbach-Gebiet.[115]
In dieses Bild der vormodernen Strukturen passt auch die Stadtbeschreibung von Joachim Sighart von 1859 in einem Reiseführer: „Niemand wird beim Einzug in Moosburg zweifeln, dass wir eine uralte Stadt vor uns haben. Denn der dem Kunstsachverständigen so wohlthuende, ehrwürdige Rost des Alterthums [...] liegt hier wahrlich noch auf Häusern und Kirchen, Straßen und Gassen."[116]
Allerdings waren die hygienischen Verhältnisse problematisch, wie das Auftreten der Cholera 1836 und 1854 und der Ruhr 1859 zeigt. Moosburg stand hier vor denselben Problemen und Herausforderungen wie andere Städte in Bayern, wie auch München und Landshut. Außerdem herrschte eine hohe Sterblichkeit der Kinder unter einem Jahr, eine typische Situation für das Bayern der Jahrhundertmitte. Schließlich führte schwere körperliche Arbeit schon in früher Jugend bei vielen Menschen zu Gesundheitsschäden.[117]

d) Moderne Stadt

Ab der Jahrhundertmitte entwickelte sich Moosburg zu einer Stadt mit moderner Infrastruktur. Vorbote von Technisierung und Modernisierung war der Anschluss der Stadt an das Telegrafennetz 1851. Außerdem gab es, nach ersten Anläufen zu Beginn des 19. Jahrhunderts, seit 1844 (mit kürzeren Unterbrechungen) eine regelmäßig erscheinende Zeitung in Moosburg.[118]
Ein wichtiger Meilenstein war der Anschluss an die Bahnstrecke München-Landshut im Jahr 1858. Die Stadt war nun an das moderne Verkehrsnetz angebunden. Jetzt begann aber auch das rasche Ende der Flößerei auf der

Isar. Während 1860-1870 jährlich noch 3000 Flöße auf dem Fluss verkehrten, waren es 1900 nur noch 29. Ursprünglich existierte ein fester Fahrplan von München nach Wien für den Waren- und Personenverkehr, wobei Moosburg ein Etappenziel mit Übernachtungsmöglichkeit war und außerdem Treffpunkt der Durchreisenden. Gleichzeitig verlor die Stadt durch den Bau weiterer Eisenbahnanlagen auch an Bedeutung für das Hinterland im Hinblick auf Gewerbe und Handel. Durch den Eisenbahnbau schrumpften die Entfernungen, die größeren Städte München und Landshut waren nun auch für die Bewohner des Hinterlandes erreichbar. Diese begannen, sich von Moosburg weg zu orientieren.[119]

In dieser Zeit hat auch die Herbstschau ihre Wurzeln, die aus einem landwirtschaftlichen Fest auf der Schloss-Asch-Wiese im Jahr 1862 entstand. Es gab Losbuden, Schießstände und Pferderennen. Bezeichnend ist die Überschrift, mit dem die in Moosburg erscheinende Zeitung über das Fest berichtete: „Neues Leben für verödetes Städtchen".[120]

In verwaltungsrechtlicher Hinsicht stellten die Jahre 1861/62 einen Einschnitt dar. Die Landgerichte alter Prägung wurden aufgelöst, die Rechtsprechung den Amtsgerichten übertragen, die Verwaltung den Bezirksämtern. Während in Moosburg weiterhin ein Amtsgericht seinen Sitz hatte (Gerichtsgebäude blieb das alte Schloss Thurn), wurde es in verwaltungsmäßiger Hinsicht dem Bezirksamt Freising zugeschlagen.

Auf dramatische Weise erhielten weite Teile des Stadtzentrums 1865 ein neues Aussehen. Aus dem Brand eines Stadels entwickelte sich ein Großfeuer, das 45 Gebäude in der Innenstadt, vor allem im Bereich von Stadtplatz und Herrnstraße, darunter auch das Rathaus, vernichtete. Der Stadtbrand zerstörte damit auch den angeblich mittelalterlichen Charakter der Stadt, was insofern nicht ganz nachvollziehbar ist, als der Stadtkern bereits 1702 durch einen Großbrand vernichtet wurde. Der Wiederaufbau erfolgte nicht im Sinn einer Rekonstruktion der Bausubstanz, sondern in moderner Art und Weise im sogenannten Maximilianstil. Die Häuser, die nach dem Stadtbrand erbaut wurden, sind insofern gut zu erkennen, als sie traufseitig zur Straße stehen. Als Konsequenz aus dem Großbrand gründeten Moosburger Bürger die Freiwillige Feuerwehr.[121]

Trotz der Brandkatastrophe stemmte die Stadt 1866 gleich mehrere große Projekte, die eine moderne Infrastruktur schufen und legte somit die Grundlagen für eine moderne Kommune. Nach jahrelangen Planungen baute man in diesem Jahr die zentrale Wasserleitung (1909 um einen Wasserturm ergänzt)[122]. Hinzu kamen ein neues Gebäude für das 1838 errichtete Krankenhaus, der Wiederaufbau des Rathauses, der Bau von

Mädchenschule/Kloster und die Einrichtung einer öffentlichen Badeanstalt.[123] 1867 hatte die Stadt 2.449 Einwohner.
Im Zuge dieser Neuerungen kam es auch zum Abbruch der Stadttore in den Jahren 1869-1899. 1882 erfolgte der Bau des Elisabethenheimes als neues Altersheim. Einen vorläufigen Abschluss der Modernisierungs- und Infrastrukturmaßnahmen bildete 1908 die Elektrifizierung der Stadt.[124]
Moosburg erlebte im 19. Jahrhundert ein moderates Bevölkerungswachstum. 1810 hatte es 1.302 Einwohner, 1900 3.133.[125] Dieser Anstieg entspricht in etwa der gesamtbayerischen Entwicklung.
Mit den Reformen und der Säkularisation zu Beginn des 19. Jahrhunderts, mit Stadtbrand und den Modernisierungen ab der Jahrhundertmitte endete der Charakter Moosburgs als mittelalterlicher Stadt. Allerdings blieb Moosburg im ländlichen Milieu verhaftet, war die Industrialisierung noch nicht zu erkennen. Dies zeigt zum Beispiel die Tatsache, dass noch 1897 mit dem Bartholomäus-Markt im August ein weiterer Viehmarkt eingerichtet wurde.[126]

6. Kapitel: Das 20. Jahrhundert (1912-1990)

Es würde den Rahmen dieser Skizze bei weitem sprengen, zunächst die vielfältigen Entwicklungen des 20. Jahrhunderts und dann deren Auswirkungen auf die Stadtentwicklung von Moosburg, München und Landshut darzustellen. Die „allgemeine" Geschichte des 20. Jahrhunderts ist daher nur insoweit Thema, als sie sich konkret auf die jeweilige Stadtgeschichte ausgewirkt hat.

Mit dem Kapitel zum 20. Jahrhundert kehrt die Darstellung wieder zum Ausgangspunkt zurück, der Schwerpunkt wird auf Moosburg liegen. Moosburg erlebt im 20. Jahrhundert ein massives Bevölkerungswachstum und eine enorme Ausdehnung der Siedlungsfläche, weit über die bisherigen, weitgehend noch aus dem Mittelalter stammenden Besiedelungsgrenzen hinaus. Außerdem ändern sich Funktionen und Strukturen der Stadt. Aus einem teilweise noch dörflich geprägten, auf das agrarische Umland orientierten Kleinstädtchen wird ein Industriestandort. Seit dem Zweiten Weltkrieg erlebt Moosburg einen verstärkten Zuzug und wird zusätzlich Wohnort für Pendler vor allem nach München. Hinzu kommen historische Sondersituationen für Moosburg, die es in dieser Form in anderen Städten so nicht gegeben hat: Das Kriegsgefangenenlager VII A, später als Civilian Internment Camp No.6 genutzt und schließlich die Besiedelung des ehemaligen Lagergeländes durch Heimatvertriebene und die Entwicklung eines neuen Stadtteils. Demgegenüber entwickeln sich München und vor allem Landshut in den bereits in früheren Jahrhunderten gesetzten Strukturen. München erhält nun insbesondere in der Nachkriegszeit deutschlandweite Bedeutung.

I. München

Die Entwicklung Münchens verläuft in den Bahnen, die das 19. Jahrhundert vorgezeichnet hat, mit der Funktion als bayerische Hauptstadt, kulturelles Zentrum Bayerns und zunehmend auch als bedeutender Wirtschaftsstandort. In der Zwischenkriegszeit Keimzelle der NSDAP und während des Zweiten Weltkriegs schwer getroffen, wird München während der Bonner Republik (1949-1990) von einer bayerischen zu einer deutschlandweit bedeutenden Großstadt, zu einem überregionalen Wirtschaftsfaktor, dem kulturellen Zentrum der Republik, ja manchmal augenzwinkernd auch als heimliche Hauptstadt Deutschlands bezeichnet.[1]

1. München in der Zwischenkriegszeit

Die Zwischenkriegszeit in München war von einem deutlichen Bevölkerungszuwachs geprägt. Bereits seit der Mitte des 19. Jahrhunderts wuchs die Bevölkerung Oberbayerns und vor allem Münchens überdurchschnittlich an, während Niederbayern und die Oberpfalz deutlich dahinter zurück blieben. Die Industrialisierung führte zur Landflucht und zu einem Wachstum der Ballungsräume. Dies lässt sich für Bayern besonders an München nachvollziehen. Die Stadt erlebte in den Jahren 1800 bis 1950 einen Wanderungsgewinn von 500.000 Menschen – Personen, die vor allem die Arbeitsplätze in der Industrie und im Dienstleistungsbereich nach München lockten.[2] Hinzu kommen Geburtenüberschuss und Eingemeindungen, sodass die Bevölkerungszahl Münchens von 600.000 Einwohnern 1910 auf 830.000 Einwohner 1939 anwuchs.

Die bereits in der Vorkriegszeit bestehende Wohnungsnot verschärfte sich durch diese rasante Bevölkerungszunahme weiter. Nun begann sich jedoch auch die öffentliche Hand, dieser Probleme anzunehmen. Es entstanden neue Siedlungen, zum Beispiel in Ramersdorf oder in Harlaching, die auf einer einheitlichen Planung beruhten. Oft war es nun die Stadtverwaltung, die entsprechende Planungen initiierte, durchführte und teilweise auch die Finanzierung übernahm.[3]

Mit dem Ende der Monarchie fiel ein wesentlicher Impulsgeber für öffentliche und repräsentative Bauten weg. Jetzt entstanden nur noch Zweckbauten, vor allem für Verwaltung, Wirtschaft, Unterricht oder Verkehr. Gleichzeitig verhinderten die wirtschaftlichen Schwierigkeiten der Zwischenkriegszeit, besonders Inflation und Reparationszahlungen, dass öffentliche Bauten in größerer Zahl entstanden. Öffentliche Finanzen und Ressourcen wurden jetzt verstärkt für den Wohnungsbau eingesetzt. An bedeutenden Gebäuden entstanden in diesen Jahren der Kongress- und Bibliotheksbau des Deutschen Museums, gleichsam die Vollendung des bereits vor dem Krieg begonnenen Gesamtkomplexes, das Allianz-Gebäude und der Anbau der Technischen Hochschule. Außerdem wurde das Hochhaus der Stadt München errichtet, das erste Hochhaus Bayerns.[4]

Auch das Klima für die Künstler veränderte sich. München blieb zwar Heimat einer Künstlerszene, fiel aber, was zeitgenössische Kunst anbelangt, hinter Berlin zurück, das nun ein freieres Umfeld bot als die bayerische Hauptstadt.

2. „Hauptstadt der Bewegung"

Gleichzeitig entwickelte sich München in den frühen zwanziger Jahren zur „Hauptstadt der Bewegung". Zwar wurde der bayerischen Landeshauptstadt dieser „Ehrentitel" erst am 2.8.1935 verliehen[5], doch liegen die Wurzeln der NSDAP in München. Ausgangspunkt war eine grundlegende Veränderung des gesamtgesellschaftlichen Klimas in der Stadt. Aus dem weltoffenen, liberalen München der Prinzregentenzeit wurde innerhalb weniger Jahre eine Hochburg reaktionärer, nationalistischer Kreise.

Dies ist einerseits rein zufällig, hat andererseits aber auch strukturelle Gründe. Diese liegen in den revolutionären Ereignissen der Jahre 1918/1919, die in Bayern und insbesondere in München zu einem Rechtsruck in weiten Teilen der Bevölkerung und bis Mitte der 20ger Jahre auch der Regierung führten. In diesem Klima konnten sich reaktionäre und nationalistische politische Kräfte entwickeln und entfalten.

Zwar fand in Bayern am 07.11.1918 die erste Revolution in Deutschland statt, zwei Tage vor der Revolution in Berlin, doch war dieser Umsturz lediglich von einer kleinen Minderheit getragen. Die Masse der Bevölkerung stand dem Unternehmen zunächst gleichgültig gegenüber, war jedoch auch, einschließlich weiter Teile von Militär, Polizei und Beamtenschaft, nicht bereit, sich für die alte Ordnung einzusetzen. Die Bevölkerung war kriegsmüde, vor allem, weil ein Kriegsende nicht in Sicht war. Das massenhafte Sterben, von dem bald jede Familie betroffen war, nahm kein Ende. In den Städten herrschte Mangel an Nahrung und Heizmaterial, auf dem Land an Arbeitskräften, Dünger und Nutzvieh. Hinzu kam, dass das herrschende System immer stärker damit überfordert schien und es wohl auch tatsächlich war, die Kriegslasten gleichmäßig zu verteilen. Die Gesellschaft war zerrissen, Land und Stadt, Produzenten und Konsumenten, Arbeiter und Industrieführer standen sich gegenüber. Für diese Probleme hatte das alte System keine überzeugenden Antworten, es hatte sich in den vier Kriegsjahren selbst diskreditiert. König Ludwig III. (1913-1918) wurde immer mehr als Befehlsempfänger des Kaisers gesehen und damit zunehmend zur Projektionsfläche der sich ausbreitenden Missstimmung im Land.[6]

In dieser Situation zogen am 07.11.1918 nach einer Kundgebung mit der SPD, die sich gegen die Revolution ausgesprochen hatte, eine kleine Gruppe von Anhängern der radikalen USPD durch das Münchener Kasernenviertel, wo sich Soldaten den Revolutionären anschlossen. Der König floh noch in der Nacht in die Alpen und entband am 13.11.1918 die Beamten und Militärs von ihrem Treueeid.[7]

In den nächsten Monaten herrschten in München teils chaotische Verhältnisse. Die Stadt wurde zu einem Zentrum politischer Auseinandersetzungen. Es kam zu Anschlägen und Putschversuchen, politischen Morden - unter anderem an Revolutionsführer und Ministerpräsident Kurt Eisner - und immer größerer Unruhe. In diesem Klima folgten auf die erste Revolution (Sturz der Monarchie) noch die bayerische Räterepublik und kurz darauf die kommunistische Räterepublik. Während sich die Revolution immer stärker radikalisierte, fand sie bei der Masse der eher konservativen Bevölkerung immer weniger Rückhalt.[8]
Die instabilen politischen Verhältnisse im Zuge der Revolution und die heftigen Kämpfe, in denen Regierungstruppen und Freikorps im April 1918 brutal und grausam die kommunistische Räterepublik niederschlugen, scheinen der Masse der Bevölkerung als Beweis dafür gedient zu haben, dass die Revolution nur Chaos und Gewalt gebracht habe. Weite Kreise der Bevölkerung sehnten sich nun wohl nach den alten Verhältnissen, nach der Monarchie, vor allem nach der Prinzregentenzeit als der „guten, alten Zeit" zurück. Gleichzeitig galten die rechtsgerichteten Freikorps weiten Teilen der Bevölkerung als Befreier.[9] Es kam zu einem Rechtsruck der Bevölkerung, der sich schon bei den Landtagswahlen 1920 zeigte. Auch die rechtsgerichteten bayerischen Regierungen sahen die Revolution als Betriebsunfall an, den es zu korrigieren galt. Sie verfolgten mehr oder weniger offen einen autoritären und reaktionären, antisozialistischen und antirevolutionären Kurs mit dem Ziel der Rückkehr zur Monarchie. So gingen die Regierungen kaum gegen die reaktionären Feinde der Republik vor. Diese Kreise konnten sich der Sympathie zahlreicher Funktionsträger in den bayerischen Ministerien, der Polizei und dem bayerischen Teil der Reichswehr erfreuen. Bald erwarb sich Bayern unter den Reaktionären der Weimarer Republik den Ruf, die „Ordnungszelle" des Reiches zu sein und wurde zum Sammelbecken für Nationalisten und Freikorpsführern mit ihren Truppen und Waffenlagern und zum Rückzugsraum für Rechtsterroristen, die hier politische Morde organisierten. Die Galionsfiguren der Reaktionäre im Reichsgebiet ließen sich in Bayern nieder. Aussagekräftig ist die Antwort des Münchener Polizeipräsidenten Pöhner, auf die Frage, ob ihm bekannt sei, dass es in Bayern politische Mordgruppen gebe, „Ja, aber noch nicht genug."[10]
Symptomatisch für diese Situation ist auch eine Aussage Thomas Manns aus dem Jahr 1926: In der Vorkriegszeit sei München demokratisch und Berlin feudal-militaristisch gewesen, nun hätten sich die Verhältnisse beinahe umgekehrt.[11]

München war nun in den frühen zwanziger Jahren nicht mehr eine ruhevolle, behäbige Bürgerstadt des 19. Jahrhunderts, sondern eine pulsierende Großstadt. Hier trafen sich zahlreiche durch den Krieg Entwurzelte, ehemalige Soldaten ohne Arbeit, Offiziere ohne Aussichten und allgemein von der Situation Enttäuschte. Verschiedene politische Richtungen, Revolutionsanhänger und Verfechter der Gegenrevolution stießen nun in der bayerischen Hauptstadt aufeinander.[12] In dieser Situation gelang es Adolf Hitler, politisch Fuß zu fassen. Als Kriegs-Freiwilliger war er bei Kriegsende in der bayerischen Hauptstadt gestrandet, ohne Perspektiven und offensichtlich auch ohne weitere Ziele. Er tat weiter in der Reichswehr Dienst. Nach der Niederschlagung der Räterepublik war er als sogenannter Bildungsoffizier für die Reichswehr tätig. Hitler sollte in dieser Funktion die politische Stimmung unter den heimkehrenden Soldaten ausforschen, sie gegen demokratisches oder pazifistisches Gedankengut immun machen und die politische Szene im heftig brodelnden München beobachten. In dieser Eigenschaft erhielt er im September 1919 den Auftrag, die vom Maschinenschlosser Anton Drexler gegründete „Deutsche Arbeiterpartei" zu überwachen, einen nationalistischen, antisemitischen Stammtischzirkel von etwa 40 Personen mit sozialistischen Tendenzen. Bald wurde Hitler Mitglied dieser Partei und für sie als erfolgreicher Redner und Organisator tätig. 1920 schied Hitler aus der Reichswehr aus und widmete sich von nun an ganz der Arbeit für die Partei, deren Führung er bald übernahm. Im selben Jahr setzte Hitler die Umbenennung in „Nationalsozialistische Deutsche Arbeiterpartei", das Hakenkreuz als Parteisymbol und die Annahme eines neuen Parteiprogramms durch. Hitler wurde dabei von Hauptmann Röhm und von anderen Offizieren des bayerischen Wehrkreiskommandos unterstützt. 1921 ließ er sich diktatorische Vollmachten gewähren und setzte innerhalb der Partei das Führerprinzip durch. Er konnte unter den Entwurzelten und Enttäuschten Begeisterung für sein Programm wecken. Außerdem gelang es Hitler, neben seinen Unterstützern beim Militär und den Sympathisanten in Verwaltung und Justiz auch unter dem vermögenden Bürgertum der Münchener „besseren Kreise" Gönner zu rekrutieren, die die Partei mit erheblichen Geldmitteln versahen, sodass die NSDAP unter anderem die Zeitung „Völkischer Beobachter" kaufen konnte. Die Spitzen von Polizei und Reichswehr in Bayern und auch die bayerischen Regierungen bis 1923 sahen in Hitler und der SA durchaus mögliche Hilfskräfte für die Durchführung ihrer politischen Ziele in Bayern. Hitler wurde deswegen geduldet, bisweilen sogar unterstützt, anstatt dass die öffentliche Gewalt gegen die Nationalsozialisten vorgegangen wäre.[13]

1923 waren NSDAP und SA noch weitgehend auf Süddeutschland beschränkt. Außerhalb Bayerns gab es kaum Organisationsstrukturen und Unterstützung.[14] Nach dem gescheiterten Putschversuch vom 09.11.1923, der anschließenden Haftzeit Hitlers und anderer Naziführer und dem Verbot der Partei änderte sich die Strategie endgültig dahingehend, dass nun die Macht mit legalen Mitteln, also mittels Wahlen, gewonnen werden sollte.[15] Hitlers NSDAP orientierte sich deshalb auf die Reichsebene und damit stärker auf Berlin. Die deutsche Hauptstadt konnte, das war Hitlers Schlussfolgerung aus den Ereignissen des Jahres 1923, nicht von München aus erobert werden. Der Landshuter Gregor Strasser baute nach Hitlers Haftentlassung die Parteiorganisation in Norddeutschland auf, sodass die Bedeutung Münchens für die NSDAP sank, auch wenn die Stadt neben Berlin das Zentrum der Partei schlechthin blieb.[16]

3. München in der Zeit des Nationalsozialismus

Direkt nach der Machtergreifung begann das nationalsozialistische Terrorregime auch in München. Es kam zu Massenverhaftungen und Bücherverbrennungen, zahlreiche Wissenschaftler, Künstler und Schriftsteller verließen die Stadt, zum Beispiel Thomas Mann. 1935 erhielt München offiziell den Titel „Hauptstadt der Bewegung". Mit dem „Braunen Haus" (zwischen Karolinenplatz und Königsplatz) lag seit 1930 eine der Parteizentralen in München, Hitler behielt bis Kriegsende eine Privatwohnung in der Prinzregentenstraße. In der Zeit des Nationalsozialismus entstanden neue Gebäude in der Münchener Innenstadt: Das Haus der Kunst (1937) sowie die Ehrentempel am Königsplatz als Erinnerungsstätte für die Toten des Hitlerputsches von 1923. Hier sowie an der Feldherrnhalle fanden jedes Jahr am 09.11. aufwändig inszenierte Feiern zu Ehren der Toten statt. Während das Haus der Kunst den Krieg nahezu unbeschadet überstand, noch heute existiert und als Ausstellungsgebäude benutzt wird, sprengten die amerikanischen Truppen nach Kriegsende die Ehrentempel am Königsplatz. Außerdem wurden das Zentralministerium in der Ludwigstraße, Verwaltungsgebäude der Partei um den Königsplatz und das Luftgaukommando in der Prinzregentenstraße errichtet.

Diese Bauten sollten nur ein Auftakt für ein weitaus größeres Stadtumbauvorhaben sein. Eine gigantische Ost-West-Achse war als Prachtstraße konzipiert, mit Museen, Cafes und Gaststätten. Am Hauptbahnhof war ein 214,5m hohes Denkmal für die Toten des Hitlerputsches geplant, die Bahnhofshalle selbst sollte einen Kilometer lang werden. Von ihr aus sollten Waggons mit der russischen Spurbreite nach

Osten abfahren können. Außerdem war der Bau einer U-Bahn geplant. Mit den Baumaßnahmen, auch von Teilen der U-Bahn, war schon begonnen worden, aber seit 1941 ruhten die Bauarbeiten wegen des Krieges, sodass die Planungen nicht umgesetzt werden konnten. In dieser Zeit wuchs auch das Stadtgebiet Münchens durch Eingemeindungen, zum Beispiel von Pasing, Feldmoching, Großhadern und Allach.[17]

Die NS-Dienststellen und die Stadtverwaltung in München versuchten von Anfang an, dem Titel „Hauptstadt der Bewegung" alle Ehre zu machen. Es kam zu einer frühzeitigen und heftigen Diskriminierung der Juden, viele Maßnahmen, die später reichsweit angewendet wurden, kamen in München zum ersten Mal zum Einsatz. Von den 12.000 Münchener Juden erlebten daher nur 84 das Kriegsende in der Stadt. Die anderen waren entweder geflohen oder im Holocaust ermordet worden.[18]

München hatte aber auch unter den Bombardierungen der Alliierten enorm zu leiden. Insgesamt erlebte München 73 Luftangriffe, den letzten kurz vor Kriegsende. Bereits im Sommer 1944 kam es zu Versorgungsschwierigkeiten, 200.000 Münchener waren obdachlos. Insgesamt starben bei den Luftangriffen mindestens 6.250 Münchener, 15.000 wurden verletzt, 82.000 Wohnungen waren ganz oder teilweise zerstört, sodass 300.000 Einwohner obdachlos waren. München insgesamt wurde zu 33 Prozent, die besonders schwer getroffene Altstadt zu 90 Prozent zerstört (Würzburg zu 75 Prozent, Nürnberg zu 51 Prozent, Augsburg zu 24 Prozent)[19] Von den bedeutenden Bauten der Innenstadt hatten zum Beispiel das Nationaltheater, das Nationalmuseum, die Staatsbibliothek, die Residenz, die Frauenkirche oder die Kirche „Alter Peter" schwere Schäden davon getragen oder waren vollständig zerstört.

Aufgrund von Evakuierungen, Flucht aufs Land und Einberufungen zur Wehrmacht war die Einwohnerzahl Münchens von 830.000 im Jahr 1939 auf 550.000 im Jahr 1945 gesunken.

Am 30. April 1945 zogen die ersten amerikanischen Truppen in München ein. Eine Ironie der Geschichte ist die Tatsache, dass die Vorhut in Hitlers Privatwohnung am Prinzregentenplatz ihren Gefechtsstand einrichtete. Als die Amerikaner am 01.05.1945 eine Militärverwaltung für München einsetzten, war der Krieg für die bayerische Hauptstadt endgültig beendet.[20]

4. Nachkriegszeit bis zur 800-Jahr-Feier 1958

Die Nachkriegszeit bis zum 800-jährigen Stadtjubiläum 1958 stand in München unter dem Zeichen des Wiederaufbaus und eines starken Bevölkerungswachstums. Bei Kriegsende 1945 hatte München etwa 550.000

Einwohner, 1957 wurde die Marke von 1 Million überschritten und 1958 lebten 1,05 Millionen Menschen in München. Dies stellte München vor große Herausforderungen, was die Versorgung mit Wohnraum anbelangt. Beim Wiederaufbau entschieden sich die Verantwortlichen, oft auch auf Druck der Bevölkerung, dafür, die historische Straßenführung beizubehalten und die markanten öffentlichen Bauten wie die Altstadt-Kirchen, die Residenz, das Nationaltheater, die Bauten der Ludwigs- und Maximilianstraße und das Alte und das Neue Rathaus weitgehend detailgetreu zu rekonstruieren. Jedoch bezog sich die Rekonstruktion hauptsächlich auf die Fassaden. Raumaufteilung und Innenausstattung konnten vielfach nicht wiederhergestellt werden. Weitgehend verloren blieben die zerstörten Bauten in Privatbesitz. Ein Beispiel für diesen Zustand ist der Marienplatz. Der Platz selbst blieb erhalten. Während das Neue Rathaus rekonstruiert wurde, errichteten die Besitzer der Privathäuser rund um den Platz ihre Neubauten im Stil der 50ger Jahre.[21]

Ein wichtiger Meilenstein in der Nachkriegsentwicklung war 1958 das Jubiläum 800 Jahre Stadtgründung. Wichtige Bauten und Ensembles waren zumindest teilweise wieder hergestellt, so die Residenz, die Ludwigstraße, die Frauenkirche und das Cuvillies-Theater. Allerdings dauerte der Wiederaufbau noch Jahre an. Das Nationaltheater konnte erst 1963 wieder eröffnet werden, die Wiederherstellung der Innenausstattung der Residenz zog sich bis in die 80ger Jahre.[22]

Auch die folgenden Jahre waren von einem starken Bevölkerungswachstum geprägt. München erlebte mit einem breit gefächerten Angebot an Arbeitsplätzen sowie einem vielseitigen Bildungs- und Unterhaltungsangebot besonders ab den 1950ger Jahren einen enormen Zuzug. Um 1960 betrug die jährliche Zuwachsrate 30.000 Einwohner, ein Trend der sich ab 1970 verlangsamte, weil wohlhabende Münchener in die Umlandgemeinden zogen und die Wanderungsgewinne zurückgingen. Diese Entwicklungen stellten München aber auch vor erhebliche Probleme. Die Stadt hatte Schwierigkeiten, ausreichend Wohnraum und Infrastruktur wie Schulen und Krankenhäuser zur Verfügung zu stellen. Eine Situation, die München seit dem 19. Jahrhundert bis in die Gegenwart hinein mehr oder weniger intensiv beschäftigt. 1958 fehlten 80.000 Wohnungen. Diese große Zahl relativiert sich aber, wenn man bedenkt, wie viel Wohnraum 1945 zerstört war und welchen großen Zuwachs an Einwohnern München in wenigen Jahren erlebt hatte. Die Stadt begegnete diesem Wohnraumproblem mit der Errichtung neuer Siedlungen wie der Parkstadt Bogenhausen,

Siemenssiedlung, Neuperlach und Hasenbergl in den 50ger und 60ger Jahren.[23]

Nachdem in den 1940ger Jahren Flüchtlinge und Heimatvertriebe nach München gezogen waren, kamen ab den 1950ger Jahren ausländische Arbeitnehmer nach Bayern. Auch hier bildete München einen Schwerpunkt. 1972 wohnten bereits 200.000 Ausländer in der Stadt, mehr als 15 Prozent der Gesamtbevölkerung.[24] Der Zuzug dieser Bevölkerungsgruppen brachte neue Mentalitäten in die Stadt. München wurde internationaler.

5. München als wirtschaftliches und kulturelles Zentrum der Bonner Republik

Im Lauf des 19. Jahrhunderts war München zum politischen, kulturellen und wirtschaftlichen Zentrum Bayerns geworden. In der Nachkriegszeit übernahm München nun teilweise diese Funktionen für die gesamte Bundesrepublik. Hintergrund war die Tatsache, dass Berlin als geteilte Stadt, umgeben zunächst von der sowjetischen Besatzungszone und später der DDR, weitgehend als deutsche Hauptstadt ausfiel.[25]

Verschiedene Städte traten nun in die bisherigen Funktionen Berlins ein: Bonn wurde politisches Zentrum der Republik, Frankfurt als Standort der bedeutendsten deutschen Börse und der großen Banken wirtschaftliches. Hamburg entwickelte sich mit dem Sitz von Stern, Zeit und Spiegel zum Pressezentrum. München wurde zur Hauptstadt der klassischen Kultur aufgrund seiner zahlreichen Theater, Museen, führenden Opernensembles und Orchester. Außerdem entwickelte sich die Stadt zu einer Hochburg für Buchverlage. München nahm 1970 mit Abstand die erste Stelle in der Bucherzeugung ein. Inzwischen ist München neben New York die bedeutendste Verlagsstadt der Welt. Außerdem wurde München ein wichtiger Wissenschafts-, Bildungs- und Forschungsstandort von europäischem Rang. Die Stadt ist Standort der Fraunhofer-Gesellschaft und der Bayerischen Akademie der Wissenschaften. Nach München wurden Teile der Max-Planck-Gesellschaft verlegt, aus der zahlreiche Nobelpreisträger hervorgingen, ebenso ab 1949 das Deutsche Patentamt und später das Europäische Patentamt. Dies hat wohl dazu beigetragen, dass sich die Forschungs- und Entwicklungsabteilungen vieler Betriebe in München konzentrierten. Mit der Ludwig-Maximilians-Universität befand sich die größte deutsche Universität in München, hinzu kamen die Technische Universität und weitere Schulen und Fachhochschulen.[26]

Gleichzeitig stieg mit dem politischen Gewicht Bayerns im Gesamtstaat auch die entsprechende Bedeutung Münchens. Während Bayern in der

Weimarer Republik einen Anteil von 16,2 Prozent der Gesamtfläche und 11,8 Prozent der Gesamtbevölkerung hatte und damit hinter Preußen mit 62,5 Prozent und 61,2 Prozent weit abgeschlagen den zweiten Platz einnahm, war Bayern nun das flächenmäßig größte und nach Nordrhein-Westfalen bevölkerungsreichste Bundesland.[27] Grund hierfür war ein deutliches Bevölkerungswachstum von 6,2 Mio. im Jahr 1900 über 8,2 Mio. 1939 und 9,1 Mio. im Jahr 1950 auf schließlich 10,5 Mio. im Jahr 1970, wobei der Zuzug von 2 Mio. Flüchtlingen in den Jahren 1945-1950 die nicht unerheblichen Bevölkerungsverluste im Krieg überkompensierte.[28] Hinzu kam, dass mit der Sonderstellung der CSU als explizit bayerischer Partei, die bayerische Interessen auf Bundesebene vertrat, sich aber gleichzeitig als bundespolitische Partei verstand, Bayern und München auch zu einem bedeutenderen politischen Faktor in der Bundesrepublik wurden, sodass München auch insoweit mehr Gewicht erhielt. Vor allem wenn ein CDU-Kanzler regierte und der CSU ein starker Parteichef vorstand, entwickelte sich die Stadt zu einem politischen Nebenzentrum der Republik, was sich auch in dem immerhin halb ernst gemeinten Diktum von der „heimlichen Hauptstadt Deutschlands"[29] widerspiegelt. Eine Situation, die noch dadurch verstärkt wurde, dass im Provisorium der Bonner Republik mit zahlreichen künstlich geschaffenen Bundesländern Bayern einen selbstbewussten, historisch gewachsenen Staat darstellte.[30] Als weitere, tiefgreifende Entwicklung kam der Übergang Bayerns von einem in weiten Bereichen noch agrarisch geprägten Gebiet zu einem Industrie- und später auch Dienstleistungsstandort hinzu. Im Zuge dieser Umwälzungen wurde München nun ein deutschlandweit bedeutender Wirtschaftsstandort.
Diese Entwicklung erfolgte in weniger als zwei Jahrzehnten nach 1950.[31] Um die Jahrhundertwende hatte der Anteil der ländlichen bäuerlichen Bevölkerung in Bayern noch die Hälfte der Gesamtbevölkerung betragen, vor dem Zweiten Weltkrieg ein Drittel. Bis 1970 war der Anteil auf knapp 12 Prozent gefallen, 1986 auf 6 Prozent, 1999 auf 3 Prozent. Nach 1950 erfolgte die Industrialisierung in der Fläche. Die Industrie war daher nicht mehr auf die Zentren München, Nürnberg/Fürth, Augsburg und Hof/Naila beschränkt. Seit der Mitte der 60ger Jahre gab es dann in ganz Bayern kein Gebiet mehr, das überwiegend agrarisch geprägt war. Die Lebensverhältnisse in Bayern glichen sich an, die Unterschiede zwischen Stadt und Land verschwammen.[32]
In Folge dieser Entwicklung wurde München zu einem Zentrum wichtiger Wachstums- und Zukunftstechnologien im Bereich des Metall-, Automobil- und Elektrogewerbes. 1969 war München Arbeitsort jedes siebten

bayerischen Industriearbeiters, 1968 erwirtschaftete die Stadt 32,6 Prozent des bayerischen Bruttosozialprodukts.[33] Für München bedeutete dies Zehntausende hochwertige und zukunftsträchtige Arbeitsplätze. So waren 1971 allein bei Siemens 58.000 Arbeitnehmer beschäftigt, hinzu kamen Arbeitsplätze bei MAN und MBB.[34] Wesentliche Gründe für die Industrialisierung Bayerns nach dem Zweiten Weltkrieg waren der Zuzug qualifizierter Flüchtlinge und Vertriebener, vor allem Sudetendeutscher, und Betriebsverlagerungen aus der sowjetischen Besatzungszone. So wurde München, neben Erlangen, Sitz von Siemens (und der zugehörigen Forschungsabteilung) und der Allianz. Der Dierig-Konzern verlegte seinen Sitz nach Augsburg und die DKW-Werke der Auto-Union zogen nach Ingolstadt, Zeiss nach Schwaben. Kleinere Betriebe verlagerten ihre Produktionsstätten oft nur wenige Kilometer von Südthüringen nach Nordbayern.[35] Die wirtschaftliche Entwicklung Bayerns in diesen Jahren wird daher auch als importierte Industrialisierung bezeichnet.[36] In den 70ger und 80ger Jahren kamen Luft- und Raumfahrtindustrie sowie Medienbetriebe hinzu, wurden Biotechnologie und Mikroelektronik vom Staat ebenso gefördert wie Informatik und Datentechnik und damit Zukunftstechnologien.

Diese Ansiedlung zukunftsträchtiger Industrien im Bereich Elektrotechnik, KFZ, Maschinenbau und chemische Industrie ließ Bayern und vor allem München die Kohle- und Stahlkrise der 1980ger Jahre weit weniger spüren als andere Regionen in Deutschland. Daher gab es in Bayern insgesamt, vor allem aber in München, eine unterdurchschnittliche Arbeitslosigkeit und ein starkes Wirtschaftswachstum.

Aufgrund der verbesserten Verkehrsinfrastruktur und der Tatsache, dass nun weiten Bevölkerungskreisen Auto oder Motorrad zur Verfügung standen, wurde das Pendeln aus weiter entfernten Gemeinden nach München zu einem neuen Phänomen. Dies führte dazu, dass München das Arbeitskräftereservoir einer ganzen Region erschloss und zum Ort für Arbeit, aber auch für Freizeit und Konsum für das weitere Umland wurde, seine Funktion als Zentrum damit weiter ausbaute.[37]

Neue Impulse setzten die Olympischen Spiele von 1972, die für München besonderes Prestige bedeuteten und die Anerkennung als internationale Großstadt brachten. Zahlreiche Sportanlagen wie das Olympiastadion wurden gebaut. Hinzu kam das Olympische Dorf. Außerdem investierte man jetzt massiv in den öffentlichen Personennahverkehr. München erhielt eine U-Bahn. Das Umland wurde mit einem umfangreichen S-Bahn-Netz an die Landeshauptstadt angeschlossen.[38]

1992 erfolgte mit der Verlegung des Flughafens aus dem Stadtteil Riem in das Erdinger Moos eine weitere wichtige städtebauliche Entwicklung. Das alte Flughafengelände wurde mit Wohnungen bebaut und zum Messegelände.[39]

II. Landshut

Die Geschichte Landshuts weist im Vergleich zu München, aber auch zu Moosburg, im 20. Jahrhundert wenig Besonderheiten auf. Es fehlen die Sonderentwicklungen wie in München aber auch die Sondersituation, die Moosburg mit dem Stalag VII A und dem Civilian Internment Camp No. 6 aufweist. Ebenso erlebte Landshut keine derart großen Umbrüche wie Moosburg, das sich im 20. Jahrhundert von einer agrarisch geprägten Gemeinde zu einem Industriestandort verwandelte, verbunden mit rasantem Bevölkerungswachstum und einer grundlegenden Umwandlung im Hinblick auf die sozialen und gesellschaftlichen Milieus.

In der Zwischenkriegszeit fällt auf, dass Landshut zu einem Zentrum der NSDAP in Niederbayern wurde, was sich besonders an der Person Gregor Strassers und in gewisser Weise auch Heinrich Himmlers festmachen lässt.

Schon im Oktober 1920 war eine Ortsgruppe der NSDAP in Landshut gegründet worden, die 1921 bereits 85 Mitglieder hatte. Im selben Jahr lockte eine Hitlerrede 1.000 Zuhörer an. Von Landshut aus erfolgten weitere Gründungen von Ortsgruppen in Niederbayern. Allerdings bleibt festzuhalten, dass bis zur letzten Reichstagswahl in Niederbayern ein deutlich geringerer Stimmenanteil auf die NSDAP entfiel als in Bayern und im Reich.[40]

Mit Gregor Strasser stammt einer der bedeutendsten nationalsozialistischen Politiker der zwanziger Jahre aus Landshut. Geboren 1892 in Geisenfeld betrieb Strasser in Landshut eine Apotheke. In den Jahren unmittelbar nach dem Ersten Weltkrieg führte er das Sturmbataillon Niederbayern (zeitweise 2.000 Mann stark, ausgerüstet mit Geschützen und Maschinengewehren) an. In dieser Zeit war Heinrich Himmler sein Adjutant. 1921 schloss er sich der NSDAP an und wurde Gauleiter von Niederbayern, Himmler sein Stellvertreter. Als die NSDAP nach dem Hitlerputsch verboten wurde, war Strasser einer der Anführer der Ersatzorganisation. Nach Wiederzulassung der NSDAP baute er für die bisher auf Süddeutschland konzentrierte Partei sehr erfolgreich Strukturen in Norddeutschland auf und führte zeitweise einen eigenen Verlag, für den Joseph Goebbels tätig war. 1923 hatte er als SA Führer von Niederbayern bereits eine SA-Einheit mit 900 Mann aufgebaut. 1926 wurde er Reichspropagandaleiter der NSDAP (wiederum mit Himmler als Stellvertreter), 1928 Reichsorganisationsleiter der NSDAP. In dieser Zeit zeigten sich jedoch schon erste Gegensätze zu Hitler: Während Gregor und sein Bruder Otto Strasser stark für den Sozialismus eintraten und Hitler eine Abkehr von den sozialistischen Idealen der Bewegung vorwarfen, setzte Hitler zunehmend auf ein Bündnis mit den etablierten Eliten, unter anderem dem Besitzbürgertum. Anlässlich der Frage einer Regierungsbeteiligung kam es 1932 zum Bruch zwischen Hitler und Strasser, Strasser legte seine Parteiämter nieder. 1934 wurde er im Zusammenhang mit dem sogenannten Röhm-Putsch ermordet. Strasser war, anders als andere NSDAP Größen wie Hitler oder Goebbels, keine gescheiterte Existenz, sondern wirtschaftlich erfolgreich. Er war gebildet und las zum Beispiel Homer im Original.[41]

Gegen Ende des Krieges wurde Landshut von Bombenangriffen getroffen, vor allem am 28./29. 12. 1944, am 19.03.1945 und am 16.04.1945, besonders im Bereich des Bahnhofs und dessen Umgebung.[42] Am 01.05.1945 besetzten amerikanische Streitkräfte die Stadt.

In der Nachkriegszeit erlebte Landshut vor allem durch den Zuzug von Flüchtlingen und Vertriebenen einen starken Bevölkerungszuwachs. Aus diesem Grund dehnte sich die Bebauung aus, neue Wohnviertel entstanden.[43] Auch Landshut profitierte von der Verlagerung von Firmen aus der Sowjetischen Besatzungszone, so eines Teils der Schott-Glaswerke aus Jena und der Roederstein-Werke aus Berlin.[44]

In den siebziger Jahren vergrößerten sich Stadtgebiet und Bevölkerungszahl durch Eingemeindungen im Zuge der bayerischen Gebietsreform. 1978 war Landshut wieder Hochschulstadt. In diesem Jahr wurde die Fachhochschule Landshut gegründet.

III. Moosburg

Für Moosburg stellt das 20. Jahrhundert eine Phase großer Umbrüche dar. Vom Vorabend des Ersten bis kurz vor dem Zweiten Weltkrieg erlebte Moosburg eine intensive Industrialisierung. Nach dem Zweiten Weltkrieg kam es über die Ansiedlung von Heimatvertriebenen zu einem massiven Bevölkerungswachstum und einer deutlichen Vergrößerung der Siedlungsfläche. Beide Entwicklungen führten nicht nur zu einer Bevölkerungszunahme, sondern veränderten auch die sozialen Verhältnisse und die Mentalitäten in der Stadt. Zwischen diesen beiden Zeitabschnitten liegt mit der Geschichte des Kriegsgefangenenlagers „Stalag VII A" und des

Zivilinternierungslagers „Civilian Internment Camp No. 6" eine Entwicklungsphase, die eine besondere historische Situation für Moosburg darstellt, aber auch für die Bevölkerungs- und Stadtentwicklung der kommenden Jahrzehnte große Bedeutung erlangte. Schließlich wurde Moosburg nach dem Zweiten Weltkrieg auch zu einem wichtigen Wohnort für Pendler vor allem nach München.

1. 1912 - 1939: Vom Landstädtchen zum Industriestandort
Der erste Abschnitt des 20. Jahrhunderts, bis zum Jahr 1939, stand in Moosburg im Zeichen der Industrialisierung.
Gleichsam die Vorankündigung für diese Entwicklung war die Errichtung des Uppenbornkraftwerkes 1907[45], die die Elektrifizierung Moosburgs ermöglichte, der symbolische Beginn einer neuen Zeit von Industrie und Technik.
Innerhalb weniger Jahre entwickelte sich Moosburg von einem agrarisch geprägten Landstädtchen zum industriellen Zentrum des Landkreises. Bis zum Zweiten Weltkrieg war die Industrie im Landkreis Freising nahezu ausschließlich um Moosburg konzentriert. Aber auch später noch lag in Moosburg der industrielle Schwerpunkt der Region.[46]
Die eigentliche Industrialisierung begann mit der Verlegung der 1906 gegründeten „Erdwerke Kronwinkl Franz Schmid & Co GmbH" nach Moosburg im Jahr 1909. Es handelte sich dabei um den Vorläuferbetrieb der Süd-Chemie AG, heute Clariant. Die Verlegung erfolgte, weil in Moosburg ein Bahnanschluss vorhanden war.[47]
Der ständig wachsende Betrieb benötigte laufend Arbeitskräfte, was zu einer grundlegend neuen Entwicklung in Moosburg führte. Bis dahin waren eher Abwanderungstendenzen vorherrschend gewesen, da nicht wenige Moosburger im bisher auf die Landwirtschaft ausgerichteten Städtchen keine wirtschaftlichen Perspektiven sahen und auch keine Arbeit fanden. Nun drehte sich der Trend um. Nicht nur gab es für die Moosburger im neuen Betrieb ausreichend Arbeitsplätze, im Gegenteil, jetzt erfolgte eine Zuwanderung von Personen, die beim Tonwerk Arbeit suchten. Auf diese Weise und mittels des Bergbaus nach Tonerde, der zeitweise auch im Untertagebau erfolgte, strahlte das Tonwerk Moosburg in die ganze Umgebung aus.[48]
Die 1918 gegründete Hanfrösterei (auf dem Gelände des heutigen Driescher Werkes/Käserei Hofmeister) überlebte die Goldenen Zwanziger Jahre nicht, in denen importierte Baumwolle billiger war als der vor Ort angebaute Hanf

und Flachs. Sie stellte 1928 ihren Betrieb ebenso ein, wie 1932 das Nachfolgeunternehmen, das den Kunstdünger Nettolin herstellte.
Dagegen hatte die 1922 gegründete Firma Steinbock deutlich mehr Erfolg. Dies gilt auch für die Firmen Hofmeister (1937), Driescher (1938) und Peschler (1939).[49]
Bei diesen erfolgreichen Moosburger Unternehmen handelte es sich um zukunftsträchtige, nur noch teilweise auf die Landwirtschaft gestützte Betriebe. Diese zogen Arbeitskräfte an, sodass die Bevölkerung Moosburgs deutlich wuchs: von 3600 Einwohnern im Jahr 1910 über 4200 im Jahr 1925 auf 5200 im Jahr 1939. Dieses Bevölkerungswachstum zog eine massive Ausweitung der bisherigen Siedlungsfläche nach sich. Ab den zwanziger Jahren wurden die seit dem Mittelalter existierenden Siedlungsgrenzen deutlich überschritten. Es begann die Bebauung der Bonau, des Westerbergs, des Oberen/Unteren Gereuth, des äußeren Statzenbachgebiets und des Breitenbergs. Dort entstanden erste Gebäude ab 1921 an der Dr.- Schels-Straße, Kolpingstraße, Pilgrinstraße und der Münchener Straße.[50]
Nun änderten sich auch die Milieus und die Sozialstruktur der Stadt. In Moosburg lebte nicht mehr eine homogene Gruppe, die rein katholisch, konservativ, orientiert auf die Familie und ausgerichtet auf das ländliche Gewerbe war; eine Gruppe, die vielfach unter sich familiär und geschäftlich verbunden war. Zu den Alteingesessenen trat nun die wachsende Zahl der Industriearbeiter, teilweise von außen zugezogen und damit weniger an Moosburg und die dortige Bevölkerung gebunden, mit einer anderen Lebenswirklichkeit als die ansässige Bevölkerung. Alte Milieus und Mentalitäten wurden aufgebrochen, wie sich auch noch aus den Seelsorgeberichten der unmittelbaren Nachkriegszeit ergibt. Hierin beklagt sich der damalige katholische Stadtpfarrer zum Beispiel, dass die zugezogenen Frauen und Mädchen teilweise „jenseits der Moral" stehen, und die zugezogenen Arbeiter, die in den Siedlungen am Stadtrand wohnen, „am ehesten versagen", während bei den alteingesessenen Familien noch die alte Familientradition nachwirke.[51]
Trotzdem wies Moosburg noch ländliche Züge auf. Ein Reisebericht aus den zwanziger Jahren beschreibt, wie Ochsen- und Pferdegespanne durch die Altstadt fahren, in der es noch keine Autos gibt.[52]
Die Zwischenkriegszeit verlief in Moosburg weitgehend unspektakulär. Am 01.12.1918 konstituierte sich ein Arbeiter- und Soldatenrat mit dem Ziel, Sicherheit und Ordnung aufrecht zu erhalten. Die Kämpfe zwischen den roten (linken) und den weißen (rechten) Truppen im Jahr 1919 führten zur Sprengung der Brücke über die Amper.[53]

1923 wurde eine Ortsgruppe der NSDAP in Moosburg gegründet. Dabei hatte Gregor Strasser von Landshut aus unterstützt, während die Moosburger Ortsgruppe ihrerseits Hilfe beim Aufbau der Ortsgruppe Freising leistete. Trotzdem blieb der Stimmenanteil der NSDAP bis zur letzten freien Reichstagswahl 1932 knapp unter dem bayerischen Durchschnitt.[54] Machtergreifung und Gleichschaltung verliefen 1933 reibungslos. Es bedurfte nur weniger Einschüchterungen und Repressionen wie Hausdurchsuchungen und der Anordnung von Schutzhaft, um zu erreichen, dass bis in den Sommer 1933 Parteien, Vereine und Verbände aufgelöst oder gleichgeschaltet waren und Moosburg einen NSDAP-Bürgermeister (Dr. Müller) und einen von der NSDAP besetzten Stadtrat hatte.[55]

In der Zwischenkriegszeit wurden trotz politisch schwieriger Umstände und wirtschaftlicher Probleme wichtige Infrastrukturmaßnahmen in Moosburg und Umgebung umgesetzt. Am wichtigsten waren die Deichbau- und Regulierungsmaßnahmen an Isar und Amper sowie der Bau des Isar-Amper-Kanals ab 1919. Hintergrund waren Arbeitsbeschaffungsmaßnahmen und der Versuch der bayerischen Staatsregierung, Energie aus Wasserkraft zu gewinnen. Die bayerische Regierung versuchte auf diese Weise, mit einer aktiven Verkehrs- und Energiepolitik die wirtschaftliche und soziale Situation in Bayern zu verbessern.[56]

In Moosburg selbst wurden das Sparkassengebäude (jetzt Haus der Bildung), das Schulhaus an der Münchener Straße und das Freibad in der Bonau errichtet.[57]

Während des Krieges gab es umfassende Umbaupläne für Moosburg, wobei nicht klar ist, inwieweit ernsthaft an deren Verwirklichung gedacht war. Neben der zumindest teilweisen Wiedererrichtung der Stadtmauer mit stilisierten Stadttoren war vor allem der Plan Gegenstand der beabsichtigen Neugestaltung. Anstelle des Pfarrhofes sollte ein Gemeinschaftshaus entstehen, ebenso ein Ehrenmal. Auch das Rathaus wollte man verlegen, und zwar in die Gegend des jetzigen Pfarrheims. Außerdem waren auf der Asch-Wiese großdimensionierte Sportanlagen geplant.[58]

2. 1939-1948: Kriegs- und Nachkriegszeit

Die Zeit zwischen 1939 und 1948 hatte weitreichende Auswirkungen auf die Zukunft Moosburgs. Die Stadt erlebte mit dem Stalag VII A und dem Civilian Internment Camp No. 6 eine historische Sondersituation. Der Bau von Stalag VII A wirkte sich dann in der Nachkriegszeit noch in einer anderen Weise aus. Das Gelände wurde von Flüchtlingen und Heimatvertriebenen besiedelt, ein neuer Stadtteil, die Neustadt, entstand.

a) Stalag VII A[59]

Zunächst existierte von 1939 bis 1945 das Kriegsgefangenenlager Stalag VII A. Das Stalag VII A, kurz für Mannschaftsstammlager, war ein Lager für Unteroffiziere und Mannschaften, kein Lager für Offiziere. Es war ein Stammlager, also die Zentrale eines umfangreichen Komplexes von Nebenlagern in ganz Südbayern, in denen zahlreiche Gefangene während ihres Arbeitseinsatzes untergebracht waren. In dieser Zentrale wurden die ankommenden Gefangenen registriert und auf die Nebenlager verteilt. Im Stalag erfolgte auch die Betreuung erkrankter Gefangener. Außerdem wurden dort der Arbeitseinsatz, der Transport, die Versorgung und der Postverkehr der Gefangenen organisiert und abgewickelt. Die römische Ziffer VII steht für den Wehrkreis VII. Das ganze Reichsgebiet war in Wehrkreise eingeteilt, der Wehrkreis VII (München) umfasste Südbayern bis zur Donau, Nordbayern bildete den Wehrkreis XIII (Nürnberg). Teil der Aufgaben des Wehrkreiskommandos war die Organisation des Kriegsgefangenenwesens. Der Buchstabe A steht für das erste Lager im Wehrkreis, es existierte daneben noch das kleiner Stalag VII B in Memmingen.[60]

Standortentscheidung

Am 21./22.09.1939 erging der Befehl des Wehrkreiskommandos VII, in Moosburg ein Gefangenenlager für 10.000 Gefangene aufzubauen. Hintergrund ist ein Befehl des Oberkommandos der Wehrmacht (OKW), das die Errichtung eines Lagers in der Nähe von Landshut vorgab. Diese Anordnung wird verständlich, wenn man bedenkt, dass die Gegend von Landshut relativ zentral im Wehrkreis liegt, an den Bahnlinien München-Nürnberg und München-Passau, sodass Gefangene leicht zu verlegen und zu versorgen waren.

Der Grund für die Entscheidung für Moosburg ergibt sich aus der Heeresdienstvorschrift 38/12, die Anordnungen für den Bau eines Gefangenenlagers trifft. Die dort geforderten Kriterien lagen bei dem Gebiet nördlich der Stadt in Richtung Zusammenfluss von Isar und Amper vor. Das Lager konnte hier gut mit Wasser und Strom versorgt werden, das Gelände lag einerseits etwas abseitig und war wenig einsichtig und trotzdem mit der unmittelbaren Nähe zur Bahnlinie München-Nürnberg und München-Passau verkehrsgünstig angebunden. Die Fläche selbst war eben und übersichtlich. Außerdem konnten die teilweise stillgelegten Industrieanlagen und Hallen der Hanfrösterei und der Nettolin-Fabrik als Basis für das Lager dienen.[61]

Aufbau des Lagers

Noch am 22.09.1939 begann der Aufbau des Lagers. An diesem Tag wurden die ersten Baumaterialien bestellt, unter anderem 100km Stacheldraht, da ein Lager bereits dann als einsatzbereit galt, wenn es eine Stacheldrahtumzäunung aufwies. In den ehemaligen Industrieanlagen wurde eine Entlausungsstation eingerichtet, außerdem begann der Bau der Baracken. Als vorübergehende Unterkunft wurden Zelte aufgestellt. Trotzdem war vieles noch provisorisch, als am 19.10.1939 die ersten 1.400 Gefangenen im Lager eintrafen.

Am 31.12.1939 befanden sich bereits 9.000 Gefangene im Bereich des Stalag. Die Ausmaße waren, nicht zuletzt im Vergleich zur Größe der Stadt, beachtlich. 1941 erstreckte sich das Lager über eine Fläche von 600m auf 550m, die Lagerstraße war 670 Meter lang. Außerhalb des Lagers befand sich der Kommandanturbereich. Das Lager war in Sektoren unterteilt, so für Aufnahme und Entlausung, Depots, Lagerstätten, Werkstätten und ein Lazarett. Die Gefangenen wurden nach Nationen getrennt untergebracht, die einzelnen Bereiche der verschiedenen Nationen waren mit Stacheldrahtzäunen voneinander getrennt. Rund um das Lager verlief ein Stacheldrahtzaun mit Wachtürmen.[62]

Stalag-Leitung

Das Stalag wurde von reaktivierten ehemaligen Offizieren geleitet. So war der erste Kommandant, Oberst Nepf, bei seiner Bestellung bereits 63 Jahre alt. Bewacht wurden die Gefangenen von Landesschützenbataillonen, die jeweils aus rund 450 älteren, nur bedingt kriegsverwendungstauglichen, leicht bewaffneten Soldaten bestanden.[63]

Behandlung der Gefangenen

In den verschiedenen Lebensbereichen, von Ernährung und Bekleidung über Postverkehr und medizinische Versorgung bis hin zur Bestattung, lässt sich die unterschiedliche Behandlung der Gefangenen nachvollziehen. Die Genfer Konvention wurde vollständig nur auf Briten und Amerikaner angewendet. Dies hatte wohl den Hintergrund, dass die deutsche Führung die Möglichkeit eines Verständigungsfriedens nicht torpedieren und in der Öffentlichkeit dieser beiden Länder eine gute Presse haben wollte. Franzosen und Jugoslawen wurden schlechter behandelt, hier bestand keine Notwendigkeit mehr, einen Verständigungsfrieden zu schließen. In der Behandlung der polnischen Gefangenen lässt sich die Rassenideologie der Nazis nachvollziehen. Italiener galten nach dem Bruch Italiens mit dem

Deutschen Reich 1943 als Verräter. Am schlechtesten wurden die sowjetischen Gefangenen behandelt. Für diese war die Gefangenschaft ein täglicher Kampf ums Überleben.[64]

Ankunft und Unterbringung
Da an der Front und an den Gefangenensammelplätzen oft schlechte sanitäre Verhältnisse herrschten, legte die Wehrmacht großen Wert auf die Entlausung der Gefangenen bei ihrer Ankunft im Stalag. Die Gefangenen wurden durchsucht und ihnen Geld, Wertsachen, Waffen und andere gefährliche Gegenstände abgenommen. Außerdem wurden die Gefangenen registriert und ihre persönliche Daten erfasst. Die Unterbringung erfolgte in Baracken zu je 250 Mann. Die Gefangenen schliefen in Stockbetten. Latrinen befanden sich außerhalb in eigenen Baracken.[65]

Postverkehr
Große Bedeutung hatte der Postverkehr. Briefe waren die einzige Möglichkeit, Angehörige vom eigenen Schicksal zu unterrichten. Die Zahl der Briefe, die ein Gefangener erhalten oder versenden durfte, war kontingentiert.
Gefangene konnten sich auch Lebensmittelpakete und Pakete mit Kleidung, Büchern und Sportgeräten schicken lassen. Die Lebensmittelpakete hatten eine große Bedeutung für die Verbesserung der Verpflegung aber auch der Freizeitmöglichkeiten. Die Pakete kamen von den Angehörigen sowie von Hilfsorganisationen, vor allem dem Internationalen Komitee vom Roten Kreuz.
1940 gingen pro Monat 140.000 Briefe ein und 70.000 ab, pro Woche trafen 15.000 Pakete ein, an Weihnachten 1940 ca. 200.000. Die eingehenden und abgehenden Briefe wurden von der Gruppe Abwehr des Stalag zensiert, die Pakete durchsucht.[66]

Ernährung und Bekleidung
Was die Ernährung der Gefangenen anbelangt, ließen sich die Nationalsozialisten von drei Kriterien leiten. Die Rationen mussten kleiner sein als die der deutschen Zivilbevölkerung, um Unruhe zu vermeiden. Gleichzeitig sollten sie so groß sein, dass die Arbeitsfähigkeit der Gefangenen erhalten blieb. Schließlich spielten Propagandagesichtspunkte eine Rolle. Es gab die größten Rationen für Briten und Amerikaner, die überdies in großem Umfang Lebensmittelpakete erhielten, am schlechtesten

war die Verpflegung für die Italiener und vor allem für die sowjetischen Gefangenen, die kaum zum Überleben reichte.

Gekocht wurde in der Stalag-Küche, das Essen dann in die Baracken verteilt. Morgens gab es Ersatzkaffee aus Eicheln oder Gerste, mittags Pellkartoffeln, Eintopf oder Suppe und die tägliche Brotration, abends Pellkartoffeln. 1941 wurden pro Gefangenem täglich 320g Brot, 1.200g Kartoffeln, 80g Fleisch und 180g sonstige Nahrungsmittel ausgegeben.

Ein permanentes Problem bildete die Bekleidung. Viele Gefangene kamen zerlumpt im Lager an, hinzu kam der Verschleiß während des oft jahrelangen Aufenthalts dort. Es gelang der Wehrmacht nie, ausreichend Ersatz zur Verfügung zu stellen.[67]

Arbeitseinsatz

Für die allermeisten Gefangenen war der Arbeitseinsatz der Faktor, der ihr tägliches Leben bestimmte. Der Arbeitseinsatz von Kriegsgefangenen war von Anfang an von der deutschen Führung eingeplant. Man hatte damit im Ersten Weltkrieg gute Erfahrungen gemacht. Das Vorgehen war überdies von der Genfer Konvention gedeckt.

Schon im Herbst 1939 wurden polnische Gefangene im Bereich des Stalag bei der Kartoffel- und Rübenernte eingesetzt, anstelle von eingezogenen Landarbeitern. Ab 1940 erfolgte dann auch der Einsatz in der Industrie. Dies bedeutete, dass sich die meisten Gefangenen nicht im Stalag befanden, sondern an ihrem Einsatzort in Außenlagern lebten oder direkt bei dem Bauern oder Handwerker, dem sie zugeteilt waren. Der Grund für die Unterbringung am Arbeitsort war, dass damit einerseits kein Zeitverlust für den Weg von und zur Arbeitsstelle entstand und keine Transportkapazitäten gebunden waren. Außerdem vermied man so ein langwieriges Aus- und Einchecken morgens und abends.

Die Arbeitsbedingungen waren abhängig vom Arbeitsgeber und dem Verhalten der Kollegen. Vor allem bei den sowjetischen Gefangenen waren Einsätze auf einem Bauernhof beliebt, weil dort die Verpflegung meist besser war. Die Gefangenen erhielten für ihre Arbeit eine geringe Entlohnung, gestaffelt nach Nationalität, mit der sie im Lager einkaufen konnten.[68]

Kontakt zur Zivilbevölkerung

Kontakte zur Zivilbevölkerung waren verboten, außer sie waren im Rahmen des Arbeitseinsatzes unvermeidbar. Um das Kontaktverbot durchzusetzen, reagierte das Regime mit einer intensiven Propaganda, kleinlichen Verboten und schweren Sanktionen. Vor allem Frauen, die Liebesbeziehungen mit Gefangenen eingegangen waren, wurden schwer bestraft.

Zivilisten durften das Stalag ohne triftigen Grund nicht betreten. Es war auch verboten, sich dem Lager zu nähern. Allerdings war es üblich, dass Kinder Brot im Austausch für Spielzeug, das sowjetische Gefangene gebastelt hatten, über den Lagerzaun warfen.[69]

Seelsorge und Freizeitgestaltung

Die Seelsorge hatte im Stalag wohl die Funktion, die heute der Gefangenenpsychologie zukommt. Einer der deutschen Seelsorger, Prof. Dr. Ziegler, beschreibt, wie sehr die Hinwendung zur Religion den Gefangenen Halt und Zuversicht in ihrer Situation gab.

Die Anhänger der verschiedenen Religionen und Konfessionen konnten im Stalag ihren Glauben ausüben und wurden dabei vor allem von gefangenen Priestern betreut. Zwischenzeitlich existierte auch eine Kirchenbaracke zur Abhaltung der Gottesdienste, teilweise stand dafür auch die Johanneskirche zur Verfügung. Interessant ist, dass es trotz der vielen Kulturen und Religionen auf engstem Raum, soweit bekannt, nicht zu Auseinandersetzungen zwischen den verschiedenen Gruppen gekommen ist.

Im Lager gab es auch verschiedene Aktivitäten zur Freizeitgestaltung, die von der Lagerleitung und vom OKW unterstützt wurden, um die Stimmung unter den Gefangenen zu verbessern. Beispielsweise gab es im Lager Theatergruppen, Orchester, Fortbildungsmöglichkeiten und Sportveranstaltungen. Französische Gefangene schufen einen Brunnen, der sich heute am Stalag-Gedenkplatz befindet. Viele Gefangene betätigten sich auch künstlerisch, und bis heute haben sich zahlreiche Bilder, Skizzen, Aquarelle und Modelle erhalten.[70]

Medizinische Versorgung

Ziel der medizinischen Versorgung war die Erhaltung der Arbeitsfähigkeit der Gefangenen. Das Lazarett im Lager hatte eine Kapazität von 1.000 Betten. Es nahm diejenigen auf, die so schwer erkrankt oder verletzt waren, dass sie am Ort des Arbeitseinsatzes nicht ausreichend betreut werden konnten. Schwerere Fälle behandelte das Wehrmachts-Lazarett auf dem Domberg in Freising; wenn nötig wurden Gefangene auch in Spezialkliniken oder von Zivilärzten versorgt.

Häufige Erkrankungen waren Hautkrankheiten, Typhus, Durchfallerkrankungen, Tuberkulose und Fleckfieber. Im Bereich des Stalag VII A gab es etwa 1000 Todesfälle, weit überwiegend sowjetische Soldaten.

Anhand der Verteilung der Todesfälle wird die unterschiedliche Behandlung der verschiedenen Gefangenengruppen deutlich. Trotz der hohen Zahl an verstorbenen sowjetischen Gefangenen hatte Stalag VII A eine im Vergleich mit anderen Lagern geringe Todesrate.
Die Verstorbenen wurden zunächst auf Gemeindefriedhöfen beigesetzt. Als die Todeszahlen nach dem Eintreffen der sowjetischen Soldaten anstiegen, beerdigte man die Gefangenen auf speziellen Friedhöfen, in Moosburg in Oberreit.[71]

Fluchten, Fluchtversuche, Widerstand und Bestrafung
Fluchten und Fluchtversuche waren ein ständiges Problem, vor allem auf Außenkommandos, wo die Gefangenen im Laufe des Krieges immer weniger intensiv bewacht werden konnten. Im Bereich des Stalag VII A kamen pro Monat etwa 150-200 Fluchtversuche vor, von denen etwa 10 Prozent erfolgreich waren.
Fluchten wurden, wie andere leichtere Disziplinarvergehen auch, mit Arrest bestraft. Dessen Durchführung war zum Schutz der Gefangenen streng reglementiert. Körperliche Strafen waren verboten. Schwerere Straftaten ahndeten die Wehrmachtsgerichte, die jedoch vergleichsweise milde Urteile verhängten.
Im Lager gab es sowohl den Widerstand Einzelner als auch organisierten Widerstand verschiedener Gruppen. Die größte Widerstandsgruppe, die über ein weitreichendes Netzwerk mit verschiedenen Kontakten in ganz Deutschland verfügte, war die Brüderliche Vereinigung der Kriegsgefangenen, gegründet von sowjetischen Gefangenen im Jahr 1943. Sie hatte zeitweise, bis zur Zerschlagung im Jahr 1943, einen wichtigen Stützpunkt in Stalag VII A.[72]

Kriegsende
Im Frühjahr 1945 kündigte sich das Kriegsende mit Bombenangriffen auf Erding, Freising und Landshut an, ebenso häuften sich Tieffliegerangriffe auf Straßen und Bahnlinien. Ende April 1945 kamen Flüchtlinge nach Moosburg, Kanonendonner von der sich nähernden Front war zu hören. Zahlreiche KZ-Häftlinge zogen in langen Kolonnen durch die Stadt.
Das Stalag war inzwischen überbelegt. Seit Ende 1944 waren viele Gefangene aus Lagern im Norden und Osten nach Moosburg verlegt worden. Gegen Kriegsende dürften sich 70.000 Mann im Stalag befunden haben.

Die Stalag-Leitung unter Kommandant Oberst Burger hatte den Befehl erhalten, Gefangene in den Süden zu bringen, das Lager zu zerstören und die Wachmannschaften in die Verteidigungslinie Isar-Amper-Glonn einzugliedern.

In dieser Situation beschlossen Oberst Burger, der Befehlshaber der Wachmannschaften, Major Koller, und Bürgermeister Müller, Stadt und Lager kampflos den amerikanischen Truppen zu übergeben und die Zerstörung der Brücken zu vermeiden.

Da sich eine zwischenzeitlich in die Stadt verlegte SS-Einheit an diese Vereinbarung nicht gebunden fühlte, kam es am 29.4.1945 vormittags zu kurzen, heftigen Kämpfen der vorrückenden Amerikaner mit SS-Angehörigen an der Amperbrücke. Während die Isarbrücke von der SS gesprengt wurde, gab es in der Stadt lediglich kleinere Schäden.

Gegen Mittag wurde das Lager von Oberst Burger an die Amerikaner übergeben, um 14 Uhr 30 die Kaserne der Wachmannschaft besetzt.

Für Moosburg folgten chaotische Tage. Die einmarschierenden Kampftruppen begannen mit Plünderungen in der Stadt, ebenso wie Teile der Gefangenen aus dem Stalag und Zivilinternierte aus der Umgebung. Außerdem kam es zu zahlreichen Vergewaltigungen. Der überforderten Armeeführung gelang es erst nach acht Tagen, diese Exzesse einzudämmen. Nach 14 Tagen hatte sie die Lage wieder vollständig im Griff. In dieser Zeit haben zahlreiche Gefangene Gewalttaten verhindert. Vor allem die Gefangenen, die während ihres Arbeitseinsatzes gut behandelt worden waren, stellten sich Plünderern in den Weg.[73]

Das Rathaus wurde Sitz eines US-Stadtkommandanten. Da für das Zivilinternierungslager Civilian Internment Camp No. 6 (s.u.) Wachmannschaften benötigt wurden, beherbergte die Stadt eine verhältnismäßig große amerikanische Besatzung. Für deren Unterbringung wurde ziviler Wohnraum beschlagnahmt, so in den Jahren 1946 und 1947 zahlreiche Wohnungen und Häuser mit Möblierung, vor allem an der Münchener Straße, Dr.-Schels-Straße, Merianstraße und Anton-Nagel-Straße. In den meisten Fällen wurden diese Häuser erst 1955 wieder freigegeben. Außerdem requirierten die US-Truppen von 1946 bis 1949 das Schwimmbad.[74]

Die heutige Anton-Vitzthum-Grundschule war von 1945-1947 für die UNRRA (United Nations Relief and Rehabilitation Administration, UN-Flüchtlingsorganisation) beschlagnahmt, die hier ein Hospital für kranke ausländische Flüchtlinge, Zwangsarbeiter und Zivilinternierte einrichtete.

b) Civilian Internment Camp No. 6[75]

Das Stalag-Gelände wurde nun bis 1948 Sitz des Civilian Internment Camp No. 6. Die Geschichte der Civilian Internment Camps, vor allem die Lebensbedingungen in den Lagern, ist vergleichsweise wenig erforscht, ebenso, welche Personen in den Lagern interniert wurden.

Gründe für die Errichtung der Lager

Die Einrichtung Camps hatte folgenden Hintergrund. Vor allem die Amerikaner hatten neben Demokratisierung und Demilitarisierung die Denazifizierung Deutschlands als Kriegsziel ausgerufen.[76]

Ihnen ging es um eine völlige Ausschaltung von Nazismus und Militarismus, die sofortige Verhaftung der Kriegsverbrecher zur Bestrafung und um die Befreiung der deutschen Gesellschaft vom Geist des Nazismus.

NSDAP, SS, SA und DAF wurden daher sofort verboten. Außerdem begannen die Amerikaner, all diejenigen zu entlassen, die nicht nur nominell Parteimitglieder waren und in Verwaltung, Unternehmen, Presse, Verlagen und Erziehungswesen nicht ganz untergeordnete Tätigkeiten verrichtet hatten.[77]

Hinzu kamen Sicherheitsbedenken. Die Alliierten befürchteten, dass ehemalige Funktionsträger einen nationalsozialistischen Untergrund aufbauen und Gewalttaten bis hin zum Guerillakrieg verüben könnten. Dies war nicht völlig fernliegend, hatten doch die Nationalsozialisten in den letzten Kriegsmonaten den Aufbau von Werwolfverbänden propagiert, die hinter der Front Anschläge und Sabotageakte verüben sollten.

Deswegen entwaffneten die US-Streitkräfte bei ihrem Vormarsch Militär und Polizei komplett und nahmen die Militärangehörigen in Kriegsgefangenschaft. Zivilisten, die als nationalsozialistische Funktionsträger galten, wurden in „automatic arrest" genommen, unabhängig davon, ob man ihnen konkrete Verbrechen vorwarf oder nicht.[78] Rechtsgrundlage war Abschnitt III A Nr. 5 des Potsdamer Abkommens, geschlossen von den USA, der UdSSR und Großbritannien 1945, wonach nationalsozialistische Parteiführer, einflussreiche Nazianhänger sowie die Leiter der nazistischen Ämter und Organisationen und alle anderen Personen, die für die Besetzung und ihre Ziele gefährlich sind, zu verhaften und zu internieren waren. Es ging also nicht um eine Bestrafung wegen individuell begangener Verbrechen, sondern die betroffenen Personen wurden automatisch deswegen verhaftet, weil sie im nationalsozialistischen Staatswesen bestimmte Tätigkeiten ausgeführt oder Positionen innegehabt hatten oder die Amerikaner sie für Funktionsträger hielten. Dies galt zum

Beispiel für Geheimdienstmitarbeiter, Verwaltungsleute vom Landrat aufwärts, Führungspersonal der NS-Verbände und NSDAP-Funktionäre ab dem Dienstgrad Ortsgruppenleiter. Betroffen waren aber auch Künstler, Ärzte und Freiberufler. Dieses schematische Vorgehen, ohne Rücksicht auf den Einzelfall, erleichterte US-Truppen die Arbeit, führte aber, ebenso wie fehlende Kenntnisse der Verhältnisse vor Ort und der jeweiligen Umstände, zu Ungerechtigkeiten.

Die Zahl der Verhafteten war hoch. Ab Mai/Juni 1945 wurden 700 Personen pro Tag festgenommen, in der amerikanischen Zone waren bis September 1945 80.000 Menschen in Gewahrsam. Ende 1945 befanden sich 117.000 Internierte in den Lagern.[79] Ab Sommer 1946 wurden die Bestimmungen gelockert und individuelle Überprüfungen vorgenommen. Bis Ende 1946 war der Großteil der Verhafteten entlassen. Weitere, kleinere Gruppen, die verhaftet und in die Internierungslager eingeliefert wurden, waren mutmaßliche Kriegsverbrecher sowie diejenigen, die als unmittelbare Gefahr für die Sicherheit angesehen wurden, schließlich auch eine kleine Anzahl von Personen auf einer nicht näher definierten „Schwarzen Liste".[80]

Belegung der Lager

Die im Zuge des „automatic arrest" festgenommenen Personen wurden als Zivilisten nicht in Kriegsgefangenenlagern, sondern in der amerikanischen Besatzungszone in „Civilian Internment Camps" festgehalten. Es gab elf solcher Internierungslager, das größte lag in Darmstadt mit zeitweise mehr als 28.000 Insassen. Das Civilian Internment Camp No. 6 (1945-1948) gehörte zu den größten Lagern.[81]

Die Belegungszahlen spiegeln die Entwicklung des automatic arrest wider. Beginnend ab Mitte Juni 1945 war das Lager im Dezember 1945 mit 9.700 Internierten im Alter von 16-80 Jahren belegt, von denen rund 9.000 im Zuge des automatic arrest festgenommen worden waren (138 waren mutmaßliche Kriegsverbrecher, 524 galten als Gefahr für die Sicherheit und 23 Gefangene standen auf einer „Schwarzen Liste").[82] 1946 befanden sich durchschnittlich 9.000 Internierte im Lager. Ab Herbst 1946 stand das Camp unter deutscher Verwaltung. Ende 1946 waren im Lager 7.154 Personen interniert, im ersten Halbjahr 1947 6.000 Personen. Dann sanken die Belegungszahlen massiv, über 2.500 im zweiten Halbjahr 1947 auf 950 Ende 1947. Anfang März 1948 wurde das Lager aufgelöst. Ein Grund für die vielen Entlassungen dürfte gewesen sein, dass ab dem 21.01.1947 unter anderem all diejenigen freigelassen werden konnten, bei denen der öffentliche Kläger keine politische Belastung nach den

Entnazifizierungsgesetzen feststellen konnte, oder bei denen die Entnazifizierungsverfahren in der jeweiligen Heimatgemeinde durchgeführt werden sollten.[83]
Auch die soziale Schichtung der Lagerinsassen ist interessant: Im Sommer 1947 waren rund 30 Prozent Beamte, 22 Prozent Handwerker, 17 Prozent Angestellte, 16 Prozent Freiberufler, 13 Prozent Bauern und 1 Prozent ungelernte Arbeiter. Von den rund 7.000 Internierten waren 600 Lehrer, 220 Ärzte, 170 Juristen, 256 Künstler, darunter Hitlers Leibfotograf, Heinrich Hofmann, der aus dem Lager fliehen konnte. Das Durchschnittsalter lag bei 45,6 Jahren.[84]

Behandlung der Internierten
Die Lager waren häufig überfüllt, die Lebensbedingungen schlecht, aus heutiger Sicht katastrophal, vor allem am Anfang.
Allerdings sind hier mehrere Punkte zu bedenken. Allgemein waren die Lebensbedingungen für die Bevölkerung in Deutschland, wie auch in weiten Teilen Europas, in der Nachkriegszeit problematisch. Das Kriegsende brachte zwar das Ende der Bombenangriffe und der unmittelbaren Kriegshandlungen, aber auch eine Verschlechterung der Ernährungslage, da die Nahrungsmittellieferungen aus den besetzten Gebieten nach Deutschland wegfielen. Dies zeigt sich deutlich an der Menge der Kalorien, die einer erwachsenen Person durchschnittlich zur Verfügung standen. Im Frühjahr 1945, also unmittelbar vor Kriegsende, erhielt ein Erwachsener 2.000 cal/Tag. Die Alliierten planten bei der Lebensmittelversorgung der deutschen Zivilbevölkerung mit 1.550 cal/Person und Tag, wobei der Völkerbund 1936 errechnet hatte, dass ein Erwachsener bei völliger Ruhe bereits 1.600 Kalorien benötige. Tatsächlich ging die Kalorienmenge in der Folgezeit auf 1.000, in manchen Gegenden bis 900cal/Tag zurück. Im Sommer 1945 standen in der amerikanischen Zone nur 1.330 cal/Tag zur Verfügung, in München 1946 sogar nur 920-985. Diese Mangelernährung hatte Folgen. So lag Mitte 1946 in der amerikanischen Zone das Durchschnittsgewicht männlicher Erwachsener bei 51 kg, Tendenz sinkend. Erst 1951 wurde wieder die Kalorienmenge von 1939 erreicht. Ohne amerikanische und britische Importe hätte sich aller Voraussicht nach eine Hungerkatastrophe ereignet. Hinzu kam ein Mangel in der Versorgung mit Gegenständen des täglichen Bedarfs. Grund war unter anderem, dass der Warenaustausch zwischen Stadt und Land stockte und das Transportsystem weitgehend zusammengebrochen war. Das Verkehrssystem und viele Industrieanlagen waren zerstört. Die durch die lange Mangelernährung

geschwächten Menschen waren anfällig für Krankheiten. Diphtherie, Typhus und TBC waren streckenweise epidemisch. In der US-Zone hatten sich die Raten dieser Krankheiten im Vergleich zu vor dem Krieg verdreifacht. Hinzu kam eine extreme Wohnungsnot, vor allem in den durch die alliierten Flächenbombardements betroffenen Großstädten. Rund 14 Millionen Haushalten standen nur acht Millionen Wohnungen gegenüber, von denen viele noch Kriegsschäden aufwiesen.[85] Zwei bis drei Jahre nach Kriegsende lebte in Deutschland eine „Zusammenbruchsgesellschaft" am Rande des Kollapses, es herrschten psychische und physische Erschöpfung, eine Apathie des Hungers.[86]

Dieser Mangel lässt sich auch in Moosburg nachvollziehen. Hier kam es durch die zahlreichen Einquartierungen zu beengten Wohnverhältnissen. 1946 waren 40 Prozent der Kinder unterernährt, eine größere Anzahl von Kindern hatte keine Schuhe und die Not griff um sich. Dieser Trend setzte sich 1947 fort, es herrschte eine zunehmende Verarmung. Besonders betroffen waren neben Flüchtlingen die Frauen, deren Männer gefallen, gefangen oder vermisst waren. Die Seelsorgeberichte des katholischen Stadtpfarrers sprechen von Wohnungsnot und einem Mangel an Heizmaterial.[87]

Vor dem Hintergrund dieses allgemeinen Mangels relativieren sich auch die Lebensbedingungen im Lager.

Bei der Behandlung und Versorgung der Internierten kommt als wichtiger Faktor hinzu, dass gerade in den ersten Monaten des Bestehens der Civilian Internment Camps die US-Truppen, aber auch die amerikanische Öffentlichkeit, unter dem Eindruck der schrecklichen Situation in den befreiten Konzentrationslagern standen.[88]

Schließlich sind Berichte von Lagerinsassen auch daraufhin zu überprüfen, ob und inwieweit hier versucht wurde, nationalsozialistisches Unrecht in den KZs zu relativieren und, vor dem Hintergrund der Entnazifizierung, sich selbst als Opfer darzustellen. Dass diese Bestrebungen auch vorhanden waren, zeigt die Aussage eines im Lager internierten österreichischen Geistlichen in einer Predigt aus dem Jahr 1947: „Wenn die Gaskammern von Auschwitz noch in Betrieb wären, so würden wohl Millionen geängstigter Menschen heute dorthin pilgern wie zu einem Wallfahrtsort, um dort einen raschen und schmerzlosen Tod zu finden, anstatt mit unschuldigen Kindern Tag für Tag dem Hunger ins Auge schauen zu müssen und dem Würgegriff der Befreier entrinnen zu können". Man habe von der Welt nichts zu erwarten als den Willen zur Vernichtung der Lagerinsassen und eines

Großteils des deutschen Volkes. Weiter heißt es: „Wir sind die Opfer des größten Rechtsbruches, den die Menschheitsgeschichte kennt."[89]
Aus Briefen und Berichten der Insassen wissen wir, dass der Lageralltag meist eintönig war. Hinzu kam die Ungewissheit. Die Gefangenen wurden oft lange nicht verhört, ihnen wurde weder mitgeteilt, wann die Haft enden, noch wann und ob überhaupt Anklage erhoben werden würde. Erschwerend kam hinzu, dass die Internierten anfangs keinen Kontakt zur Familie aufnehmen konnten.
Vor allem in der Anfangszeit kam es zu Misshandlungen und Schikanen der Gefangenen durch Wachmannschaften, in vielen Fällen wurden Gefangenen auch Wertgegenstände entwendet. Nach offizieller Darstellung der Lagerleitung kam es 1945 zu drei Fällen von Selbstmord und zwei Mal zu Erschießungen bei Fluchtversuchen. Die Lagerinsassen gingen für diesen Zeitraum von vier Erschossenen und einem Erschlagenen aus.[90]
Trotz zahlreicher Ungerechtigkeiten bei der Durchführung des automatic arrest, trotz schlechter Lebensbedingungen in den Lagern und trotz Schikanen und inakzeptablen Misshandlungen sind die internment camps mit den Konzentrationslagern der Nationalsozialisten nicht zu vergleichen. Ziel der Amerikaner war das Festhalten potentieller Nationalsozialisten, nicht das systematische Quälen und Vernichten des Gegners.

Unterbringung
Die Unterbringung war in Moosburg vergleichsweise gut. Während in anderen Lagern die Internierten in Zelten lebten, wohnten die Gefangenen im Civilian Internment Camp No. 6 in den Baracken des ehemaligen Stalag. Allerdings waren die Baracken, mehrere Jahre nach ihrer Errichtung und nach den turbulenten Wochen der unmittelbaren Nachkriegszeit, oft baufällig und nur notdürftig in Stand gesetzt. Vor allem am Anfang fehlten außerdem Stroh und Decken sowie Mobiliar. Die Heizmöglichkeiten waren schlecht. Dies machte sich vor allem in den strengen Wintern 1945/46 und 1946/47 bemerkbar. Die sanitären Verhältnisse waren unzureichend, 60 Internierten stand zum Beispiel nur ein Wasserhahn zur Verfügung, außerdem wurden die Internierten oft von Ungeziefer heimgesucht. Desinfektions- und Entlausungsmaßnahmen verhinderten jedoch, dass Seuchen ausbrachen. Allerdings besserten sich die Verhältnisse ab September 1945. Die Gefangenen waren in zehn sogenannten Blocks, die mit Stacheldraht umzäunt waren, untergebracht. 240 Internierte lebten in einer Baracke, jedem Häftling standen 2-3 qm zur Verfügung. Die SS-Angehörigen unter den Internierten wurden in einem eigenen Block

zusammengefasst, weil unter ihnen die Fluchtversuche häufig waren. Es existierte auch ein Frauenblock mit 300-400 Gefangenen. In Einzelfällen brachten Frauen dort Kinder zur Welt. Für diese wurde angeblich gut gesorgt.[91]

Ernährung
Die Ernährungslage war vor allem bis September 1945 problematisch, dann wurde sie etwas besser. Teilweise enthielten die Rationen weniger als 1.000 Kalorien pro Tag. Die Ernährung war oft einseitig und bestand vor allem aus Brot, Steckrüben, Erbsen, Mais, Suppen und Süßspeisen und enthielt wenig Vitamine. Allerdings durften sich die Gefangenen von zu Hause Nahrungsmittelpakete schicken lassen.[92]
Die mangelhafte Ernährung zeigte schon bald Konsequenzen. Im Spätsommer 1945 sollen in Moosburg vier Gefangene an Folgen des Hungers gestorben sein, drei an Krankheiten, weil sie durch Hunger geschwächt waren. Ende September hatten bereits Hunderte Hungerschäden davongetragen, der Gesundheitszustand sank rasch ab. Die Gefangenen litten an hochgradiger Abmagerung, Kreislaufschwäche, Hungerödemen, Mangelerkrankungen wie Skorbut oder Beri-Beri. Um den Hungertod einer Vielzahl von Gefangenen abzuwenden, richteten die Amerikaner Stationen ein, in denen Internierte aufgepäppelt wurden. Darin liegt ein ganz entscheidender Unterschied zu den Konzentrationslagern der Nationalsozialisten oder den Zuständen in den Lagern für sowjetische Kriegsgefangene, in denen es nicht zu solchen Maßnahmen kam, sondern in denen die Gefangenen aus Gleichgültigkeit oder auch ganz gezielt dem Tod überlassen wurden.
Generell ist gerade bei den Angaben zur Ernährung und Verpflegung von Gefangenen Vorsicht geboten, gehen hier die Darstellungen doch weit auseinander. So schreibt die Süddeutsche Zeitung in einem Bericht vom 18.12.1945, dass den nicht arbeitenden Gefangenen täglich 2.225 Kalorien zur Verfügung stünden, den arbeitenden Gefangenen sogar 3.110 und dass Kaffee, Orangensaft, Zucker und manchmal auch frisches Fleisch ausgegeben würde. Diese angeblich gute Versorgung passt nicht zur Zahl von 27 im Lager Verstorbenen alleine im Jahr 1945. Genauso wenig ist die Aussage eines Lagerinsassen anlässlich eines „Totensonntags" am 08.06.1947 verlässlich, wonach es seit Herbst 1946 keine Toten mehr im Lager gebe, weil alle Todeskandidaten vorher aus dem Lager verlegt würden. Alleine 1947 verstarben laut Standesamtsliste noch sieben Internierte im Lager. Gleichzeitig gibt ein internierter evangelischer

Geistlicher an, ab September 1945 seien die Ernährungsverhältnisse „erträglich" geworden.[93]

Im September 1947 inspizierte ein Sachbearbeiter die Verpflegung einiger Arbeitskommandos. Er stellte fest, dass ein Teil der Internierten mit dem Essen ausdrücklich zufrieden sei. Klagen seien weitgehend auf Unruhestifter zurückzuführen. Der Sachbearbeiter konstatierte, dass das Essen meist gut sei.[94] Insofern zeigt sich, wie wichtig es ist, Aussagen untereinander und mit objektiven Fakten abzugleichen.

Medizinische Versorgung

Die medizinische Versorgung erfolgte in Lagerkrankenhäusern, die von (internierten) deutschen Ärzten betrieben wurden, aber meist mangelhaft mit Geräten und Medikamenten ausgestattet waren. In Moosburg starben 62 Internierte, wobei fast die Hälfte noch 1945 ums Leben kam. Die Todeszahlen blieben 1946 hoch, um dann 1947 drastisch zurück zu gehen.[95]

Arbeitseinsatz

In den Lagern bestand keine Pflicht zur Arbeit, allerdings lockerten Arbeitseinsätze den Lageralltag auf und führten zu besserer Verpflegung. Daher drängten sich die Internierten regelrecht nach Arbeitseinsätzen. Außeneinsätze bei Betrieben wurden von den Militärbehörden restriktiv genehmigt, da die Gefahr von Fluchten als zu groß angesehen wurde und gleichzeitig meist nicht ausreichend Wachpersonal zur Verfügung stand. Aus dem Internment-Camp No. 6 waren zahlreiche Internierte in Kommandos im Arbeitseinsatz zum Beispiel in München aber auch in Moosburg tätig.[96]

Bewachung und Fluchten

Die geringe Zahl von Wachmannschaften führte dazu, dass Fluchten und Fluchtversuche an der Tagesordnung waren. Neben der oft unzureichenden Bewachung erleichterte die Korruption die Fluchten der Internierten. Ab August 1946 wurden Deutsche als Wachen eingesetzt. In Moosburg betrug die Stärke der Lagerpolizei 1946 300-400 Mann, die sich aus Flüchtlingen und arbeitslosen Münchnern rekrutierte. Diese waren angeblich sozialistisch bis kommunistisch eingestellt. Außerdem gab es zahlreiche im Lager beschäftigte Zivilangestellte. Die Wachmannschaften waren teilweise schlechter verpflegt und untergebracht als die Internierten, manchmal konnten sie nicht einmal mit Uniformen ausgestattet werden, was sie für

Bestechung anfällig machte. Überhaupt scheint im Lager Korruption in größerem Umfang vorgekommen zu sein.[97]

Innere Organisation
Interessant ist die innere Verwaltung des Lagers. Bis Mitte Oktober 1946, als die Amerikaner die Lager in deutsche Verwaltung übergaben, verwalteten sich die Insassen selbst. An der Spitze stand ein von den Insassen gewählter Lagerbürgermeister, der mit dem Barackenältesten zusammenarbeitete. Unter deutscher Hoheit wurden ab Februar 1947 die Selbstverwaltungseinrichtungen nach und nach wieder aufgelöst und das Staatsministerium für politische Befreiung übernahm die Verwaltung der Lager.

Kontakt zur Außenwelt
Der Kontakt zur Außenwelt war sehr eingeschränkt. Vor dem Hintergrund der Zielsetzung des automatic arrest, den Einfluss der Internierten auf die deutsche Gesellschaft zu unterbinden, verwehrten die Amerikaner bis Dezember 1945 jegliche Kontaktaufnahme mit den Angehörigen. In dieser Zeit, aber auch noch in den späteren Jahren, war der Pfarrhof in Moosburg Anlaufstelle für zahlreiche Angehörige, die sich per Post (im Pfarrhof gingen pro Tag 20 bis 30 Briefe ein) oder persönlich nach dem Schicksal ihrer Angehörigen erkundigten.[98] Erst im Dezember 1945 durften die Internierten eine vorgedruckte Postkarte an ihre Familien versenden, auf der lediglich vermerkt war, dass die betreffende Person dem automatic arrest unterliege und wo sie sich befinde. Für viele Familien das erste Lebenszeichen seit der Verhaftung. Ab Februar 1946 war es dann erlaubt, Postkarten nach Hause zu schicken. Besuche waren zunächst nicht gestattet. Trotzdem versuchten viele Ehefrauen, von außerhalb des Lagers mit ihren internierten Ehemännern Kontakt aufzunehmen. Während der amerikanischen Verwaltungszeit durften Angehörige Briefe und Pakete verschicken, die jedoch der Zensur und der Durchsuchung unterlagen. Ab Mitte Oktober 1946 konnten die Internierten auch Besuch empfangen. In Moosburg war ein Mal im Monat ein Besuch von 45 Minuten erlaubt (Das Lager Moosburg war hier besonders streng, in Nürnberg-Langwasser waren 60 Minuten, in Regensburg 120 Minuten möglich). Da die zunächst relativ lockere Handhabung der Besuchsregelungen Fluchten erleichterte, wurden die Bestimmungen zeitweise verschärft. Die Besuche fanden in einer eigenen Besucherbaracke statt. Urlaub wurde nur bei Tod oder lebensgefährlichen Erkrankung von Kindern und Ehefrau gewährt.[99]

Seelsorge und Freizeitgestaltung
Vor dem Hintergrund, dass sich in den Lagern viele Akademiker und Künstler befanden, gleichzeitig aber kein Arbeitszwang herrschte, sodass die Insassen über viel Zeit verfügten, entstand ein reichhaltiges kulturelles Leben, getragen und initiiert von den Internierten. Um das triste Lagerleben aufzulockern, unterstützte die deutsche Lagerleitung diese Aktivitäten. Außerdem konnten die Internierten Sport treiben.[100]
Im Lager in Moosburg gab es eine evangelische Gemeinde und von November 1945 bis Ende 1947 einen (internierten) katholischen Lagerpfarrer. Seit Ende 1947 wurde das Lager vom Moosburger Stadtpfarrer betreut, der täglich die Messe las und Beichten abnahm.[101]

Entnazifizierung
Zwar wurden auch Vertreter demokratischer Parteien eingeladen, ihre Programme vorzustellen, eine politische Umerziehung fand aber nicht statt, ebenso wenig eine Aufarbeitung der nationalsozialistischen Vergangenheit. Allerdings arbeitete bis zum 01.03.1948 eine Spruchkammer mit Berufungskammer im Lager, die im Rahmen der Entnazifizierung Urteile fällten.[102] Nach Angaben des internierten katholischen Lagergeistlichen seien keine Anzeichen für ein Wiederaufleben des Nationalsozialismus zu erkennen, der Zusammenbruch sei so drastisch gewesen, dass niemand mehr an den Nationalsozialismus anknüpfen wolle. Wenn man bei den Amerikanern anderer Ansicht sei, beruhe das darauf, dass diese ihre Kenntnisse aus der Briefzensur erhielten. Viele Internierte würden sich daher ganz bewusst in ihren Briefen auf eine Weise äußern, dass die Zensurstelle nationalsozialistische Überzeugung annehme, um die Zensoren zu verärgern.[103]

Auflösung des Lagers
Im März 1948 wurde das Civilian Internment Camp No. 6 aufgelöst, am 22.04.1948 verließen die letzten Internierten das Lager.[104] Das Internierungslager Moosburg ging auch in die Literatur ein. Eine Episode aus Mario Simmels „Es muss nicht immer Kaviar sein" spielt im Internment Camp No. 6.

c) Ansiedlung von Flüchtlingen
Die nächste Phase in der Geschichte des Lagers beginnt 1948, als das ehemalige Lagergelände von Heimatvertriebenen besiedelt wurde.

Hintergrund
Flucht und Vertreibung hatten zu einem massiven Bevölkerungszuwachs in den vier Besatzungszonen geführt. 1947 waren vier Mio. Vertriebene in der sowjetischen, drei Mio. in der amerikanischen und zwei Mio. in der britischen Besatzungszone angekommen. Bis 1950 waren rund 14 Mio. Deutsche in Mittel-/Osteuropa aus ihrer Heimat vertrieben worden. Etwa zwei Mio. starben auf der Flucht, sodass in Deutschland zwölf Mio. Vertriebene lebten, rund acht Mio. in der Bundesrepublik und vier Millionen in der DDR. In der Bundesrepublik waren fast 20 Prozent der Bevölkerung Flüchtlinge oder stammten von Flüchtlingen ab. Da die Ballungszentren größtenteils zerstört waren und für die einheimische Bevölkerung schon viel zu wenig Wohnraum vorhanden war, wurden die Flüchtlinge zunächst in den ländlichen Regionen Deutschlands untergebracht, vor allem in Niedersachsen, Schleswig-Holstein und Bayern. In Bayern lebten 1950 fast zwei Mio. Flüchtlinge und Vertriebene, fast ein Viertel der Bevölkerung. Alleine im Winter 1946/47 waren fast eine Mio. Vertriebene/Flüchtlinge nach Bayern gekommen. 1948 war die Zahl auf 1,8 Mio. gestiegen. 60 Prozent der Flüchtlinge lebten in Gemeinden mit weniger als 2.000 Einwohnern.[105]

Die Flüchtlinge mussten in einem zerstörten Land nicht nur untergebracht und versorgt werden, auch mittelfristig standen Staat und Gesellschaft vor enormen Herausforderungen: Eine große Zahl von Menschen musste in Wirtschaft und Gesellschaft eingegliedert, für Menschen, die alles verloren hatten, mussten Perspektiven geschaffen werden. Zunächst waren die Vertriebenen auf Unterstützung durch Staat und Wohltätigkeitsorganisationen angewiesen, bald jedoch zeigte sich, dass besonders die in Bayern untergebrachten, gut ausgebildeten, einsatzbereiten Heimatvertriebenen ohne Sprachbarrieren im beginnenden Wirtschaftswachstum Fuß fassen konnten und als Arbeitnehmer und Inhaber von Gewerbebetrieben gebraucht wurden. In Bayern förderte die Regierung den sozialen Wohnungsbau und versuchte auf diese Weise, Arbeitskräfte im beginnenden Wirtschaftswunder in Bayern zu halten. Flüchtlinge wurden nun nicht mehr, wie in den ersten Jahren nach dem Krieg, als Belastung, sondern als Bereicherung gesehen.[106] Viele Flüchtlinge aus dem Sudentenland, die nach Bayern gekommen waren, bauten ihre Handwerks- und Gewerbebetriebe hier wieder auf. Es entstanden reine Vertriebenensiedlungen wie Neugablonz (Glas-Schmuckindustrie), oder Neutraubling. Mitte der 60ger waren Heimatvertriebene Inhaber von 18 Prozent der bayerischen Industrie- und Gewerbebetriebe.[107] 1958, als

Vollbeschäftigung herrschte, konnte die Integration als gelungen bezeichnet werden. Da zahlreiche Vertriebene zur Aufnahme von Arbeit in die Industrieregionen gezogen waren, entspannte sich die Lage auch in den ländlicheren Gebieten. Außerdem hatten die Zahlungen nach dem Lastenausgleichsgesetz, die für Vermögensverluste zumindest teilweise entschädigten, die Situation der Flüchtlinge etwas erleichtert.[108] Allerdings war das Verhältnis zwischen Vertriebenen und Einheimischen, besonders in den ersten Jahren, durchaus spannungsgeladen. Vor allem in der Mangelsituation der unmittelbaren Nachkriegszeit wurden die Vertriebenen als Konkurrenten um die knappen Ressourcen und um Arbeit und Aufträge angesehen. Außerdem befürchteten viele Einwohner kleiner Gemeinden eine Überfremdung. Hinzu kam, dass Welten aufeinanderprallten, wenn vertriebene Industriearbeiter aus dem städtischen Milieu auf dem flachen Land untergebracht wurden oder Protestanten in rein katholischen Gebieten. So lebten von den zwei Millionen Flüchtlingen in Bayern 700.000 in rein katholischen Gegenden, zum Beispiel in Niederbayern. Mit dem Zuzug der Flüchtlinge veränderten sich so auch Milieus und Mentalitäten in Bayern.[109]

Flüchtlinge und Vertriebene in Moosburg
Diese gesamtbayerische Entwicklung lässt sich im Kleinen auch in Moosburg nachvollziehen.
So stieg die Einwohnerzahl von 5.200 im Jahr 1939 auf 8.700 im Jahr 1950. Bis 1951 waren in Moosburg rund 2.450 Heimatvertriebene angekommen. 27,5 Prozent der Gesamtbevölkerung, mehr als der bayerische Durchschnitt, waren Flüchtlinge. Die in Moosburg lebenden Flüchtlinge stammten vor allem aus dem Sudetenland, aber auch aus der Batschka. Schon während des Krieges waren Evakuierte nach Moosburg gekommen. Die Zahl der Evakuierten betrug am 31.12.1945 886, am 31.12.1948 532 und am 01.12.1952 immerhin noch 203. Parallel dazu stieg die Zahl der Flüchtlinge und Heimatvertriebenen an. Am 31.12.1945 lebten 680, am 31.12.1946 738 Flüchtlinge in Moosburg, am 31.12.1947 912, am 31.12.1948 1.355 und am 1.12.1951 2.444. In den Folgejahren zogen aus dem Landkreis zahlreiche weitere Flüchtlinge zu.[110] Die Seelsorgeberichte der unmittelbaren Nachkriegszeit sprechen auch von der Not der Flüchtlinge, die teilweise durch Geld, Nahrungsmittel- und Sachspenden sowie durch Weihnachtsaktionen unterstützt wurden. Noch 1947 waren die Wohnungsverhältnisse der Flüchtlinge in 50 Fällen, vor allem bei Familien mit 6-8 Kindern, unzureichend.[111]

Besiedelung des Lagergeländes
Als im März 1948 das Civilian Internment Camp No. 6 aufgelöst wurde, gab man das Lagergelände ab dem 12. Mai 1948 für die Besiedlung durch Flüchtlinge frei. Bis Ende 1948 wohnten bereits 800 Heimatvertriebene auf dem Gebiet des ehemaligen Internierungslagers, Gewerbebetriebe entstanden. Aus dem Lager wurden eine Wohnsiedlung mit einem Altenheim für Flüchtlinge mit bald 50 Bewohnern und ein Wirtschaftsstandort mit zahlreichen Industrie- und Gewerbebetrieben. Dabei standen die ersten Siedler vor gewaltigen Aufgaben. Die nun schon beinahe zehn Jahre alten Baracken waren weitgehend verfallen. Nach der Auflösung des Lagers waren brauchbare Gegenstände wie Fenster oder Türen entwendet, ja Baracken regelrecht ausgeschlachtet worden. Um sie instand zu setzen und in Wohn- und Gewerberäume umzubauen, waren erhebliche Eigenleistungen der neuen Bewohner nötig, die große Schwierigkeiten hatten, das nötige Baumaterial, Werkzeug und Geld aufzutreiben. Gerade die neu entstandenen oder neu angesiedelten Betriebe hatten nach der Währungsumstellung 1948 mit einer Kreditklemme zu kämpfen, die sie in Existenznöte brachte. Trotz dieser Schwierigkeiten wurde 1948 der Pius-Kindergarten eröffnet und es gab Planungen zur Einrichtung eines Raumes für Gottesdienste in einer Baracke.[112]
1950 wohnten auf dem ehemaligen Lagegelände rund 1.250 (davon 60 Prozent aus dem Sudetenland, 30 Prozent aus Schlesien und 10 Prozent aus Südosteuropa) der etwa 2.000 in Moosburg lebenden Flüchtlinge. Zwei Drittel von ihnen waren noch in Baracken untergebracht, erst schleppend kam der Bau von Wohnungen in Gang. Hauptgrund für die langsame Entwicklung waren ungeklärte Fragen über die Zukunft des Geländes zwischen Bund, Land und Stadt. Trotz zahlreicher Gewerbebetriebe waren 1954 25 Prozent der Bewohner arbeitslos.[113]
1949/1950 wurde die Piuskirche als Kirche des neuen Stadtteils erbaut. Die Durchführung von Infrastruktur zog sich durch die ganzen 50ger Jahre.[114] Außerdem errichtete die evangelische Kirche ein Gemeindezentrum. In den folgenden Jahren bauten die Heimatvertriebenen auf dem Lagergelände eine neue Siedlung auf.
Mit dem Verkauf von Teilen des Lagergeländes an Privatpersonen ab 1958 setzte eine neue Besiedelungswelle mit einer intensiven Bebauung ein. Jetzt zogen auch zahlreiche Einheimische zu. So verwandelte sich die ehemalige Vertriebenensiedlung zu einem neuen Stadtteil, der Moosburger Neustadt.[115]

Flüchtlinge und Einheimische
Durch den Zuzug von Heimatvertriebenen und Evakuierten änderten sich in Moosburg erneut die Milieus und Mentalitäten. Traditionelle Konventionen sahen sich neuen Verhaltensweisen gegenüber, verschiedene Wertesysteme und Moralvorstellungen prallten aufeinander.
So war Moosburg keine rein katholisch geprägte Stadt mehr. 1945 bestand die Einwohnerschaft aus 5.600 Katholiken und 1.755 Nichtkatholiken. Auch wenn die Zahl der Nichtkatholiken in der Folgezeit sank, änderte sich an dieser grundlegenden Situation nichts. Die Zahl der Protestanten war von 100 1939 über 700 1947 auf 1948 800 gestiegen. Es gab jetzt einen evangelischen Pfarrer, der die Johanneskirche im Eigentum der Stadt benutzte. Gleichzeitig beklagt der katholische Pfarrer die Zunahme von Mischehen.[116] In Zeiten, in denen die Zugehörigkeit zu einer Konfession in vielerlei Hinsicht den Alltag bestimmte, in denen es getrennte Schulen für Protestanten und Katholiken gab, in denen teilweise Kontakte zwischen Protestanten und Katholiken verpönt waren, hatte diese Veränderung für die Menschen deutliche Auswirkungen auf das soziale Leben.
Welch große Schwierigkeiten manche alteingesessenen Konservativen mit den Einstellungen von Teilen der neuen Bevölkerungsgruppen hatten, zeigen die Seelsorgeberichte des katholischen Stadtpfarrers aus der unmittelbaren Nachkriegszeit. Schon im Seelsorgebericht für 1945 hatte er zum Beispiel behauptet, dass ein großer Teil der Evakuierten und der bei Kriegsende „hier als Schwemmsand liegen Gebliebener" dem religiösen Leben fern stünde. Gerade dieser Teil der Bevölkerung sei „religionslos und zuchtlos". Dies setzt sich in den Berichten für die Folgejahre fort. Wie sehr sich im Empfinden mancher Einheimischer die Verhältnisse änderten, zeigt der Bericht für 1948: „Großstädtische Zustände dringen vor in die Kleinstädte", so zieht der Pfarrer zu Beginn des Berichts ernüchtert Bilanz.[117]
Diese Veränderungen führten auch zu Konflikten. So kam es auch in Moosburg zu Spannungen zwischen Einheimischen und Flüchtlingen.[118] Entsprechend heißt es im Seelsorgebericht für 1947: „Das Einvernehmen zwischen Flüchtlingen und Einheimischen hat sich anscheinend etwas gebessert; es kommen jedoch immer wieder Klagen über Böswilligkeiten beiderseits."[119]
Die Verbesserung der wirtschaftlichen Verhältnisse in den fünfziger Jahren entspannte die materielle Notlage und damit auch das Verhältnis zwischen Flüchtlingen und Einheimischen.

3. 1948-1990: Ausbau der Infrastruktur und Wachstum der Stadt

Die Jahre von 1948 bis 1990 standen im Zeichen eines massiven Stadtwachstums und eines Ausbaus der Infrastruktur.

Die große Bevölkerungszunahme führte in der Nachkriegszeit dazu, dass neue Siedlungen entstanden. Neben dem Stalag-Gelände im Norden des alten Stadtkerns wurden im Süden die Bonau und im Westen das Westerberggebiet in großem Umfang bebaut. Das Stadtgebiet dehnte sich deutlich aus, weite Gebiete, die noch zu Beginn des Jahrhunderts freies Feld gewesen waren, wurden jetzt flächendeckend besiedelt. Das bebaute Stadtgebiet vervielfachte sich so innerhalb weniger Jahrzehnte. Der Stadtkern, die Altstadt, die bis zu Beginn des 20. Jahrhunderts im Wesentlichen die Stadt dargestellt hatte, war jetzt nur noch ein kleiner Teil des bebauten Stadtgebietes. Gleichzeitig nahm die Bevölkerung weiter massiv zu. 1960 hatte Moosburg 10.000 Einwohner. Nicht zuletzt durch die Eingemeindungen in den 70ger Jahren (Thonstetten 1971, Niederambach 1976, Pfrombach 1978, Murr 1979) stieg die Einwohnerzahl weiter an. 1999 lebten 16.500 Menschen in der Stadt. Moosburg hat damit im 20. Jahrhundert seine Bevölkerung mehrmals verdoppelt.[120]

Außerdem begann man nach dem Zweiten Weltkrieg Infrastrukturmaßnahmen in Angriff zu nehmen, 1950 wurde zum Beispiel das Wasserwerk gebaut, 1966 die Stadthalle, 1971/72 die Dreifachturnhalle an der Albinstraße, 1973 das neue Feuerwehrhaus, 1997-1999 den Seniorenwohnpark, 1994 die Kläranlage, in den neunziger Jahren mehrere Kindergärten.

Die Schullandschaft wurde ebenfalls ausgebaut. Von der Mitte der 50ger bis zur Mitte der 70ger Jahre wurden die Grundschule Süd (Anton-Vitzthum-Grundschule) erweitert, die Grundschule Nord (Theresia-Gerhardinger-Grundschule) und Hauptschule errichtet, Gymnasium und Landwirtschaftsschule gebaut.

1973 wurde Moosburg formal zum Mittelzentrum bestimmt.

Jetzt kam noch eine weitere Funktion für die Stadt hinzu. Immer mehr Menschen zogen nach Moosburg, um dort zu wohnen, während sie in Landshut, vor allem aber in München arbeiteten. Von den rund 16.500 Einwohnern im Jahr 1999 arbeiteten 3.700 außerhalb der Stadt, Tendenz steigend.[121] Gleichzeitig wuchs in der Zeit nach dem Zweiten Weltkrieg auch die Zahl der in Moosburg wohnenden Ausländer. Ihr Anteil an der Bevölkerung stieg von 1 Prozent 1950 über 5 Prozent 1966 und 8 Prozent 1976 auf 11 Prozent 1990.[122] Auch dieses Phänomen hatte Auswirkungen auf die Stadt. Eine starke Fluktuation mit hohem Zu- und Wegzug, auch von

Menschen mit Migrationshintergrund, brachte und bringt neue Einwohner und damit neue Idee und neue Mentalitäten in die Stadt. Moosburg wurde und wird dadurch vielfältiger und heterogener.

Anmerkungen

1. Kapitel

[1] Eugippi Vita Sancti Severini, MGH Scriptores rerum Germanicarum in usum scholarum Bd 26, Kap. 44 Abs. 5 und 7, übersetzt von Nüsslein T., Stuttgart 1986, S. 119. Bei Hunuwulf handelt es sich um den Bruder Odoakers, der 476 den letzten weströmischen Kaiser Romulus Augustulus absetzte und damit erster germanischer König Italiens wurde, Demandt A., Geschichte der Spätantike, München 1998, S. 148; Lexikon der Alten Welt, „Odoaker", Bd. 2 Sp. 2115.

[2] Heger N., Das Ende der römischen Herrschaft im Alpen- und Donauraum, in: Dannheimer H./Dopsch H. (Hgg.), Die Bajuwaren, München 1988, S. 14-22, S. 15 ff.; Spindler M., Handbuch der bayerischen Geschichte Bd. I, München 1975, S. 62ff.; Demandt A., Geschichte der Spätantike, München 1998, S. 147f.; Kellner H., Die große Krise im 3. Jahrhundert, in: Czysz W./Dietz K./Fischer T./Kellner H.-J. (Hgg.), Die Römer in Bayern, Hamburg 2005, S. 309-357; Fischer T., Römer und Germanen an der Donau, in: Dannheimer H./Dopsch H. (Hgg.), Die Bajuwaren, München 1988, S. 39-45, S. 39ff.

[3] Böhme H., Zur Bedeutung des spätrömischen Militärdienstes für die Stammesbildung der Bajuwaren, in: Dannheimer H./Dopsch H. (Hgg.), Die Bajuwaren, München 1988, S. 23-37, S. 23ff.

[4] Böhme H., Zur Bedeutung des spätrömischen Militärdienstes für die Stammesbildung der Bajuwaren, in: Dannheimer H./Dopsch H. (Hgg.), Die Bajuwaren, München 1988, S. 23-37, S. 36; Fischer T., Römer und Germanen an der Donau, in: Dannheimer H./Dopsch H. (Hgg.), Die Bajuwaren, München 1988, S. 39-45, S. 41ff.; Fischer T./Geisler H., Herkunft und Stammesbildung der Baiern aus archäologischer Sicht, in: Dannheimer H./Dopsch H. (Hgg.), Die Bajuwaren, München 1988, S. 61-69, S. 63ff.; Spindler M., Handbuch der bayerischen Geschichte Bd. I, München 1975, S. 93ff.

[5] Spindler M., Handbuch der bayerischen Geschichte Bd. I, München 1975, S. 90ff.; Lexikon des Mittelalters, „Bayern" Bd. I, Sp- 1696-1710, Sp. 1699; Wolfram H., Tassilo III. und Karl der Große – Das Ende der Agilolfinger, in: Dannheimer H./Dopsch H. (Hgg.), Die Bajuwaren, München 1988, S. 160-166, Karte S. 163.

[6] Dopsch H., Zum Anteil der Romanen und ihrer Kultur an der Stammesbildung der Bajuwaren, in: Dannheimer H./ders. (Hgg.), Die Bajuwaren, München 1988, S. 47-54, S. 47ff.; Spindler M., Handbuch der bayerischen Geschichte Bd. I, München 1975, S. 93ff.; Fischer T., Von den Römern zu den Bajuwaren, in: Czysz W./Dietz K./Fischer T./Kellner H.-J. (Hgg.), Die Römer in Bayern, Hamburg 2005, S. 405-411, S. 405f.

[7] Reindel K., Herkunft und Stammesbildung der Bajuwaren nach den schriftlichen Quellen, in: Dannheimer H./Dopsch H. (Hgg.), Die Bajuwaren, München 1988, S. 56-60, Zitat S. 56.

[8] Ewig E., Die Merowinger und das Frankenreich, Stuttgart 2001, S. 101; Wies E., Karl der Große, München 2000, S. 137ff.; Althoff G., Die Ottonen, Stuttgart 2000, S. 9f.; Maier F., Die Verwandlung der Mittelmeerwelt, Augsburg 1998, S. 308; Wolfram H., Baiern und das Frankenreich, in: Dannheimer H./Dopsch H. (Hgg.), Die Bajuwaren, München 1988, S. 130-135, S. 130ff.; Störmer W., Das Herzogsgeschlecht der Agilolfinger, in: Dannheimer H./Dopsch H. (Hgg.), Die Bajuwaren, München 1988, S. 141-152, S. 141ff.; Wolfram H., Tassilo III. und Karl der Große – Ende der Agilolfinger, in: Dannheimer H./Dopsch H. (Hgg.), Die Bajuwaren, München 1988, S. 160-166, S. 160ff.; Spindler M., Handbuch der Bayerischen Geschichte Bd. I, München 1975, S. 114ff).

[9] Störmer W., Das Herzogsgeschlecht der Agilolfinger, in: Dannheimer H./Dopsch H. (Hgg.), Die Bajuwaren, München 1988, S. 141-152, S. 150f; Spindler M., Handbuch der Bayerischen Geschichte Bd. I, München 1975, S. 123ff.

[10] Schieffer R., Die Karolinger, Stuttgart 2000, S. 84; Wies E., Karl der Große, München 2000, S. 143; Einhardus, Vita Karoli Magni, MGH SS 25, übersetzt von Firchow E., Stuttgart 1995, S. 24f.; Spindler M., Handbuch der Bayerischen Geschichte Bd. I, München 1975, S. 127ff.; Wolfram H., Tassilo III. und Karl der Große – Ende der Agilolfinger, in: Dannheimer H./Dopsch H. (Hgg.), Die Bajuwaren, München 1988, S. 160-166, S. 160ff.

[11] Spindler M., Handbuch der Bayerischen Geschichte Bd. I, München 1975, S. 183ff.

[12] Spindler M., Handbuch der Bayerischen Geschichte Bd. I, München 1975, S. 193ff.

[13] Spindler M., Handbuch der Bayerischen Geschichte Bd. I, München 1975, S. 205f.
[14] Spindler M., Handbuch der Bayerischen Geschichte Bd. I, München 1975, S. 207ff., 298.
[15] Spindler M., Handbuch der Bayerischen Geschichte Bd. I, München 1975, S. 232; Wies E., Otto der Große, München 1989, S. 36, S. 170ff.; Bleibrunner H., Niederbayern, Bd. 1, Landshut 1982, S. 106, 112.
[16] Spindler M., Handbuch der Bayerischen Geschichte Bd. I, München 1975, S. 218, 224, 262, Bd. II München 1974, S. 17.
[17] Spindler M., Handbuch der Bayerischen Geschichte Bd. I, München 1975 S. 227ff., 236; Boshof E., Die Salier, Stuttgart 1995, S. 57, 167.
[18] Spindler M., Handbuch der Bayerischen Geschichte Bd. I, München 1975, S. 87ff., 174; Schwarz E., Germanische Stammeskunde, Neudruck Wiesbaden 2010, S. 189; Diepolder G., Grundzüge der Siedlungsstruktur, in: Dannheimer H./Dopsch H.. (Hgg.), Die Bajuwaren, München 1988, S. 168-178, S. 168ff.; Menke M., Die bairisch besiedelten Landschaften im 6. und 7. Jahrhundert nach den archäologischen Quellen, in: Dannheimer H./Dopsch H.. (Hgg.), Die Bajuwaren, München 1988, S. 70-78, S. 70ff.
[19] Störmer W., Das Herzogsgeschlecht der Agilolfinger, in: Dannheimer H./Dopsch H. (Hgg.), Die Bajuwaren, München 1988, S. 141-152, S. 146.
[20] Henning F., Das vorindustrielle Deutschland 800-1800, Paderborn 1994, S. 43.
[21] Ziegelmayer G., Die Bajuwaren aus anthropologischer Sicht, in: Dannheimer H./Dopsch H. (Hgg.), Die Bajuwaren, München 1988, S. 249-257, S. 249ff.; Brunner K., Wovon lebte der Mensch? Zur Wirtschaftsgeschichte der Baiern im Frühmittelalter, in: Dannheimer H./Dopsch H. (Hgg.), Die Bajuwaren, München 1988, S. 192-197, S. 192; Aries P./Duby G. (Hgg.), Geschichte des privaten Lebens Bd. I, Augsburg 1999, S. 432; 468.
[22] Moosleitner F., Handwerk und Handel, in: Dannheimer H./Dopsch H.. (Hgg.), Die Bajuwaren, München 1988, S. 208-219, S. 214; Diepolder G., Grundzüge der Siedlungsstruktur, in: Dannheimer H./Dopsch H.. (Hgg.), Die Bajuwaren, München 1988, S. 168-178, S. 171f.; Geisler H., Haus und Siedlung, in: Dannheimer H./Dopsch H.. (Hgg.), Die Bajuwaren, München 1988, S. 179-184, S. 179ff.
[23] Geisler H., Haus und Siedlung, in: Dannheimer H./Dopsch H.. (Hgg.), Die Bajuwaren, München 1988, S. 179-184, S. 180.
[24] Diepolder G., Grundzüge der Siedlungsstruktur, in: Dannheimer H./Dopsch H.. (Hgg.), Die Bajuwaren, München 1988, S. 168-178, S. 171ff.
[25] Schmid A., Regensburg zur Agilolfingerzeit, in: Dannheimer H./Dopsch H. (Hgg.), Die Bajuwaren, München 1988, S. 136-140, S. 136ff.; Spindler M., Handbuch der Bayerischen Geschichte Bd. I, München 1975, S. 97, 405; Weinfurter S., Heinrich II.-Bayerische Traditionen und europäischer Glanz, in: Kirmeier J./Schneidmüller B./Weinfurter S./Brockhoff E. (Hg.), Kaiser Heinrich II., Augsburg 2002, S. 15-29, S. 16f.
[26] Spindler M., Handbuch der Bayerischen Geschichte Bd. I, München 1975, S. 405ff.
[27] Diepolder G., Grundzüge der Siedlungsstruktur, in: Dannheimer H./Dopsch H.. (Hgg.), Die Bajuwaren, München 1988, S. 168-178, S. 177; Spindler M., Handbuch der Bayerischen Geschichte Bd. I, München 1975, S. 276.
[28] Henning F., Das vorindustrielle Deutschland 800-1800, Paderborn 1994, S. 20; Brunner K., Wovon lebte der Mensch? Zur Wirtschaftsgeschichte der Baiern im Frühmittelalter, in: Dannheimer H./Dopsch H. (Hgg.), Die Bajuwaren, München 1988, S. 192-197, S. 192f.
[29] Störmer W., Zur gesellschaftlichen Gliederung, in: Dannheimer H./Dopsch H. (Hgg.), Die Bajuwaren, München 1988, S. 224-228, S. 225; Diepolder G., Grundzüge der Siedlungsstruktur, in: Dannheimer H./Dopsch H.. (Hgg.), Die Bajuwaren, München 1988, S. 168-178, S. 171; Henning F., Das vorindustrielle Deutschland 800-1800, Paderborn 1994, S. 20f.
[30] Spindler M., Handbuch der Bayerischen Geschichte Bd. I, München 1975, S. 290; Störmer W., Zur gesellschaftlichen Gliederung, in: Dannheimer H./Dopsch H. (Hgg.), Die Bajuwaren, München 1988, S. 224-228, S. 225.
[31] Küster H., Umwelt und Pflanzenbau, in: Dannheimer H./Dopsch H. (Hgg.), Die Bajuwaren, München 1988, S. 185-191, S. 185ff.; Spindler M., Handbuch der Bayerischen Geschichte Bd. I, München 1975, S. 290; Rösener W., Bauern im Mittelalter, München 1985, S. 21ff.
[32] Fried J., Das Mittelalter, München 2008, S. 61; Henning F., Das vorindustrielle Deutschland 800 bis 1800, Paderborn 1994, S. 25ff; Brunner K., Wovon lebte der Mensch? Zur

Wirtschaftsgeschichte der Baiern im Frühmittelalter, in: Dannheimer H./Dopsch H. (Hgg.), Die Bajuwaren, München 1988, S. 192-197, S. 192; Moosleitner F., Handwerk und Handel, in: in: Dannheimer H./Dopsch H.. (Hgg.), Die Bajuwaren, München 1988, S. 208-219, S. 208ff.

[33] Koller F., Salzproduktion und Salzhandel, in: Dannheimer H./Dopsch H. (Hgg.), Die Bajuwaren, München 1988, S. 220-222, S. 220ff.; Dhondt J., Das frühe Mittelalter, Augsburg 1998, S. 154f.

[34] Moosleitner F., Handwerk und Handel, in: in: Dannheimer H./Dopsch H.. (Hgg.), Die Bajuwaren, München 1988, S. 208-219, S. 217ff.; Brunner K., Wovon lebte der Mensch? Zur Wirtschaftsgeschichte der Baiern im Frühmittelalter, in: Dannheimer H./Dopsch H. (Hgg.), Die Bajuwaren, München 1988, S. 192-197, S. 192ff.

[35] Lexikon des Mittelalters Bd. I, „Bayern", Sp. 1696-Sp. 1710, Sp. 1698.

[36] Henning F., Das vorindustrielle Deutschland 800-1800, Paderborn 1994, S.59; Spindler M., Handbuch der Bayerischen Geschichte Bd. I, München 1975, S. 291f.

[37] Trapp W./Fried T., Handbuch der Münzkunde und des Geldwesens in Deutschland, Stuttgart 2006, S 65; Spindler M., Handbuch der Bayerischen Geschichte Bd. I, München 1975, S. 294, Brunner K., Wovon lebte der Mensch? Zur Wirtschaftsgeschichte der Baiern im Frühmittelalter, in: Dannheimer H./Dopsch H. (Hgg.), Die Bajuwaren, München 1988, S. 192-197, S. 218f.

[38] Fried J., Das Mittelalter, München 2008, S. 28,39,52, 59, 60f., 119f.; Aries P./Duby G. (Hgg.), Geschichte des privaten Lebens Bd. I, Augsburg 1999, S. 398; Althoff G., Die Ottonen, Stuttgart 2000, S. 230; Weinfurter S., Heinrich II., Regensburg 1999, S. 36; Spindler M., Handbuch der Bayerischen Geschichte Bd. I, München 1975, S. 171 f., 303; Störmer W., Zur gesellschaftlichen Gliederung, in: Dannheimer H./Dopsch H. (Hgg.), Die Bajuwaren, München 1988, S. 224-228, S. 224f.;

[39] Störmer W./Mayr G., Herzog und Adel, in: Dannheimer H./Dopsch H. (Hgg.), Die Bajuwaren, München 1988, S. 153-159, S .153ff.; Fried J., Das Mittelalter, München 2008, S. 60f., 104; Aries P./Duby G. (Hgg.), Geschichte des privaten Lebens Bd. I, Augsburg 1999, S. 402ff., 407; Spindler M., Handbuch der Bayerischen Geschichte Bd. I, München 1975, S. 172ff., 276, 288f.; Ewig E., Die Merowinger und das Frankenreich , Stuttgart 2001 S. 101; Störmer W., Zur gesellschaftlichen Gliederung, in: Dannheimer H./Dopsch H. (Hgg.), Die Bajuwaren, München 1988, S. 224-228, S. 226; Hartmann W., Das Recht, in: Dannheimer H./Dopsch H. (Hgg.), Die Bajuwaren, München 1988, S. 266-272, S. 272.

[40] Spindler M., Handbuch der Bayerischen Geschichte Bd. I, München 1975, S. 281ff.

[41] Fried J., Das Mittelalter, München 2013, S. 104, 129f.

[42] Aries P./Duby G. (Hgg.), Geschichte des privaten Lebens Bd. I, Augsburg 1999, S. 438; Störmer W., Zur gesellschaftlichen Gliederung, in: Dannheimer H./Dopsch H. (Hgg.), Die Bajuwaren, München 1988, S. 224-228, S. 225; Dinzelbacher P., Individuum/Familie/Gesellschaft, in: ders. (Hg.), Europäische Mentalitätsgeschichte, Stuttgart 1993, S. 18-31, S. 19.

[43] Störmer W., Zur gesellschaftlichen Gliederung, in: Dannheimer H./Dopsch H. (Hgg.), Die Bajuwaren, München 1988, S. 224-228; S. 224ff.; Hartmann W., Das Recht, in: Dannheimer H./Dopsch H. (Hgg.), Die Bajuwaren, München 1988, S. 266-272, S. 272.

[44] Fried J., Das Mittelalter, München 2013, S. 62.

[45] Lexikon des Mittelalters, „Ritter", Bd.VII Sp. 865-876; Lexikon des Mittelalters „ Bauer" Bd. I Sp. 1563-1603; zur Entwicklung: Rösener W., Bauern im Mittelalter, München 1985, S. 18ff.

[46] Eugippi Vita Sancti Severini, MGH Scriptores rerum Germanicarum in usum scholarum Bd 26, Kap. 41 Abs. 1, übersetzt von Nüsslein T., Stuttgart 1986, S. 109.

[47] Spindler M., Handbuch der Bayerischen Geschichte Bd. I, München 1975, S. 136ff.; Mayr G., Frühes Christentum in Baiern, in: Dannheimer H./Dopsch H. (Hgg.), Die Bajuwaren, München 1988, S. 281-286, S. 281ff.

[48] Fried J., Das Mittelalter, München 2013, S. 94; v Padberg L., Die Christianisierung Europas im Mittelalter, Stuttgart 1998, S. 44 am Beispiel Chlodwigs; Hartmann W., Deutsche Geschichte in Quellen und Darstellungen – Frühes und hohes Mittelalter 750-1250, Stuttgart 2005, S. 10f.

[49] v Padberg L., Die Christianisierung Europas im Mittelalter, Stuttgart 1998, S. 44 am Beispiel der Taufe Chlodwigs; Dinzelbacher R., Religiosität, in: ders. (Hg.), Europäische Mentalitätsgeschichte Stuttgart 1993 S. 120-131.

[50] Lexikon des Mittelalters Bd. I „Bayern" Sp. 1696-1710, Sp. 1699f.; Mayr G., Frühes Christentum in Baiern, in: Dannheimer H./Dopsch H. (Hgg.), Die Bajuwaren, München 1988, S.

281-286, S. 281ff.; Sage W., Kirchenbau – 1. Zu Typen und Bauweise, in: Dannheimer H./Dopsch H. (Hgg.), Die Bajuwaren, München 1988, S. 293-299, S. 293f.; Störmer W., Die agilolfingerzeitlichen Klöster – 1. Das Zeugnis der schriftlichen Quellen, in: Dannheimer H./Dopsch H. (Hgg.), Die Bajuwaren, München 1998, S. 305-310, S. 305; Pauli L., Heidnische und christliche Bräuche, in: Dannheimer H./Dopsch H.(Hgg.), Die Bajuwaren, München 1988, S. 274-280, S. 279; Spindler M., Handbuch der Bayerischen Geschichte Bd. I, München 1975, S. 141ff.

[51] Spindler M., Handbuch der Bayerischen Geschichte Bd. I, München 1975, S.540; Haas W., Der romanische Dom und seine Vorgänger, in: Fahr F./Ramisch H./Steiner P. (Hgg.), Freising-Geistliche Stadt, München 1989, S. 17-25, S. 17; Sage W., Kirchenbau – 1. Zu Typen und Bauweise, in: Dannheimer H./Dopsch H. (Hgg.), Die Bajuwaren, München 1988, S. 293-299, S. 294.

[52] Mayr G., Frühes Christentum in Baiern, in: Dannheimer H./Dopsch H. (Hgg.), Die Bajuwaren, München 1988, S. 281-286; Hartmann W./Dopsch H., Bistümer, Synoden und Metropolitanverfassung, in: Dopsch H./Dannheimer H. (Hgg.), Die Bajuwaren, München 1988, S. 318-326, S. 318; Störmer W., Das Herzogsgeschlecht der Agilolfinger, in: Dannheimer H./Dopsch H. (Hgg.), Die Bajuwaren, München 1988, S. 141-152, S. 149; v Padberg L., Die Christianisierung Europas im Mittelalter, Stuttgart 1998, S. 83; Spindler M., Handbuch der Bayerischen Geschichte Bd. I, München 1975, S. 164f.

[53] Spindler M., Handbuch der Bayerischen Geschichte Bd. I, München 1975, S. 365, Lexikon des Mittelalters Bd. III. „Freising", Sp. 903-906, Sp. 903f.

[54] Spindler M., Handbuch der Bayerischen Geschichte Bd. I, München 1975, S. 153, 162f., 272f.

[55] Störmer W., Die agilolfingerzeitlichen Klöster – 1. Das Zeugnis der schriftlichen Quellen, in: Dannheimer H./Dopsch H. (Hgg.), Die Bajuwaren, München 1998, S. 305-310, S. 306f.; am Beispiel Niederaltaichs Bleibrunner H., Niederbayern Bd. I, Landshut 1982, S. 106; Spindler M., Handbuch der Bayerischen Geschichte Bd. I, München 1975, S. 162f.

[56] Aries P./Duby G. (Hgg.), Geschichte des privaten Lebens Bd. I, Augsburg 1999, S. 410, Bd. II S. 56; Spindler M., Handbuch der Bayerischen Geschichte Bd. I, München 1975, S. 288f., v. Padberg L., Die Christianisierung Europas im Mittelalter, Stuttgart 1998, S. 221; Störmer W., Die agilolfingerzeitlichen Klöster – 1. Das Zeugnis der schriftlichen Quellen, in: Dannheimer H./Dopsch H. (Hgg.), Die Bajuwaren, München 1998, S. 305-310, S. 310.

[57] Spindler M., Handbuch der Bayerischen Geschichte Bd. I, München 1975, S. 432, 485ff.; Benker S., Wissenschaft und Literatur in Freising, in: Fahr F./Ramisch H./Steiner P. (Hgg.), Freising – Geistliche Stadt, München 1989, S. 58-65, S. 58f.; Reuter M., Schreibkunst und Buchmalerei in Freisinger Skriptorien, in: Fahr F./Ramisch H./Steiner P. (Hgg.), Freising-Geistliche Stadt, München 1989, S. 66-75, S. 66ff.; Hahn S., Freisinger Schulgeschichte, in: Fahr F./Ramisch H./Steiner P. (Hgg.), Freising-Geistliche Stadt, München 1989, S. 122-125, S. 122.

[58] Fried J., Das Mittelalter, München 2013, S. 98; Aries P./Duby G. (Hgg.), Geschichte des privaten Lebens Bd. I, Augsburg 1999, S. 507; Spindler M., Handbuch der Bayerischen Geschichte Bd. I, München 1975, S. 426ff., 432, 507; Hartmann W., Das Recht, in: Dannheimer H./Dopsch H. (Hgg.), Die Bajuwaren, München 1988, S. 266-272, S. 266; Mayr G., Frühes Christentum in Baiern, in: Dannheimer H./Dopsch H. (Hgg.), Die Bajuwaren, München 1988, S. 281-286, S. 284ff.; Glaser H., Die Anfänge der literarischen Produktion im agilolfingischen Baiern, in: Dannheimer H./Dopsch H. (Hgg.), Die Bajuwaren, München 1988, S. 353-362, S. 353ff.

[59] Mütherich F., Die Buchmalerei, in: Dannheimer H./Dopsch H. (Hgg.), Die Bajuwaren, München 1988, S. 348-352; S. 348; Bierbrauer V., Liturgische Gerätschaften aus Baiern und seinen Nachbarregionen in Spätantike und Mittelalter, in: Dannheimer H./Dopsch H. (Hgg.), Die Bajuwaren, München 1988, S. 328-341, S. 328ff.; (Duby 410; Reuter M., Schreibkunst und Buchmalerei in Freisinger Skriptorien, in: Fahr F./Ramisch H./Steiner P. (Hgg.), Freising-Geistliche Stadt, München 1989, S. 66-75, S. 67).

[60] Aries P./Duby G. (Hgg.), Geschichte des privaten Lebens Bd. I, Augsburg 1999, S. 457f., 504.

[61] Spindler M., Handbuch der Bayerischen Geschichte Bd. I, München 1975, S. 162f., 272; Fried J., Das Mittelalter, München 2013, S. 132.

[62] Aries P./Duby G. (Hgg.), Geschichte des privaten Lebens Bd. I, Augsburg 1999, S. 436.

[63] Aries P./Duby G. (Hgg.), Geschichte des privaten Lebens Bd. I, Augsburg 1999, S. 409, 504, 509ff.; Fried J., Das Mittelalter, München 2013, S. 130.

[64] Störmer W., Die agilolfingerzeitlichen Klöster – 1. Das Zeugnis der schriftlichen Quellen, in: Dannheimer H./Dopsch H. (Hgg.), Die Bajuwaren, München 1998, S. 305-310, S. 305f.; Spindler M., Handbuch der Bayerischen Geschichte Bd. I, München 1975, S. 152 f.

[65] Schieffer R., Die Karolinger, Stuttgart 2000, S. 84; Wies E., Karl der Große, München 2000, S. 143; Störmer W., Die agilolfingerzeitlichen Klöster – 1. Das Zeugnis der schriftlichen Quellen, in: Dannheimer H./Dopsch H. (Hgg.), Die Bajuwaren, München 1998, S. 305-310, S. 306f.; Spindler M., Handbuch der Bayerischen Geschichte Bd. I, München 1975, S. 155.

[66] Spindler M., Handbuch der Bayerischen Geschichte Bd. I, München 1975, S., 155ff.; Wolfram H., Baiern und das Frankenreich, in: Dannheimer H./Dopsch H. (Hgg.), Die Bajuwaren, München 1988, S. 130-135, S. 134f.; Störmer W., Das Herzogsgeschlecht der Agilolfinger, in Dannheimer H./Dopsch H. (Hgg.), Die Bajuwaren, München 1988, S. 141-152, S. 150f.; Störmer W./Mayr G., Herzog und Adel, in: Dopsch H./Dannheimer H. (Hgg.), Die Bajuwaren, München 1988, S. 153-159, S. 153, 158f.; Pauli L., Heidnische und christliche Bräuche, in: Dannheimer H./Dopsch H. (Hgg.), Die Bajuwaren, München 1988, S. 274-280, S. 274; Störmer W., Die agilolfingerzeitlichen Klöster – 1. Das Zeugnis der schriftlichen Quellen, in: Dannheimer H./Dopsch H. (Hgg.), Die Bajuwaren, München 1998, S. 305-310, S. 306f.

[67] Störmer W., Die agilolfingerzeitlichen Klöster – 1. Das Zeugnis der schriftlichen Quellen, in: Dannheimer H./Dopsch H. (Hgg.), Die Bajuwaren, München 1998, S. 305-310, S. 307.

[68] Störmer W., Die agilolfingerzeitlichen Klöster – 1. Das Zeugnis der schriftlichen Quellen, in: Dannheimer H./Dopsch H. (Hgg.), Die Bajuwaren, München 1998, S. 305-310, S. 307f.

[69] Störmer W., Die agilolfingerzeitlichen Klöster – 1. Das Zeugnis der schriftlichen Quellen, in: Dannheimer H./Dopsch H. (Hgg.), Die Bajuwaren, München 1998, S. 305-310, S. 308f.

[70] Spindler M., Handbuch der Bayerischen Geschichte Bd. I, München 1975, S. 441, 376.

[71] Germania Benedictina Bd. II "Moosburg", 1225-1229.

[72] Spindler M., Handbuch der Bayerischen Geschichte Bd. I, München 1975, S. 172; MGH LNG III/II, S.97.

[73] MGH N II S. 42; Höflinger K (ed.), Die Traditionen des Kollegiatstifts St. Kastulus in Moosburg, München 1994, S. 45*.

[74] Bitterauf T. (ed.), Die Traditionen des Hochstifts Freising Bd. I, München 1905, Nr. 298.

[75] Diepolder G., Freising – Aus der Frühzeit von Bischofsstadt und Bischofsherrschaft in: Glaser H. (Hg.), Hochstift Freising, Beiträge zur Besitzgeschichte, München 1990, S. 417-468, S. 457; Holzfurtner L., Gründung und Gründungsüberlieferung, Kallmünz 1984, S 203; Höflinger K (ed.), Die Traditionen des Kollegiatstifts St. Kastulus in Moosburg, München 1994, S. 46*.

[76] Fastlinger M., Die wirtschaftliche Bedeutung der der bayerischen Klöster in der Zeit der Agilulfinger, Freiburg 1903, S 169)

[77] Prinz F., Frühes Mönchtum im Frankenreich, München 1988, S. 372f.

[78] Diepolder G., Die Herkunft der Aribonen, in: Zeitschrift für Bayerische Landesgeschichte 27 (1964), S. 74-119, S. 108.

[79] Holzfurtner L., Gründung und Gründungsüberlieferung, Kallmünz 1984, S. 204; Mitterer S., Die bischöflichen Eigenklöster in den vom Hl. Bonifatius 739 gegründeten bayerischen Diözesen, München 1929, S. 125; Maß J., Geschichte des Erzbistums München und Freising Bd. I, München 1986, S. 176.

[80] Spindler M., Handbuch der Bayerischen Geschichte Bd. I, München 1975, S. 156.

[81] Außermeier M./Hentschel C., Kastulusmünster Moosburg, Lindenberg 2016, S. 2.

[82] Weh L., Vorgeschichte und Siedlungsanfänge in Moosburg und Umgebung, Moosburg 1981, S. 80.

[83] Heilmann F., War Moosburg ein Römerort? In: Heimatverein Moosburg (Hg.), 20 Jahre Heimatverein Moosburg, Moosburg 1998, S. 27-33, S. 30.

[84] Wolfram H., Tassilo III. und Karl der Große – Das Ende der Agilolfinger, in: Dannheimer H./Dopsch H. (Hgg.), Die Bajuwaren, München 1988, S. 160-166, S. 163.

[85] Diepolder G., Freising – Aus der Frühzeit von Bischofsstadt und Bischofsherrschaft in: Glaser H. (Hg.), Hochstift Freising, Beiträge zur Besitzgeschichte, München 1990, S. 417-468, S. 467.

[86] Diepolder G., Freising – Aus der Frühzeit von Bischofsstadt und Bischofsherrschaft in: Glaser H. (Hg.), Hochstift Freising, Beiträge zur Besitzgeschichte, München 1990, S. 417-468, S. 467f.;

Hiereth S., Die Entwicklung des Moosburger Stadtrechts von 1331-1731, in: VHVN 1979, S. 21-76, S. 21.
[87] Wolfram H., Tassilo III. und Karl der Große – Das Ende der Agilolfinger, in: Dannheimer H./Dopsch H. (Hgg.), Die Bajuwaren, München 1988, S. 160-166, S. 163.
[88] Heilmaier L., Kloster und spätere Kollegiatstift Moosburg, in: Der Isargau 1 (1927), S. 85-96, S. 91; Huber K., Das Kloster und Kollegiatstift Moosburg, Moosburg 1984, S. 15f.
[89] Spindler M., Handbuch der Bayerischen Geschichte Bd. I, München 1975, S. 173, 177.
[90] Spindler M., Handbuch der Bayerischen Geschichte Bd. I, München 1975, S. 272f.; Wolfram H., Tassilo III. und Karl der Große – Das Ende der Agilolfinger, in: Dannheimer H./Dopsch H. (Hgg.), Die Bajuwaren, München 1988, S. 160-166, S. 163.
[91] Spindler M., Handbuch der Bayerischen Geschichte Bd. I, München 1975, S. 163, 272f.
[92] Spindler M., Handbuch der Bayerischen Geschichte Bd. I, München 1975, S. 374f.
[93] Spindler M., Handbuch der Bayerischen Geschichte Bd. I, München 1975, S. 374f.
[94] Spindler M., Handbuch der Bayerischen Geschichte Bd. I, München 1975, S. 272f.
[95] Maß, J., Freising und seine Bischöfe, in: Fahr F./Ramisch H./Steiner P. (Hgg.), Freising – geistliche Stadt, München 1989, S. 9-16, S. 11ff.
[96] Spindler M., Handbuch der Bayerischen Geschichte Bd. I, München 1975, S. 176, 365.
[97] Lexikon des Mittelalters Bd. V, „Huosi", Sp. 229-230, Sp. 229f.
[98] Störmer W./Mayr G., Herzog und Adel, in: Dannheimer H./Dopsch H., Die Bajuwaren, München 1988, S. 153-159, S. 153.
[99] Spindler M., Handbuch der Bayerischen Geschichte Bd. I, München 1975, S. 274.
[100] MGH Cap. I S. 351; Hemmerle J., Die Benediktinerklöster in Bayern, Augsburg 1970, S. 165.
[101] Diepolder G., Freising – Aus der Frühzeit von Bischofsstadt und Bischofsherrschaft in: Glaser H. (Hg.), Hochstift Freising, Beiträge zur Besitzgeschichte, München 1990, S. 417-468, S. 467.
[102] Bitterauf T. (ed.), Die Traditionen des Hochstifts Freising Bd. I, München 1905, Nr. 267.
[103] Huber K., Das Kloster und Kollegiatstift Moosburg, Moosburg 1984, S. 12.
[104] Hemmerle J., Die Benediktinerklöster in Bayern, Augsburg 1970, S. 166; Huber K., Das Kloster und Kollegiatstift Moosburg, Moosburg 1984, S. 16f.
[105] Huber K., Das Kloster und Kollegiatstift Moosburg, Moosburg 1984, S. 17.
[106] MGH N II, 42; Bitterauf T. (ed.), Die Traditionen des Hochstifts Freising Bd. I, München 1905, S. 1268, 1408;
[107] Widemann J., Die Traditionen des Hochstifts Regensburg und des Klosters St. Emmeram, München 1942, S. 25.
[108] MGH Karol. dt III, Berlin 1940, Nr. 136.
[109] Spindler M., Handbuch der Bayerischen Geschichte Bd. I, München 1975, S. 379.
[110] Höflinger K (ed.), Die Traditionen des Kollegiatstifts St. Kastulus in Moosburg, München 1994, S. 49*; Holzfurtner L., Gründung und Gründungsüberlieferung, Kallmünz 1984, S. 203.
[111] Bitterauf T. (ed.), Die Traditionen des Hochstifts Freising Bd. I, München 1905, Nr. 1262.
[112] Störmer W., Die agilolfingerzeitlichen Klöster - 1. Das Zeugnis der schriftlichen Quellen, in: Dannheimer H./Dopsch H. (Hgg.), Die Bajuwaren, München 1988, S. 305-310; S. 307. Backmund N., Die Kollegiat- und Kanonissenstifte in Bayern, Windberg 1973, S. 18.
[113] Moraw P., Über Typologie, Chronologie und Geographie der Stiftskirche im deutschen Mittelalter, in: Max-Planck-Institut für Geschichte, Untersuchungen zu Kloster und Stift, Göttingen 1980, S. 9-37, S. 15, 31.
[114] Huber K., Das Kloster und Kollegiatstift Moosburg, Moosburg 1984, S. 29f.
[115] Heilmaier L., Das Kloster und spätere Kollegiatstift Moosburg, in: Der Isargau 1 (1927), S. 85-96, S. 93.
[116] Bitterauf T. (ed.), Die Traditionen des Hochstifts Freising, 2. Band München 1909, Trad. 1422; Wolfram H., Konrad II., München 2000, S. 350f.; Hagen D., Herrschaftsbildung zwischen Königtum und Adel, Frankfurt 1995, S. 48ff.; Reither D., Egilbert, Bischof von Freising 1005-1039 (im Druck).
[117] Henning F., Das vorindustrielle Deutschland 800-1800, Paderborn 1994, S. 25ff; Diepolder G., Grundzüge der Siedlungsstruktur, in: Dannheimer H./Dopsch H. (Hgg.), Die Bajuwaren, München 1988, S. 168-178, S. 173; Lexikon des Mittelalter Bd. VIII, „Villikation", Sp. 1694-1695, S. 1694f.; Keyser E./Stoob H. (Hgg.), Bayerisches Städtebuch, Stuttgart 1974, Artikel „Moosburg".
[118] Huber K., Das Kloster und Kollegiatstift Moosburg, Moosburg 1984, S. 15.

[119] Mader G./Strehler H., Kleinkirchen romanischen Ursprungs im Landkreis Freising; In Moosburg, Schlipps und Eglhausen, in: Jahrbuch der Bayerischen Denkmalpflege 33 (1979), S. 33-58, S. 35.
[120] Spindler M., Handbuch der Bayerischen Geschichte Bd. I, München 1975, S. 375; Huber K., Das Kloster und Kollegiatstift Moosburg, Moosburg 1984, S. 15.
[121] Aries P./Duby G. (Hgg.), Geschichte des privaten Lebens Bd. II, Augsburg 1999, S. 56, 62f.
[122] Huber K., Das Kloster und Kollegiatstift Moosburg, Moosburg 1984, S. 15.
[123] Reither D., Egilbert, Bischof von Freising 1005-1039 (im Druck, mit weiterführender Literatur), Wipo, Gesta Chuonradi Imperatoris cap. 1, MGH SRG 61, S. 11; Hagen D., Herrschaftsbildung zwischen Königtum und Adel, Frankfurt 1995, S. 4ff.; Wolfram H., Konrad II., München 2000, S. 308f.; Weinfurter S., Heinrich II., Regensburg 1999, S. 112ff.
[124] MGH, DD H III, Nr. 229.

2. Kapitel

[1] Fried J., Das Mittelalter, München 2013, S. 169ff.
[2] Le Goff J., Das Hochmittelalter, Augsburg 1998, S. 34.
[3] Fried J., Das Mittelalter, München 2013, S. 116f.
[4] Boshof E., Die Salier, Stuttgart 1995, S. 3f; Spindler M., Handbuch der Bayerischen Geschichte Bd. I, München 1975, S. 424f.
[5] Fried J., Das Mittelalter, München 2013, S. 86.
[6] Fried J., Das Mittelalter, München 2013, S. 187f.
[7] Wehler H., Deutsche Gesellschaftsgeschichte Bd. I, München 1989, S. 42.
[8] Henning F., Das vorindustrielle Deutschland 800-1800, Paderborn 1994, S. 19.
[9] Rösener W., Bauern im Mittelalter, München 1985, S. 41.
[10] Rösener W., Bauern im Mittelalter, München 1985, S. 23.
[11] Le Goff J., Das Hochmittelalter, Augsburg 1998, S. 34; Rösener W., Bauern im Mittelalter, München 1985, S. 33, 119; Rösener W., Agrarwirtschaft, Agrarverfassung und ländliche Gesellschaft im Mittelalter, München 1992, S. 75.
[12] Abel W., Geschichte der deutschen Landwirtschaft vom frühen Mittelalter bis zum 19. Jahrhundert, Stuttgart 1962, S. 26, 35, Le Goff J., Das Hochmittelalter, Augsburg 1998, S. 37; Spindler M., Handbuch der Bayerischen Geschichte Bd. I, München 1975, S. 418ff.
[13] Rösener W., Bauern im Mittelalter, München 1985, S. 32, 42; ders., Agrarwirtschaft, Agrarverfassung und ländliche Gesellschaft im Mittelalter, München 1992, S. 17.
[14] v.d. Goltz T., Geschichte der deutschen Landwirtschaft Bd I, Stuttgart 1902, S. 136.
[15] Rösener W., Bauern im Mittelalter, München 1985, S. 48f.
[16] Lexikon des Mittelalters Bd. II, „Bevölkerung", Sp. 10-21, Sp.13.
[17] Ennen E./Janssen W., Deutsche Agrargeschichte, Wiesbaden 1979, S. 152f.; Abel W., Geschichte der deutschen Landwirtschaft vom frühen Mittelalter bis zum 19. Jahrhundert, Stuttgart 1962, S. 43f.; Le Goff J., Das Hochmittelalter, Augsburg 1998, S. 24ff., 39ff.
[18] Abel W., Geschichte der deutschen Landwirtschaft vom frühen Mittelalter bis zum 19. Jahrhundert, Stuttgart 1962, S. 37ff.; Rösener W., Bauern im Mittelalter, München 1985, S. 21f.; Le Goff J., Das Hochmittelalter, Augsburg 1998, S. 42; Spindler M., Handbuch der Bayerischen Geschichte Bd. II, München 1974, S. 290.
[19] Rösener W., Bauern im Mittelalter, München 1985, S. 33, 40.
[20] Lexikon des Mittelalters Bd. II, „Bevölkerung", Sp. 10-21, Sp. 13f.
[21] Lexikon des Mittelalters Bd. V, „Klima", Sp. 1214-1215, Sp. 1214f.
[22] Lexikon des Mittelalters Bd. V, „Landwirtschaft", Sp.1682-1684, Sp.1683.
[23] Goetz H. Leben im Mittelalter, München 1986, S 202, 215; Zur Forschungsgeschichte Kortüm H., Menschen und Mentalitäten, Berlin1996, S.114.
[24] Goetz H., Leben im Mittelalter, München 1986, S. 203.
[25] Pitz E., Die Stadt des europäischen Mittelalters in: Haase C., (Hg.), Die Stadt des Mittelalters Bd. I, Darmstadt 1978, S. 1-40, S. 10.
[26] Henning F., Das vorindustrielle Deutschland 800-1800, Paderborn 1994, S. 15, 67f., 72f.; Rösener W., Bauern im Mittelalter, München 1985, S. 36.

[27] Abel W., Geschichte der deutschen Landwirtschaft vom frühen Mittelalter bis zum 19. Jahrhundert, Stuttgart 1962, S. 56.
[28] Heimpel H., Auf neuen Wegen der Wirtschaftsgeschichte in: Haase (Hg.), Die Stadt des Mittelalters Bd. III, Darmstadt 1973, S.9-32, 10; Engel E., Die deutsche Stadt des Mittelalters, München 1993, S. 21.
[29] Aries P./Duby G. (Hgg.), Geschichte des privaten Lebens Bd. II, S. 475; Henning F., Das vorindustrielle Deutschland 800-1800, Paderborn 1994, S. 120; Goetz H., Leben im Mittelalter, München 1986, S. 211; Pitz E., Die Stadt des europäischen Mittelalters in: Haase C., (Hg.), Die Stadt des Mittelalters Bd. I, Darmstadt 1978, S. 1-40, S. 17; Le Goff J., Das Hochmittelalter, München 1998, S. 45ff.
[30] Rösener, W., Bauern im Mittelalter, München 1985, S. 31.
[31] Goetz H., Leben im Mittelalter, München 1986, S. 201; Fried J., Das Mittelalter München 2013, S. 188f.
[32] Henning F., Das vorindustrielle Deutschland, Paderborn 1994, S. 68; Lexikon des Mittelalters Bd. VII, „Stadt", Sp. 2170-2207, Sp. 2173f.
[33] Lexikon des Mittelalters Bd. II, „Bevölkerung", Sp. 10-21, Sp. 14; Henning F., Das vorindustrielle Deutschland, Paderborn 1994, S. 14f., 68f.; Amman H., Wie groß war die mittelalterliche Stadt, in; Haase C. (Hg.), Die Stadt des Mittelalters, Darmstadt 1978, S. 146-202, S. 416, 418f.; Ennen E., Frühgeschichte der europäischen Stadt, Bonn 1981, 188; Fried J., Das Mittelalter, München 2013, S. 250.
[34] Henning F., Das vorindustrielle Deutschland 800-1800, Paderborn 1994, S. 71, 75, 102f., 250; Goetz H. Leben im Mittelalter, München 1986, S. 21; Rösener W., Bauern im Mittelalter, München 1985, S. 3; Le Goff J., Das Hochmittelalter, Augsburg 1998, S. 71; Spindler M., Handbuch der Bayerischen Geschichte Bd. I, München 1975, S. 420.
[35] Henning F., Das vorindustrielle Deutschland 800-1800, Paderborn 1994, S. 14f., 43ff., 79; Lexikon des Mittelalters Bd. II, „Bevölkerung", Sp. 10-21, Sp. 13; Lexikon des Mittelalters Bd. V, „Landwirtschaft", Sp. 1682-1684, Sp. 1683; Fried J., Das Mittelalter, München 2013, S. 187f.; Le Goff J., Das Hochmittelalter, Augsburg 1998, S. 52f.; Spindler M., Handbuch der Bayerischen Geschichte Bd. I, München 1975, S. 413.
[36] Rösener W., Bauern im Mittelalter, München 1985, S. 35.
[37] Ennen E., Das Städtewesen Nordwestdeutschlands von der fränkischen bis zur salischen Zeit, in; Haase C. (Hg.), Die Stadt des Mittelalters Bd. I, Darmstadt 1978, S. 146-202, S. 182.
[38] Kluge B., Geldverkehr und Schatzfunde, in: Römisch-Germanisches Zentralmuseum Mainz (Hg.), Das Reich der Salier, Sigmaringen 1992, S. 186-187, S. 186.
[39] Liebhart W., Die frühen Wittelsbacher als Städte- und Marktegründer in Bayern in: Glaser H. (Hg.), Wittelsbach und Bayern Bd. I/1, München 1980, S. 307-317, S. 310.
[40] Fried J., Das Mittelalter, München 2013, S. 191f.
[41] Henning F., Das vorindustrielle Deutschland 800-1800, S. 80.
[42] Henning F., Das vorindustrielle Deutschland 800-1800, S. 21, 71, 88ff.
[43] Henning F., Das vorindustrielle Deutschland 800-1800, S. 75.
[44] Fried J., Das Mittelalter, München 2013, S. 192.
[45] Fried J., Das Mittelalter, München 2013, S. 197.
[46] Kortüm H, Menschen und Mentalitäten, Berlin 1996, S. 115; Le Goff J., Das Hochmittelalter, Augsburg 1998, S. 76ff.
[47] Aries P./Duby G. (Hgg.), Geschichte des privaten Lebens Bd. II, Augsburg 1999, S 41ff.; Fried J., Das Mittelalter, München 2013, S. 195, 197.
[48] Goetz H. Leben im Mittelalter, München 1986, S. 215f.
[49] Spindler M., Handbuch der Bayerischen Geschichte Bd. I, München 1975, S. 412.
[50] Boshof E., Die Salier, Stuttgart 1995, S. 308; 265f; Weidemann K./Weidemann M, Die neuen historischen Kräfte, in: Römisch-Germanisches Zentralmuseum Mainz (Hg.), Das Reich der Salier, Sigmaringen 1992, S. 227-228, S. 228.
[51] Goetz H. Leben im Mittelalter, München 1986, S. 211; Liebhart W., Die frühen Wittelsbacher als Städte- und Marktegründer in Bayern in: Glaser H. (Hg.), Wittelsbach und Bayern Bd. I/1, München 1980, S. 307-317, S. 307.
[52] Liebhart W., Die frühen Wittelsbacher als Städte- und Marktegründer in Bayern in: Glaser H. (Hg.), Wittelsbach und Bayern Bd. I/1, München 1980, S. 307-317, S. 311; Henning F., Das

vorindustrielle Deutschland 800-1800, Paderborn 1994, S. 120f.; Spindler M., Handbuch der Bayerischen Geschichte Bd. II, München 1974, S. 54f.

[53] Spindler M., Handbuch der Bayerischen Geschichte Bd. II, München 1974, S. 64; Liebhart W., Die frühen Wittelsbacher als Städte- und Märktegründer in Bayern in: Glaser H. (Hg.), Wittelsbach und Bayern Bd. I/1, München 1980, S. 307-317, 309)

[54] Henning F., Das vorindustrielle Deutschland 800-1800, Paderborn 1994, S. 53f.; Fried J., Das Mittelalter, München 2013, S. 197, 250, 256; Liebhart W., Die frühen Wittelsbacher als Städte- und Märktegründer in Bayern in: Glaser H. (Hg.), Wittelsbach und Bayern Bd. I/1, München 1980, S. 307-317, S. 307, 309.

[55] Engel E., Die deutsche Stadt des Mittelalters, München 1993, S. 28; Spindler M., Handbuch der Bayerischen Geschichte Bd. I, München 1975, S. 418.

[56] Fried J., Das Mittelalter, München 2013, S. 256, Liebhart W., Die frühen Wittelsbacher als Städte- und Märktegründer in Bayern in: Glaser H. (Hg.), Wittelsbach und Bayern Bd. I/1, München 1980, S. 307-317, S. 307; Kratzsch K., Wittelsbachische Gründungsstädte: Die frühen Stadtanlagen und ihre Entstehungsbedingungen, in: Glaser H., (Hg.), Wittelsbach und Bayern Bd. I/1, München 1980, S. 318-337, S. 318f.

[57] Kratzsch K., Wittelsbachische Gründungsstädte: Die frühen Stadtanlagen und ihre Entstehungsbedingungen, in: Glaser H., (Hg.), Wittelsbach und Bayern Bd. I/1, München 1980, S. 318-337, S. 319.

[58] Kratzsch K., Wittelsbachische Gründungsstädte: Die frühen Stadtanlagen und ihre Entstehungsbedingungen, in: Glaser H., (Hg.), Wittelsbach und Bayern Bd. I/1, München 1980, S. 318-337, S. 319; Goetz H. Leben im Mittelalter, München 1986, S. 224.

[59] Liebhart W., Die frühen Wittelsbacher als Städte- und Märktegründer in Bayern in: Glaser H. (Hg.), Wittelsbach und Bayern Bd. I/1, München 1980, S. 307-317, S. 309; Kratzsch K., Wittelsbachische Gründungsstädte: Die frühen Stadtanlagen und ihre Entstehungsbedingungen, in: Glaser H., (Hg.), Wittelsbach und Bayern Bd. I/1, München 1980, S. 318-337, S. 319.

[60] Liebhart W., Die frühen Wittelsbacher als Städte- und Märktegründer in Bayern in: Glaser H. (Hg.), Wittelsbach und Bayern Bd. I/1, München 1980, S. 307-317, S. 311f.; Kratzsch K., Wittelsbachische Gründungsstädte: Die frühen Stadtanlagen und ihre Entstehungsbedingungen, in: Glaser H., (Hg.), Wittelsbach und Bayern Bd. I/1, München 1980, S. 318-337, S. 319.

[61] Kobler K., Stadtkirchen der frühen Gotik, in: Glaser H. (Hg.), Wittelsbach unf Bayern Bd. I/1, München 1980, S. 426-436, S. 426; Liebhart W., Die frühen Wittelsbacher als Städte- und Märktegründer in Bayern in: Glaser H. (Hg.), Wittelsbach und Bayern Bd. I/1, München 1980, S. 307-317, S. 307f.

[62] Goetz H., Leben im Mittelalter, München 1986, S. 228f; Pitz E., Die Stadt des europäischen Mittelalters in: Haase C., (Hg.), Die Stadt des Mittelalters Bd. I, Darmstadt 1978, S. 25f.; Fried J., Das Mittelalter, München 2013, S. 189; Böhme H., Wohnbauten des Adels und der Bürger, in: Römisch-Germanisches Zentralmuseum Mainz (Hg.), Das Reich der Salier, Sigmaringen 1992, S. 52-53, S. 52.

[63] Lexikon des Mittelalters Bd. II, „Bevölkerung", Sp. 10-21, Sp. 17.

[64] Aries P./Duby G. (Hgg.), Geschichte des privaten Lebens Bd. II, Augsburg 1999, S. 32.

[65] Spindler M., Handbuch der Bayerischen Geschichte Bd. II, München 1974, S. 11ff., 19, 62f.; Spindler M., Handbuch der Bayerischen Geschichte Bd. I, München 1975 S. 303ff., 317f.; Kraus A., Das Herzogtum der Wittelsbacher: Die Grundlegung des Landes Bayern, in: Glaser H. (Hg.), Wittelsbach und Bayern Bd. I/1, München 1980, S. 165-200, S. 170, 172 173.

[66] Spindler M., Handbuch der Bayerischen Geschichte Bd. II, München 1974, S. 64; Kraus A., Das Herzogtum der Wittelsbacher: Die Grundlegung des Landes Bayern, in: Glaser H. (Hg.), Wittelsbach und Bayern Bd. I/1, München 1980, S. 165-200, S. 170.

[67] Weidemann K./Weidemann M., Strukturen des Reiches, in: Römisch-Germanisches Zentralmuseum Mainz, (Hg.), Das Reich der Salier, Sigmaringen 1992, S. 3-5, S 5.

[68] Engels O., Die Staufer, Stuttgart 1998, S. 111; Wies E., Kaiser Friedrich Barbarossa, München 1990, S. 105ff., Spindler M., Handbuch der Bayerischen Geschichte Bd. II, München 1974, S. 65; Spindler M., Handbuch der Bayerischen Geschichte Bd. I, München 1975, S. 303; Kraus A., Das Herzogtum der Wittelsbacher: Die Grundlegung des Landes Bayern, in: Glaser H. (Hg.), Wittelsbach und Bayern Bd. I/1, München 1980, S. 165-200, S. 185.

[69] Engels O., Die Staufer, Stuttgart 1998, S. 107.

[70] Spindler M., Handbuch der Bayerischen Geschichte Bd. II, München 1974, S. 64.
[71] Schmid A., Die frühen Wittelsbacher, in: ders./Weigand K. (Hg..), Die Herrscher Bayerns, München 2006, S. 91-105, S. 94; Prinz F., Die bayerischen Dynastengeschlechter des Hochmittelalters, in: Glaser H. (Hg.), Wittelsbach und Bayern Bd. I/1, München 1980, S. 253-267, S. 254, 262.
[72] Fried J., Das Mittelalter, München 2013, S. 129, 216f.
[73] Glaser H., Auftakt - Der Dynastiegründer, in: ders. (Hg.), Wittelsbach und Bayern Bd. I/1, München 1980, S. 5-11, S. 9.
[74] Spindler M., Handbuch der Bayerischen Geschichte Bd. II, München 1974, S. 42ff., 54f.
[75] Kraus A., Das Herzogtum der Wittelsbacher: Die Grundlegung des Landes Bayern, in: Glaser H. (Hg.), Wittelsbach und Bayern Bd. I/1, München 1980, S. 165-200, S. 167; Spindler M., Handbuch der Bayerischen Geschichte Bd. II, München 1974, S. 52f.; Spindler M., Handbuch der Bayerischen Geschichte Bd. I, München 1975 S. 318; Schmid A., Die frühen Wittelsbacher, in ders./Weigand A., Die Herrscher Bayerns, München 2006, S. 91-115, S. 93; Prinz F., Die bayerischen Dynastengeschlechter des Hochmittelalters, in: Glaser H. (Hg.), Wittelsbach und Bayern Bd. I/1, München 1980, S. 253-267, S. 262; Glaser H., Auftakt - Der Dynastiegründer, in: ders. (Hg.), Wittelsbach und Bayern Bd. I/1, München 1980, S. 5-11, S. 9.
[76] Kraus A., Das Herzogtum der Wittelsbacher: Die Grundlegung des Landes Bayern, in: Glaser H. (Hg.), Wittelsbach und Bayern Bd. I/1, München 1980, S. 165-200, S. 169, 180, 192; Spindler M., Handbuch der Bayerischen Geschichte Bd. II, München 1974, S. 20f., 53.
[77] Kraus A., Das Herzogtum der Wittelsbacher: Die Grundlegung des Landes Bayern, in: Glaser H. (Hg.), Wittelsbach und Bayern Bd. I/1, München 1980, S. 165-200, S. 169, 177; Stahleder E., Die Burg Landshut, genannt Trausnitz, im Mittelalter, in: Glaser H. (Hg.), Wittelsbach und Bayern Bd. I/1, München 1980, S. 240-252, S. 241; Haas W., Kirchenbau im Herzogtum Bayern zwischen 1180 und 1255, in: Glaser H. (Hg.), Wittelsbach und Bayern Bd I/1, München 1980, S. 409-425, S. 409; Spindler M., Handbuch der Bayerischen Geschichte Bd. I, München 1975 S. 264; Spindler M., Handbuch der Bayerischen Geschichte Bd. II, München 1974, S. 19f., 34, 37, 42, 65ff.
[78] Fried P., Die Herkunft der Wittelsbacher, in: Glaser H., Wittelsbach und Bayern Bd. I/1, S. 29-41, S. 37; Flohrschütz G., Machtgrundlagen und Herrschaftspolitik der ersten Pfalzgrafen aus dem Haus Wittelsbach, in: Glaser H. (Hg.), Wittelsbach und Bayern Bd. I/1, München 1980, S. 42-110, S. 47; Genzinger F., Grafschaft und Vogtei der Wittelsbacher vor 1180, in: Glaser H. (Hg.), Wittelsbach und Bayern, München 1980, S. 111-125, S. 117, 121.
[79] Flohrschütz G., Machtgrundlagen und Herrschaftspolitik der ersten Pfalzgrafen aus dem Haus Wittelsbach, in: Glaser H. (Hg.), Wittelsbach und Bayern Bd. I/1, München 1980, S. 42-110, S. 56;
[80] Flohrschütz G., Machtgrundlagen und Herrschaftspolitik der ersten Pfalzgrafen aus dem Haus Wittelsbach, in: Glaser H. (Hg.), Wittelsbach und Bayern Bd. I/1, München 1980, S. 42-110, S. 50f., 60f.
[81] Flohrschütz G., Machtgrundlagen und Herrschaftspolitik der ersten Pfalzgrafen aus dem Haus Wittelsbach, in: Glaser H. (Hg.), Wittelsbach und Bayern Bd. I/1, München 1980, S. 42-110, S. 57; Genzinger F., Grafschaft und Vogtei der Wittelsbacher vor 1180, in: Glaser H. (Hg.), Wittelsbach und Bayern, München 1980, S. 111-125, S. 118; Spindler M., Handbuch der Bayerischen Geschichte Bd. II, München 1974, S. 56.
[82] Spindler M., Handbuch der Bayerischen Geschichte Bd. II, München 1974, S. 13, 56; Kraus A., Das Herzogtum der Wittelsbacher: Die Grundlegung des Landes Bayern, in: Glaser H. (Hg.), Wittelsbach und Bayern Bd. I/1, München 1980, S. 165-200, S. 174, 194; Hofmann S., Die zentrale Verwaltung des bayerischen Herzogtums unter den ersten Wittelsbachern, in: Glaser H. (Hg.), Wittelsbach und Bayern Bd. I/1, München 1980, S. 223-239; S. 223, 234.
[83] Boshof E., Die Salier, Stuttgart 1995, S. 308f.; Hofmann S., Die zentrale Verwaltung des bayerischen Herzogtums unter den ersten Wittelsbachern, in: Glaser H. (Hg.), Wittelsbach und Bayern Bd. I/1, München 1980, S. 223-239, S. 231f.; Flohrschütz G., Machtgrundlagen und Herrschaftspolitik der ersten Pfalzgrafen aus dem Haus Wittelsbach, in: Glaser H. (Hg.), Wittelsbach und Bayern Bd. I/1, München 1980, S. 42-110, S. 49, 58.
[84] Aries P./Duby G. (Hgg.), Geschichte des privaten Lebens Bd. II, Augsburg 1999, S. 35f.; Spindler M., Handbuch der Bayerischen Geschichte Bd. I, München 1975, S. 339, 342, 424f; Spindler M., Handbuch der Bayerischen Geschichte Bd. II, München 1974, S. 64.

[85] Liebhart W., Die frühen Wittelsbacher als Städte- und Märktegründer in Bayern in: Glaser H. (Hg.), Wittelsbach und Bayern Bd. I/1, München 1980, S. 307-317, S. 314; Sage W., Zur archäologiuschen Erforschung mittelalterlicher Burgen in Südbayern, in: Glaser H. (Hg.), Wittelsbach und Bayern Bd. I/1, München 1980, S. 126-132, S. 126.
[86] Hofmann S., Die zentrale Verwaltung des bayerischen Herzogtums unter den ersten Wittelsbachern, in: Glaser H. (Hg.), Wittelsbach und Bayern Bd. I/1, München 1980, S. 223-239, S. 223, 230, 234;
[87] Trotter C., Die Grafen von Moosburg, I. Theil, in Verhandlungen des Historischen Vereins für Niederbayern 53 (1917), S. 133-214, S. 138ff., 178ff.; Flohrschütz G., Die Anfänge der Grafen von Moosburg in: Verhandlungen des Historischen Vereins für Niederbayern 120-121 (1994-1995), S. 99-145, S. 107ff., 127ff.; zu Berthold: Reither D., Berthold von Moosburg, Gegenerzbischof von Salzburg 1085-1106 in: Verhandlungen des Historischen Vereins für Niederbayern 139 (2013), S. 83-107.
[88] Wies E., Kaiser Heinrich IV., München 1996, 222f., S. 241f.; Boshof E., Die Salier, Stuttgart 1995, S. 263ff.
[89] Aries P./Duby G. (Hgg.), Geschichte des privaten Lebens Bd. II, Augsburg 1999, S. 80; Flohrschütz G., Die Anfänge der Grafen von Moosburg in: Verhandlungen des Historischen Vereins für Niederbayern 120-121 (1994-1995), S. 99-145, S. 109ff.; Trotter C., Die Grafen von Moosburg, I. Theil, in Verhandlungen des Historischen Vereins für Niederbayern 53 (1917), S. 133-214, S. 147ff.; Trotter C., Die Grafen von Moosburg, Fortsetzung und Schluss, in: Verhandlungen des Historischen Vereins für Niederbayern 54 (1918), S. 3-30, S. 18ff.; Spindler M., Handbuch der Bayerischen Geschichte Bd. II, München 1974, S. 63; Prinz F., Die bayerischen Dynastengeschlechter des Hochmittelalters, in: Glaser H. (Hg.), Wittelsbach und Bayern Bd. I/1, München 1980, S. 253-267, S. 257; Hiereth S., Moosburg. Rechtsprechung und Verwaltung in einem niederbayerischen Landgericht, München 1986, S. 14ff.
[90] Liebhart W., Die frühen Wittelsbacher als Städte- und Märktegründer in Bayern in: Glaser H. (Hg.), Wittelsbach und Bayern Bd. I/1, München 1980, S. 307-317, S. 308. **UM 10, 83).**
[91] Höflinger K (ed.), Die Traditionen des Kollegiatstifts St. Kastulus in Moosburg, München 1994, Trad 45a; Flohrschütz G., Die Anfänge der Grafen von Moosburg in: Verhandlungen des Historischen Vereins für Niederbayern 120-121 (1994-1995), S. 99-145, S. 109ff.
[92] Heilmann F., Die Hofverwaltung der Edlen und späteren Grafen von Moosburg, in: Unser Moosburg 6 (1986), S. 23-29, S. 23ff.; Aries P./Duby G. (Hgg.), Geschichte des privaten Lebens Bd. II, Augsburg 1999, S. 83f.; Prinz F., Die bayerischen Dynastengeschlechter des Hochmittelalters, in: Glaser H. (Hg.), Wittelsbach und Bayern Bd. I/1, München 1980, S. 253-267, S. 257.
[93] Trotter C., Die Grafen von Moosburg, Fortsetzung und Schluss, in: Verhandlungen des Historischen Vereins für Niederbayern 54 (1918), S. 3-30, S. 29.
[94] Spindler M., Bayerischer Geschichtsatlas, München 1969, S. 18f.; Prinz F., Die bayerischen Dynastengeschlechter des Hochmittelalters, in: Glaser H. (Hg.), Wittelsbach und Bayern Bd. I/1, München 1980, S. 253-267, S. 255; Kraus A., Das Herzogtum der Wittelsbacher: Die Grundlegung des Landes Bayern, in: Glaser H. (Hg.), Wittelsbach und Bayern Bd. I/1, München 1980, S. 165-200, S. 191.
[95] Kraus A., Das Herzogtum der Wittelsbacher: Die Grundlegung des Landes Bayern, in: Glaser H. (Hg.), Wittelsbach und Bayern Bd. I/1, München 1980, S. 165-200, S. 191.
[96] Wanderwitz H., Die frühen wittelsbachischen Herzöge und das bayerische Salzwesen (1180-1347), in: Glaser H. (Hg.) Wittelsbach und Bayern Bd. I/1, S. S. 338-348, S. 338; Schattenhofer M., Die Anfänge Münchens, in: Bosl K., (Hg.), Abensberger Vorträge, München 1977, S. 7-28, S. 21.
[97] Lexikon des Mittelalters Bd. VI, „München", Sp. 897-898, Sp. 897; Spindler M., Handbuch der Bayerischen Geschichte Bd. I, München 1975, S. 264, 415f; Liebhart W., Die frühen Wittelsbacher als Städte- und Märktegründer in Bayern in: Glaser H. (Hg.), Wittelsbach und Bayern Bd. I/1, München 1980, S. 307-317, S. 309; Schattenhofer M., Die Anfänge Münchens, in: Bosl K., (Hg.), Abensberger Vorträge, München 1977, S. 7-28, S. 8,15,18ff., 22f., 26ff.
[98] Wanderwitz H., Die frühen wittelsbachischen Herzöge und das bayerische Salzwesen (1180-1347), in: Glaser H. (Hg.) Wittelsbach und Bayern Bd. I/1, S. S. 338-348, S. 342.
[99] Spindler M., Handbuch der Bayerischen Geschichte Bd. I, München 1975, S. 412.

[100] Spindler M., Handbuch der Bayerischen Geschichte Bd. I, München 1975, S. 409, 417; Spindler M., Handbuch der Bayerischen Geschichte Bd. II, München 1974, S. 26; Ambronn K., Regensburg – die verlorene Hauptstadt, in: Glaser H. (Hg.) Wittelsbach und Bayern Bd. I/1, München 1980, S. 285-294, S. 285ff.; Kraus A., Das Herzogtum der Wittelsbacher: Die Grundlegung des Landes Bayern, in: Glaser H. (Hg.), Wittelsbach und Bayern Bd. I/1, München 1980, S. 165-200, S. 178.

[101] Kraus A., Das Herzogtum der Wittelsbacher: Die Grundlegung des Landes Bayern, in: Glaser H. (Hg.), Wittelsbach und Bayern Bd. I/1, München 1980, S. 165-200, S. 190.

[102] Spindler M., Handbuch der Bayerischen Geschichte Bd. II, München 1974, S. 71; Hofmann S., Die zentrale Verwaltung des bayerischen Herzogtums unter den ersten Wittelsbachern, in: Glaser H. (Hg.), Wittelsbach und Bayern Bd. I/1, München 1980, S. 223-239, S. 225f.

[103] Lexikon des Mittelalters Bd. VI, „München", Sp. 897-898, Sp. 897; Henning F., Das vorindustrielle Deutschland 800-1800, Paderborn 1994, S. 77.

[104] Spindler M., Bayerischer Geschichtsatlas, München 1969, S. 18f.; Stahleder E., Die Burg Landshut, genannt Trausnitz, im Mittelalter, in: Glaser H. (Hg.), Wittelsbach und Bayern Bd. I/1, München 1980, S. 240-252, S. 240f.

[105] Ambronn K., Regensburg – die verlorene Hauptstadt, in: Glaser H. (Hg.) Wittelsbach und Bayern Bd. I/1, München 1980, S. 285-294, S. 290; Stahleder E., Die Burg Landshut, genannt Trausnitz, im Mittelalter, in: Glaser H. (Hg.), Wittelsbach und Bayern Bd. I/1, München 1980, S. 240-252, S. 241; Kraus A., Das Herzogtum der Wittelsbacher: Die Grundlegung des Landes Bayern, in: Glaser H. (Hg.), Wittelsbach und Bayern Bd. I/1, München 1980, S. 165-200, S. 178.

[106] Spindler M., Handbuch der Bayerischen Geschichte Bd. I, München 1975, S. 409, 417; Spindler M., Handbuch der Bayerischen Geschichte Bd. II, München 1974, S. 26; Kraus A., Das Herzogtum der Wittelsbacher: Die Grundlegung des Landes Bayern, in: Glaser H. (Hg.), Wittelsbach und Bayern Bd. I/1, München 1980, S. 165-200, S. 285ff.

[107] Bleibrunner H., Landshut, Landshut 1985, S. 12; Spindler M., Handbuch der Bayerischen Geschichte Bd. II, München 1974, S. 21ff.; Ambronn K., Regensburg – die verlorene Hauptstadt, in: Glaser H. (Hg.) Wittelsbach und Bayern Bd. I/1, München 1980, S. 285-294, S. 290; Kratzsch K., Wittelsbachische Gründungsstädte: Die frühen Stadtanlagen und ihre Entstehungsbedingungen, in: Glaser H., (Hg.), Wittelsbach und Bayern Bd. I/1, München 1980, S. 318-337, S. 321.

[108] Kratzsch K., Wittelsbachische Gründungsstädte: Die frühen Stadtanlagen und ihre Entstehungsbedingungen, in: Glaser H., (Hg.), Wittelsbach und Bayern Bd. I/1, München 1980, S. 318-337, S. 322.

[109] Bleibrunner H., Landshut, Landshut 1985, S. 12; Bleibrunner H., Niederbayern Bd. I, S. 182f.; Stahleder E., Die Burg Landshut, genannt Trausnitz, im Mittelalter, in: Glaser H., Wittelsbach und Bayern Bd. I/1, München 1980, S. 240-252, S. 241; Kratzsch K., Wittelsbachische Gründungsstädte: Die frühen Stadtanlagen und ihre Entstehungsbedingungen, in: Glaser H., (Hg.), Wittelsbach und Bayern Bd. I/1, München 1980, S. 318-337, S. 318, 321.

[110] Bleibrunner H., Landshut, Landshut 1985, S. 13; Kratzsch K., Wittelsbachische Gründungsstädte: Die frühen Stadtanlagen und ihre Entstehungsbedingungen, in: Glaser H., (Hg.), Wittelsbach und Bayern Bd. I/1, München 1980, S. 318-337, S. 323.

[111] Bleibrunner H., Landshut, Landshut 1985, S. 12f.; Stahleder E., Die Burg Landshut, genannt Trausnitz, im Mittelalter, in: Glaser H., Wittelsbach und Bayern Bd. I/1, München 1980, S. 240-252, S. 241; Liebhart W., Die frühen Wittelsbacher als Städte- und Märktegründer in Bayern in: Glaser H. (Hg.), Wittelsbach und Bayern Bd. I/1, München 1980, S. 307-317, S. 309; Kratzsch K., Wittelsbachische Gründungsstädte: Die frühen Stadtanlagen und ihre Entstehungsbedingungen, in: Glaser H., (Hg.), Wittelsbach und Bayern Bd. I/1, München 1980, S. 318-337, S. 319.

[112] Bleibrunner H., Landshut, Landshut 1985, S. 13f., Kratzsch K., Wittelsbachische Gründungsstädte: Die frühen Stadtanlagen und ihre Entstehungsbedingungen, in: Glaser H., (Hg.), Wittelsbach und Bayern Bd. I/1, München 1980, S. 318-337, S. 324.

[113] Stahleder E., Die Burg Landshut, genannt Trausnitz, im Mittelalter, in: Glaser H., Wittelsbach und Bayern Bd. I/1, München 1980, S. 240-252, S. 242; Kratzsch K., Wittelsbachische Gründungsstädte: Die frühen Stadtanlagen und ihre Entstehungsbedingungen, in: Glaser H., (Hg.), Wittelsbach und Bayern Bd. I/1, München 1980, S. 318-337, S. 324.

[114] Houben H., Kaiser Friedrich II., 1194-1250, Stuttgart 2008, S. 127ff.

[115] Aries P./Duby G. (Hgg.), Geschichte des privaten Lebens Bd. II, Augsburg 1999, S. 33.

[116] Stahleder E., Die Burg Landshut, genannt Trausnitz, im Mittelalter, in: Glaser H., Wittelsbach und Bayern Bd. I/1, München 1980, S. 240-252, S. 242; Brunner H., „Ahi, wie werdiclichen stat der hof in Peierlande!", in: Glaser H. (Hg.), Wittelsbach und Bayern Bd. I/1, München 1980, S. 496-511, S. 497ff.

[117] Aries P./Duby G. (Hgg.), Geschichte des privaten Lebens Bd. II, Augsburg 1999, S. 72; Henning F., Das vorindustrielle Deutschland 800-1800, Paderborn 1994, S. 89; Bleibrunner H., Niederbayern Bd. I, Landshut 1985, S. 188; Stahleder E., Die Burg Landshut, genannt Trausnitz, im Mittelalter, in: Glaser H., Wittelsbach und Bayern Bd. I/1, München 1980, S. 240-252, S. 243.

[118] Aries P./Duby G. (Hgg.), Geschichte des privaten Lebens Bd. II, Augsburg 1999 , S. 375.

[119] Aries P./Duby G. (Hgg.), Geschichte des privaten Lebens Bd. II, Augsburg 1999, S. 62.

[120] Goetz H. Leben im Mittelalter, München 1986, S. 207ff; Engel E., Die deutsche Stadt des Mittelalters, München 1993, S. 19; Ennen E., Die europäische Stadt des Mittelalters, Göttingen 1987, S. 61f.

[121] Stoob H., Über Zeitstufen der Marktsiedlung im 10. und 11. Jhdt. auf sächsischem Boden in: der. (Hg.), Forschungen zum Städtewesen in Europa Bd. I, Köln 1970, S. 43-50, S. 49.

[122] Goetz H., Leben im Mittelalter, München 1986, S. 220ff.; Denecke D., Straße und Weg im Mittelalter als Lebensraum und Vermittler zwischen entfernten Orten, in: Herrmann B. (Hg.), Mensch und Umwelt im Mittelalter, Stuttgart 1986, S. 207-223, S. 211; Engel E., Die deutsche Stadt des Mittelalters, München 1993, S. 19; Liebhart W., Die frühen Wittelsbacher als Städte- und Märktegründer in Bayern in: Glaser H. (Hg.), Wittelsbach und Bayern Bd. I/1, München 1980, S. 307-317, S. 309.

[123] Henning F., Das vorindustrielle Deutschland 800-1800, Paderborn 1994, S 72f.; Goetz H., Leben im Mittelalter, München 1986, S. 208; Engel E., Die deutsche Stadt des Mittelalters, München 1993, S. 268; Pitz E., Die Stadt des europäischen Mittelalters, in: Haase C (Hg.), Die Stadt des Mittelalters (1. Band), Darmstadt 1978, S. 1-40, S. 9, 18.

[124] Henning F., Das vorindustrielle Deutschland 800-1800, Paderborn 1994, S. 73ff.; Goetz H., Leben im Mittelalter, München 1986, S. 209.

[125] Goetz H., Leben im Mittelalter, München 1986, S. 209.

[126] Henning F., Das vorindustrielle Deutschland 800-1800, Paderborn 1994, S. 74; Goetz H., Leben im Mittelalter, München 1986, S. 209.

[127] so zu verstehen Trad. 1406, zu datieren auf 1022-1031, in: Bitterauf T. (ed.), Die Traditionen des Hochstifts Bd. II München 1909.

[128] Höflinger K (ed.), Die Traditionen des Kollegiatstifts St. Kastulus in Moosburg, München 1994, im Folgendesn als Trad. Bezeichnet.

[129] Flohrschütz G., Die Anfänge der Grafen von Moosburg in: Verhandlungen des Historischen Vereins für Niederbayern 120-121 (1994-1995), S. 99-145, S. 122.

[130] Heilmann F., Moosburg – Der Weg zur Stadtwerdung, in: Heimatverein Moosburg (Hg.), 20 Jahre Heimatverein Moosburg, Moosburg 1998, S. 40-62.

[131] Heilmann F., Die Moosburger Viehmärkte, in: Heimatverein Moosburg (Hg.), 10 Jahre Heimatverein Moosburg, Moosburg 1988, S. 120-121, S. 120, Alckens A., Landkreis Freising, Landshut 1962, S. 119; Heilmann F., Moosburg – von der Selbständigkeit zur Abhängigkeit zurück zum Eigenleben, in: Unser Moosburg 10 (1994), S 79-85, S. 83; Schattenhofer M., Die Anfänge Münchens, in: Bosl K., (Hg.), Abensberger Vorträge, München 1977, S. 7-28, S. 21; Stahleder H., Freising, in: Bosl K., (Hg.), Abensberger Vorträge, München 1977, S. 29-38, S. 30.

[132] Ennen E., Das Städtewesen Nordwestdeutschlands von der fränkischen bis zur salischen Zeit, in; Haase C. (Hg.), Die Stadt des Mittelalters Bd. I, Darmstadt 1978, S. 146-202, S. 182.

[133] Pitz E., Die Stadt des europäischen Mittelalters in: Haase C., (Hg.), Die Stadt des Mittelalters Bd. I, Darmstadt 1978, S. 1-40, S. 15; Heilmann F., Moosburg - Der Weg zur Stadtwerdung, in: Heimatverein Moosburg (Hg.), 20 Jahre Heimatverein Moosburg, Moosburg 1998, S. 40-62, S. 48.

[134] Chronicon Gurcense, MGH SS 23, S. 8

[135] Heilmann F., Moosburg – Der Weg zur Stadtwerdung, 20 Jahre Heimatverein, Moosburg 1998, S. 40-62, S. 48f.; Heilmann F., Der Straßenname Steinweg, in: Unser Moosburg (1990), S. 87-89, S. 88.

[136] Heilmann F., Moosburgs erste Befestigungsanlage, in: Unser Moosburg 6 (1986), S. 32-33, S. 32.

[137] Kraus A., Das Herzogtum der Wittelsbacher: Die Grundlegung des Landes Bayern, in: Glaser H. (Hg.), Wittelsbach und Bayern Bd. I/1, München 1980, S. 165-200, S. 168.
[138] Höflinger K (ed.), Die Traditionen des Kollegiatstifts St. Kastulus in Moosburg, München 1994, Trad. 112, 113; Heilmann F., Großer Landtag 1171, in: Stadt Moosburg (Hg.), 1200 Jahre Moosburg a.d.Isar, Moosburg 1971, S. 27-29.
[139] Mader T., Strehler H., Kleinkirchen romanischen Ursprungs im Landkreis Freising in Moosburg, Schlipps und Eglhausen, Jahrbuch der Bayerischen Denkmalpflege 33, 1979, S. 33-58, S. 35.
[140] Haas W., Kirchenbau im Herzogtum Bayern zwischen 1180 und 1225, Glaser H. (Hg.), Wittelsbach und Bayern Bd. I/1, München 1980, S. 409-425, S. 416.
[141] Haas W., Kirchenbau im Herzogtum Bayern zwischen 1180 und 1225, Glaser H. (Hg.), Wittelsbach und Bayern Bd. I/1, München 1980, S. 409-425, S. 418.
[142] Wies E., Kaiser Friedrich Barbarossa, München 1990, S. 159f.,198; Classen P., Gerhoch von Reichersberg, Wiesbaden 1960, S. 14f.; Spindler M., Handbuch der Bayerischen Geschichte Bd. I, München 1975, S. 475ff., 501; Huber K., Das Kloster und Kollegiatstift Moosburg, Moosburg 1984, S. 32.
[143] Jaffe P. (ed.), Bibliotheca Rerum Germanicarum Bd. 5 Monumenta Bambergensia, Berlin 1869, Nr. 219.
[144] Altmann L., Moosburg St.-Kastulus-Münster, Regensburg 2006, S. 18; Außermeier M./Hentschel C., Kastulusmünster Moosburg, Lindenberg 2016, S. 2, 7, 30, Hartig M., Kirchen und Kunstgeschichtliches von Moosburg, in: Der Isargau 1 (1927), S. 73-84, S. 76f.
[145] Fried J., Das Mittelalter, München 2013, S. 197.
[146] Höflinger K (ed.), Die Traditionen des Kollegiatstifts St. Kastulus in Moosburg, München 1994, S. Tradition 199.
[147] Henning F., Das vorindustrielle Deutschland 800-1800, Paderborn 1994, S. 77.

3. Kapitel
[1] Spindler M., Handbuch der Bayerischen Geschichte Bd. II, München 1974, S. 667, 493.
[2] Fried P., Die Städtepolitik Kaiser Ludwigs des Bayern, Zeitschrift für Bayerische Landesgeschichte 60/1 (1997), S. 105-114, S. 107, 109f.; Spindler M., Handbuch der Bayerischen Geschichte Bd. II, München 1974, S. 525.
[3] Spindler M., Handbuch der Bayerischen Geschichte Bd. II, München 1974, S. 520f., 528; Angermeier H., Kaiser Ludwig der Bayer und das deutsche 14. Jahrhundert, Glaser H. (Hg.), Wittelsbach und Bayern Bd. I/1, München 1980, S. 369-378; S. 372.
[4] Aries P./Duby G. (Hgg.), Geschichte des privaten Lebens Bd. II, Augsburg 1999, S. 432.
[5] Angermeier H., Kaiser Ludwig der Bayer und das deutsche 14. Jahrhundert, Glaser H. (Hg.), Wittelsbach und Bayern Bd. I/1, München 1980, S. 369-378, S. 372.
[6] Goetz H. Leben im Mittelalter, München 1986, S. 232ff.; Ennen E.. Die europäische Stadt des Mittelalters, Göttingen 1987, S. 123f.; Fried J., Das Mittelalter, München 2013, S. 250f.
[7] Henning F., Das vorindustrielle Deutschland, 800-1800, Paderborn 1994, S. 173.
[8] Spindler M., Handbuch der Bayerischen Geschichte Bd. II, München 1974, S. 522ff.
[9] Fried J., Das Mittelalter, München 2013, S. 369,399, 401.
[10] Henning F., Das vorindustrielle Deutschland 800-1800, Paderborn 1994, S. 153ff., 168f.
[11] Spindler M., Handbuch der Bayerischen Geschichte Bd. II, München 1974, S. 688; Heydenreuter R., Kleine Münchener Stadtgeschichte, Regensburg 2012, S. 29.
[12] Schmeidler B., Das späte Mittelalter, Darmstadt 1962, S. 136f.
[13] Fried J., Das Mittelalter, München 2013, S. 250, 256, 345f.; Spindler M., Handbuch der Bayerischen Geschichte Bd. II, München 1974, S. 522, 553; Wolf P., Regensburg zur Zeit Ludwigs des Bayern, in: Wolf P./Brockhoff E./Handle-Schubert E./Jell A./Six B.(Hgg.), Ludwig der Bayer - Wir sind Kaiser, Augsburg 2014, 301-302, S. 302.
[14] Fried P., Die Städtepolitik Kaiser Ludwigs des Bayern, ZBLG 60/1, 1997, S. 105-114, S. 109f.; Spindler M., Handbuch der Bayerischen Geschichte Bd. II, München 1974, S. 899; Huber G., Die Reichen Herzöge von Bayern-Landshut, Regensburg 2013,1, S. 79f.; Fried J., Das Mittelalter, München 2013, S. 345f.
[15] Fried P., Die Städtepolitik Kaiser Ludwigs des Bayern, ZBLG 60/1, 1997, S. 105-114, S. 109f.

[16] Henning F., Das vorindustrielle Deutschland 800-1800, Paderborn 1994, S. 18.
[17] Henning F., Das vorindustrielle Deutschland 800-1800, Paderborn 1994, S. 18ff., 126. Lexikon des Mittelalters Bd. VI, „Pest", Sp. 1915-1921, Sp. 1916; Romano R./Tenenti A., Die Grundlegung der modernen Welt, Augsburg 1998, S. 9ff. , Fried J., Das Mittelalter, München 2013, S. 444.
[18] Henning F., Das vorindustrielle Deutschland 800-1800, Paderborn 1994, S.126.
[19] Romano R./Tenenti A., Die Grundlegung der modernen Welt, Augsburg 1998, S. 9.
[20] Fried J., Das Mittelalter, München 2013, S. 444, 466f., 491.
[21] Henning F., Das vorindustrielle Deutschland 800-1800, Paderborn 1994, S. 125f.
[22] Romano R./Tenenti A., Die Grundlegung der modernen Welt, Augsburg 1998, S. 11; Fried J., Das Mittelalter, München 2013, S. 466f.
[23] Romano R./Tenenti A., Die Grundlegung der modernen Welt, Augsburg 1998, S. 27; Henning F., Das vorindustrielle Deutschland 800-1800, Paderborn 1994, S. 125.
[24] Lexikon des Mittelalters Bd. I, „Bayern", Sp. 1696-1710, Sp. 1708.
[25] Romano R./Tenenti A., Die Grundlegung der modernen Welt, Augsburg 1998, S. 15, 20.
[26] Spindler M., Handbuch der Bayerischen Geschichte Bd. II, München 1974, S. 670; Henning F., Das vorindustrielle Deutschland 800-1800, Paderborn 1994, S. 128ff.
[27] Henning F., Das vorindustrielle Deutschland, 800-1800, Paderborn 1994, S. 132, 148.
[28] Spindler M., Handbuch der Bayerischen Geschichte Bd. II, München 1974, S. 545.
[29] Fried J., Das Mittelalter, München 2013, S. 234f.; 311; Schlosser H., Grundzüge der Neueren Privatrechtsgeschichte, Heidelberg 1996, S. 31ff.; Kraus S., Geschichte Bayerns, München 2013, S. 174f.; Spindler M., Handbuch der Bayerischen Geschichte Bd. II, München 1974, S. 546.
[30] Fried J., Das Mittelalter, München 2013, S. 336.
[31] Spindler M., Handbuch der Bayerischen Geschichte Bd. II, München 1974, S. 273ff.
[32] Aries P./Duby G. (Hgg.), Geschichte des privaten Lebens Bd. II, S. 13.
[33] Fried J., Das Mittelalter, München 2013, S. 478, 492; Spindler M., Handbuch der Bayerischen Geschichte Bd. II, München 1974, S. 494ff.
[34] Spindler M., Handbuch der Bayerischen Geschichte Bd. II, München 1974, S. 494ff.
[35] Aries P./Duby G. (Hgg.), Geschichte des privaten Lebens Bd. II, S. 440, 443.
[36] Spindler M., Handbuch der Bayerischen Geschichte Bd. II, München 1974, S. 479.
[37] Spindler M., Handbuch der Bayerischen Geschichte Bd. II, München 1974, S. 479, 495f., 535.
[38] Spindler M., Handbuch der Bayerischen Geschichte Bd. II, München 1974, S. 93, 477, 486, 497.
[39] Spindler M., Handbuch der Bayerischen Geschichte Bd. II, München 1974, S. 477.
[40] Spindler M., Handbuch der Bayerischen Geschichte Bd. II, München 1974, S. 119, 259.
[41] Spindler M., Handbuch der Bayerischen Geschichte Bd. II, München 1974, S. 509ff.; Lexikon des Mittelalters Bd. I, „Bayern" Sp. 1696-1712, Sp- 1705.
[42] Spindler M., Handbuch der Bayerischen Geschichte Bd. II, München 1974, S. 545ff.; 259f.;
[43] Benker G., Ludwig der Bayer, München 1980, S. 72ff.; Spindler M., Handbuch der Bayerischen Geschichte Bd. II, München 1974, S. 137, 150f., 181; Schmid A., Ludwig der Bayer-Der Kaiser aus dem Haus Wittelsbach, in: Ludwigkatalog, S. 19-26, S. 20.
[44] Jaroschka W., Das oberbayerische Landrecht Kaiser Ludwigs des Bayern, in: Glaser H. (Hg.), Wittelsbach und Bayern Bd. I/1, München 1980, S. 379-387, S. 379, 381; Spindler M., Handbuch der Bayerischen Geschichte Bd. II, München 1974, S. 529f; Schmid A., Ludwig der Bayer-Der Kaiser aus dem Haus Wittelsbach, in: Ludwigkatalog, S. 19-26, S. 20; Kraus A., Geschichte Bayerns, München 2013, S. 160.
[45] Schmid A., Ludwig der Bayer-Der Kaiser aus dem Haus Wittelsbach, in: Ludwigkatalog, S. 19-26, S. 20; Appl T., Verwandtschaft – Nachbarschaft – Wirtschaft Die Handlungsspielräume Ludwigs IV. auf seinem Weg zur Königswahl, in: Wolf P./Brockhoff E./Handle-Schubert E./Jell A./Six B.(Hgg.), Ludwig der Bayer - Wir sind Kaiser, Augsburg 2014, S. 51-57, S. 52.
[46] Appl T., Verwandtschaft – Nachbarschaft – Wirtschaft Die Handlungsspielräume Ludwigs IV. auf seinem Weg zur Königswahl, in: Wolf P./Brockhoff E./Handle-Schubert E./Jell A./Six B.(Hgg.), Ludwig der Bayer - Wir sind Kaiser, Augsburg 2014, S. 51-57, S. 55.
[47] Benker G., Ludwig der Bayer, München 1980, S. 247; Schmid A., Ludwig der Bayer-Der Kaiser aus dem Haus Wittelsbach, in: Ludwigkatalog, S. 19-26, S. 20, 34; Kraus A., Geschichte Bayerns, München 2013, S. 152f.

[48] Schmid A., Ludwig der Bayer-Der Kaiser aus dem Haus Wittelsbach, in: Ludwigkatalog, S. 19-26, S. 20.
[49] Spindler M., Handbuch der Bayerischen Geschichte Bd. II, München 1974, S. 681.
[50] Spindler M., Handbuch der Bayerischen Geschichte Bd. II, München 1974, S. 682.
[51] Spindler M., Handbuch der Bayerischen Geschichte Bd. II, München 1974, S. 683.
[52] Hubel A., Eine Stadt im Bauboom – Regensburg zur Zeit Kaiser Ludwigs des Bayern, in: Wolf P./Brockhoff E./Handle-Schubert E./Jell A./Six B.(Hgg.), Ludwig der Bayer - Wir sind Kaiser, Augsburg 2014, , S. 38-50, S. 38ff.
[53] Wolf P., Regensburg zur Zeit Ludwigs des Bayern, in: Wolf P./Brockhoff E./Handle-Schubert E./Jell A./Six B.(Hgg.), Ludwig der Bayer - Wir sind Kaiser, Augsburg 2014, 301-302, S. 302.
[54] Spindler M., Handbuch der Bayerischen Geschichte Bd. II, München 1974, S. 683f., 687ff.; Schmuck J., Ludwig der Bayer und die innerstädtischen Konflikte Regensburgs – Zur Politik der Auer und Gumprecht und zur Rolle des Kaisers, in: Wolf P./Brockhoff E./Handle-Schubert E./Jell A./Six B.(Hgg.), Ludwig der Bayer - Wir sind Kaiser, Augsburg 2014, , S. 63-68, S. 63; Wolf P., Regensburger Fernhandel im 14. Jahrhundert, in: Wolf P./Brockhoff E./Handle-Schubert E./Jell A./Six B.(Hgg.), Ludwig der Bayer - Wir sind Kaiser, Augsburg 2014, , S. 326; Ambronn K., Regensburg – die verlorene Hauptstadt, in: Glaser H. (Hg.) Wittelsbach und Bayern Bd. I/1, München 1980, S. 285-294, S. 292.
[55] Kraus A., Geschichte Bayerns, München 2013, S. 162; Spindler M., Handbuch der Bayerischen Geschichte Bd. II, München 1974, S. 184.
[56] Spindler M., Handbuch der Bayerischen Geschichte Bd. II, München 1974, S. 258, 185, 483 493f.
[57] Kraus A., Geschichte Bayerns 2013, S. 173.
[58] Spindler M., Handbuch der Bayerischen Geschichte Bd. II, München 1974, S. 189f., 270, 677, 683; Bleibrunner H., Niederbayern Bd. I, Landshut 1982, S. 367; Kraus A., Geschichte Bayerns, München 2013, S. 173; Huber G., Die Reichen Herzöge von Bayern-Landshut, Regensburg 2013,1, S. 63ff.
[59] Bleibrunner H., Niederbayern Bd. I, Landshut 1982, S. 367f., Kraus A., Geschichte Bayerns, München 2013, S. 180, Huber G., Die Reichen Herzöge von Bayern-Landshut, Regensburg 2013,l 44, 25ff., 59f.
[60] Spindler M., Handbuch der Bayerischen Geschichte Bd. II, München 1974, S. 821; Bleibrunner H., Niederbayern Bd. I, Landshut 1982, S. 373f.
[61] Kraus A., Geschichte Bayerns, München 2013, S. 172f., 180; Huber G., Die Reichen Herzöge von Bayern-Landshut, Regensburg 2013,l 49.
[62] Bleibrunner H., Niederbayern Bd. I, Landshut 1982, S. 378.
[63] Stahleder E., Die Burg Landshut, genannt Trausnitz, im Mittelalter, in: Glaser H. (Hg.), Wittelsbach und Bayern Bd. I/1, München 1980, S. 240-252, S. 248.
[64] Bleibrunner H., Landshut, Landshut 1985, S. 73.
[65] Huber G., Die Reichen Herzöge von Bayern-Landshut, Regensburg 2013,l, S. 11.
[66] Bleibrunner H., Niederbayern Bd. I, Landshut 1982, S. 240ff.
[67] Bleibrunner H., Niederbayern Bd. I, Landshut 1982, S. 240ff.; Huber G., Die Reichen Herzöge von Bayern-Landshut, Regensburg 2013, S. 119.
[68] Bleibrunner H., Landshut, Landshut 1985, S. 15ff.
[69] Bleibrunner H., Niederbayern Bd. I, Landshut 1982, S. 231, 235.
[70] Hiereth S., Die ottonische Handfeste von 1311 und die niederbayerischen Städte und Märkte, in: ZBLG 33 (1970), S. 135-153, S. 142.
[71] Bleibrunner H., Landshut, Landshut 1985, S. 170, 182.
[72] Bleibrunner H., Landshut, Landshut 1985, S. 73ff.; Bleibrunner H., Niederbayern Bd. I, Landshut 1982, S. 389ff.
[73] Bleibrunner H., Niederbayern Bd. I, Landshut 1982, S. 389.
[74] Bleibrunner H., Niederbayern Bd. I, Landshut 1982, S. 409.
[75] Huber G., Die Reichen Herzöge von Bayern-Landshut, Regensburg 2013,l, S. 119.
[76] Huber G., Die Reichen Herzöge von Bayern-Landshut, Regensburg 2013,l, S. 25f.
[77] Lexikon des Mittelalters Bd. V, „Landshut", Sp. 1678.)
[78] Bleibrunner H., Landshut, Landshut 1985, S. 19.
[79] Bleibrunner H., Landshut, Landshut 1985, S. 19.

[80] Bleibrunner H., Niederbayern Bd. I, Landshut 1982, S. 370; Lexikon des Mittelalters Bd. I, „Bayern" Sp. 1695-1710, Sp. 1706f.
[81] Stahleder E., Die Burg Landshut, genannt Trausnitz, im Mittelalter, in: Glaser H. (Hg.), Wittelsbach und Bayern Bd. I/1, München 1980, S. 240-252, S. 248.
[82] Huber G., Die Reichen Herzöge von Bayern-Landshut, Regensburg 2013, S. 87; Bleibrunner H., Landshut, Landshut 1985, S. 34ff.
[83] Stahleder E., Die Burg Landshut, genannt Trausnitz, im Mittelalter, in: Glaser H. (Hg.), Wittelsbach und Bayern Bd. I/1, München 1980, S. 240-252, S. 247f; Bleibrunner H., Niederbayern Bd. I, Landshut 1982, S. 140, 249; 357, 370; Huber G., Die Reichen Herzöge von Bayern-Landshut, Regensburg 2013,l, S. 25ff., 59f.
[84] Stahleder E., Die Burg Landshut, genannt Trausnitz, im Mittelalter, in: Glaser H. (Hg.), Wittelsbach und Bayern Bd. I/1, München 1980, S. 240-252, S. 250.
[85] Stahleder E., Die Burg Landshut, genannt Trausnitz, im Mittelalter, in: Glaser H. (Hg.), Wittelsbach und Bayern Bd. I/1, München 1980, S. 240-252, S. 249.
[86] Stahleder E., Die Burg Landshut, genannt Trausnitz, im Mittelalter, in: Glaser H. (Hg.), Wittelsbach und Bayern Bd. I/1, München 1980, S. 240-252, S. 249.
[87] Huber G., Die Reichen Herzöge von Bayern-Landshut, Regensburg 2013,l, S. 7.
[88] Bleibrunner H., Landshut, Landshut 1985, S. 19; Huber G., Die Reichen Herzöge von Bayern-Landshut, Regensburg 2013,l, S. 62.
[89] Bleibrunner H., Niederbayern Bd. I, Landshut 1982, S. 370.
[90] Stahleder E., Die Burg Landshut, genannt Trausnitz, im Mittelalter, in: Glaser H. (Hg.), Wittelsbach und Bayern Bd. I/1, München 1980, S. 240-252, S. 249.
[91] Heilmann F., Herzog Georg der Reiche von Bayern – Landshut und die Stadt Moosburg a.d.Isar, in: Unser Moosburg 11 (1996), S. 29-32, S. 30f.; Bleibrunner H., Niederbayern Bd. I, Landshut 1982, S. 370, 445; Huber G., Die Reichen Herzöge von Bayern-Landshut, Regensburg 2013,l, S. 95.
[92] Pfister P./Ramisch H., Der Dom zu Unserer Lieben Frau in München, München 1994, S. 22.
[93] Huber G., Die Reichen Herzöge von Bayern-Landshut, Regensburg 2013,l, S. 96.
[94] Lexikon des Mittelalters Bd. V, „Landshut", Sp. 1678.
[95] Huber G., Die Reichen Herzöge von Bayern-Landshut, Regensburg 2013,l, S. 134ff.
[96] Heydenreuter R., Kleine Münchener Stadtgeschichte, Regensburg 2012, S. 16; Kraus A., Geschichte Bayerns, München 2013, S. 160f.
[97] Lexikon des Mittelalters Bd. VI, „München", Sp. 897-898, Sp. 897.
[98] Heydenreuter R., Kleine Münchener Stadtgeschichte, Regensburg 2012, S. 16f.
[99] Pfister P./Ramisch H., Der Dom zu Unserer Lieben Frau in München, München 1994, S. 14; Benker G., Ludwig der Bayer, München 1980, S. 206; Heydenreuter R., Kleine Münchener Stadtgeschichte, Regensburg 2012 S. 21.
[100] Heydenreuter R., Kleine Münchener Stadtgeschichte, Regensburg 2007, S. 26ff.
[101] D Pfister P./Ramisch H., Der Dom zu Unserer Lieben Frau in München, München 1994, S. 14.
[102] Heydenreuter R., Kleine Münchener Stadtgeschichte, Regensburg 2012 S. 20; Romano R./Tenenti A., Die Grundlegung der modernen Welt, Augsburg 1998, S. 37; Benker G., Ludwig der Bayer, München 1980, S. 205.
[103] Heydenreuter R., Kleine Münchener Stadtgeschichte, Regensburg 2012, S. 22; Kraus A., Geschichte Bayerns, München 2013, S. 161.
[104] Heydenreuter R., Kleine Münchener Stadtgeschichte, Regensburg 2012, S. 17.
[105] Heydenreuter R., Kleine Münchener Stadtgeschichte, Regensburg 2012 S. 20f.; Schütz A., Der Kampf Ludwigs des Bayern gegen Papst Johannes XXII. Und die Rolle der Gelehrten am Münchner Hof, in: Glaser H.(Hg.), Wittelsbach und Bayern Bd. I/1, München 1980, S. 388-397, S. 393; Benker G., Ludwig der Bayer, München 1980, S. 205ff.; Fried J., Das Mittelalter, München 2013, S. 379, 419.
[106] Schütz A., Der Kampf Ludwigs des Bayern gegen Papst Johannes XXII. Und die Rolle der Gelehrten am Münchner Hof, in: Glaser H.(Hg.), Wittelsbach und Bayern Bd. I/1, München 1980, S. 388-397, S. 391, 392; Kraus A., Geschichte Bayerns, München 2013, S. 151f.
[107] Benker G., Ludwig der Bayer, München 2013, S. 204ff.
[108] Fried J., Das Mittelalter, München 2013, S. 421.

[109] Heydenreuter R., Kleine Münchener Stadtgeschichte, Regensburg 2012 S. 23ff.; Spindler M., Handbuch der Bayerischen Geschichte Bd. II, München 1974, S. 521f.
[110] Heydenreuter R., Kleine Münchener Stadtgeschichte, Regensburg 2012 S. 28ff.; Spindler M., Handbuch der Bayerischen Geschichte Bd. II, München 1974, S. 688f.
[111] Pfister P./Ramisch H., Der Dom zu Unserer Lieben Frau in München, München 1994, S. 20ff.
[112] Heydenreuter R., Kleine Münchener Stadtgeschichte, Regensburg 2012, S 32.
[113] Heydenreuter R., Kleine Münchener Stadtgeschichte, Regensburg 2012, S. 22f.
[114] Pfister P./Ramisch H., Der Dom zu Unserer Lieben Frau in München, München 1994, S. 26.
[115] Lexikon des Mittelalters Bd.VI, „München", Sp. 897-898, Sp. 898.
[116] Höflinger K (ed.), Die Traditionen des Kollegiatstifts St. Kastulus in Moosburg, München 1994, Trd. Nr. 166
[117] Bengl M., Das Haus des Stiftsdekans, in: Unser Moosburg 5 (1984), S. 54-55, S. 54.
[118] Außermeier M./Hentschel C., Kastulusmünster Moosburg, Lindenberg 2016, S. 4.
[119] Außermeier M./Hentschel C., Kastulusmünster Moosburg, Lindenberg 2016, S. 4; Hartig M., Die oberbayerischen Stifte, München 1935, S. 51.
[120] Fried J., Das Mittelalter, München 2013, S. 398; Spindler M., Handbuch der Bayerischen Geschichte Bd. II, München 1974, S. 611ff.
[121] Dichtl R., Das Moosburger Chorgestühl, in: Heimatverein Moosburg (Hg.), 10 Jahre Heimatverein Moosburg, Moosburg 1988, S. 127-136, S. 127ff.
[122] Altmann L., Moosburg-St. Kastulus, Regensburg 2006 S. 10; Erzbischöfliches Ordinariat München, Moosburg (Dokumentationen des Erzbischöflichen Ordinariats München Restaurierungsmaßnahmen Ausgabe 3_2011), München 2011, S. 7.
[123] Bengl M., Stiftsprobst Theoderich Mair, in: Unser Moosburg 6 (1986), S. 16-22, S. 16ff.; Außermeier M./Hentschel C., Kastulusmünster Moosburg, Lindenberg 2016, S. 10;
[124] Erzbischöfliches Ordinariat München, Moosburg (Dokumentationen des Erzbischöflichen Ordinariats München Restaurierungsmaßnahmen Ausgabe 3_2011), München 2011, S. 10.
[125] Rall H./Rall M., Die Wittelsbacher in Lebensbildern, Kreuzlingen 2000, S. 111ff.
[126] Erzbischöfliches Ordinariat München, Moosburg (Dokumentationen des Erzbischöflichen Ordinariats München Restaurierungsmaßnahmen Ausgabe 3_2011), München 2011, S. 14.
[127] Außermeier M./Hentschel C., Kastulusmünster Moosburg, Lindenberg 2016, S. 12.
[128] Altmann L., Moosburg-St. Kastulus Münster, Regensburg 2006, S. 18.
[129] Kalcher A., Regesten von Urkunden aus dem Pfarr-Archiv zu St. Martin zu Landshut, in: Verhandlungen des Historischen Vereins für Niederbayern Nr. 11 1865, S. 190-192, S. 190f.)
[130] Heilmaier L., Kloster und Stift Moosburg, in: Der Isargau 1 (1927), S. 97-115, S. 108.
[131] Hiley D., Moosburger Graduale – Faksimile, Tutzing 1996, S. XXff.; Spindler M., Handbuch der Bayerischen Geschichte Bd. II, München 1974, S. 840.
[132] Eckert W., Berthold von Moosburg, in: Philosophisches Jahrbuch 65 (1957), S. 120-133, S. 121.
[133] Heilmaier L., Kloster und Stift Moosburg, in: Der Isargau 1 (1927), S. 97-115, S. 105.
[134] Huber K., Das Kloster und Kollegiatstift Moosburg, Moosburg 1984, S. 30f.
[135] Heilmann F., Moosburg an der Isar – Das Stadtbuch nach Sachgebieten, Moosburg 2000, S. 55; Heilmann F., Weh L., Über das Land- und Pflegegericht Moosburg, in: Unser Moosburg 11 (1996), S. 32-50, S. 38.
[136] Hiereth S., Die ottonische Handfeste von 1311 und die niederbayerischen Städte und Märkte, in: Zeitschrift für Bayerische Landesgeschichte 33 (1970), S. 135-153, S. 145.)
[137] Fried P., Die Städtepolitik Kaiser Ludwigs des Bayern, in: Zeitschrift für Bayerische Landesgeschichte BLG 60,1 (1987), S. 105-114, S. 108).
[138] Bayerisches Hauptstaatsarchiv, Bestand Gerichtsliteralien Moosburg 16/5, Nr. 1233, für weitere Details Nr. 1251; Hiereth S., Die Entwicklung des Moosburger Stadtrechts von 1331-1731, in: Verhandlungen des Historischen Vereins für Niederbayern Nr. 105 (1979), S. 21-76.
[139] (Hiereth S., Die ottonische Handfeste von 1311 und die niederbayerischen Städte und Märkte, in: Zeitschrift für Bayerische Landesgeschichte 33 (1970), S. 135-153, S. 138f.
[140] Hiereth S., Die ottonische Handfeste von 1311 und die niederbayerischen Städte und Märkte, in: Zeitschrift für Bayerische Landesgeschichte 33 (1970), S. 135-153, S. 142.

[141] Heilmann F., Moosburg an der Isar – Das Stadtbuch nach Sachgebieten, Moosburg 2000, S. 48; Weh L., Vom Zunftwesen in Moosburg, in: Heimatverein Moosburg (Hg.), 10 Jahre Heimatverein Moosburg, Moosburg 1988, S. 24-47, S. 24ff.
[142] Heilmann F., Moosburg a.d. Isar – Das Stadtbuch nach Sachgebieten, Moosburg 2000, S. 29, 56.
[143] Heilmann F., Moosburgs erste Befestigungsanlage, in: Unser Moosburg 6 (1986), S. 32-33, S.32f.; Heilmann F., Die Straßenbezeichnung „Weingraben", in: Unser Moosburg 5 (1984), S. 48-49, S. 48.
[144] Altmann L., Moosburg St. Kastulus-Münster, Regensburg 2006, S. 14.
[145] Heilmann F., Moosburgs erste Befestigungsanlage, in: Unser Moosburg 6 (1986), S. 32-33, S. 33.
[146] Bengl M, Zur Baugeschichte der St. Johanneskirche in Moosburg im Mittelalter, in: Unser Moosburg 1 (1980), S. 3-6, S. 3.
[147] Stahleder H., Freising, in: Bosl K. (Hg.), Abensberger Vorträge, München 1978, S. 29-38, S. 31f; Spindler M., Handbuch der Bayerischen Geschichte Bd. II, München 1974, S. 258.

4. Kapitel

[1] Heilmann F., Moosburg an der Isar – Das Stadtbuch nach Sachgebieten, Moosburg 2000, S. 38.
[2] Lexikon des Mittelalters Bd. V, „Landshut", Sp. 1678.
[3] Lexikon des Mittelalters Bd. VI, „München" Sp. 897-898, Sp. 898; Wehler H., Deutsche Gesellschaftsgeschichte Bd. II, München 1989, S. 18.
[4] Wehler H., Deutsche Gesellschaftsgeschichte Bd. I, München 1989, S. 180; Wehler H., Deutsche Gesellschaftsgeschichte Bd. II, München 1989, S. 18.
[5] Baraclough G. (Hg.), Knaurs Neuer Historischer Weltatlas, München 1995, S. 187.
[6] Dülmen, Entstehung des frühzeitlichen Europa 1550-1648, Augsburg 1998, S. 64ff.
[7] Henning F., Das vorindustrielle Deutschland 800-1800, Paderborn 1994, S. 16, 179, 182, 185ff.; Wehler H., Deutsche Gesellschaftsgeschichte Bd. I, München 1989, S. 53, 56; Dülmen, Entstehung des frühzeitlichen Europa 1550-1648, Augsburg 1998, S. 82ff.; Romano R., Die Grundlegung der modernen Welt, Augsburg 1998, S. 199ff., 320ff.
[8] Spindler M., Handbuch der Bayerischen Geschichte Bd. II, München 1974 S. 296; 310.
[9] Wies E., Kaiser Friedrich Barbarossa, München 1990, S 37.
[10] Spindler M., Handbuch der Bayerischen Geschichte Bd. IV/2, München 1975, S 751; Wehler H., Deutsche Gesellschaftsgeschichte Bd. I, München 1989, S. 43.
[11] Stutzer D., Unterbäuerliche gemischte Sozialgruppen Bayerns und ihre Arbeits- und Sozialverhältnisse, in: Glaser H. (Hg.), Wittelsbach und Bayern Bd. II/1, München 1980, S 264-268, S. 264.
[12] Wehler H., Deutsche Gesellschaftsgeschichte Bd. I, München 1989, S. 80f. 118f. 164; Glaser H., Vorwort, in: Glaser H. (Hg.), Wittelsbach und Bayern Bd. II/1, München 1980, S.7-12, S. 7.
[13] Weitlauff M., Die Reichskirchenpolitik des Hauses Bayern im Zeichen gegenreformatorischen Engagements und österreich-bayerischen Gegensatzes, in: Glaser H. (Hg.), Wittelsbach und Bayern Bd. II/1, München 1980, S. 48-76, S. 49.
[14] Henning F., Das vorindustrielle Deutschland 800-1800, Paderborn 1994, S. 19f., 179; 244f.; Arndt J., Der Dreißigjährige Krieg 1618-1648, Stuttgart 2009, S. 234; für deutlich geringe Verlustziffern durch den 30-jährigen Krieg Wehler H., Deutsche Gesellschaftsgeschichte Bd. I, München 1989, S. 53f.; 60, 69.
[15] Wehler H., Deutsche Gesellschaftsgeschichte Bd. I, München 1989, S. 90f.
[16] Henning F., Das vorindustrielle Deutschland 800-1800, Paderborn 1994, S 16; Wehler H., Deutsche Gesellschaftsgeschichte Bd. I, München 1989, S. 56, Dülmen R., Entstehung des frühzeitlichen Europa, Augsburg 1998, S. 401.
[17] Arndt J., Der Dreißigjährige Krieg, Stuttgart 2009, S. 197ff., 232; Wehler H., Deutsche Gesellschaftsgeschichte Bd. I, München 1989, S. 53.
[18] Wehler H., Deutsche Gesellschaftsgeschichte Bd. I, München 1989, S. 119-
[19] Schmidt G., Geschichte des Alten Reiches, München 1999, S. 181 246, 258,295; Williams B., The Whig Supremacy, London 1964, S.11ff.
[20] Spindler M., Handbuch der Bayerischen Geschichte Bd. II, München 1974, S. 303ff., 318.

[21] Spindler M., Handbuch der Bayerischen Geschichte Bd. II, München 1974, S. 202ff., 191f., 491f., 318.
[22] Arndt J., Der Dreißigjährige Krieg 1618-1648, Stuttgart 2009, S. 192.
[23] Henning F., Das vorindustrielle Deutschland 800-1800, Paderborn 1994, S. 233.
[24] Dülmen R., Entstehung des frühzeitlichen Europa, Augsburg 1998, S.399ff.
[25] Arndt J., Der Dreißigjährige Krieg 1618-1648, Stuttgart 2009, S. 176f.; Rystad G., Die Schweden in Bayern während des Dreißigjährigen Krieges, in: Glaser H. (Hg.), Wittelsbach und Bayern Bd. II/1, München 1980, S. 424-435, S. 427; Junkelmann M., Feldherr Maximilians: Johann Tserclaes Graf von Tilly, in: Glaser H (Hg.), Wittelsbach und Bayern Bd. II/1, München 1980, S. 377-399, S. 377.
[26] Henning F., Das vorindustrielle Deutschland 800-1800, Paderborn 1994, S. 281.
[27] Henning F., Das vorindustrielle Deutschland 800-1800, Paderborn 1994, S. 238.
[28] Arndt J., Der Dreißigjährige Krieg 1618-1648, Stuttgart 2009, S. 179f.
[29] Henning F., Das vorindustrielle Deutschland 800-1800, Paderborn 1994, S. 235; Arndt J., Der Dreißigjährige Krieg 1618-1648, Stuttgart 2009, S. 176ff.
[30] Hennig F., Das vorindustrielle Deutschland 800-1800, Paderborn 1994, S 235; Arndt J., Der Dreißigjährige Krieg 1618-1648, Stuttgart 2009, S. 178; Junkelmann M., Feldherr Maximilians: Johann Tserclaes Graf von Tilly, in: Glaser H (Hg.), Wittelsbach und Bayern Bd. II/1, München 1980, S. 377-399, S. 378.
[31] Arndt J., Der Dreißigjährige Krieg 1618-1648, Stuttgart 2009, S. 182; Junkelmann M., Feldherr Maximilians: Johann Tserclaes Graf von Tilly, in: Glaser H (Hg.), Wittelsbach und Bayern Bd. II/1, München 1980, S. 377-399, S. 378; Spindler M., Handbuch der Bayerischen Geschichte Bd. II, München 1974, S. 394.
[32] Henning F., Das vorindustrielle Deutschland 800-1800, Paberborn 1994, S. 234f; Arndt J., Der Dreißigjährige Krieg 1618-1648, Stuttgart 2009, S. 193f.; Rystad G., Die Schweden in Bayern während des Dreißigjährigen Krieges, in: Glaser H. (Hg.), Wittelsbach und Bayern Bd. II/1, München 1980, S. 424-435, S. 426f.
[33] Arndt J., Der Dreißigjährige Krieg 1618-1648, Stuttgart 2009, S. 178.
[34] Henning F., Das vorindustrielle Deutschland 800-1800, Paderborn 1994, S. 236f; Arndt J., Der Dreißigjährige Krieg 1618-1648, Stuttgart 2009, S. 195, 198.
[35] Henning F., Das vorindustrielle Deutschland 800-1800, Paderborn 1994, S. 237.
[36] Henning F., Das vorindustrielle Deutschland 800-1800, Paderborn 1994, S . 237.
[37] Spindler M., Handbuch der Bayerischen Geschichte Bd. II, München 1974, S. 378ff.; Hubensteiner B., Maximilian I., in: Glaser H. (Hg.), Wittelsbach und Bayern Bd. II/1, München 1980, S. 185-195, S. 191f.
[38] Henning F., Das vorindustrielle Deutschland 800-1800, Paderborn 1994, S. 236.
[39] Blendinger F., Die Mediatisierung der schwäbischen Reichsstädte, in: Glaser H. (Hg.), Wittelsbach und Bayern Bd. III/1, S. 101-113, S. 101f.; Dülmen, Entstehung des frühzeitlichen Europa 1550-1648, Augsburg 1998, S. 23.
[40] Hubensteiner B., Maximilian I., in: Glaser H. (Hg.), Wittelsbach und Bayern Bd. II/1, München 1980, S. 185-195, S. 192; Rystad G., Die Schweden in Bayern während des Dreißigjährigen Krieges, in: Glaser H. (Hg.), Wittelsbach und Bayern Bd. II/1, München 1980, S. 424- 435, S. 424ff.; Spindler M., Handbuch der Bayerischen Geschichte Bd. II, München 1974, S. 399ff.; Bleibrunner H., Niederbayern II, Landshut 1982, S. 58, 64; Henning F., Das vorindustrielle Deutschland, Paderborn 1994, S. 236.
[41] Arndt J., Der Dreißigjährige Krieg 1618-1648, Stuttgart 2009, S. 193; 196; Hubensteiner B., Maximilian I., in: Glaser H. (Hg.), Wittelsbach und Bayern Bd. II/1, München 1980, S. 185-195, S.193; Rystad G., Die Schweden in Bayern während des Dreißigjährigen Krieges, in: Glaser H. (Hg.), Wittelsbach und Bayern Bd. II/1, München 1980, S. 424- 435, S. 433f.; Hartmann P., Bayern als Faktor des französischen Politik während des Dreißgjährigen Krieges in: Glaser H. (Hg.), Wittelsbach und Bayern Bd. II/1, München 1980, S. 448-455, S. 452; Spindler M., Handbuch der Bayerischen Geschichte Bd. II, München 1974, S. 405f.
[42] Weber F., Gliederung und Einsatz des bayerischen Heeres im Dreißigjährigen Krieg, in: Glaser H. (Hg.), Wittelsbach und Bayern Bd. II/1, München 1980, S. 400-407, S. 402.
[43] Junkelmann M., Feldherr Maximilians: Johann Tserclaes Graf von Tilly, in: Glaser H. (Hg.), Wittelsbach und Bayern Bd. II/1, S. 377-399, S. 377.

[44] Glaser H., Vorwort, in: ders. (Hg.), Wittelsbach und Bayern Bd. II/1, München 1980, S. 7-12, S. 9; Albrecht D., Bayern und die Gegenreformation, in: Glaser H. (Hg.), Wittelsbach und Bayern Bd. II/1, München 1980, S. 13-23, S. 21; Hubensteiner B., Maximilian I., in: Glaser H. (Hg.), Wittelsbach und Bayern Bd. II/1, München 1980, S. 185-195, S. 194; Junkelmann M., Feldherr Maximilians: Johann Tserclaes Graf von Tilly, in: Glaser H. (Hg.), Wittelsbach und Bayern Bd. II/1, S. 377-399, S. 377; Weber F., Gliederung und Einsatz des bayerischen Heeres im Dreißigjährigen Krieg, in: Glaser H. (Hg.), Wittelsbach und Bayern Bd. II/1, München 1980, S. 400-407, S. 402, 404; Spindler M., Handbuch der Bayerischen Geschichte Bd. II, München 1974, S. 408f. 412f. 693; mehr auf den formellem Gewinn abstellend Roeck B., Westfälischer Frieden, Reich und Territorien, in: Glaser H. (Hg.), Wittelsbach und Bayern Bd. II/1, München 1980, S. 456-468, S. 456.

[45] Stutzer D., Unterbäuerliche gemischte Sozialgruppen Bayerns und ihre Arbeits- und Sozialverhältnisse, in: Glaser H. (Hg.), Wittelsbach und Bayern Bd. II/1, München 1980, S. 264-268, S. 266.

[46] Spindler M., Handbuch der Bayerischen Geschichte Bd. II, München 1974, S. 431.

[47] Baraclough G. (Hg.), Knaurs Neuer Historischer Weltatlas, München 1995, S. 182f., 160f., 172f.

[48] Spindler M., Handbuch der Bayerischen Geschichte Bd. II, München 1974, S. 437f.

[49] Spindler M., Handbuch der Bayerischen Geschichte Bd. II, München 1974, S. 436ff.; Schmidt G., Geschichte des Alten Reiches, München 1999, S. 228ff., 247.

[50] Spindler M., Handbuch der Bayerischen Geschichte Bd. II, München 1974, S. 447ff.

[51] Schmidt G., Geschichte des Alten Reiches, München 1999, S. 227ff.; Spindler M., Handbuch der Bayerischen Geschichte Bd. II, München 1974, S. 450ff., 460.

[52] Schmidt G., Geschichte des Alten Reiches, München 1999, S. 15, 267f.; Spindler M., Handbuch der Bayerischen Geschichte Bd. II, München 1974, S. 463ff.

[53] Bleibrunner N., Niederbayern Bd. II, Landshut 1982, S. 183f.

[54] Spindler M., Handbuch der Bayerischen Geschichte Bd. II, München 1974, S. 472, 563, 1035f.

[55] Spindler M., Handbuch der Bayerischen Geschichte Bd. II, München 1974, S. 1037ff., 1084.

[56] Wehler H., Deutsche Gesellschaftsgeschichte Bd. I, München 1989, S. 53ff. 235f.

[57] Wehler H., Deutsche Gesellschaftsgeschichte Bd. I, München 1989, S. 266.

[58] Spindler M., Handbuch der Bayerischen Geschichte Bd. II, München 1974, S. 560.

[59] grundsätzlich zu diesem Staatsbildungsprozess Wehler H., Deutsche Gesellschaftsgeschichte Bd. I, München 1989, S. 221; für Bayern im 16. Jahrhundert Spindler M., Handbuch der Bayerischen Geschichte Bd. II, München 1974, S. 563, Gesamtdarstellung Spindler M., Handbuch der Bayerischen Geschichte Bd. II, München 1974, S. 581ff.

[60] Hubensteiner B., Maximilian I., in: Glaser H. (Hg.), Wittelsbach und Bayern Bd. II/1, München 1980, S. 185-195, S. 186; Spindler M., Handbuch der Bayerischen Geschichte Bd. II, München 1974, S. 361, 370.

[61] Heydenreuter R., Die Behördenreform Maximilians I., in: Glaser H. (Hg.), Wittelsbach und Bayern Bd. II/1, München 1989, S. 237-251, S. 237ff.

[62] Merzbacher F., Gesetzgebung unf Rechtskodifikation unter Kurfürst Maximilian I., in: Glaser H. (Hg.), Wittelsbach und Bayern Bd. II/1, München 1980, S. 225-236, S. 225ff.

[63] Spindler M., Handbuch der Bayerischen Geschichte Bd. II, München 1974, S. 369.

[64] Junkelmann M., Feldherr Maximilians: Johann Tserclaes Graf von Tilly, in: Glaser H. (Hg.), Wittelsbach und Bayern Bd. II/1, München 1980, S. 377-399, S. 377.

[65] Henning F., Das vorindustrielle Deutschland 800-1800, Paderborn 1994, S. 239; 244; Arndt J., Der Dreißigjährige Krieg 1618-1648, Stuttgart 2009, S. 233.

[66] Zu den allgemeinen Grundlagen dieser staatlichen Wirtschaftslenkung Henning F., Das vorindustrielle Deutschland 800-1800, Paderborn 1994, S. 17, 18, 214f. 243; 246ff.; Wehler H., Deutsche Gesellschaftsgeschichte Bd. I, München 1989, S. 80ff.; Wehler H., Deutsche Gesellschaftsgeschichte Bd. II, München 1989, S. 15; Barudio G., Das Zeitalter des Absolutismus und der Aufklärung, Augsburg 1998, S. 219ff.; Pangels C., Friedrich der Große, München 2004, 315.

[67] Spindler M., Handbuch der Bayerischen Geschichte Bd. II, München 1974, S. 369.

[68] Spindler M., Handbuch der Bayerischen Geschichte Bd. II, München 1974, S. 424.

[69] Arndt J., Der Dreißigjährige Krieg 1618-1648, Stuttgart 2009, S. 236; Spindler M., Handbuch der Bayerischen Geschichte Bd. II, München 1974, S. 671f.

[70] am Beispiel der Manufakturen Spindler M., Handbuch der Bayerischen Geschichte Bd. II, München 1974, S. 710f.

[71] Stutzer D., Unterbäuerliche gemischte Sozialgruppen Bayerns und ihre Arbeits- und Sozialverhältnisse, in: Glaser H. (Hg.), Wittelsbach und Bayern Bd. II/1, München 1980, S. 264-268, S. 265; Spindler M., Handbuch der Bayerischen Geschichte Bd. II, München 1974, S. 685.

[72] Hubensteiner B., Maximilian I., in: Glaser H. (Hg.), Wittelsbach und Bayern Bd. II/1, München 1980, S. 185-195, S. 186; Hartmann P., Bayern als Faktor der französischen Politik während des Dreißigjährigen Krieges, in: Glaser H. (Hg.), Wittelsbach und Bayern Bd. II/1, München 1980, S. 448-455, S. 448.

[73] Stutzer D., Unterbäuerliche gemischte Sozialgruppen Bayerns und ihre Arbeits- und Sozialverhältnisse, in: Glaser H. (Hg.), Wittelsbach und Bayern Bd. II/1, München 1980, S. 264-268, S. 264.

[74] Spindler M., Handbuch der Bayerischen Geschichte Bd. II, München 1974, S. 1067ff.

[75] Spindler M., Handbuch der Bayerischen Geschichte Bd. II, München 1974, S. 1067, 1069f.

[76] Spindler M., Handbuch der Bayerischen Geschichte Bd. II, München 1974, S. 1074; 1084.

[77] Schmidt G., Geschichte des Alten Reiches, München 1999, S. 265; Henning F., Das vorindustrielle Deutschland 800-1800, Paderborn 1994, S. 268, 283; Spindler M., Handbuch der Bayerischen Geschichte Bd. II, München 1974, S. 716.

[78] Schmidt G., Geschichte des Alten Reiches, München 1999, S. 181.

[79] Stierhof H., Zur Baugeschichte der Maximilianischen Residenz, in: Glaser H. (Hg.), Wittelsbach und Bayern, Bd. II/1, München 1980, S. 269-278, S. 269; Huber G., Die Reichen Herzöge von Bayern-Landshut, Regensburg 2013, S. 142ff.

[80] Bleibrunner H., Landshut, Landshut 1985, S 21; Bleibrunner H., Niederbayern Bd. II, Landshut 1982, S. 36.

[81] Spindler M., Handbuch der Bayerischen Geschichte Bd. II, München 1974, S. 301.

[82] Bleibrunner H., Landshut, Landshut 1985, S. 34; Bleibrunner H., Niederbayern Bd. II, Landshut 1982, S. 26; Hubel A., Der Skulpturenzyklus in der Kapelle der Burg Trausnitz zu Landshut, in: Glaser H. (Hg.), Wittelsbach und Bayern Bd. I/1, München 1980, S. 437-444, S. 438.

[83] Zur Stadtresidenz Bleibrunner H., Niederbayern Bd. II, Landshut 1982, S. 26ff.

[84] Bleibrunner H., Landshut, Landshut 1985, S. 22; Hubensteiner B., Maximilian I., in: Glaser H. (Hg.), Wittelsbach und Bayern Bd. II/1, S. 185-195, S. 192; Rystad G., Die Schweden in Bayern während des Dreißigjährigen Krieges, in: Glaser H. (Hg.), Wittelsbach und Bayern Bd. II/1, München 1980, S. 424-435, S. 424.

[85] Bleibrunner H., Landshut, Landshut 1985, S. 22;

[86] Stierhof H., Zur Baugesichte der Maximilianischen Residenz, in: Glaser H. (Hg.), Wittelsbach und Bayern Bd. II/1, München 1980, S. 269-278, S. 269.

[87] Spindler M., Handbuch der Bayerischen Geschichte Bd. II, München 1974, S. 682, 689ff.

[88] Braunfels W., Cuius Regio Eius Ars, in: Glaser H. (Hg.), Wittelsbach und Bayern Bd. II/1, München 1980, S. 133-140, S. 135 ff; Sauermost H., Zur Rolle St. Michaels im Rahmen der wilhelminisch-maximilianischen Kunst, in: Glaser H. (Hg.), Wittelsbach und Bayern Bd. II/1, S. 167-174, S. 173; Bau der Residenz Stierhof H., Zur Baugesichte der Maximilianischen Residenz, in: Glaser H. (Hg.), Wittelsbach und Bayern Bd. II/1, München 1980, S. 269-278, S. 269ff.; Spindler M., Handbuch der Bayerischen Geschichte Bd. II, München 1974, S. 366, 564, 570, 914f.

[89] Rystad G., Die Schweden in Bayern während des Dreißigjährigen Krieges, in: Glaser H. (Hg.), Wittelsbach und Bayern Bd. II/1, München 1980, S. 424-435, S. 425.

[90] Spindler M., Handbuch der Bayerischen Geschichte Bd. II, München 1974, S. 572.

[91] Spindler M., Handbuch der Bayerischen Geschichte Bd. II, München 1974, S. 564.

[92] Hennig F., Das vorindustrielle Deutschland 800-1800, Paderborn 1994, S. 283.

[93] Hubensteiner B., Maximilian I., in: Glaser H (Hg.), Wittelsbach und Bayern Bd. II/1, München 1980, S. 185-195, S. 190; Goldberg A., Dürer-Renaissance am Münchener Hof, in: Glaser H. (Hg.), Wittelsbach und Bayern Bd. II/1, München 1980, S. 318-322, S. 318ff.;Bachtler M., Goldschmiedearbeiten im Auftrag Herzog Maximilians I. von Bayern, in: Glaser H. (Hg.), Wittelsbach und Bayern Bd. II/1, S. 323-329, S. 323ff.; Hacker R., Die Münchener Hofbibliothek unter Maximilian I., in: Glaser H. (Hg.), Wittelsbach und Bayern Bd. II/1, S. 353-363, S. 353ff;

Spindler M., Handbuch der Bayerischen Geschichte Bd. II, München 1974, S. 914f., 920f., 923f., 930ff., 959.
[94] Braunfels W., Cuius Regio Eius Ars, in: Glaser H. (Hg.), Wittelsbach und Bayern Bd. II/1, München 1980, S. 133-140, S. 135; Berg K., Der ehemalige „Bennobogen" der Münchener Frauenkirche, in: Glaser H. (Hg.), Wittelsbach und Bayern Bd. II/1, S. 312-317, S. 314.
[95] Braunfels W., Cuius Regio Eius Ars, in: Glaser H. (Hg.), Wittelsbach und Bayern Bd. II/1, München 1980, S. 133-140, S. 135f.
[96] Spindler M., Handbuch der Bayerischen Geschichte Bd. II, München 1974, S. 572.
[97] Metz J., Stadtgeschichte von Moosburg, in: Der Isargau 1 (1927), S. 117-127, 124.
[98] Weh L., Geschichte der Stadt Moosburg, Moosburg 1983, S. 33.
[99] Huber K., Das Kloster und Kollegiatstift Moosburg, Moosburg 1984, S. 77; Heilmaier L., Kloster und Stift Moosburg, in: Der Isargau 1 (1927), S. 97-115, S. 101, 109f, 113. Altmann L., Moosburg, St. Kastulus-Münster, Regensburg 2006, S. 4.
[100] Hartig M., Kirchen und Kunstgeschichtliches von Moosburg, in: Der Isargau 1 (1927), S. 73-84, S. 82.
[101] Weh L., Geschichte der Stadt Moosburg, Moosburg 1983, S. 36.
[102] Bleibrunner H., Landshut, Landshut 1985, S. 22; Bleibrunner H., Niederbayern Bd. II, Landshut 1982, S. 48.
[103] Albrecht D., Bayern und die Gegenreformation, in: Glaser H. (Hg.), Wittelsbach und Bayern Bd. II/1, München 1980, S. 13-23, S. 13ff.; Weitlauff M., Die Reichskirchenpolitik des Hauses Bayern im Zeichen gegenreformatorischen Engagements und österreich-bayerischen Gegensatzes, in: Glaser H. (Hg.), Wittelsbach und Bayern Bd. II/1, München 1980, S. 48-76, S.49ff.; Spindler M., Handbuch der Bayerischen Geschichte Bd. II, München 1974, S. 313, 341, 640; Schnabel-Schüle H., Die Reformation 1495-1555, Stuttgart 2013, S. 229.
[104] Droysen G., Geschichte der Gegenreformation, Nachdruck Stuttgart o. J., S. 333ff.; Schmidt G., Geschichte des Alten Reiches, München 1999, S. 111; Albrecht D., Bayern und die Gegenreformation, in: Glaser H. (Hg.), Wittelsbach und Bayern Bd. II/1, München 1980, S. 13-23, S. 13, 17; Roepke C., Die evangelische Bewegung in Bayern im 16. Jahrhundert, in: Glaser H. (Hg.), Wittelsbach und Bayern Bd. II/1, München 1980, S. 101-114, S. 101ff.; Hausberger K., Die kirchlichen Träger für Katholische Reform in Bayern, in: Glaser H. (Hg.), Wittelsbach und Bayern Bd. II/1, München 1980, S. 115-124, S. 115; Seifert A., Die „Seminarpolitik" der bayerischen Herzöge im 16. Jahrhundert und die Begründung des jesuitischen Schulwesens, in: Glaser H. (Hg.), Wittelsbach und Bayern Bd. II/1, S. 125-132, S. 125; Hubensteiner B., Maximilian I., in: Glaser H. (Hg.), Wittelsbach und Bayern Bd. II/1, S. 185-195, S. 188; Spindler M., Handbuch der Bayerischen Geschichte Bd. II, München 1974, S. 627ff., 640f.; Heilmaier L., Kloster und Stift Moosburg, in: Der Isargau 1 (1927), S. 97-115, S. 113; Albrecht D., Bayern und die Gegenreformation, in: Glaser H. (Hg.), Wittelsbach und Bayern Bd. II/1, München 1980, S. 13-23, S. 13ff.; Steiner P., Der gottselige Fürst und die Konfessionalisierung Altbayerns, in: Glaser H. (Hg.), Wittelsbach und Bayern Bd. II/1, S. 252-263, S. 255f.
[105] Heilmaier L., Kloster und Stift Moosburg, in: Der Isargau 1 (1927), S. 97-115, S. 109, 101, 113.
[106] Hubensteiner B., Maximilian I., in: Glaser H. (Hg.), Wittelsbach und Bayern Bd. II/1, S. 185-195, S. 188; Spindler M., Handbuch der Bayerischen Geschichte Bd. II, München 1974, S. 646; Bleibrunner H., Niederbayern Bd. II, Landshut 1982, S. 48-51.
[107] Alckens A., Landkreis Freising, Landshut 1962, S. 128.
[108] Altmann L., Moosburg St. Kastulus-Münster, Regensburg 2006, S. 5f.
[109] Rystad G., Die Schweden in Bayern während des Dreißigjährigen Krieges, in: Glaser H. (Hg.), Wittelsbach und Bayern Bd. II/1, München 1980, S. 424-435, S. 424.
[110] Alckens A., Landkreis Freising, Landshut 1962, S. 129.
[111] Rystad G., Die Schweden in Bayern während des Dreißigjährigen Krieges, in: Glaser H. (Hg.), Wittelsbach und Bayern Bd. II/1, München 1980, S. 424-435, S. 424, 426f.
[112] Alckens A., Landkreis Freising, Landshut 1962, S. 129.
[113] Alckens A., Landkreis Freising, Landshut 1962, S. 39ff.
[114] Alckens A., Landkreis Freising, Landshut 1962, S. 43ff.; Rystad G., Die Schweden in Bayern während des Dreißigjährigen Krieges, in: Glaser H. (Hg.), Wittelsbach und Bayern Bd. II/1, München 1980, S. 424-435, S. 426f, 433.

[115] Heilmann F., Die schwedische Hauptschanze in Moosburg a.d. Isar, in: Unser Moosburg 10 (1994), S. 106-107, S. 106.
[116] Alckens A., Landkreis Freising, Landshut 1962 S. 130; Keyser E./Stoob H (Hgg.), Bayerisches Städtebuch, Stuttgart 1974, Artikel „Moosburg".
[117] Alckens A., Landkreis Freising, Landshut 1962, S. 49ff. unter Auswertung von Pfarrchroniken.
[118] Alckens A., Landkreis Freising, Landshut 1962, S. 54, 133.
[119] Wening M., Historico-Topographica Descriptio Dritter Theil Das Rennt-Ambt Landshuet, München 1723, S. 45.
[120] Alckens A., Landkreis Freising, Landshut 1962, S. 134f.
[121] Spindler M., Handbuch der Bayerischen Geschichte Bd. II, München 1974, S. 685.
[122] Weh L., Geschichte der Stadt Moosburg, Moosburg 1983, S. 44.

5. Kapitel

[1] Möckl K., Die Prinzregentenzeit, in: Bonk S./Schmid P. (Hgg.), Königreich Bayern, Regensburg 2005, S. 153-174, S. 153.
[2] Weis E., Das neue Bayern-Max. I. Joseph, Montgelas und die Entstehung und Ausgestaltung des Königreichs 1799-1825, in: Glaser H. (Hg.), Wittelsbach und Bayern Bd. III/1, München 1980, S. 49-64, S. 49; Demel W., Die Entwicklung der Gesetzgebung in Bayern unter Max I. Joseph, in: Glaser H. (Hg.), Wittelsbach und Bayern Bd. III/1, München 1980, S. 72-82, S. 72; Glaser H. (Hg.), Wittelsbach und Bayern Bd. III/2, München 1980, S. 367, Spindler M., Handbuch der Bayerischen Geschichte Bd. IV/1, München 1974,, S. 3f.
[3] Spindler M., Handbuch der Bayerischen Geschichte Bd. IV/1, München 1974, S. 60.
[4] Glaser H., Vorwort, in: ders. (Hg.), Wittelsbach und Bayern Bd. III/1, München 1980, S. 7-12, S. 10; Rall H., Die Hausverträge der Wittelsbacher: Grundlage der Erbbfälle von 1777-1799, in: Glaser H. (Hg.), Wittelsbach und Bayern Bd. III/1, München 1980, S. 13-48, S. 14; Weis E., Das neue Bayern-Max. I. Joseph, Montgelas und die Entstehung und Ausgestaltung des Königreichs 1799-1825, in: Glaser H. (Hg.), Wittelsbach und Bayern Bd. III/1, München 1980, S. 49-64, S. 50; Ammerich H., Jugend und Erziehung Max`I. Joseph, in: Glaser H. (Hg.), Wittelsbach und Bayern Bd. III/1, München 1980, S. 65-71, S. 65; Glaser H. (Hg.), Wittelsbach und Bayern Bd. III/2, München 1980, S 66, 69ff., 75; Spindler M., Handbuch der Bayerischen Geschichte Bd. IV/1, München 1974 S. 4.
[5] Glaser H., Vorwort, in: ders. (Hg.), Wittelsbach und Bayern Bd. III/1, München 1980, S. 7-12, S. 10; Weis E., Das neue Bayern-Max. I. Joseph, Montgelas und die Entstehung und Ausgestaltung des Königreichs 1799-1825, in: Glaser H. (Hg.), Wittelsbach und Bayern Bd. III/1, München 1980, S. 49-64, S. 61; Forster W., Die Säkularisation und das Benediktinerkloster Banz, in: Glaser H. (Hg.), Wittelsbach und Bayern Bd. III/1, München 1980, S. 95-100, S. 98.
[6] Wehler H., Deutsche Gesellschaftsgeschichte Bd. I, München 1989, S. 50f., 371; Glaser H. (Hg.), Wittelsbach und Bayern Bd. III/2, München 1980, S. 153f., 301; Spindler M., Handbuch der Bayerischen Geschichte Bd. IV/1, München 1974, S. 5, 8.
[7] Glaser H., Vorwort, in: ders. (Hg.), Wittelsbach und Bayern Bd. III/1, München 1980, S. 7-12, S. 7, 9f.; Spindler M., Handbuch der Bayerischen Geschichte Bd. IV/1, München 1974, S.6.
[8] Wehler H., Deutsche Gesellschaftsgeschichte Bd. I, München 1989, S. 370.
[9] Wehler H., Deutsche Gesellschaftsgeschichte Bd. I, München 1989, S. 370f.; Glaser H., Vorwort, in: ders. (Hg.), Wittelsbach und Bayern Bd. III/1, München 1980, S. 7-12, S. 10; Weis E., Das neue Bayern-Max. I. Joseph, Montgelas und die Entstehung und Ausgestaltung des Königreichs 1799-1825, in: Glaser H. (Hg.), Wittelsbach und Bayern Bd. III/1, München 1980, S. 49-64, S. 49, 52; Kramer F., Bayerns Weg zum Königreich, in: Bonk S./Schmid P.(Hgg.), Königreich Bayern, Regensburg 2005, S. 11-30, S. 18; $ IV 1 S. 6, 53; Mann G., Deutsche Geschichte des 19. und 20. Jahrhunderts, Frankfurt 1958, S. 62ff.
[10] Aichner E., Das bayerische Heer in den Napoleonischen Kriegen, in: Glaser H. (Hg.), Wittelsbach und Bayern Bd. II/1, München 1980, S. 239-253, S. 242ff.; Glaser H. (Hg.), Wittelsbach und Bayern Bd. III/2, München 1980, S. 110; Kramer F., Bayerns Weg zum Königreich, in: Bonk S./Schmid P.(Hgg.), Königreich Bayern, Regensburg 2005, S. 11-30, S. 11, 16f.; Spindler M., Handbuch der Bayerischen Geschichte Bd. IV/1, München 1974, S. 8f.
[11] Glaser H. (Hg.), Wittelsbach und Bayern Bd. III/2, München 1980, S. 114.

[12] Glaser H. (Hg.), Wittelsbach und Bayern Bd. III/2, München 1980, S. 110.
[13] Weis E., Das neue Bayern-Max. I. Joseph, Montgelas und die Entstehung und Ausgestaltung des Königreichs 1799-1825, in: Glaser H. (Hg.), Wittelsbach und Bayern Bd. III/1, München 1980, S. 49-64, S. 52ff.; Glaser H. (Hg.), Wittelsbach und Bayern Bd. III/2, München 1980, S. 189f.; Kramer F., Bayerns Weg zum Königreich, in: Bonk S./Schmid P.(Hgg.), Königreich Bayern, Regensburg 2005, S. 11-30, S. 20f; Zwehl H./Ritthaler A., Die Bayerische Politik im Jahre 1805, München 1964, S. VIIff.
[14] Kramer F., Bayerns Weg zum Königreich, in: Bonk S./Schmid P.(Hgg.), Königreich Bayern, Regensburg 2005, S. 11-30, S. 28, Spindler M., Handbuch der Bayerischen Geschichte Bd. IV/1, München 1974, S. 20.
[15] Weis E., Das neue Bayern-Max. I. Joseph, Montgelas und die Entstehung und Ausgestaltung des Königreichs 1799-1825, in: Glaser H. (Hg.), Wittelsbach und Bayern Bd. III/1, München 1980, S. 49-64, S. 55f.; Dufraisse R., Napoleon und Bayern, in: Glaser H. (Hg.), Wittelsbach und Bayern Bd. III/1, München 1980, S. 221-229, S. 223ff.; Braun R., Die Bayern in Rußland 1812, in: Glaser H. (Hg.), Wittelsbach und Bayern Bd. III/1, München 1980, S. 260-271, 260ff.; Glaser H. (Hg.), Wittelsbach und Bayern Bd. III/2, München 1980, S. 214, 261f., 274f; Ernstberger A., Eine deutsche Untergrundbewegung gegen Napoleon 1806-1807, München 1955, S. 57ff.
[16] Weis E., Das neue Bayern-Max. I. Joseph, Montgelas und die Entstehung und Ausgestaltung des Königreichs 1799-1825, in: Glaser H. (Hg.), Wittelsbach und Bayern Bd. III/1, München 1980, S. 49-64, S. 53, Dufraisse R., Napoleon und Bayern, in: Glaser H. (Hg.), Wittelsbach und Bayern Bd. III/1, München 1980, S. 221-229, S. 222; Spindler M., Handbuch der Bayerischen Geschichte Bd. IV/1, München 1974, S. 12ff.
[17] Glaser H. (Hg.), Wittelsbach und Bayern Bd. III/2, München 1980, S. 123f.
[18] Weis E., Das neue Bayern-Max. I. Joseph, Montgelas und die Entstehung und Ausgestaltung des Königreichs 1799-1825, in: Glaser H. (Hg.), Wittelsbach und Bayern Bd. III/1, München 1980, S. 49-64, S 56; Endres R., Die Eingliederung Frankens in den neuen bayerischen Staat, in: Glaser H. (Hg.), Wittelsbach und Bayern Bd. III/1, München 1980, S. 83-94, S. 83ff.; Blendinger F., Die Mediatisierung der schwäbischen Reichsstädte, in: Glaser H. (Hg.), Wittelsbach und Bayern Bd. III/1, München 1980, S. 101-113, S. 101ff.; Stutzer D., Unterbäuerliche gemischte Sozialgruppen Bayerns um 1800 und ihre Arbeits- und Sozialverhältnisse im Spiegel der Statistik, in: Glaser H. (Hg.), Wittelsbach und Bayern Bd. III/1, München 1980, S. 290-299, S. 292; Spindler M., Handbuch der Bayerischen Geschichte Bd. IV/1, München 1974, S. 18f.
[19] Dollinger H., Bayern, München 1976, S. 120.
[20] Weis E., Das neue Bayern-Max. I. Joseph, Montgelas und die Entstehung und Ausgestaltung des Königreichs 1799-1825, in: Glaser H. (Hg.), Wittelsbach und Bayern Bd. III/1, München 1980, S. 49-64, S. 58; Kramer F., Bayerns Weg zum Königreich, in: Bonk S./Schmid P.(Hgg.), Königreich Bayern, Regensburg 2005, S. 11-30, S. 23; 31; Möckl K., Die Prinzregentenzeit, in: Bonk S./Schmid P. (Hgg.), Königreich Bayern, Regensburg 2005, S. 153-174, S. 153; Spindler M., Handbuch der Bayerischen Geschichte Bd. IV/1, München 1974, S. 64; Demel W., Der Bayerische Staatsabsolutismus 1806/08-1817, München 1983 W., S. 98.
[21] Wehler H., Deutsche Gesellschaftsgeschichte Bd. I, München 1989, S. 370, 373ff.; Glaser H., Vorwort, in: ders. (Hg.), Wittelsbach und Bayern Bd. III/1, München 1980, S. 7-12, S. 10; Weis E., Das neue Bayern-Max. I. Joseph, Montgelas und die Entstehung und Ausgestaltung des Königreichs 1799-1825, in: Glaser H. (Hg.), Wittelsbach und Bayern Bd. III/1, München 1980, S. 49-64, S. 51; Götschmann D., Wirtschaftspolitik und wirtschaftliche Entwicklung im Königreich Bayern, in: Bonk S./Schmid P. (Hgg.), Königreich Bayern, Regensburg 2005, S. 31-48, S. 31.
[22] Wehler H., Deutsche Gesellschaftsgeschichte Bd. I, München 1989, S. 373, 384f.; Glaser H., Vorwort, in: ders. (Hg.), Wittelsbach und Bayern Bd. III/1, München 1980, S. 7-12, S. 10; Weis E., Das neue Bayern-Max. I. Joseph, Montgelas und die Entstehung und Ausgestaltung des Königreichs 1799-1825, in: Glaser H. (Hg.), Wittelsbach und Bayern Bd. III/1, München 1980, S. 49-64, S. 59; Glaser H. (Hg.), Wittelsbach und Bayern Bd. III/2, München 1980, S. 301; Spindler M., Handbuch der Bayerischen Geschichte Bd. IV/1, München 1974, S. 48, 71, 56ff.; Demel W., Der Bayerische Staatsabsolutismus 1806/08-1817, München 1983, S. 116ff.
[23] Wehler H., Deutsche Gesellschaftsgeschichte Bd. I, München 1989, S. 385 ff.; Glaser H., Vorwort, in: ders. (Hg.), Wittelsbach und Bayern Bd. III/1, München 1980, S. 7-12, S. 10; Weis E., Das neue Bayern-Max. I. Joseph, Montgelas und die Entstehung und Ausgestaltung des

Königreichs 1799-1825, in: Glaser H. (Hg.), Wittelsbach und Bayern Bd. III/1, München 1980, S. 49-64, S. 58ff.; Spindler M., Handbuch der Bayerischen Geschichte Bd. IV/1, München 1974, S. 57.
[24] Wehler H., Deutsche Gesellschaftsgeschichte Bd. I, München 1989, S. 380; Weis E., Das neue Bayern-Max. I. Joseph, Montgelas und die Entstehung und Ausgestaltung des Königreichs 1799-1825, in: Glaser H. (Hg.), Wittelsbach und Bayern Bd. III/1, München 1980, S. 49-64, S. 59; Glaser H. (Hg.), Wittelsbach und Bayern Bd. III/2, München 1980, S. 461; Spindler M., Handbuch der Bayerischen Geschichte Bd. IV/1, München 1974, S. 50; Spindler M., Handbuch der Bayerischen Geschichte Bd. IV/2, München 1975, S. 783ff.;
[25] Weis E., Das neue Bayern-Max. I. Joseph, Montgelas und die Entstehung und Ausgestaltung des Königreichs 1799-1825, in: Glaser H. (Hg.), Wittelsbach und Bayern Bd. III/1, München 1980, S. 49-64, S. 59; Schwaiger G., Die kirchlich-religiöse Entwicklung in Bayern zwischen Aufklärung und katholischer Erneuerung, in: Glaser H. (Hgg.), Wittelsbach und Bayern Bd. III/1, München 1980, S. 121-145, S. 135f.
[26] Dollinger H., Bayern, München 1976, S. 120; Wehler H., Deutsche Gesellschaftsgeschichte Bd. I, München 1989, S. 382ff; Glaser H., Vorwort, in: ders. (Hg.), Wittelsbach und Bayern Bd. III/1, München 1980, S. 7-12, S. 10; Weis E., Das neue Bayern-Max. I. Joseph, Montgelas und die Entstehung und Ausgestaltung des Königreichs 1799-1825, in: Glaser H. (Hg.), Wittelsbach und Bayern Bd. III/1, München 1980, S. 49-64, S. 55, 57, 60f.; Kramer F., Bayerns Weg zum Königreich, in: Bonk S./Schmid P.(Hgg.), Königreich Bayern, Regensburg 2005, S. 11-30, S. 28; Spindler M., Handbuch der Bayerischen Geschichte Bd. IV/1, München 1974, S. 25, 39, 51ff.
[27] Weis E., Das neue Bayern-Max. I. Joseph, Montgelas und die Entstehung und Ausgestaltung des Königreichs 1799-1825, in: Glaser H. (Hg.), Wittelsbach und Bayern Bd. III/1, München 1980, S. 49-64, S. 59; Demel W., Die Entwicklung der Gesetzgebung in Bayern unter Max I. Joseph, in: Glaser H. (Hg.), Wittelsbach und Bayern Bd. III/1, München 1980, S. 72-82, S. 72ff; Spindler M., Handbuch der Bayerischen Geschichte Bd. IV/1, München 1974, S. 47ff., 55; Spindler M., Handbuch der Bayerischen Geschichte Bd. IV/2, München 1975, S. 950ff., 996, 1037ff.
[28] Wehler H., Deutsche Gesellschaftsgeschichte Bd. I, München 1989, S. 382; Weis E., Das neue Bayern-Max. I. Joseph, Montgelas und die Entstehung und Ausgestaltung des Königreichs 1799-1825, in: Glaser H. (Hg.), Wittelsbach und Bayern Bd. III/1, München 1980, S. 49-64, 51; Zorn W., Die wirtschaftliche Entwicklung Bayerns unter Max I. Joseph, 1799-1825, in: Glaser H. (Hg.), Wittelsbach und Bayern Bd. III/1, München 1980, S. 281-289, S. 202f.; Götschmann D., Wirtschaftspolitik und wirtschaftliche Entwicklung im Königreich Bayern, in: Bonk S./Schmid P. (Hgg.), Königreich Bayern, Regensburg 2005, S. 31-48, S. 32; Spindler M., Handbuch der Bayerischen Geschichte Bd. IV/1, München 1974, S. 50, 115f.; Demel W., Der Bayerische Staatsabsolutismus 1806/08-1817, München 1983, S. 185ff.
[29] Spindler M., Handbuch der Bayerischen Geschichte Bd. IV/2, München 1975, S. 1043.
[30] Spindler M., Handbuch der Bayerischen Geschichte Bd. IV/1, München 1974, S. 14, 39ff., 269; Spindler M., Handbuch der Bayerischen Geschichte Bd. IV/2, München 1975, S. 855, 914, 1037; Weis E., Das neue Bayern-Max. I. Joseph, Montgelas und die Entstehung und Ausgestaltung des Königreichs 1799-1825, in: Glaser H. (Hg.), Wittelsbach und Bayern Bd. III/1, München 1980, S. 49-64, S. 57; Schwaiger G., Die kirchlich-religiöse Entwicklung in Bayern zwischen Aufklärung und katholischer Erneuerung, in: Glaser H. (Hgg.), Wittelsbach und Bayern Bd. III/1, München 1980, S. 121-145, S. 126ff.; Pizzinini M., Die bayerische Herrschaft in Tirol, in: Glaser H. (Hg.), Wittelsbach und Bayern Bd. III/1, München 1980, S. 254-271, S. 257; Glaser H. (Hg.), Wittelsbach und Bayern Bd. III/2, München 1980, S. 130f. 321; Demel W., Der Bayerische Staatsabsolutismus 1806/08-1817, München 1983 185ff.
[31] Schwaiger G., Die kirchlich-religiöse Entwicklung in Bayern zwischen Aufklärung und katholischer Erneuerung, in: Glaser H. (Hgg.), Wittelsbach und Bayern Bd. III/1, München 1980, S. 121-145, S. 130ff., Goerge R., Freising nach 1800, in: Fahr F./Ramisch H./Steiner P. (Hg..), Freising Geistliche Stadt, Freising 1989, S. 169-176, S. 169f.
[32] Schwaiger G., Die kirchlich-religiöse Entwicklung in Bayern zwischen Aufklärung und katholischer Erneuerung, in: Glaser H. (Hgg.), Wittelsbach und Bayern Bd. III/1, München 1980, S. 121-145, S. 130, 136ff.; Glaser H. (Hg.), Wittelsbach und Bayern Bd. III/2, München 1980, S. 321; Spindler M., Handbuch der Bayerischen Geschichte Bd. IV/1, München 1974, S. 72f.

[33] Glaser H. (Hg.), Wittelsbach und Bayern Bd. III/2, München 1980, S. 301.
[34] Weis E., Das neue Bayern-Max. I. Joseph, Montgelas und die Entstehung und Ausgestaltung des Königreichs 1799-1825, in: Glaser H. (Hg.), Wittelsbach und Bayern Bd. III/1, München 1980, S. 49-64, S. 60f.; Spindler M., Handbuch der Bayerischen Geschichte Bd. IV/1, München 1974, S. 80, 82; Glaser H. (Hg.), Wittelsbach und Bayern Bd. III/2, München 1980, S. 303f.
[35] Weis E., Das neue Bayern-Max. I. Joseph, Montgelas und die Entstehung und Ausgestaltung des Königreichs 1799-1825, in: Glaser H. (Hg.), Wittelsbach und Bayern Bd. III/1, München 1980, S. 49-64, S. 57, Spindler M., Handbuch der Bayerischen Geschichte Bd. IV/1, München 1974, S. 64.
[36] Weis E., Das neue Bayern-Max. I. Joseph, Montgelas und die Entstehung und Ausgestaltung des Königreichs 1799-1825, in: Glaser H. (Hg.), Wittelsbach und Bayern Bd. III/1, München 1980, S. 49-64, S. 57, 61; Spindler M., Handbuch der Bayerischen Geschichte Bd. IV/1, München 1974, S. 1f.
[37] Weis E., Das neue Bayern-Max. I. Joseph, Montgelas und die Entstehung und Ausgestaltung des Königreichs 1799-1825, in: Glaser H. (Hg.), Wittelsbach und Bayern Bd. III/1, München 1980, S. 49-64, S. 61.
[38] Ullmann H., Das Deutsche Kaiserreich 1871-1918, Frankfurt 1995, S. 104; Spindler M., Handbuch der Bayerischen Geschichte Bd. IV/2, München 1975, S. 753; Wehler H., Deutsche Gesellschaftsgeschichte Bd. III, München 1995, S. 56ff.
[39] Spindler M., Handbuch der Bayerischen Geschichte Bd. IV/1, München 1974, S. 88; Spindler M., Handbuch der Bayerischen Geschichte Bd. IV/2, München 1975, 781 751, 784; Glaser H. (Hg.), Wittelsbach und Bayerns Bd. III/2, München 1980, S. 449; Nipperdey T., Deutsche Geschichte 1800-1866, München 1998, S. 193, 197; Wehler H., Deutsche Gesellschaftsgeschichte Bd. II, München 1989, S. 65; Wehler H., Deutsche Gesellschaftsgeschichte Bd. III, München 1989, S. 84
[40] Götschmann D., Wirtschaftspolitik und wirtschaftliche Entwicklung im Königreich Bayern, in: Bonk S./Schmid P. (Hgg.), Königreich Bayern, Regensburg 2005, S. 31-48, S. 38ff.; Weigand K., König Maximilian II., in: Bonk S./Schmid P. (Hgg.), Königreich Bayern, Regensburg 2005, S.75-94, S. 84ff.; Mauersberg H,. Bayerische Entwicklungspolitik 1818-1923, München 1987, S. 7.
[41] Wehler H., Deutsche Gesellschaftsgeschichte Bd. II, München 1989, S. 374f.; Glaser H., Vorwort, in: ders. (Hg.), Wittelsbach und Bayern Bd. III/1, München 1980, S. 7-12, S. 12.
[42] Spindler M., Handbuch der Bayerischen Geschichte Bd. IV/2, München 1975, S. 788; Götschmann D., Wirtschaftspolitik und wirtschaftliche Entwicklung im Königreich Bayern, in: Bonk S./Schmid P. (Hgg.), Königreich Bayern, Regensburg 2005, S. 31-48, S. 34; Nipperdey T., Deutsche Geschichte 1800-1866, München 1998, S. 182; Mauersberg H,. Bayerische Entwicklungspolitik 1818-1923, München 1987, S. 29.
[43] Spindler M., Handbuch der Bayerischen Geschichte Bd. IV/1, München 1974, S. 191f., 321; Götschmann D., Wirtschaftspolitik und wirtschaftliche Entwicklung im Königreich Bayern, in: Bonk S./Schmid P. (Hgg.), Königreich Bayern, Regensburg 2005, S. 31-48, S. 35; Mauersberg H,. Bayerische Entwicklungspolitik 1818-1923, München 1987, S 33.
[44] Spindler M., Handbuch der Bayerischen Geschichte Bd. IV/1, München 1974, S. 219, 229f.; Spindler M., Handbuch der Bayerischen Geschichte Bd. IV/2, München 1975, S. 795, 801ff., 813; Götschmann D., Wirtschaftspolitik und wirtschaftliche Entwicklung im Königreich Bayern, in: Bonk S./Schmid P. (Hgg.), Königreich Bayern, Regensburg 2005, S. 31-48, S. 36; Wehler H., Deutsche Gesellschaftsgeschichte Bd. III, München 1995, S. 80; Mauersberg H,. Bayerische Entwicklungspolitik 1818-1923, München 1987, S. 51ff.; Kraus A., Geschichte Bayerns, München 2013, S. 593.
[45] Bleibrunner H., Niederbayern Bd. II, Landshut 1982, S. 257; Spindler M., Handbuch der Bayerischen Geschichte Bd. IV/2, München 1975, S. 797.
[46] Götschmann D., Wirtschaftspolitik und wirtschaftliche Entwicklung im Königreich Bayern, in: Bonk S./Schmid P. (Hgg.), Königreich Bayern, Regensburg 2005, S. 31-48, S. 34ff.; Spindler M., Handbuch der Bayerischen Geschichte Bd. IV/1, München 1974, S. 264; Spindler M., Handbuch der Bayerischen Geschichte Bd. IV/2, München 1975 S. 788.
[47] Wehler H., Deutsche Gesellschaftsgeschichte Bd. II, München 1989, S 15ff., 28ff.; Wehler H., Deutsche Gesellschaftsgeschichte Bd. III, München 1995, S. 10, 494ff.; Glaser H., Vorwort, in: ders. (Hg.), Wittelsbach und Bayern Bd. III/1, München 1980, S. 7-12, S. 7; Stutzer D., Unterbäuerliche gemischte Sozialgruppen Bayerns um 1800 und ihre Arbeits- und

Sozialverhältnisse im Spiegel der Statistik, in: Glaser H. (Hg.), Wittelsbach und Bayern Bd. III/1, München 1980, S. 290-299, S. 291; Spindler M., Handbuch der Bayerischen Geschichte Bd. IV/1, München 1974, S. 246; Spindler M., Handbuch der Bayerischen Geschichte Bd. IV/2, München 1975, S. 2 680, 760; Ullmann H., Das Deutsche Kaiserreich 1871-1918, Frankfurt 1995, S. 106; Goerge R. (Ed.), Der Physikatsbericht für das Landgericht Moosburg (1861) in: Oberbayerisches Archiv 120 (2001), S. 159-224, S. 197ff.; Götschmann D., Wirtschaftspolitik und wirtschaftliche Entwicklung im Königreich Bayern, in: Bonk S./Schmid P. (Hgg.), Königreich Bayern, Regensburg 2005, S. 31-48, S. 36; Nipperdey T., Deutsche Geschichte 1800-1866, München 1998, S. 103, 107, 110, 147, 152ff.

[48] Götschmann D., Wirtschaftspolitik und wirtschaftliche Entwicklung im Königreich Bayern, in: Bonk S./Schmid P. (Hgg.), Königreich Bayern, Regensburg 2005, S. 31-48, S. 36; Spindler M., Handbuch der Bayerischen Geschichte Bd. IV/2, München 1975, S. 696, 754, 760, 765; Bleibrunner H., Niederbayern Bd. II, Landshut 1982, S. 257; Schottenloher K., Die Bayern in der Fremde, München 1950, S. 31ff., S. 34; Ullmann H., Das deutsche Kaiserreich 1871-1918, Frankfurt 1995, S. 106; Nipperdey T., Deutsche Geschichte 1800-1866, München 1998, S. 21ff., 109, 154, 172; Wehler H., Deutsche Gesellschaftsgeschichte Bd. II, München 1989, S. 54ff.; Wehler H., Deutsche Gesellschaftsgeschichte Bd. III, München 1989, S. 62ff.

[49] Glaser H. (Hg.), Wittelsbach und Bayern Bd. III/2, München 1980, S. 478; Spindler M., Handbuch der Bayerischen Geschichte Bd. IV/2, München 1975, S. 694; Nipperdey T., Deutsche Geschichte 1800-1866, München 1998, S. 113, 221.

[50] Möckl K., Die Prinzregentenzeit, in: Bonk S./Schmid P. (Hgg.), Königreich Bayern, Regensburg 2005, S. 153-174, S. 159; Spindler M., Handbuch der Bayerischen Geschichte Bd. IV/1, München 1974, S. 348; Kraus A., Geschichte Bayerns, München 2013, S. 585ff.

[51] Möckl K., Die Prinzregentenzeit, in: Bonk S./Schmid P. (Hgg.), Königreich Bayern, Regensburg 2005, S. 153-174, S. 153, 173.

[52] Möckl K., Die Prinzregentenzeit, in: Bonk S./Schmid P. (Hgg.), Königreich Bayern, Regensburg 2005, S. 153-174, S. 162ff.; Kraus A., Geschichte Bayerns, München 2013, S. 590ff.

[53] Spindler M., Handbuch der Bayerischen Geschichte Bd. IV/1, München 1974, S. 349f.; Spindler M., Handbuch der Bayerischen Geschichte Bd. IV/2, München 1975, S. 815.

[54] Götschmann D., Wirtschaftspolitik und wirtschaftliche Entwicklung im Königreich Bayern, in: Bonk S./Schmid P. (Hgg.), Königreich Bayern, Regensburg 2005, S. 31-48, S. 47; Möckl K., Die Prinzregentenzeit, in: Bonk S./Schmid P. (Hgg.), Königreich Bayern, Regensburg 2005, S. 153-174, S. 164f.; Spindler M., Handbuch der Bayerischen Geschichte Bd. IV/2, München 1975, S. 751, 816, 846; 864, 877ff.; Ullmann H., Das deutsche Kaiserreich 1871-1918, Frankfurt 1995, S. 97, 119; Nipperdey T., Deutsche Geschichte 1866-1918 Bd. I, München 1998, S. 125ff.; Nipperdey T., Deutsche Geschichte 1800-1866, München 1998, S. 227f.

[55] Spindler M., Handbuch der Bayerischen Geschichte Bd. IV/2, München 1975, S. 680.

[56] Ullmann H., Das deutsche Kaiserreich 1871-1918, Frankfurt 1995, S. 102ff.; Nipperdey T., Deutsche Geschichte 1866-1918 Bd. I, München 1998, S. 254ff., 186ff.

[57] Glaser H. (Hg.), Wittelsbach und Bayern Bd. III/2, München 1980, S. 530; Spindler M., Handbuch der Bayerischen Geschichte Bd. IV/1, München 1974, S. 158; Spindler M., Handbuch der Bayerischen Geschichte Bd. IV/2, München 1975 S. 856.

[58] Spindler M., Handbuch der Bayerischen Geschichte Bd. IV/2, München 1975, S. 852f.

[59] Glaser H. (Hg.), Wittelsbach und Bayern Bd. III/2, München 1980, S. 522; Spindler M., Handbuch der Bayerischen Geschichte Bd. IV/1, München 1974, S. 158.

[60] Glaser H. (Hg.), Wittelsbach und Bayern Bd. III/2, München 1980, S. 522; Spindler M., Handbuch der Bayerischen Geschichte Bd. IV/1, München 1974, S. 44; Spindler M., Handbuch der Bayerischen Geschichte Bd. IV/2, München 1975, S. 1037.

[61] Ottomeyer H., Die Ausstattung der Residenzen König Max Josephs von Bayern (1799-1825), in: Glaser H. (Hg.), Wittelsbach und Bayern Bd. III/1, München 1980, S. 371-394, S. 372.

[62] Glaser H. (Hg.), Wittelsbach und Bayern Bd. III/2, München 1980, S. 523, 567.

[63] Glaser H. (Hg.), Wittelsbach und Bayern Bd. III/2, München 1980, S. 568.

[64] Bauer H., Kunstanschauung und Kunstpflege in Bayern von Karl Theodor bis Ludwig I., in: Glaser H. (Hg.), Wittelsbach und Bayern Bd. III/1, München 1980, S. 345-355, S. 346; Ottomeyer H., Die Ausstattung der Residenzen König Max Josephs von Bayern (1799-1825), in: Glaser H. (Hg.), Wittelsbach und Bayern Bd. III/1, München 1980, S. 371-394, S. 371f.

[65] Hederer O., Karl von Fischers Nationaltheater in München, in: Glaser H. (Hg.), Wittelsbach und Bayern Bd. III/1, München 1980, S. 395-402, S. 397.

[66] Schwaiger G., Die kirchlich-religiöse Entwicklung in Bayern zwischen Aufklärung und katholischer Erneuerung, in: Glaser H. (Hgg.), Wittelsbach und Bayern Bd. III/1, München 1980, S. 121-145, S. 126.

[67] Möhler G., Zentrallandwirtschaftsfest und Landwirtschaftlicher Verein. Ein Beitrag zur „Landeskultur" unter Maximilian I. Joseph, in: Glaser H., (Hg.), Wittelsbach und Bayern Bd. III/1, München 1980, S. 317-325, S. 317; Glaser H. (Hg.), Wittelsbach und Bayern Bd. III/1, München 1980, S. 568.

[68] Glaser H. (Hg.), Wittelsbach und Bayern Bd. III/2, München 1980, S. 478.

[69] Wehler H., Deutsche Gesellschaftsgeschichte Bd. I, München 1989, S. 374.

[70] Weis E., Das neue Bayern-Max. I. Joseph, Montgelas und die Entstehung und Ausgestaltung des Königreichs 1799-1825, in: Glaser H. (Hg.), Wittelsbach und Bayern Bd. III/1, München 1980, S. 49-64, S. 61.

[71] Dollinger H., Bayern, München 1976, S. 121.

[72] Weigand K., König Maximilian II., in: Bonk S./Schmid P. (Hgg.), Königreich Bayern, Regensburg 2005, S.75-94, S. 82, 89.

[73] Spindler M., Handbuch der Bayerischen Geschichte Bd. IV/2, München 1975, S. 852.

[74] Hardtwig B., König Max Joseph als Kunstsammler und Mäzen, in: Glaser H. (Hg.), Wittelsbach und Bayern Bd. III/1, München 1980, S. 423-438, S. 423; Spindler M., Handbuch der Bayerischen Geschichte Bd. IV/1, München 1974, S. 103, 149.

[75] Traeger J., Monarchie und Volkstümlichkeit, in: Bonk S./Schmid P. (Hgg.), Königreich Bayern, Regensburg 1805, S. 49-63, S. 49ff.

[76] Weigand K., König Maximilian II., in: Bonk S./Schmid P. (Hgg.), Königreich Bayern, Regensburg 2005, S.75-94, S. 89; Spindler M., Handbuch der Bayerischen Geschichte Bd. IV/1, München 1974, S. 122; Spindler M., Handbuch der Bayerischen Geschichte Bd. IV/2, München 1975, S. 994f., 1009ff., 1037, 1045.

[77] Möckl K., Die Prinzregentenzeit, in: Bonk S./Schmid P. (Hgg.), Königreich Bayern, Regensburg 2005, S. 153-174, S. 165.

[78] Weis E., Das neue Bayern-Max. I. Joseph, Montgelas und die Entstehung und Ausgestaltung des Königreichs 1799-1825, in: Glaser H. (Hg.), Wittelsbach und Bayern Bd. III/1, München 1980, S. 49-64, S. 62; Spindler M., Handbuch der Bayerischen Geschichte Bd. IV/2, München 1975, S. 1018ff., 1046ff.

[79] Dollinger H., Bayern, München 1976, S. 144f.

[80] Glaser H. (Hg.), Wittelsbach und Bayern, München 1980, S. 523; Spindler M., Handbuch der Bayerischen Geschichte Bd. IV/2, München 1975, S. 793.

[81] Möckl K., Die Prinzregentenzeit, in: Bonk S./Schmid P. (Hgg.), Königreich Bayern, Regensburg 2005, S. 153-174, S. 166.

[82] Möckl K., Die Prinzregentenzeit, in: Bonk S./Schmid P. (Hgg.), Königreich Bayern, Regensburg 2005, S. 153-174, S. 167.

[83] Möckl K., Die Prinzregentenzeit, in: Bonk S./Schmid P. (Hgg.), Königreich Bayern, Regensburg 2005, S. 153-174, S. 167; Spindler M., Handbuch der Bayerischen Geschichte Bd. IV/1, München 1974, S. 348; Spindler M., Handbuch der Bayerischen Geschichte Bd. IV/2, München 1975, S. 1187ff.

[84] Möckl K., Die Prinzregentenzeit, in: Bonk S./Schmid P. (Hgg.), Königreich Bayern, Regensburg 2005, S. 153-174, S. 164f.

[85] Möckl K., Die Prinzregentenzeit, in: Bonk S./Schmid P. (Hgg.), Königreich Bayern, Regensburg 2005, S. 153-174, S. 166.

[86] Möckl K., Die Prinzregentenzeit, in: Bonk S./Schmid P. (Hgg.), Königreich Bayern, Regensburg 2005, S. 153-174, S. 165.

[87] Möckl K., Die Prinzregentenzeit, in: Bonk S./Schmid P. (Hgg.), Königreich Bayern, Regensburg 2005, S. 153-174, S. 168ff.; Spindler M., Handbuch der Bayerischen Geschichte Bd. IV/1, München 1974, S. 348; Spindler M., Handbuch der Bayerischen Geschichte Bd. IV/2, München 1975, S. 1116ff.; Kraus A., Geschichte Bayerns, München 2013, S. 586ff.

[88] Möckl K., Die Prinzregentenzeit, in: Bonk S./Schmid P. (Hgg.), Königreich Bayern, Regensburg 2005, S. 153-174, S. 171.

[89] Spindler M., Handbuch der Bayerischen Geschichte Bd. IV/2, München 1975, S. 700; Wehler H., Deutsche Gesellschaftsgeschichte Bd. III, München 1995, S. 509ff.
[90] Möckl K., Die Prinzregentenzeit, in: Bonk S./Schmid P. (Hgg.), Königreich Bayern, Regensburg 2005, S. 153-174, S. 165ff.
[91] Bleibrunner H., Niederbayern Bd. II, Landshut 1982, S. 210.
[92] Mac Carthy D., Strategie und Logistik Napoleons im bayerischen Feldzug von 1809, in: Glaser H. (Hg.), Wittelsbach und Bayern Bd. III/1, München 1980, S. 230-238, S. 233; Bleibrunner H., Niederbayern Bd. II, Landshut 1982, S. 218f.
[93] Bleibrunner H., Niederbayern Bd. II, Landshut 1982, S. 192.
[94] Boehm L., Bildung und Wissenschaft in Bayern im Zeitalter Maximilian Josephs, in: Glaser H. (Hg.), Wittelsbach und Bayern Bd. III/1, München 1980, S. 187-220, S. 204.
[95] Boehm L., Bildung und Wissenschaft in Bayern im Zeitalter Maximilian Josephs, in: Glaser H. (Hg.), Wittelsbach und Bayern Bd. III/1, München 1980, S. 187-220, S. 206f.; Bleibrunner H., Niederbayern Bd. II, Landshut 1982, S. 194ff., 233; Spindler M., Handbuch der Bayerischen Geschichte Bd. IV/2, München 1975, S. 998, 1039ff.
[96] Spindler M., Handbuch der Bayerischen Geschichte Bd. IV/1, München 1974, S. 89; Spindler M., Handbuch der Bayerischen Geschichte Bd. IV/2, München 1975, S. 1045, 1092; Bleibrunner H., Landshut, Landshut 1985, S. 111f.
[97] Bleibrunner H., Landshut, Landshut 1985, S. 24; Weis E., Das neue Bayern-Max. I. Joseph, Montgelas und die Entstehung und Ausgestaltung des Königreichs 1799-1825, in: Glaser H. (Hg.), Wittelsbach und Bayern Bd. III/1, München 1980, S. 49-64, S. 55.
[98] Bleibrunner H., Niederbayern Bd. II, Landshut 1982, S. 252; Bleibrunner H., Landshut, Landshut 1985, S. 26.
[99] Bleibrunner H., Landshut, Landshut 1985, S. 31.
[100] Bleibrunner H., Niederbayern Bd. II, Landshut 1982, S. 256; Spindler M., Handbuch der Bayerischen Geschichte Bd. IV/2, München 1975, S. 922f.; Bleibrunner H., Landshut, Landshut 1985, S. 23, 138, 202, 214.
[101] Bleibrunner H., Niederbayern Bd. II, Landshut 1982, S. 257.
[102] Bleibrunner H., Niederbayern Bd. II, Landshut 1982, S. 267, 268f.
[103] Bleibrunner H., Niederbayern Bd. II, Landshut 1982, S. 264.
[104] Bleibrunner H., Landshut, Landshut 1985, S. 118ff.
[105] Bleibrunner H., Landshut, Landshut 1985, S. 21.
[106] Bleibrunner H., Niederbayern Bd. II, Landshut 1982, S. 260.
[107] Glaser H. (Hg.), Wittelsbach und Bayern Bd. III/2, München 1980, S. 232f; Mac Carthy D., Strategie und Logistik Napoleons im bayerischen Feldzug von 1809, in: Glaser H. (Hg.), Wittelsbach und Bayern Bd. III/1, München 1980, S. 230-238, S. 232ff.; Alckens A., Landkreis Freising, Landshut 1962, S. 59ff., 134f.
[108] Alckens A., Landkreis Freising, Landshut 1962, S. 135; Heilmann F., Vor 200 Jahren: Die Säkularisation in Moosburg, in: Heimatverein Moosburg (Hg.), 25 Jahre Heimatverein Moosburg, Moosburg 2003, S. 9-14, S. 9ff.
[109] Heilmann F., Vor 200 Jahren: Die Säkularisation in Moosburg, in: Heimatverein Moosburg (Hg.), 25 Jahre Heimatverein Moosburg, Moosburg 2003, S. 9-14, S.10f.; Heilmann F., Moosburgs Breitenberg, in: Heimatverein Moosburg (Hg), 25 Jahre Heimatverein Moosburg, Moosburg 2003, S. 41-45, S. 41.
[110] Alckens A., Landkreis Freising, Landshut 1962, S. 136.
[111] Heilmann F., Vor 200 Jahren: Die Säkularisation in Moosburg, in: Heimatverein Moosburg (Hg.), 25 Jahre Heimatverein Moosburg, Moosburg 2003, S. 9-14, S. 9.
[112] Spindler M., Bayerischer Geschichtsatlas, München 1969, S. 36.
[113] Heilmann F., Die Bildung der Stadtgemeinde Moosburg a. d. Isar, in: Unser Moosburg 8 (1990), S. 12-13, S. 12f.; Alckens A., Landkreis Freising, Landshut 1962, S. 136; Heilmann F., Moosburg an der Isar – Das Stadtbuch nach Sachgebieten, Moosburg 2000, S. 38.
[114] Glaser H. (Hg.), Wittelsbach und Bayern Bd. III/2, München 1980, S. 448f., 470; Heilmann F., Moosburg an der Isar – Das Stadtbuch nach Sachgebieten, Moosburg 2000, S. 49f.; Heilmann F., Die Moosburger Viehmärkte, in: Heimatverein Moosburg (Hg.), 10 Jahre Heimatverein Moosburg, Moosburg 1988, S. 120-121, S. 120f.

[115] Lipowsky F., Darstellung des socialen und wirthschaftlichen Volkslebens des Königlich Bayerischen Landgerichtsbezirkes Moosburg im Regierungskreise von Oberbayern, 2. Auflage München 1862, S. 61ff.
[116] Sighart J., Von München nach Landshut, Landshut 1859, S. 82.
[117] Goerge R. (Ed.), Der Physikatsbericht für das Landgericht Moosburg (1861) in: Oberbayerisches Archiv 120 (2001), S. 159-224, S. 197.
[118] Weh L., Moosburger Zeitungen, in: Unser Moosburg 6 (1986), S. 6-14, S. 6ff.
[119] Alckens A., Landkreis Freising, Landshut 1962, S. 136f.; Weh L., Floßstation Moosburg, in: Unser Moosburg 10 (1994), S. 66-69, S. 66ff.
[120] zitiert nach Heilmann F., 1987-125jähriges Herbstschau- und 100jähriges Gersten- und Hopfenschaujubiläum, in: Unser Moosburg 6 (1986), S. 14-15, S. 14f.
[121] Wochenblatt der Stadt Moosburg Nr. 8 vom 18.06.1865
[122] Weh L., Der lange Weg zur neuzeitlichen Wasserversorgung der Stadt Moosburg, in: Unser Moosburg 6 (1986), S. 33-45, S. 33ff.
[123] Goerge R. (Ed.), Der Physikatsbericht für das Landgericht Moosburg (1861) in: Oberbayerisches Archiv 120 (2001), S. 159-224, S. 159f.
[124] Weh L., Die Elektrifizierung der Stadt Moosburg, in: Unser Moosburg 6 (1986), S. 64-68, S. 66ff.; Heilmann F., Moosburg an der Isar – Das Stadtbuch nach Sachgebieten, Moosburg 2000, S. 30f., 38.
[125] Heilmann F., Moosburg an der Isar – Das Stadtbuch nach Sachgebieten, Moosburg 2000, S. 39.
[126] Heilmann F., Moosburg an der Isar – Das Stadtbuch nach Sachgebieten, Moosburg 2000, S. 49.

6. Kapitel

[1] Heydenreuter R., Kleine Münchener Stadtgeschichte, Regensburg 2012, S. 125.
[2] Spindler M., Handbuch der Bayerischen Geschichte Bd. VI/ 2, München 1975, S. 698ff.
[3] Spindler M., Handbuch der Bayerischen Geschichte Bd. VI/ 2, München 1975, S. 1202f.
[4] Spindler M., Handbuch der Bayerischen Geschichte Bd. VI/ 2, München 1975, S. 1203.
[5] Spindler M., Handbuch der Bayerischen Geschichte Bd. VI/ 1, München 1974, S. 534.
[6] Spindler M., Handbuch der Bayerischen Geschichte Bd. VI/ 1, München 1974, S. 376ff.; Köglmeier G., Das Ende der Monarchie und die Revolution von 1918/19, in: Bonk S./Schmid P. (Hgg.), Königreich Bayern, Regensburg 2005, S. 175-198; Kraus A., Geschichte Bayerns, München 2013, S. 619ff.
[7] Köglmeier G., Das Ende der Monarchie und die Revolution von 1918/19, in: Bonk S./Schmid P. (Hgg.), Königreich Bayern, Regensburg 2005, S. 175-198, S. 178ff., Spindler M., Handbuch der Bayerischen Geschichte Bd. VI/ 1, München 1974, S. 383ff.; Kraus A., Geschichte Bayerns, München 2013, S. 623ff.
[8] Köglmeier G., Das Ende der Monarchie und die Revolution von 1918/19, in: Bonk S./Schmid P. (Hgg.), Königreich Bayern, Regensburg 2005, S. 175-198, S. 175ff.; Bullock A., Hitler, Düsseldorf 1961, S. 58f.; Fest J., Hitler Bd. I, Frankfurt 1976, S. 156ff.; Winkler H., Weimar, München 1998, S. 28, 80ff.; im Detail zu den Ereignissen Spindler M., Handbuch der Bayerischen Geschichte Bd. VI/ 1, München 1974, S. 426ff.
[9] Winkler H., Weimar, München 1998, S. 82.
[10] Bullock A., Hitler, Düsseldorf 1961, 58ff., Zitat S. 60; Fest J., Hitler Bd. I, Frankfurt 1976, S. 131f, 162ff.; Bullock A., Hitler und Stalin, München 1998, S. 125; Spindler M., Handbuch der Bayerischen Geschichte Bd. VI/ 1, München 1974, S. 457ff., 499, 502; Kraus A., Geschichte Bayerns, München 2013, S. 698.
[11] Winkler H., Weimar, München 1998, S. 304.
[12] Spindler M., Handbuch der Bayerischen Geschichte Bd. VI/ 1, München 1974, S. 473f.
[13] Bullock A., Hitler, Düsseldorf 1961, S. 61ff.; Bedürftig F., Drittes Reich und Zweiter Weltkrieg, München 2002, „NSDAP", S. 342-343; Bullock A., Hitler und Stalin, München 1998, S. 107ff., 124ff; Fest J., Hitler Bd. I, Frankfurt 1976, S. 169ff., 205ff.; Spindler M., Handbuch der Bayerischen Geschichte Bd. VI/ 1, München 1974, S. 474.
[14] Bullock A., Hitler, Düsseldorf 1961, S. 88.
[15] Winkler H., Weimar, München 1998, S. 225.

[16] Spindler M., Handbuch der Bayerischen Geschichte Bd. VI/ 1, München 1974, S. 488; Bullock A., Hitler und Stalin, München 1998, S. 193f.; Fest J., Hitler Bd. I, Frankfurt 1976, S. 323.
[17] Heydenreuter R., Kleine Münchener Stadtgeschichte, Regensburg 2012, S. 107ff.
[18] Spindler M., Handbuch der Bayerischen Geschichte Bd. VI/ 1, München 1974, S. 543; Heydenreuter R., Kleine Münchener Stadtgeschichte, Regensburg 2012, S. 111.
[19] Spindler M., Handbuch der Bayerischen Geschichte Bd. VI/ 1, München 1974, S. 537.
[20] Kraus A., Bayerische Geschichte, München 2013, S. 741; Heydenreuter R., Kleine Münchener Stadtgeschichte, Regensburg 2012, S. 113.
[21] Heydenreuter R., Kleine Münchener Stadtgeschichte, Regensburg 2012, S. 115ff.
[22] Heydenreuter R., Kleine Münchener Stadtgeschichte, Regensburg 2012, S. 115.
[23] Spindler M., Handbuch der Bayerischen Geschichte Bd. VI/ 2, München 1975, S. 684, 700f., Heydenreuter R., Kleine Münchener Stadtgeschichte, Regensburg 2012, 122f.
[24] Spindler M., Handbuch der Bayerischen Geschichte Bd. VI/ 2, München 1975, S. 703f.
[25] Hacke C., Die Außenpolitik der Bundesrepublik Deutschland, Berlin 1997, S. 35ff.
[26] Spindler M., Handbuch der Bayerischen Geschichte Bd. VI/ 2, München 1975, S. 842; 1051ff.; Heydenreuter R., Kleine Münchener Stadtgeschichte, Regensburg 2012, S. 117ff).
[27] Leisering W (Hg.), Historischer Weltatlas, Wiesbaden 2009, S. 157.
[28] Spindler M., Handbuch der Bayerischen Geschichte Bd. VI/ 2, München 1975, S. 680ff., 699ff.
[29] Dollinger H., Bayern, München 1976, S. 241.
[30] Dollinger H., Bayern, München 1976, S. 241.
[31] Spindler M., Handbuch der Bayerischen Geschichte Bd. VI/ 2, München 1975, S. 778.
[32] Spindler M., Handbuch der Bayerischen Geschichte Bd. VI/ 2, München 1975, S. 777f.; Kraus A., Geschichte Bayerns, München 2013, S. 757.
[33] Spindler M., Handbuch der Bayerischen Geschichte Bd. VI/ 2, München 1975, S. 840.
[34] Spindler M., Handbuch der Bayerischen Geschichte Bd. VI/ 2, München 1975, S. 839.
[35] Spindler M., Handbuch der Bayerischen Geschichte Bd. VI/ 2, München 1975, S. 834f., 1066; Spindler M., Handbuch der Bayerischen Geschichte Bd. VI/ 1, München 1974, S. 568.
[36] Thränhardt D., Geschichte der Bundesrepublik Deutschland, Frankfurt 1996, S. 125f.
[37] Spindler M., Handbuch der Bayerischen Geschichte Bd. VI/ 2, München 1975, S. 705; Kraus A., Geschichte Bayerns, München 2013, S. 754, 765.
[38] Kraus A., Geschichte Bayerns, München 2013, S. 762; Heydenreuter R., Kleine Münchener Stadtgeschichte, Regensburg 2012, S. 121.
[39] Heydenreuter R., Kleine Münchener Stadtgeschichte, Regensburg 2012, S. 124.
[40] Bleibrunner H., Niederbayern Bd. II, Landshut 1982, S. 314.
[41] Bullock A., Hitler und Stalin, München 1998, S. 211, 213ff., 217, 337, 340, 344, 239, 552; Fest J., Hitler Bd. I, Frankfurt 1976, S. 337ff, 325, 329, 332, 390, 486, 489ff., Bd. II S. 638.
[42] Bleibrunner H., Niederbayern Bd. II, Landshut 1982, S. 339.
[43] Bleibrunner H., Landshut, Landshut 1985, S. 30.
[44] Bleibrunner H., Niederbayern Bd. II, Landshut 1985, S. 401, 442.
[45] Braun W., Georg Hummel, der große Moosburger Erfinder, in: Heimatverein Moosburg (Hg.), 10 Jahre Heimatverein Moosburg, Moosburg 1988, S. 106-109, S. 106.
[46] Alckens A., Landkreis Freising, Landshut 1962, S. 242.
[47] Weh L.. Vom Tonwerk Moosburg zur Süd-Chemie AG Moosburg, in: Heimatverein Moosburg (Hg.), 10 Jahre Heimatverein Moosburg, Moosburg 1988, S. 111-113, S. 111.
[48] Alckens A., Landkreis Freising, Landshut 1962, S. 137; Weh L. Geschichte der Stadt Moosburg, Moosburg 1983, S. 72.
[49] Weh L., Die Bayerische Flachs- und Hanfröstgesellschaft Moosburg, in: Heimatverein Moosburg (Hg.), 10 Jahre Heimatverein Moosburg, Moosburg 1988, S. 85-87, 85f.
[50] Heilmann F., Moosburgs Breitenberg, in: Heimatverein Moosburg (Hg), 25 Jahre Heimatverein Moosburg, Moosburg 2003, S. 41-45, S. 43; Heilmann F., Moosburg an der Isar – Das Stadtbuch nach Sachgebieten, Moosburg 2000, S. 21, 39.
[51] Pfarrarchiv Moosburg, Seelsorgebericht 1947.
[52] Hausenstein W., Die Welt um München, München 1929, S. 7ff.
[53] MZ Nr. 144 vom 3.12.1918; Weh L., Geschichte der Stadt Moosburg, Moosburg 1991, S 76.
[54] Ringl J., Moosburg 1933: Machtergreifung und Gleichschaltung, in: Heimatverein Moosburg (Hg.), 25 Jahre Jahre Heimatverein Moosburg, Moosburg 2003, S. 142-157, S. 145f.

[55] Ringl J., Moosburg 1933: Machtergreifung und Gleichschaltung, in: Heimatverein Moosburg (Hg.), 25 Jahre Jahre Heimatverein Moosburg, Moosburg 2003, S. 142-157, S. 143ff.; Keller M., Was ist geschehn?, Moosburg 1995, S. 6ff.,14f.
[56] Spindler M., Handbuch der Bayerischen Geschichte Bd. VI/ 2, München 1975, S. 825.
[57] Alckens A., Landkreis Freising, Landshut 1962, S. 137.
[58] Beer W., 1941: Ein gigantisches städtebauliches Planspiel, in: Heimatverein Moosburg, 25 Jahre Heimatverein Moosburg, Moosburg 2003, S. 111-114, S. 111ff.
[59] Reither D., Stalag VII A Moosburg, Moosburg 2015.
[60] Otto R., Wehrmacht, Gestapo und sowjetische Gefangene im deutschen Reichsgebiet 1941/42, München 1998, S. 27ff; Speckner H., In der Gewalt des Feindes, Wien 2003, S. 19ff.
[61] Mitschrift eines Vortrags von Oberst Nepf, Stadtarchiv Moosburg 06/45; Otto R., Wehrmacht, Gestapo und sowjetische Gefangene im deutschen Reichsgebiet 1941/42, München 1998, S. 29.
[62] Mitschrift eines Vortrags von Oberst Nepf, Stadtarchiv Moosburg 06/45; Bericht eines Mitglieds des Reichsarbeitsdiensts, Stadtarchiv Moosburg Stalag VII A Berichte Beginn-Ende ; BA-MA RH 53-7/v 724 Bl. 12f; BA-MA RHD 4, 138/12; Otto R., Wehrmacht, Gestapo und sowjetische Gefangene im deutschen Reichsgebiet 1941/42, München 1998 S. 29f;
[63] Speckner H., In der Gewalt des Feindes, Wien 2003, S. 38ff.
[64] Reither D., Stalag VII A Moosburg, Moosburg 2015, S. 16ff.
[65] Nowak E., Polnische Kriegsgefangene im Dritten Reich, in: Bischof G./Karner S./Stelzl-Marx B. (Hgg.), Kriegsgefangene des Zweiten Weltkriegs, Wien 2005, S. 507-517, S. 515f; Mitschrift eines Vortrags von Oberst Nepf, Stadtarchiv Moosburg 06/45
[66] BA-MA RH 49/49, Bl. 33; Speckner H., In der Gewalt des Feindes, Wien 2003, S. 72ff.; Mitschrift eines Vortrags von Oberst Nepf, Stadtarchiv Moosburg 06/45.
[67] BA-MA RH 49/49, Bl. 39; Speckner H., In der Gewalt des Feindes, Wien 2003, S. 81f.; Mitschrift eines Vortrags von Oberst Nepf, Stadtarchiv Moosburg 06/45; Stalag VII A Bildchronik Bd II, Stadtarchiv Moosburg; Mommsen H, In deutscher Hand-Der Arbeitseinsatz sowjetischer Kriegsgefangener 1941-1943, in: Haus der Geschichte der Bundesrepublik Deutschland (Hg.), Kriegsgefangene, Düsseldorf 1995, S. 141-147, S. 145ff; Keller R., Das deutsch-russische Forschungsprojekt „Sowjetische Kriegsgefangene" in: Bischof G./Karner S./Stelzl-Marx B. (Hgg.), Kriegsgefangene des Zweiten Weltkriegs, Wien 2005, S. 460-475, S. 470ff; Spoerer M., Zwangsarbeit unter dem Hakenkreuz, München 2001, S. 103, 106, 122ff.
[68] Pfahlmann H., Fremdarbeiter und Kriegsgefangene in der deutschen Kriegswirtschaft 1939-1945, Darmstadt 1968, S. 31, 82f, 104ff; Mojonny G., The labor of prisoners of war in Modern Times, Locarno 1955, S. 32; Otto R., Wehrmacht, Gestapo und sowjetische Gefangene im deutschen Reichsgebiet 1941/42, München 1998, S. 31, Spoerer M., Zwangsarbeit unter dem Hakenkreuz, München 2001, S. 102, 165f)
[69] Pfahlmann H., Fremdarbeiter und Kriegsgefangene in der deutschen Kriegswirtschaft 1939-1945, Darmstadt 1968, S. 187ff; Reither D., Stalag VII A Moosburg, Moosburg 2015, S. 28-30; Speckner H., In der Gewalt des Feindes, Wien 2003, S. 157.
[70] Ziegler A., Ein Werk des Friedens, München 1979, S 38ff, 52ff, 101ff; Alckens A., Kulturelles Leben im Stalag, Stadtarchiv Moosburg, Bestand Stalag VII A; Stalag VII A Bildchronik Bd. II, Stadtarchiv Moosburg; Speckner H., In der Gewalt des Feindes, Wien 2003, S. 91ff.;
[71] Speckner H., In der Gewalt des Feindes, Wien 2003, S. 59, 63f.; Mitschrift eines Vortrags von Oberst Nepf, Stadtarchiv Moosburg 06/45; Stadtarchiv Moosburg 06/36, Keller R., Das deutsch-russische Forschungsprojekt „Sowjetische Kriegsgefangene" in: Bischof G./Karner S./Stelzl-Marx B. (Hgg.), Kriegsgefangene des Zweiten Weltkriegs, Wien 2005, S. 460-475, S. 472.
[72] Stadtarchiv Moosburg 06/68; Speckner H., In der Gewalt des Feindes, Wien 2003, S. 111ff, 136ff.; Ziegler A., Ein Werk des Friedens, München 1970, S. 99, BA-MA RH 49/49, Bl. 8, 9f.; Streim A., Sowjetische Gefangene in Hitlers Vernichtungskrieg, Heidelberg 1982, S. 103ff.
[73] Keller M., Was ist geschehn?, Moosburg 1995, S. 68ff.; Bericht des Stadtpfarrers Alois Schiml in: Pfister (Hg.), Das Ende des Zweiten Weltkriegs im Erzbistum München und Freising Teil II, München 2005, S. 842-848; Bericht Oberst Burgers, Stadtarchiv Moosburg Stalag VII A Berichte Beginn-Ende; Erlebnisbericht Major Kollers vom 01.04.-01.05.1945, Stadtarchiv Moosburg Stalag VII A Berichte Beginn-Ende.

[74] Heilmann F., Wohnhäuserbeschlagnahme in den Jahren 1946 bis 1948 in: Heimatverein Moosburg (Hg.), 25 Jahre Heimatverein Moosburg, Moosburg 2003, S. 160-161, S. 160.; Pfarrarchiv Moosburg, Seelsorgebericht 1945.
[75] Zeitler P., Lageralltag in amerikanischen Internierungscamps (1945-1948) in: Archiv für Geschichte von Oberfranken, 76. Band (1986), S. 371-392.
[76] Tränhardt D., Geschichte der Bundesrepublik Deutschland, Frankfurt 1996, S. 22.
[77] Görtemaker M., Geschichte der Bundesrepublik Deutschland, München 1999, S. 25ff, Wehler H., Deutsche Gesellschaftsgeschichte Bd. IV, München 2003, S. 962; Spindler M., Handbuch der Bayerischen Geschichte Bd. VI/ 1, München 1974, S. 566.
[78] Görtemaker M., Geschichte der Bundesrepublik Deutschland, München 1999, S. 25.
[79] Thränhardt D., Geschichte der Bundesrepublik Deutschland, Frankfurt 1996, S. 22; Wehler H., Deutsche Gesellschaftsgeschichte Bd. IV, München 2003, S. 957.
[80] Wehler H., Deutsche Gesellschaftsgeschichte Bd. V, München 2008, S. 20.
[81] Zeitler P., Lageralltag in amerikanischen Internierungscamps (1945-1948) in: Archiv für Geschichte von Oberfranken, 76. Band (1986), S. 371-392, S. 371ff.
[82] SZ vom 18.12.1945; Beer W., Aus Stalag wird Camp No. 6, in: Heimatverein Moosburg (Hg.), 20 Jahre Heimatverein Moosburg, Moosburg 1998, S. 138-143, S. 140.
[83] Zeitler P., Lageralltag in amerikanischen Internierungscamps (1945-1948) in: Archiv für Geschichte von Oberfranken, 76. Band (1986), S. 371-392, S. 371ff.; Pfarrarchiv Moosburg, Seelsorgeberichte 1945, 1946, 1947, 1948; Stadtarchiv Moosburg 06/73.
[84] Zeitler P., Lageralltag in amerikanischen Internierungscamps (1945-1948) in: Archiv für Geschichte von Oberfranken, 76. Band (1986), S. 371-392, S. 378.
[85] Görtemaker M., Geschichte der Bundesrepublik Deutschland, München 1999, S. 29; Wehler H., Deutsche Gesellschaftsgeschichte Bd. IV, München 2003, S. 952ff.; Thränhardt D., Geschichte der Bundesrepublik Deutschland, Frankfurt 1996, S. 20.
[86] Wehler H., Deutsche Gesellschaftsgeschichte Bd. IV, München 2003, S. 954.
[87] Pfarrarchiv Moosburg, Seelsorgeberichte 1945, 1946, 1947.
[88] Thränhardt D., Geschichte der Bundesrepublik Deutschland, Frankfurt 1996, S. 23.
[89] Pfarrarchiv Moosburg, Lagerseelsorge 1946-1948.
[90] Pfarrarchiv Moosburg Lagerseelsorge 1946-1948;; Beer W., Aus Stalag wird Camp Nr. 6, in: Heimatverein Moosburg (Hg.), 20 Jahre Heimatverein Moosburg, Moosburg 1998, S. 138-143, S. 140ff.
[91] Beer W., Aus Stalag wird Camp Nr. 6, in: Heimatverein Moosburg (Hg.), 20 Jahre Heimatverein Moosburg, Moosburg 1998, S. 138-143, S. 140, 146; Pfarrarchiv Moosburg, Lagerseelsorge 1946-1948.
[92] Zeitler P., Lageralltag in amerikanischen Internierungscamps (1945-1948) in: Archiv für Geschichte von Oberfranken, 76. Band (1986), S. 371-392, S. 374ff.
[93] Pfarrarchiv Moosburg, Lagerseelsorge 1946-1948; Stadtarchiv Moosburg 06/81; SZ; Beer W., Aus Stalag wird Camp Nr. 6, in: Heimatverein Moosburg (Hg.), 20 Jahre Heimatverein Moosburg, Moosburg 1998, S. 138-143, S. 141.
[94] 06/73.
[95] Stadtarchiv Moosburg 06/82.
[96] Stadtarchiv Moosburg 06/73.
[97] Pfarrarchiv Lageseelsorge 1946-1948, Pfarrarchiv Moosburg Seelsorgebericht 1947; Stadtarchiv Moosburg 06/81;
[98] Pfarrarchiv Moosburg, Seelsorgebericht 1945.
[99] Zeitler P., Lageralltag in amerikanischen Internierungscamps (1945-1948) in: Archiv für Geschichte von Oberfranken, 76. Band (1986), S. 371-392, S. 387ff.
[100] Zeitler P., Lageralltag in amerikanischen Internierungscamps (1945-1948) in: Archiv für Geschichte von Oberfranken, 76. Band (1986), S. 371-392, S. 389ff.
[101] Pfarrarchiv Moosburg, Lagerseelsorge 1946-1948.
[102] Stadtarchiv Moosburg, 06/90; Stadtarchiv Moosburg 06/73.
[103] Pfarrarchiv Moosburg, Lagerseelsorge 1946-1948.
[104] Stadtarchiv Moosburg, 06/89; Pfarrarchiv Moosburg, Seelsorgebericht 1948.

[105] Leisering W (Hg.), Historischer Weltatlas, Wiesbaden 2009, S. 212; Görtemaker M., Geschichte der Bundesrepublik Deutschland, München 1999, S. 169; Thränhardt D., Geschichte der Bundesrepublik Deutschland, Frankfurt 1996, S. 20; Wehler H., Deutsche Gesellschaftsgeschichte Bd. IV, München 2003, S. 944f.; 2. Bericht des Staatssekretärs für das Flüchtlingswesen.

[106] Spindler M., Handbuch der Bayerischen Geschichte Bd. VI/ 1, München 1974, S. 624f.

[107] Spindler M., Handbuch der Bayerischen Geschichte Bd. IV/1, München 1974, S. 699f.

[108] Görtemaker M., Geschichte der Bundesrepublik Deutschland, München 1999, S. 169ff.; Wehler H., Deutsche Gesellschaftsgeschichte Bd. IV, München 2003, S. 955, 968.

[109] Spindler M., Handbuch der Bayerischen Geschichte Bd. VI//2, München 1975, S. 910; Dollinger H., Bayern, München 1976, S. 241.

[110] Heilmann F., Wohnhäuserbeschlagnahme in den Jahren 1946 bis 1948, in: Heimatverein Moosburg (Hg.), 25 Jahre Heimatverein Moosburg, Moosburg 2003, S. 160-161, S. 160; Pfarrarchiv Moosburg, Seelsorgebericht 1945; Heilmann F., Aufnahme von Flüchtlingen und Heimatvertriebenen 1945 und in den folgenden Jahren, in: Heimatverein Moosburg (Hg.), 10 Jahre Heimatverein Moosburg, Moosburg 1988, S. 123, S. 123; Heilmann F., Moosburg a.d.Isar – Das Stadtbuch nach Sachgebieten, Moosburg 2000, S. 39.

[111] Pfarrarchiv Moosburg, Seelsorgeberichte 1945, 1946, 1947.

[112] Heilmann F., Moosburg an der Isar – Das Stadtbuch nach Sachgebieten, Moosburg 2000, S.21; Pfarrarchiv Moosburg, Bestand Flüchtlinge 1948-1954; Bay HStA MArb Landesflüchtlingsverwaltung 1669; Doyscher R., Vom Vertriebenenlager zur Neustadtsiedlung, in: Heimatverein Moosburg (Hg.), 20 Jahre Heimatverein Moosburg, Moosburg 1998, S. 143-148, S. 144f.

[113] Skript des Bayerischen Rundfunks „Arbeit schafft Heimat", Stadtarchiv Moosburg.

[114] Doyscher R., Vom Vertriebenenlager zur Neustadtsiedlung, in: Heimatverein Moosburg (Hg.), 20 Jahre Heimatverein Moosburg, Moosburg 1998, S. 143-148, S. 145f.

[115] Doyscher R., Vom Vertriebenenlager zur Neustadtsiedlung, in: Heimatverein Moosburg (Hg.), 20 Jahre Heimatverein Moosburg, Moosburg 1998, S. 143-148, S. 146ff.

[116] Pfarrarchiv Moosburg, Seelsorgebericht 1947.

[117] Pfarrarchiv Moosburg, Seelsorgeberichte 1945-1948

[118] Zieglmeier K., A so geht des fei ned!, oO 2007, S. 33, 62.

[119] Pfarrarchiv Moosburg, Seelsorgebericht 1947.

[120] Heilmann F., Moosburg an der Isar – Das Stadtbuch nach Sachgebieten, Moosburg 2000, S 39.

[121] Heilmann F., Moosburg an der Isar – Das Stadtbuch nach Sachgebieten, Moosburg 2000, S. 39, 54.

[122] Heilmann F., Moosburg an der Isar – Das Stadtbuch nach Sachgebieten, Moosburg 2000, S. 39.

Literaturverzeichnis

I. Quellen

1. Ungedruckte Quellen

Bundesarchiv-Militärarchiv
BA-MA RH 53-7/v 724
BA-MA RHD 4, 138/12
BA-MA RH 49/49

Bayerisches Hauptstaatsarchiv
Gerichtsliteralien Moosburg 16/5, Nr. 1233, 1251
MArb Landesflüchtlingsverwaltung 1669

Pfarrarchiv Moosburg
Seelsorgeberichte 1945, 1946, 1947, 1948
Lagerseelsorge 1946-1948
Bestand Flüchtlinge 1948-1954

Stadtarchiv Moosburg
Bestand Stalag VII A Berichte Beginn-Ende
06/36
06/45
06/68
06/73
06/81
06/89
06/90
Stalag VII A Bildchronik Bd II
Alckens A., Kulturelles Leben im Stalag, Bestand Stalag VII A;
2. Bericht des Staatssekretärs für das Flüchtlingswesen
Skript des Bayerischen Rundfunks „Arbeit schafft Heimat"

2. Gedruckte Quellen

Bitterauf T. (ed.), Die Traditionen des Hochstifts Freising Bd. I, München 1905; Bd. II München 1909
Bericht des Stadtpfarrers Alois Schiml in: Pfister (Hg.), Das Ende des Zweiten Weltkriegs im Erzbistum München und Freising Teil II, München 2005, S. 842-848
Chronicon Gurcense, MGH SS 23
Einhardus, Vita Karoli Magni, MGH SS 25, übersetzt von Firchow E., Stuttgart 1995
Eugippi Vita Sancti Severini, MGH Scriptores rerum Germanicarum in usum scholarum Bd 26, übersetzt von Nüsslein T., Stuttgart 1986
Goerge R. (ed.), Der Physikatsbericht für das Landgericht Moosburg (1861) in: Oberbayerisches Archiv 120 (2001), S. 159-224

Hausenstein W., Die Welt um München, München 1929
Höflinger K. (ed.), Die Traditionen des Kollegiatstifts St. Kastulus in Moosburg, München 1994
Jaffe P. (ed.), Bibliotheca Rerum Germanicarum Bd. 5 Monumenta Bambergensia, Berlin 1869
Keller M. (Hg.), Was ist geschehn?, Moosburg 1995
Lipowsky F., Darstellung des socialen und wirthschaftlichen Volkslebens des Königlich Bayerischen Landgerichtsbezirkes Moosburg im Regierungskreise von Oberbayern, 2. Auflage München 1862
MGH LNG III/II
MGH N II
MGH Cap. I
MGH DD Karol. dt III
MGH DD H III
MZ Nr. 144 vom 3.12.1918
Sighart J., Von München nach Landshut, Landshut 1859
SZ vom 18.12.1945
Wening M., Historico-Topographica Descriptio Dritter Theil: Das Rennt-Ambt Landshuet, München 1723
Widemann J., Die Traditionen des Hochstifts Regensburg und des Klosters St. Emmeram, München 1942
Wipo, Gesta Chuonradi Imperatoris, MGH SRG 61
Wochenblatt der Stadt Moosburg Nr. 8 vom 18.06.1865
Ziegler A., Ein Werk des Friedens, München 1979
Zieglmeier K., A so geht des fei ned!, oO 2007

II. Literatur

Abel W., Geschichte der deutschen Landwirtschaft vom frühen Mittelalter bis zum 19. Jahrhundert, Stuttgart 1962
Aichner E., Das bayerische Heer in den Napoleonischen Kriegen, in: Glaser H. (Hg.), Wittelsbach und Bayern Bd. III/1, München 1980, S. 239-253
Albrecht D., Bayern und die Gegenreformation, in: Glaser H. (Hg.), Wittelsbach und Bayern Bd. II/1, München 1980, S. 13-23
Alckens A., Landkreis Freising, Landshut 1962
Althoff G., Die Ottonen, Stuttgart 2000
Altmann L., Moosburg St. Kastulus-Münster, Regensburg 2006
Ambronn K., Regensburg – die verlorene Hauptstadt, in: Glaser H. (Hg.) Wittelsbach und Bayern Bd. I/1, München 1980, S. 285-294
Amman H., Wie groß war die mittelalterliche Stadt, in: Haase C. (Hg.), Die Stadt des Mittelalters, Darmstadt 1978, S. 146-202
Ammerich H., Jugend und Erziehung Max`I. Joseph, in: Glaser H. (Hg.), Wittelsbach und Bayern Bd. III/1, München 1980, S. 65-71
Angermeier H., Kaiser Ludwig der Bayer und das deutsche 14. Jahrhundert, in: Glaser H. (Hg.), Wittelsbach und Bayern Bd. I/1, München 1980, S. 369-378
Appl T., Verwandtschaft – Nachbarschaft – Wirtschaft Die Handlungsspielräume Ludwigs IV. auf seinem Weg zur Königswahl, in: Wolf P./Brockhoff E./Handle-

Schubert E./Jell A./Six B.(Hgg.), Ludwig der Bayer - Wir sind Kaiser, Augsburg 2014, S. 51-57
Aries P./Duby G. (Hgg.), Geschichte des privaten Lebens Bd. I, Bd. II Augsburg 1999
Arndt J., Der Dreißigjährige Krieg 1618-1648, Stuttgart 2009
Außermeier M./Hentschel C., Kastulusmünster Moosburg, Lindenberg 2016

Backmund N., Die Kollegiat- und Kanonissenstifte in Bayern, Windberg 1973
Bachtler M., Goldschmiedearbeiten im Auftrag Herzog Maximilians I. von Bayern, in: Glaser H. (Hg.), Wittelsbach und Bayern Bd. II/1, München 1980, S. 323-329
Baraclough G. (Hg.), Knaurs Neuer Historischer Weltatlas, München 1995
Barudio G., Das Zeitalter des Absolutismus und der Aufklärung, Augsburg 1998
Bauer H., Kunstanschauung und Kunstpflege in Bayern von Karl Theodor bis Ludwig I., in: Glaser H. (Hg.), Wittelsbach und Bayern Bd. III/1, München 1980, S. 345-355
Bedürftig F., Drittes Reich und Zweiter Weltkrieg, München 2002
Beer W., Aus Stalag wird Camp Nr. 6, in: Heimatverein Moosburg (Hg.), 20 Jahre Heimatverein Moosburg, Moosburg 1998, S. 138-143
Ders.,1941: Ein gigantisches städtebauliches Planspiel, in: Heimatverein Moosburg (Hg.), 25 Jahre Heimatverein Moosburg, Moosburg 2003, S. 111-114
Bengl M., Das Haus des Stiftsdekans, in: Unser Moosburg 5 (1984), S. 54-55
Ders., Stiftsprobst Theoderich Mair, in: Unser Moosburg 6 (1986), S. 16-22
Ders., Zur Baugeschichte der St. Johanneskirche in Moosburg im Mittelalter, in: Unser Moosburg 1 (1980), S. 3-6
Benker G., Ludwig der Bayer, München 1980
Benker S., Wissenschaft und Literatur in Freising, in: Fahr F./Ramisch H./Steiner P. (Hgg.), Freising – Geistliche Stadt, München 1989, S. 58-65
Berg K., Der ehemalige „Bennobogen" der Münchener Frauenkirche, in: Glaser H. (Hg.), Wittelsbach und Bayern Bd. II/1, München 1980, S. 312-317
Bierbrauer V., Liturgische Gerätschaften aus Baiern und seinen Nachbarregionen in Spätantike und Mittelalter, in: Dannheimer H./Dopsch H. (Hgg.), Die Bajuwaren, München 1988, S. 328-341
Bleibrunner H., Landshut, Landshut 1985
Ders., Niederbayern, Bd. I, II, Landshut 1982
Blendinger F., Die Mediatisierung der schwäbischen Reichsstädte, in: Glaser H. (Hg.), Wittelsbach und Bayern Bd. III/1, München 1980, S. 101-113
Boehm L., Bildung und Wissenschaft in Bayern im Zeitalter Maximilian Josephs, in: Glaser H. (Hg.), Wittelsbach und Bayern Bd. III/1, München 1980, S. 187-220
Böhme H., Wohnbauten des Adels und der Bürger, in: Römisch-Germanisches Zentralmuseum Mainz (Hg.), Das Reich der Salier, Sigmaringen 1992, S. 52-53
Ders., Zur Bedeutung des spätrömischen Militärdienstes für die Stammesbildung der Bajuwaren, in: Dannheimer H./Dopsch H. (Hgg.), Die Bajuwaren, München 1988, S. 23-37
Boshof E., Die Salier, Stuttgart 1995
Braun R., Die Bayern in Rußland 1812, in: Glaser H. (Hg.), Wittelsbach und Bayern Bd. III/1, München 1980, S. 260-271
Braun W., Georg Hummel, der große Moosburger Erfinder, in: Heimatverein Moosburg (Hg.), 10 Jahre Heimatverein Moosburg, Moosburg 1988, S. 106-109

Braunfels W., Cuius Regio Eius Ars, in: Glaser H. (Hg.), Wittelsbach und Bayern Bd. II/1, München 1980, S. 133-140
Brunner H., „Ahi, wie werdiclichen stat der hof in Peierlande!", in: Glaser H. (Hg.), Wittelsbach und Bayern Bd. I/1, München 1980, S. 496-511
Brunner K., Wovon lebte der Mensch? Zur Wirtschaftsgeschichte der Baiern im Frühmittelalter, in: Dannheimer H./Dopsch H. (Hgg.), Die Bajuwaren, München 1988, S. 192-197
Bullock A., Hitler, Düsseldorf 1961
Bullock A., Hitler und Stalin, München 1998

Classen P., Gerhoch von Reichersberg, Wiesbaden 1960

Demandt A., Geschichte der Spätantike, München 1998
Demel W., Die Entwicklung der Gesetzgebung in Bayern unter Max I. Joseph, in: Glaser H. (Hg.), Wittelsbach und Bayern Bd. III/1, München 1980, S. 72-82
Denecke D., Straße und Weg im Mittelalter als Lebensraum und Vermittler zwischen entfernten Orten, in: Herrmann B. (Hg.), Mensch und Umwelt im Mittelalter, Stuttgart 1986, S. 207-223
Dhondt J., Das frühe Mittelalter, Augsburg 1998
Dichtl R., Das Moosburger Chorgestühl, in: Heimatverein Moosburg (Hg.), 10 Jahre Heimatverein Moosburg, Moosburg 1988, S. 127-136
Diepolder G., Grundzüge der Siedlungsstruktur, in: Dannheimer H./Dopsch H.. (Hgg.), Die Bajuwaren, München 1988, S. 168-178
Dinzelbacher P., Individuum/Familie/Gesellschaft, in: ders. (Hg.), Europäische Mentalitätsgeschichte, Stuttgart 1993, S. 18-31
Ders., Religiosität, in: ders. (Hg.), Europäische Mentalitätsgeschichte Stuttgart 1993 S. 120-131
Dollinger H., Bayern, München 1976
Dopsch H., Zum Anteil der Romanen und ihrer Kultur an der Stammesbildung der Bajuwaren, in: Dannheimer H./ders. (Hgg.), Die Bajuwaren, München 1988, S. 47-54
Doyscher R., Vom Vertriebenenlager zur Neustadtsiedlung, in: Heimatverein Moosburg (Hg.), 20 Jahre Heimatverein Moosburg, Moosburg 1998, S. 143-148
Droysen G., Geschichte der Gegenreformation, Nachdruck Stuttgart, o. J
Dülmen R., Entstehung des frühzeitlichen Europa 1550-1648, Augsburg 1998
Dufraisse R., Napoleon und Bayern, in: Glaser H. (Hg.), Wittelsbach und Bayern Bd. III/1, München 1980, S. 221-229

Eckert W., Berthold von Moosburg, in: Philosophisches Jahrbuch 65 (1957), S. 120-133
Endres R., Die Eingliederung Frankens in den neuen bayerischen Staat, in: Glaser H. (Hg.), Wittelsbach und Bayern Bd. III/1, München 1980, S. 83-94
Engel E., Die deutsche Stadt des Mittelalters, München 1993
Engels O., Die Staufer, Stuttgart 1998
Ennen E./Janssen W., Deutsche Agrargeschichte, Wiesbaden 1979
Ennen E., Das Städtewesen Nordwestdeutschlands von der fränkischen bis zur salischen Zeit, in; Haase C. (Hg.), Die Stadt des Mittelalters Bd. I, Darmstadt 1978, S. 146-202
Ennen E., Die europäische Stadt des Mittelalters, Göttingen 1987
Ennen E., Frühgeschichte der europäischen Stadt, Bonn 1981

Ernstberger A., Eine deutsche Untergrundbewegung gegen Napoleon 1806-1807, München 1955
Erzbischöfliches Ordinariat München, Moosburg (Dokumentationen des Erzbischöflichen Ordinariats München Restaurierungsmaßnahmen Ausgabe 3_2011), München 2011
Ewig E., Die Merowinger und das Frankenreich, Stuttgart 2001

Fastlinger M., Die wirtschaftliche Bedeutung der bayerischen Klöster in der Zeit der Agilulfinger, Freiburg 1903
Fest J., Hitler Bd. I, Bd. II, Frankfurt 1976
Fischer T., Römer und Germanen an der Donau, in: Dannheimer H./Dopsch H. (Hgg.), Die Bajuwaren, München 1988, S. 39-45
Ders., Von den Römern zu den Bajuwaren, in: Czysz W./Dietz K./Fischer T./Kellner H.-J. (Hgg.), Die Römer in Bayern, Hamburg 2005, S. 405-411
Flohrschütz G., Die Anfänge der Grafen von Moosburg in: Verhandlungen des Historischen Vereins für Niederbayern 120-121 (1994-1995), S. 99-145
Flohrschütz G., Machtgrundlagen und Herrschaftspolitik der ersten Pfalzgrafen aus dem Haus Wittelsbach, in: Glaser H. (Hg.), Wittelsbach und Bayern Bd. I/1, München 1980, S. 42-110
Forster W., Die Säkularisation und das Benediktinerkloster Banz, in: Glaser H. (Hg.), Wittelsbach und Bayern Bd. III/1, München 1980, S. 95-100
Fried J., Das Mittelalter, München 2008
Fried P., Die Herkunft der Wittelsbacher, in: Glaser H., Wittelsbach und Bayern Bd. I/1, München 1980, S. 29-41
Ders., Die Städtepolitik Kaiser Ludwigs des Bayern, in: Zeitschrift für Bayerische Landesgeschichte 60/1 (1997), S. 105-114

Geisler H., Haus und Siedlung, in: Dannheimer H./Dopsch H.. (Hgg.), Die Bajuwaren, München 1988, S. 179-184
Genzinger F., Grafschaft und Vogtei der Wittelsbacher vor 1180, in: Glaser H. (Hg.), Wittelsbach und Bayern Bd. I/1, München 1980, S. 111-125
Glaser H., Auftakt - Der Dynastiegründer, in: ders. (Hg.), Wittelsbach und Bayern Bd. I/1, München 1980, S. 5-11
Ders., Die Anfänge der literarischen Produktion im agilolfingischen Baiern, in: Dannheimer H./Dopsch H. (Hgg.), Die Bajuwaren, München 1988, S. 353-362
Ders., Vorwort, in: ders. (Hg.), Wittelsbach und Bayern Bd. II/1, München 1980, S.7-12
Ders., Vorwort, in: ders. (Hg.), Wittelsbach und Bayern Bd. III/1, München 1980, S. 7-12
Ders., (Hg.), Wittelsbach und Bayern Bd. III/2, München 1980
Goerge R., Freising nach 1800, in: Fahr F./Ramisch H./Steiner P. (Hgg.), Freising Geistliche Stadt, Freising 1989, S. 169-176
Görtemaker M., Geschichte der Bundesrepublik Deutschland, München 1999
Götschmann D., Wirtschaftspolitik und wirtschaftliche Entwicklung im Königreich Bayern, in: Bonk S./Schmid P. (Hgg.), Königreich Bayern, Regensburg 2005, S. 31-48
Goetz H. Leben im Mittelalter, München 1986
Goldberg G., Dürer-Renaissance am Münchener Hof, in: Glaser H. (Hg.), Wittelsbach und Bayern Bd. II/1, München 1980, S. 318-322

v.d. Goltz T., Geschichte der deutschen Landwirtschaft Bd I, Stuttgart 1902

Haas W., Kirchenbau im Herzogtum Bayern zwischen 1180 und 1255, in: Glaser H. (Hg.), Wittelsbach und Bayern Bd I/1, München 1980, S. 409-425

Hacke C., Die Außenpolitik der Bundesrepublik Deutschland, Berlin 1997

Hacker R., Die Münchener Hofbibliothek unter Maximilian I., in: Glaser H. (Hg.), Wittelsbach und Bayern Bd. II/1, S. 353-363

Hagen D., Herrschaftsbildung zwischen Königtum und Adel, Frankfurt 1995

Hahn S., Freisinger Schulgeschichte, in: Fahr F./Ramisch H./Steiner P. (Hgg.), Freising-Geistliche Stadt, München 1989, S. 122-125

Hardtwig B., König Max Joseph als Kunstsammler und Mäzen, in: Glaser H. (Hg.), Wittelsbach und Bayern Bd. III/1, München 1980, S. 423-438

Hartig M., Kirchen- und Kunstgeschichtliches von Moosburg, in: Der Isargau 1 (1927), S. 73-84

Hartmann P., Bayern als Faktor des französischen Politik während des Dreißigjährigen Krieges in: Glaser H., Wittelsbach und Bayern Bd. II/1, München 1980, S. 448-455

Hartmann W./Dopsch H., Bistümer, Synoden und Metropolitanverfassung, in: Dopsch H./Dannheimer H. (Hgg.), Die Bajuwaren, München 1988, S. 318-326

Hartmann W., Das Recht, in: Dannheimer H./Dopsch H. (Hgg.), Die Bajuwaren, München 1988, S. 266-272

Ders., Deutsche Geschichte in Quellen und Darstellungen – frühes und hohes Mittelalter 750-1250, Stuttgart 2005

Hausberger K., Die kirchlichen Träger der Katholischen Reform in Bayern, in: Glaser H. (Hg.), Wittelsbach und Bayern Bd. II/1, München 1980, S. 115-124

Hederer O., Karl von Fischers Nationaltheater in München, in: Glaser H. (Hg.), Wittelsbach und Bayern Bd. III/1, München 1980, S. 395-402

Heger N., Das Ende der römischen Herrschaft im Alpen- und Donauraum, in: Dannheimer H./Dopsch H. (Hgg.), Die Bajuwaren, München 1988, S. 14-22,

Heilmaier L., Das Kloster und spätere Kollegiatstift Moosburg, in: Der Isargau 1 (1927), S. 85-96

Ders., Kloster und Stift Moosburg, in: Der Isargau 1 (1927), S. 97-115

Heilmann F., 1987-125jähriges Herbstschau- und 100jähriges Gersten- und Hopfenschaujubiläum, in: Unser Moosburg 6 (1986), S. 14-15

Ders., Aufnahme von Flüchtlingen und Heimatvertriebenen 1945 und in den folgenden Jahren, in: Heimatverein Moosburg (Hg.), 10 Jahre Heimatverein Moosburg, Moosburg 1988, S. 123

Ders., Der Straßenname Steinweg, in: Unser Moosburg (1990), S. 87-89

Ders., Die Bildung der Stadtgemeinde Moosburg a. d. Isar, in: Unser Moosburg 8 (1990), S. 12-13

Ders., Die Hofverwaltung der Edlen und späteren Grafen von Moosburg, in: Unser Moosburg 6 (1986), S. 23-29

Ders., Die Moosburger Viehmärkte, in: Heimatverein Moosburg (Hg.), 10 Jahre Heimatverein Moosburg, Moosburg 1988, S. 120-121

Ders., Die schwedische Hauptschanze in Moosburg a.d.Isar, in: Unser Moosburg 10 (1994), S. 106-107

Ders., Die Straßenbezeichnung „Weingraben", in: Unser Moosburg 5 (1984), S. 48-49

Ders., Großer Landtag 1171, in: Stadt Moosburg (Hg.), 1200 Jahre Moosburg a.d.Isar, Moosburg 1971, S. 27-29

Ders., Herzog Georg der Reiche von Bayern – Landshut und die Stadt Moosburg a.d.Isar, in: Unser Moosburg 11 (1996), S. 29-32
Ders., Moosburg an der Isar – Das Stadtbuch nach Sachgebieten, Moosburg 2000
Ders., Moosburgs Breitenberg, in: Heimatverein Moosburg (Hg), 25 Jahre Heimatverein Moosburg, Moosburg 2003, S. 41-45
Ders., Moosburg - Der Weg zur Stadtwerdung, in: Heimatverein Moosburg (Hg.), 20 Jahre Heimatverein Moosburg, Moosburg 1998, S. 40-62
Ders., Moosburgs erste Befestigungsanlage, in: Unser Moosburg 6 (1986), S. 32-33
Ders., Vor 200 Jahren: Die Säkularisation in Moosburg, in: Heimatverein Moosburg (Hg.), 25 Jahre Heimatverein Moosburg, Moosburg 2003, S. 9-14
Ders., War Moosburg ein Römerort? In: Heimatverein Moosburg (Hg.), 20 Jahre Heimatverein Moosburg, Moosburg 1998, S. 27-33
Ders., Wohnhäuserbeschlagnahme in den Jahren 1946 bis 1948 in: Heimatverein Moosburg (Hg.), 25 Jahre Heimatverein Moosburg , Moosburg 2003, S. 160-161
Heimpel H., Auf neuen Wegen der Wirtschaftsgeschichte in: Haase (Hg.), Die Stadt des Mittelalters Bd. III, Darmstadt 1973, S.9-32
Hemmerle J., Die Benediktinerklöster in Bayern, Augsburg 1970
Henning F., Das vorindustrielle Deutschland 800-1800, Paderborn 1994
Heydenreuter R., Die Behördenreform Maximilians I., in: Glaser H. (Hg.), Wittelsbach und Bayern Bd. II/1, München 1989, S. 237-251
Ders., Kleine Münchener Stadtgeschichte, Regensburg 2012
Hiereth S., Die Entwicklung des Moosburger Stadtrechts von 1331-1731, in: Verhandlungen des Historischen Vereins für Niederbayern Nr. 105 (1979), S. 21-76
Ders., Die ottonische Handfeste von 1311 und die niederbayerischen Städte und Märkte, in: Zeitschrift für Bayerische Landesgeschichte 33 (1970), S. 135-153
Ders., Moosburg. Rechtsprechung und Verwaltung in einem niederbayerischen Landgericht, München 1986
Hiley D., Moosburger Graduale – Faksimile, Tutzing 1996
Hofmann S., Die zentrale Verwaltung des bayerischen Herzogtums unter den ersten Wittelsbachern, in: Glaser H. (Hg.), Wittelsbach und Bayern Bd. I/1, München 1980, S. 223-239
Holzfurtner L., Gründung und Gründungsüberlieferung, Kallmünz 1984
Houben H., Kaiser Friedrich II. 1194-1250, Stuttgart 2008
Hubel A., Der Skulpturenzyklus in der Kapelle der Burg Trausnitz zu Landshut, in: Glaser H. (Hg.), Wittelsbach und Bayern Bd. I/1, München 1980, S. 437-444
Ders., Eine Stadt im Bauboom – Regensburg zur Zeit Kaiser Ludwigs des Bayern, in: Wolf P./Brockhoff E./Handle-Schubert E./Jell A./Six B.(Hgg.), Ludwig der Bayer - Wir sind Kaiser, Augsburg 2014, S. 38-50
Hubensteiner B., Maximilian I., in: Glaser H. (Hg.), Wittelsbach und Bayern Bd. II/1, München 1980, S. 185-195
Huber G., Die Reichen Herzöge von Bayern-Landshut, Regensburg 2013
Huber K., Das Kloster und Kollegiatstift Moosburg, Moosburg 1984

Jaroschka W., Das oberbayerische Landrecht Kaiser Ludwigs des Bayern, in: Glaser H. (Hg.), Wittelsbach und Bayern Bd. I/1, München 1980, S. 379-387
Junkelmann M., Feldherr Maximilians: Johann Tserclaes Graf von Tilly, in: Glaser H. (Hg.), Wittelsbach und Bayern Bd. II/1, München 1980, S. 377-399

Kalcher A., Regesten von Urkunden aus dem Pfarr-Archiv zu St. Martin zu Landshut, in: Verhandlungen des Historischen Vereins für Niederbayern Nr. 11 (1865), S. 190-192
Keller R., Das deutsch-russische Forschungsprojekt „Sowjetische Kriegsgefangene" in: Bischof G./Karner S./Stelzl-Marx B. (Hgg.), Kriegsgefangene des Zweiten Weltkriegs, Wien 2005, S. 460-475
Kellner H.-J., Die große Krise im 3. Jahrhundert, in: Czysz W./Dietz K./Fischer T./Kellner H.-J. (Hgg.), Die Römer in Bayern, Hamburg 2005, S. 309-357
Keyser E./Stoob H. (Hgg.), Bayerisches Städtebuch, Stuttgart 1974, Artikel „Moosburg".
Kluge B., Geldverkehr und Schatzfunde, in: Römisch-Germanisches Zentralmuseum Mainz (Hg.), Das Reich der Salier, Sigmaringen 1992, S. 186-187
Kobler K., Stadtkirchen der frühen Gotik, in: Glaser H. (Hg.), Wittelsbach und Bayern Bd. I/1, München 1980, S. 426-436
Köglmeier G., Das Ende der Monarchie und die Revolution von 1918/19, in: Bonk S./Schmid P. (Hgg.), Königreich Bayern, Regensburg 2005, S. 175-198;
Koller F., Salzproduktion und Salzhandel, in: Dannheimer H./Dopsch H. (Hgg.), Die Bajuwaren, München 1988, S. 220-222
Kortüm H., Menschen und Mentalitäten, Berlin 1996
Kramer F., Bayerns Weg zum Königreich, in: Bonk S./Schmid P.(Hgg.), Königreich Bayern, Regensburg 2005, S. 11-30
Kratzsch K., Wittelsbachische Gründungsstädte: Die frühen Stadtanlagen und ihre Entstehungsbedingungen, in: Glaser H. (Hg.), Wittelsbach und Bayern Bd. I/1, München 1980, S. 318-337
Kraus A., Das Herzogtum der Wittelsbacher: Die Grundlegung des Landes Bayern, in: Glaser H. (Hg.), Wittelsbach und Bayern Bd. I/1, München 1980, S. 165-200
Kraus A., Geschichte Bayerns, München 2013
Küster H., Umwelt und Pflanzenbau, in: Dannheimer H./Dopsch H. (Hgg.), Die Bajuwaren, München 1988, S. 185-191

Le Goff J., Das Hochmittelalter, Augsburg 1998
Leisering W (Hg.), Historischer Weltatlas, Wiesbaden 2009
Lexikon der Alten Welt Bd. I-III
Lexikon des Mittelalters Bd. I-IX
Liebhart W., Die frühen Wittelsbacher als Städte- und Marktegründer in Bayern in: Glaser H. (Hg.), Wittelsbach und Bayern Bd. I/1, München 1980, S. 307-317

Mac Carthy D., Strategie und Logistik Napoleons im bayerischen Feldzug von 1809, in: Glaser H. (Hg.), Wittelsbach und Bayern Bd. III/1, München 1980, S. 230-238
Mader G./Strehler H., Kleinkirchen romanischen Ursprungs im Landkreis Freising in Moosburg, Schlipps und Eglhausen, in: Jahrbuch der Bayerischen Denkmalpflege 33 (1979), S. 33-58
Maier F., Die Verwandlung der Mittelmeerwelt, Augsburg 1998
Mann G., Deutsche Geschichte des 19. und 20. Jahrhunderts, Frankfurt 1958
Maß, J., Freising und seine Bischöfe, in: Fahr F./Ramisch H./Steiner P. (Hgg.), Freising – geistliche Stadt, München 1989, S. 9-16
Ders., Geschichte des Erzbistums München und Freising Bd. I, München 1986
Mauersberg H., Bayerische Entwicklungspolitik 1818-1923, München 1987

Mayr G., Frühes Christentum in Baiern, in: Dannheimer H./Dopsch H. (Hgg.), Die Bajuwaren, München 1988, S. 281-286
Menke M., Die bairisch besiedelten Landschaften im 6. und 7. Jahrhundert nach den archäologischen Quellen, in: Dannheimer H./Dopsch H.. (Hgg.), Die Bajuwaren, München 1988, S. 70-78
Merzbacher F., Gesetzgebung und Rechtskodifikation unter Kurfürst Maximilian I., in: Glaser H. (Hg.), Wittelsbach und Bayern Bd. II/1, München 1980, S. 225-236,
Metz J., Stadtgeschichte von Moosburg, in: Der Isargau 1 (1927), S. 117-127
Mitterer S., Die bischöflichen Eigenklöster in den vom Hl. Bonifatius 739 gegründeten bayerischen Diözesen, München 1929
Möckl K., Die Prinzregentenzeit, in: Bonk S./Schmid P. (Hgg.), Königreich Bayern, Regensburg 2005, S. 153-174
Möhler G., Zentrallandwirtschaftsfest und Landwirtschaftlicher Verein. Ein Beitrag zur „Landeskultur" unter Maximilian I. Joseph, in: Glaser H., (Hg.), Wittelsbach und Bayern Bd. III/1, München 1980, S. 317-325
Mojonny G., The labor of prisoners of war in Modern Times, Locarno 1955
Mommsen H., In deutscher Hand-Der Arbeitseinsatz sowjetischer Kriegsgefangener 1941-1943, in: Haus der Geschichte der Bundesrepublik Deutschland (Hg.), Kriegsgefangene, Düsseldorf 1995, S. 141-147
Moosleitner F., Handwerk und Handel, in: Dannheimer H./Dopsch H.. (Hgg.), Die Bajuwaren, München 1988, S. 208-219
Moraw P., Über Typologie, Chronologie und Geographie der Stiftskirche im deutschen Mittelalter, in: Max-Planck-Institut für Geschichte (Hg.), Untersuchungen zu Kloster und Stift, Göttingen 1980, S. 9-37
Mütherich F., Die Buchmalerei, in: Dannheimer H./Dopsch H. (Hgg.), Die Bajuwaren, München 1988, S. 348-352

Nipperdey T., Deutsche Geschichte 1800-1866, München, 1998
Nipperdey T., Deutsche Geschichte 1866-1918 Bd. I, München 1998
Nowak E., Polnische Kriegsgefangene im Dritten Reich, in: Bischof G./Karner S./Stelzl-Marx B. (Hgg.), Kriegsgefangene des Zweiten Weltkriegs, Wien 2005, S. 507-517

Otto R., Wehrmacht, Gestapo und sowjetische Gefangene im deutschen Reichsgebiet 1941/42, München 1998,
Ottomeyer H., Die Ausstattung der Residenzen König Max Josephs von Bayern (1799-1825), in: Glaser H. (Hg.), Wittelsbach und Bayern Bd. III/1, München 1980, S. 371-394

v Padberg L., Die Christianisierung Europas im Mittelalter, Stuttgart 1998
Pangels C., Friedrich der Große, München 2004
Pauli L., Heidnische und christliche Bräuche, in: Dannheimer H./Dopsch H.(Hgg.), Die Bajuwaren, München 1988, S. 274-280
Pfahlmann H., Fremdarbeiter und Kriegsgefangene in der deutschen Kriegswirtschaft 1939-1945, Darmstadt 1968
Pfister P./Ramisch H., Der Dom zu Unserer Lieben Frau in München, München 1994
Pitz E., Die Stadt des europäischen Mittelalters in: Haase C. (Hg.), Die Stadt des Mittelalters Bd. I, Darmstadt 1978, S. 1-40

Pizzinini M., Die bayerische Herrschaft in Tirol, in: Glaser H. (Hg.), Wittelsbach und Bayern Bd. III/1, München 1980, S. 254-271
Prinz F., Die bayerischen Dynastengeschlechter des Hochmittelalters, in: Glaser H. (Hg.), Wittelsbach und Bayern Bd. I/1, München 1980, S. 253-267
Ders., Frühes Mönchtum im Frankenreich, München 1988

Rall H., Die Hausverträge der Wittelsbacher: Grundlage der Erbbfälle von 1777-1799, in: Glaser H. (Hg.), Wittelsbach und Bayern Bd. III/1, München 1980, S. 13-48
Rall H./Rall M., Die Wittelsbacher in Lebensbildern, Kreuzlingen 2000
Reindel K., Herkunft und Stammesbildung der Bajuwaren nach den schriftlichen Quellen, in: Dannheimer H./Dopsch H. (Hgg.), Die Bajuwaren, München 1988, S. 56-60
Reither D., Berthold von Moosburg, Gegenerzbischof von Salzburg 1085-1106 in: Verhandlungen des Historischen Vereins für Niederbayern 139 (2013), S. 83-107.
Ders., Egilbert, Bischof von Freising 1005-1039 demnächst in den Verhandlungen des Historischen Vereins für Niederbayern
Ders., Stalag VII A Moosburg, Moosburg 2015
Ders., Artikel „Moosburg" in: Historische Sektion der Bayerischen Benediktinerakademie München (Hg.), Germania Benedictina – Die Männer- und Frauenklöster der Benediktiner in Bayern Bd. II/2, St. Ottilien 2014, S. 1225-1229
Reuter M., Schreibkunst und Buchmalerei in Freisinger Skriptorien, in: Fahr F./Ramisch H./Steiner P. (Hgg.), Freising-Geistliche Stadt, München 1989, S. 66-75
Ringl J., Moosburg 1933: Machtergreifung und Gleichschaltung, in: Heimatverein Moosburg (Hg.), 25 Jahre Heimatverein Moosburg, Moosburg 2003, S. 142-157
Roeck B., Westfälischer Frieden, Reich und Territorien, in: Glaser H. (Hg.), Wittelsbach und Bayern Bd. II/1, München 1980, S. 456-468
Roepke C., Die evangelische Bewegung in Bayern im 16. Jahrhundert, in: Glaser H. (Hg.), Wittelsbach und Bayern Bd. II/1, München 1980, S. 101-114
Rösener W., Agrarwirtschaft, Agrarverfassung und ländliche Gesellschaft im Mittelalter, München 1992
Ders., Bauern im Mittelalter, München 1985
Romano R./Tenenti A., Die Grundlegung der modernen Welt, Augsburg 1998
Rystad G., Die Schweden in Bayern während des Dreißigjährigen Krieges, in: Glaser H. (Hg.), Wittelsbach und Bayern Bd. II/1, München 1980, S. 424-435

Sage W., Kirchenbau – 1. Zu Typen und Bauweise, in: Dannheimer H./Dopsch H. (Hgg.), Die Bajuwaren, München 1988, S. 293-299
Ders., Zur archäologischen Erforschung mittelalterlicher Burgen in Südbayern, in: Glaser H. (Hg.), Wittelsbach und Bayern Bd. I/1, München 1980, S. 126-132
Sauermost H., Zur Rolle St. Michaels im Rahmen der wilhelminisch-maximilianischen Kunst, in: Glaser H. (Hg.), Wittelsbach und Bayern Bd. II/1, S. 167-174
Schattenhofer M., Die Anfänge Münchens, in: Bosl K. (Hg.), Abensberger Vorträge, München 1977, S. 7-28
Schieffer R., Die Karolinger, Stuttgart 2000
Schlosser H., Grundzüge der Neueren Privatrechtsgeschichte, Heidelberg 1996
Schmid A., Die frühen Wittelsbacher, in ders./Weigand A., Die Herrscher Bayerns, München 2006, S. 91-115

Ders., Ludwig der Bayer-Der Kaiser aus dem Haus Wittelsbach, in: Wolf P./Brockhoff E./Handle-Schubert E./Jell A./Six B.(Hgg.), Ludwig der Bayer - Wir sind Kaiser, Augsburg 2014, S. 19-26
Ders.., Regensburg zur Agilolfingerzeit, in: Dannheimer H./Dopsch H. (Hgg.), Die Bajuwaren, München 1988, S. 136-140
Schmidt G., Geschichte des Alten Reiches, München 1999
Schmuck J., Ludwig der Bayer und die innerstädtischen Konflikte Regensburgs – Zur Politik der Auer und Gumprecht und zur Rolle des Kaisers, in: Wolf P./Brockhoff E./Handle-Schubert E./Jell A./Six B.(Hgg.), Ludwig der Bayer - Wir sind Kaiser, Augsburg 2014, S. 63-68
Schnabel-Schüle H., Die Reformation 1495-1555, Stuttgart 2013
Schottenloher K., Die Bayern in der Fremde, München 1950
Schütz A., Der Kampf Ludwigs des Bayern gegen Papst Johannes XXII. und die Rolle der Gelehrten am Münchner Hof, in: Glaser H.(Hg.), Wittelsbach und Bayern Bd. I/1, München 1980, S. 388-397
Schwaiger G., Die kirchlich-religiöse Entwicklung in Bayern zwischen Aufklärung und katholischer Erneuerung, in: Glaser H. (Hgg.), Wittelsbach und Bayern Bd. III/1, München 1980, S. 121-145
Schwarz E., Germanische Stammeskunde, Neudruck Wiesbaden 2010
Seifert A., Die „Seminarpolitik" der bayerischen Herzöge im 16. Jahrhundert und die Begründung des jesuitischen Schulwesens, in: Glaser H. (Hg.), Wittelsbach und Bayern Bd. II/1, München 1980, S. 125-132
Speckner H., In der Gewalt des Feindes, Wien 2003
Spindler M., Bayerischer Geschichtsatlas, München 1969
Spindler M.,(Hg.), Handbuch der Bayerischen Geschichte Bd. I München 1975, Bd. II München 1974, Bd. IV/1 München 1974, Bd. IV/2 München 1975
Spoerer M., Zwangsarbeit unter dem Hakenkreuz, München 2001
Stahleder E., Die Burg Landshut, genannt Trausnitz, im Mittelalter, in: Glaser H. (Hg.), Wittelsbach und Bayern Bd. I/1, München 1980, S. 240-252
Stahleder H., Freising, in: Bosl K. (Hg.), Abensberger Vorträge, München 1978, S. 29-38
Steiner P., Der gottselige Fürst und die Konfessionalisierung Altbayerns, in: Glaser H. (Hg.), Wittelsbach und Bayern Bd. II/1, München 1980, S. 252-263
Stierhof H., Zur Baugeschichte der Maximilianischen Residenz, in: Glaser H. (Hg.), Wittelsbach und Bayern, Bd. II/1, München 1980, S. 269-278
Störmer W./Mayr G., Herzog und Adel in: Dannheimer H./Dopsch H. (Hg.), Die Bajuwaren, München 1988, S. 153-159
Störmer W., Das Herzogsgeschlecht der Agilolfinger, in: Dannheimer H./Dopsch H. (Hgg.), Die Bajuwaren, München 1988, S. 141-152
Ders., Die agilolfingerzeitlichen Klöster – 1. Das Zeugnis der schriftlichen Quellen, in: Dannheimer H./Dopsch H. (Hgg.), Die Bajuwaren, München 1998, S. 305-310
Ders., Zur gesellschaftlichen Gliederung, in: Dannheimer H./Dopsch H. (Hgg.), Die Bajuwaren, München 1988, S. 224-228
Stoob H., Über Zeitstufen der Marktsiedlung im 10. und 11. Jhdt. auf sächsischem Boden in: der. (Hg.), Forschungen zum Städtewesen in Europa Bd. I, Köln 1970, S. 43-50
Streim A., Sowjetische Gefangene in Hitlers Vernichtungskrieg, Heidelberg 1982

Stutzer D., Unterbäuerliche gemischte Sozialgruppen Bayerns und ihre Arbeits- und Sozialverhältnisse, in: Glaser H. (Hg.), Wittelsbach und Bayern Bd. II/1, München 1980, S 264-268
Ders., Unterbäuerliche gemischte Sozialgruppen Bayerns um 1800 und ihre Arbeits- und Sozialverhältnisse im Spiegel der Statistik, in: Glaser H. (Hg.), Wittelsbach und Bayern Bd. III/1, München 1980, S. 290-299

Thränhardt D., Geschichte der Bundesrepublik Deutschland, Frankfurt 1996
Traeger J., Monarchie und Volkstümlichkeit, in: Bonk S./Schmid P. (Hgg.), Königreich Bayern, Regensburg 2005, S. 49-63
Trapp W./Fried T., Handbuch der Münzkunde und des Geldwesens in Deutschland, Stuttgart 2006
Trotter C., Die Grafen von Moosburg, I. Theil, in Verhandlungen des Historischen Vereins für Niederbayern 53 (1917), S. 133-214
Ders., Die Grafen von Moosburg, Fortsetzung und Schluss, in: Verhandlungen des Historischen Vereins für Niederbayern 54 (1918), S. 3-30

Ullmann H., Das Deutsche Kaiserreich 1871-1918, Frankfurt 1995

Wanderwitz H., Die frühen wittelsbachischen Herzöge und das bayerische Salzwesen (1180-1347), in: Glaser H. (Hg.) Wittelsbach und Bayern Bd. I/1, München 1980, S. 338-348
Weber F., Gliederung und Einsatz des bayerischen Heeres im Dreißigjährigen Krieg, in: Glaser H. (Hg.), Wittelsbach und Bayern Bd. II/1, München 1980, S. 400-407
Weh L., Der lange Weg zur neuzeitlichen Wasserversorgung der Stadt Moosburg, in: Unser Moosburg 6 (1986), S. 33-45
Ders., Die Bayerische Flachs- und Hanfröstgesellschaft Moosburg, in: Heimatverein Moosburg (Hg.), 10 Jahre Heimatverein Moosburg, Moosburg 1988, S. 85-87
Ders.., Die Elektrifizierung der Stadt Moosburg, in: Unser Moosburg 6 (1986), S. 64-68
Ders., Floßstation Moosburg, in: Unser Moosburg 10 (1994), S. 66-69
Ders., Geschichte der Stadt Moosburg, Moosburg 1983
Ders., Geschichte der Stadt Moosburg, Moosburg 1991
Ders., Moosburger Zeitungen, in: Unser Moosburg 6 (1986), S. 6-14
Ders., Über das Land- und Pflegegericht Moosburg, in: Unser Moosburg 11 (1996), S. 32-50
Ders., Vorgeschichte und Siedlungsanfänge in Moosburg und Umgebung, Moosburg 1981
Ders., Vom Tonwerk Moosburg zur Süd-Chemie AG Moosburg, in: Heimatverein Moosburg (Hg.), 10 Jahre Heimatverein Moosburg, Moosburg 1988, S. 111-113
Ders., Vom Zunftwesen in Moosburg, in: Heimatverein Moosburg (Hg.), 10 Jahre Heimatverein Moosburg, Moosburg 1988, S. 24-47
Wehler H., Deutsche Gesellschaftsgeschichte, Bd. I München 1989, Bd. II München 1989, Bd. III München 1995, Bd. IV München 2003, Bd. V München 2008
Weidemann K./Weidemann M., Die neuen historischen Kräfte, in: Römisch-Germanisches Zentralmuseum Mainz (Hg.), Das Reich der Salier, Sigmaringen 1992, S. 227-228
Diess., Strukturen des Reiches, in: Römisch-Germanisches Zentralmuseum Mainz (Hg.), Das Reich der Salier, Sigmaringen 1992, S. 3-5

Weigand K., König Maximilian II., in: Bonk S./Schmid P. (Hgg.), Königreich Bayern, Regensburg 2005, S.75-94
Weinfurter S., Heinrich II., Regensburg 1999
Ders., Heinrich II.-Bayerische Traditionen und europäischer Glanz, in: Kirmeier J./Schneidmüller B./Weinfurter S./Brockhoff E. (Hg.), Kaiser Heinrich II., Augsburg 2002, S. 15-29
Weis E., Das neue Bayern-Max. I. Joseph, Montgelas und die Entstehung und Ausgestaltung des Königreichs 1799-1825, in: Glaser H. (Hg.), Wittelsbach und Bayern Bd. III/1, München 1980, S. 49-64
Weitlauff M., Die Reichskirchenpolitik des Hauses Bayern im Zeichen gegenreformatorischen Engagements und österreich-bayerischen Gegensatzes, in: Glaser H. (Hg.), Wittelsbach und Bayern Bd. II/1, München 1980, S. 48-76
Wies E., Kaiser Friedrich Barbarossa, München 1990
Ders., Karl der Große, München 2000
Williams B., The Whig Supremacy, London 1964
Winkler H., Weimar, München 1998
Wolf P., Regensburger Fernhandel im 14. Jahrhundert, in: Wolf P./Brockhoff E./Handle-Schubert E./Jell A./Six B.(Hgg.), Ludwig der Bayer - Wir sind Kaiser, Augsburg 2014, S. 326
Ders., Regensburg zur Zeit Ludwigs des Bayern, in: Wolf P./Brockhoff E./Handle-Schubert E./Jell A./Six B.(Hgg.), Ludwig der Bayer - Wir sind Kaiser, Augsburg 2014, S. 301-302
Wolfram H., Baiern und das Frankenreich, in: Dannheimer H./Dopsch H. (Hgg.), Die Bajuwaren, München 1988, S. 130-135
Ders., Tassilo III. und Karl der Große – Das Ende der Agilolfinger, in: Dannheimer H./Dopsch H. (Hg.), Die Bajuwaren, München 1988, S. 160-166
Ders., Konrad II., München 2000

Zeitler P., Lageralltag in amerikanischen Internierungscamps (1945-1948) in: Archiv für Geschichte von Oberfranken, 76 (1986), S. 371-392
Ziegelmayer G., Die Bajuwaren aus anthropologischer Sicht, in: Dannheimer H./Dopsch H. (Hgg.), Die Bajuwaren, München 1988, S. 249-257
Zorn W., Die wirtschaftliche Entwicklung Bayerns unter Max I. Joseph, 1799-1825, in: Glaser H. (Hg.), Wittelsbach und Bayern Bd. III/1, München 1980, S. 281-289
Zwehl H./Ritthaler A., Die Bayerische Politik im Jahre 1805, München 1964

MIX
Papier aus verantwortungsvollen Quellen
Paper from responsible sources
FSC® C105338